一流本科专业一流本科课程建设系列教材
新工科·普通高等教育汽车类系列教材

汽车试验学

刘　海　张小俊　穆　峰　编著
甄　冬　张广秀
董正身　主审

机械工业出版社

本书系统讲述了汽车试验所涉及的基本理论和知识,内容包括汽车试验基础理论,汽车传感器技术、试验设备及设施,汽车法规类试验,汽车通用类试验,以及汽车新技术试验。

书中综合考虑了企业、检测机构和科研院所对汽车行业标准的理解和使用,立足于汽车试验学传统测试方法与数理统计理论,完善了传统汽车试验方法与技术,更新了汽车传感器技术、试验设备及设施,并增加了新能源汽车与智能网联汽车试验方法与理论。

本书可作为高等院校车辆工程及相关专业的教材,也可作为广大科研人员、工程技术人员和管理人员的参考读物。

本书配有PPT课件,采用本书作为教材的教师可登录www.cmpedu.com注册下载。

图书在版编目(CIP)数据

汽车试验学/刘海等编著. —北京:机械工业出版社,2023.1

一流本科专业一流本科课程建设系列教材 新工科·普通高等教育汽车类系列教材

ISBN 978-7-111-72336-3

Ⅰ.①汽… Ⅱ.①刘… Ⅲ.①汽车试验-高等学校-教材 Ⅳ.①U467

中国国家版本馆CIP数据核字(2023)第031039号

机械工业出版社(北京市百万庄大街22号 邮政编码100037)
策划编辑:宋学敏 责任编辑:宋学敏 章承林
责任校对:梁 园 许婉萍 封面设计:张 静
责任印制:张 博
中教科(保定)印刷股份有限公司印刷
2023年7月第1版第1次印刷
184mm×260mm·20.25印张·499千字
标准书号:ISBN 978-7-111-72336-3
定价:65.00元

电话服务 网络服务
客服电话:010-88361066 机 工 官 网:www.cmpbook.com
　　　　　010-88379833 机 工 官 博:weibo.com/cmp1952
　　　　　010-68326294 金 书 网:www.golden-book.com
封底无防伪标均为盗版 机工教育服务网:www.cmpedu.com

编审委员会

主任委员：（按姓氏拼音排序）

　　刘　海　张小俊

副主任委员：（按姓氏拼音排序）

　　穆　峰　甄　冬

委　　员：（按姓氏拼音排序）

毕凤荣	陈　弘	崔根群	董正身	冯　刚
高炳钊	韩剑锋	韩　鹏	韩永成	侯之超
黄　炘	靳立强	景国玺	李张银	廉玉波
梁　鹏	梁荣亮	刘　茜	刘秀军	马维忍
孙枝鹏	王大本	王　刚	王金刚	王　磊
王再宙	武一民	于伟峰	张承宁	张广秀

致　谢

在本书编写过程中，得到了以下高校、整车企业、科研院所、检测机构、设备与设施供应商等单位给予的支持和帮助，在此谨致以真诚的谢意！正是因为相关单位在不同领域提供的宝贵而丰富的参考资料，编者才能够在总结现有成果基础上，汲取各家之长，不断凝练提升，最终完成本书的编写工作。

清华大学	同济大学
北京理工大学	天津大学
吉林大学	河北工业大学
河北师范大学	中国汽车技术研究中心有限公司
中汽研汽车检验中心（天津）有限公司	中汽研新能源汽车检验中心（天津）有限公司
长城汽车股份有限公司	一汽解放商用车开发院
比亚迪汽车工业有限公司	奇瑞汽车股份有限公司
重庆长安汽车股份有限公司	北京汽车研究总院有限公司
重庆小康汽车控股有限公司	安徽江淮汽车集团股份有限公司
汽车之家	海德声学（上海）科技有限公司
广州泽尔测试技术有限公司	西门子工业软件（北京）有限公司
北京朗德科技有限公司	深圳速腾聚创科技有限公司
马哈（北京）贸易有限公司	米勒贝姆振动与声学系统（北京）有限公司
奇石乐中国有限公司	杭州亿恒科技有限公司
MTS 系统（中国）公司	奥地利 AVL 李斯特公司
PCB 压电传感器技术（北京）有限公司	

序

"十四五"时期是我国全面建成小康社会、实现第一个百年奋斗目标之后,乘势而上开启全面建设社会主义现代化国家新征程、向第二个百年奋斗目标进军的第一个五年,也是中国汽车产业开启新纪元的关键五年。我们最终能否后来居上、化危为机,中国能否成功跨入全球强国之列,都与这五年的行动紧密相关。

汽车产业已经开启了数字化转型之路,在《中华人民共和国国民经济和社会发展第十四个五年规划和2035年远景目标纲要》中,特别强调要加快数字化发展,并提出了建设数字中国的目标,这为高速发展中的汽车产业明确了发展方向。数字化浪潮正在重塑汽车产业模式和产品应用方式,加速汽车产业格局变化。汽车产业要充分发挥5G、云计算、大数据、人工智能等新一代信息技术的创新引领作用,实现数字化转型。汽车试验与汽车产业的高质量发展紧密相连,汽车产业的发展离不开汽车试验技术的支撑,汽车产业的发展又促进了汽车试验技术的进步。为了更好地适应汽车电动化、智能化、网联化以及轻量化的发展,汽车试验技术也需要不断发展与创新。

技术创新的背后是人才。人才引领发展是创新发展的本质决定的,创新驱动实质上是人才驱动。在发展、人才、创新三者之间,"发展是第一要务,人才是第一资源,创新是第一动力。"人才是发展和创新的核心要素和动力源泉。硬实力、软实力,归根到底要靠人才实力。只有人才引领发展,创新才有坚实的基础,发展才有强大的动力。在我国汽车产业进入发展转型升级与全面提高国际竞争力的关键时期,培养和造就一大批创新能力强,适应我国汽车产业发展需要的工程技术型人才是增强我国核心竞争力、建设创新型国家、走新型工业化道路的必要条件。

本书是所有参与该项工作人员的集体智慧的结晶,也是高等学校进行教学改革、落实"质量工程"要求的成果,旨在培养学生的工程意识和理论与实践结合的能力,以创新之举,融新理念之魂,传播新工科之义。通过加强实践教学和工程训练,起到培养在

汽车行业从事产品研发、试验验证、营销管理、售后维修等实际工作和能解决实际问题的高等应用创新型人才的作用。

  本书较为全面、系统地介绍了汽车试验的相关知识，从汽车法规类试验到汽车通用类试验，再到汽车新技术试验，循序渐进地介绍了汽车试验学的基础理论和试验方法，有利于理解汽车试验的目的、手段和效果的内在联系，从而掌握汽车试验的理论和手段。书中增设的新能源汽车与智能网联汽车试验方法与理论，紧跟汽车行业前沿技术，聚焦汽车行业"新四化"（电动化、网联化、智能化和共享化）方向，有利于汽车试验知识的综合应用及其拓展。相信《汽车试验学》的出版，对读者学习和应用汽车试验学必有裨益。

前　言

　　汽车试验对于汽车制造业、检测维修服务业具有举足轻重的作用。可以说，没有汽车试验的发展，就没有汽车工业的今天。随着世界汽车工业的快速发展，我国汽车工业在新能源汽车、智能网联汽车等先进技术上取得重大突破。汽车技术的快速革新，在人才需求上，要求适时培养与时俱进的汽车技术型人才；在汽车检测上，对汽车试验方法与标准提出了更为严格的要求。

　　面对复杂的国内外形势，面对经济社会发展的新趋势、新机遇和新矛盾、新挑战，随着我国经济发展进入新常态，传统发展模式难以为继，党的十八届五中全会提出了"创新、协调、绿色、开放、共享"五大发展理念，这是中国共产党关于发展理论的重大升华。贯彻"五大发展理念"是关系我国发展全局的一场深刻变革。创新是引领发展的第一动力，要不断推进理论创新、制度创新、科技创新、文化创新等各方面创新。坚持创新发展，就是把创新摆在国家发展全局的核心位置。科技创新是科技工作者必须承担的重要责任。为适应汽车试验技术快速发展的步伐，编者基于国家和行业最新汽车试验标准，结合多年的汽车试验教学和科研实践经验，并通过对新能源汽车、智能网联汽车等先进技术的调研，本着循序渐进、紧跟前沿、严谨务实、开拓创新的方针，并参考大量文献资料编写了本书。本书旨在进一步贯彻新发展理念，进一步推动本行业本领域的科技创新及其应用。

　　本书以汽车整车性能试验方法为主线，介绍试验基础理论、试验设备及设施、数据处理方法、试验方法及试验数据分析过程。书中增设新能源汽车与智能网联汽车试验方法，通过对比不同类型车辆的试验方法，掌握汽车基础知识；通过与中国汽车技术研究中心合作，获得汽车最新的试验方法与理论，确保本书中汽车法规类试验、汽车通用类试验和汽车新技术试验方法的及时性，紧跟行业发展，实现"产教融合"。以学生为中心，注重依托优质学习资源，优化知识路径，追求"学思融合"深度学习模式，提质赋能、培根铸魂、启智增慧，培养学生的创新思维是本书遵循的基本原则；认真贯彻落实

立德树人这一教育的根本任务，注重学生的政治思想觉悟、道德素质和专业素质的共同提高，以实现为党育人、为国育才、全面育人、全面育才，致力于培养德智体美劳全面发展的社会主义建设者和接班人是本书编写的根本目的和一大突出特色。

本书共分6章。第1章介绍汽车试验的发展与分类、汽车试验标准及汽车试验的计划与组织。第2章介绍汽车试验基础理论，包括测量系统的组成与特性、测量误差理论、试验数据的处理。第3章介绍汽车试验中的传感器技术，以及典型的试验仪器及设备、试验设施。第4章介绍汽车法规类试验，包括汽车经济性试验、汽车制动性试验、汽车环境保护特性试验、汽车主被动安全性试验与汽车电子电气系统安全性试验。第5章介绍汽车通用类试验，包括汽车动力性试验、汽车操纵稳定性试验、汽车通过性试验、汽车舒适性试验、汽车可靠性试验与电磁场辐射发射强度试验。第6章介绍汽车新技术试验，包括乘用车车道保持辅助系统试验、自适应巡航控制系统试验、车道偏离报警系统试验及车辆前向碰撞预警系统试验。本书首次在汽车试验学教材中增设了新能源汽车试验和智能网联汽车试验内容，完善了汽车试验学教学内容。

本书所述及的试验均参考国家现行汽车试验标准，内容新颖丰富、图文并茂，并力求重点突出，系统、全面地介绍汽车试验技术。通过多媒体技术，引入汽车整车基本性能视频，使课程直观且容易理解。从试验基础理论的介绍到常用试验设备的认识，再到具体试验方法与试验数据处理的阐述，从汽车法规类试验到汽车通用类试验，再到汽车新技术试验，整条主线有助于循序渐进地掌握汽车试验技术。

本书由刘海、张小俊、穆峰、甄冬、张广秀编著，由河北工业大学董正身教授担任主审。本书的编写具体分工为：第1章、第2章、第5章由刘海编写；第3章由张广秀编写；第4章由穆峰编写；第6章由张小俊编写；第4章、第5章视频素材由长城汽车股份有限公司提供；第6章视频素材由比亚迪汽车工业有限公司提供；全书由甄冬统稿。

感谢河北工业大学马克思主义学院于伟峰教授、韩剑锋教授的悉心指导，将"课程思政"的元素融入本书编写体系当中。

感谢企业专家与高校专家的仔细审阅和提出的宝贵建议，感谢行业专家、朋友、教师对编写工作提出的建议，感谢河北工业大学范正奇等同学在本书图片和文字处理过程中给予的帮助，感谢本书参考文献的所有作者。

鉴于编者水平有限，书中难免存在疏漏之处，诚望广大读者不吝赐教，以利修正。

编著者

目 录

致谢

序

前言

第1章 绪论 ………………………………… 1
1.1 汽车试验的发展与分类 ……………… 1
1.1.1 汽车试验的发展历程 …………… 2
1.1.2 汽车试验的发展趋势 …………… 3
1.1.3 汽车试验的分类 ………………… 4
1.2 汽车试验标准 ………………………… 6
1.2.1 汽车试验标准的特点 …………… 6
1.2.2 汽车试验标准的分类 …………… 7
1.3 汽车试验的计划与组织 ……………… 8
1.3.1 试验准备阶段 …………………… 8
1.3.2 试验实施阶段 …………………… 10
1.3.3 试验总结阶段 …………………… 10
思考与习题 ………………………………… 11

第2章 汽车试验基础理论 ………………… 12
2.1 测量系统的组成与特性 ……………… 12
2.1.1 测量系统的基本组成及要求 …… 12
2.1.2 测量系统的静态特性 …………… 14
2.1.3 测量系统的动态特性 …………… 16
2.2 测量误差理论 ………………………… 16
2.2.1 测量误差分析 …………………… 16
2.2.2 随机误差 ………………………… 19
2.2.3 系统误差 ………………………… 22
2.2.4 异常数据的取舍 ………………… 25
2.2.5 等精密度测量参数测量值的
处理 …………………………… 28
2.3 试验数据的处理 ……………………… 30
2.3.1 静态试验数据处理 ……………… 30
2.3.2 动态试验数据处理 ……………… 42
2.3.3 其他统计学基础 ………………… 59
思考与习题 ………………………………… 63

第3章 汽车传感器技术、试验设备及
设施 ……………………………… 65
3.1 传感器技术 …………………………… 65
3.1.1 汽车传感器的分类 ……………… 65
3.1.2 汽车传感器的性能要求 ………… 66
3.1.3 汽车传感器的发展趋势 ………… 66
3.1.4 传统汽车用传感器 ……………… 67
3.1.5 电动汽车用传感器 ……………… 73
3.1.6 智能汽车用传感器 ……………… 75
3.2 典型试验仪器及设备 ………………… 82
3.2.1 车速测量仪 ……………………… 82
3.2.2 燃油消耗量测量仪 ……………… 85
3.2.3 陀螺仪 …………………………… 88
3.2.4 负荷拖车 ………………………… 92
3.2.5 转鼓试验台 ……………………… 94
3.2.6 道路模拟试验机 ………………… 99
3.2.7 内燃机高海拔模拟试验台 ……… 104
3.3 典型试验设施 ………………………… 106
3.3.1 高/低温模拟试验室 …………… 106
3.3.2 消声室和混响室 ………………… 109
3.3.3 汽车风洞 ………………………… 111
3.3.4 汽车试验场 ……………………… 116
思考与习题 ………………………………… 122

第4章 汽车法规类试验 …………………… 123
4.1 汽车经济性试验 ……………………… 123
4.1.1 传统汽车燃料经济性试验 ……… 124
4.1.2 纯电动汽车能量消耗率和续驶
里程试验 ………………………… 128
4.1.3 混合动力电动汽车能量消耗量
试验 ……………………………… 133
4.2 汽车制动性试验 ……………………… 137
4.2.1 静态检查试验 …………………… 138
4.2.2 空载-基本性能试验 …………… 140
4.2.3 失效试验 ………………………… 140
4.2.4 空载-ABS试验 ………………… 141

4.2.5 满载-ABS 试验 …………… 144
4.2.6 满载-基本性能试验 …… 144
4.2.7 车轴间的制动力分配检查试验 … 147
4.2.8 主观评价试验 …………… 149
4.3 汽车环境保护特性试验 ………… 150
4.3.1 汽车排放性能试验 ……… 150
4.3.2 汽车无线电干扰特性试验 … 154
4.3.3 汽车噪声试验 …………… 161
4.4 汽车主被动安全性试验 ………… 178
4.4.1 汽车主动安全性试验 …… 178
4.4.2 汽车被动安全性试验 …… 184
4.4.3 行人保护安全试验 ……… 192
4.5 汽车电子电气系统安全性试验 … 196
4.5.1 纯电动汽车安全性能试验 …… 196
4.5.2 混合动力电动汽车安全性能试验 …………………… 202
4.5.3 燃料电池电动汽车安全性能试验 …………………… 204
思考与习题 ……………………… 207

第5章 汽车通用类试验 …………… 208

5.1 汽车动力性试验 ………………… 208
5.1.1 传统汽车动力性试验 …… 208
5.1.2 纯电动汽车动力性试验 … 215
5.1.3 混合动力电动汽车动力性试验 … 218
5.1.4 燃料电池电动汽车动力性试验 … 219
5.2 汽车操纵稳定性试验 …………… 221
5.2.1 蛇行试验 ………………… 222
5.2.2 转向瞬态响应试验（转向盘转角阶跃输入）…………… 226
5.2.3 转向瞬态响应试验（转向盘转角脉冲输入）…………… 228
5.2.4 转向回正性能试验 ……… 229
5.2.5 转向轻便性能试验 ……… 232
5.2.6 稳态回转试验 …………… 235
5.2.7 转向盘中心区操纵稳定性试验 … 237
5.2.8 主观评价试验 …………… 238
5.3 汽车通过性试验 ………………… 239

5.3.1 汽车地形通过性试验 …… 240
5.3.2 汽车通过性几何参数测量试验 … 241
5.4 汽车舒适性试验 ………………… 245
5.4.1 汽车平顺性试验 ………… 246
5.4.2 行驶舒适性试验 ………… 253
5.4.3 乘坐舒适性试验 ………… 260
5.5 汽车可靠性试验 ………………… 270
5.5.1 常规可靠性行驶试验 …… 271
5.5.2 加速可靠性行驶试验 …… 276
5.6 电磁场辐射发射强度试验 ……… 278
5.6.1 电磁场发射强度测量试验 … 278
5.6.2 电磁兼容试验 …………… 281
思考与习题 ……………………… 283

第6章 汽车新技术试验 …………… 284

6.1 乘用车车道保持辅助系统试验 … 285
6.1.1 直道车道偏离抑制试验 … 287
6.1.2 弯道车道偏离抑制试验 … 287
6.1.3 车道居中控制试验 ……… 288
6.1.4 主观评价试验 …………… 288
6.2 自适应巡航控制系统试验 ……… 289
6.2.1 探测距离测试试验 ……… 291
6.2.2 目标识别能力测试试验 … 292
6.2.3 弯道适应能力测试试验 … 292
6.2.4 主观评价试验 …………… 295
6.3 车道偏离报警系统试验 ………… 296
6.3.1 报警产生测试试验 ……… 298
6.3.2 可重复性测试试验 ……… 299
6.3.3 虚警测试试验 …………… 300
6.3.4 主观评价试验 …………… 300
6.4 车辆前向碰撞预警系统试验 …… 301
6.4.1 检测区域测试试验 ……… 302
6.4.2 报警距离范围及精度测试试验 … 304
6.4.3 目标辨识能力测试试验 … 304
6.4.4 主观评价试验 …………… 307
思考与习题 ……………………… 309

参考文献 …………………………… 310

第1章 绪　　论

新经济的发展、产业的升级、技术的创新以及仪器的研发、使用和维护都需要大批高素质创新型人才作为支撑；与此同时，它们也对人才培养的内容和目标提出了与时俱进的新要求，从学科导向转向产业需求导向、从专业分割转向跨界交叉融合、从适应服务转向支撑引领的"新工科"建设方兴未艾，中央全面深化改革领导小组提出："要注重培养学生终身学习发展、创新性思维、适应要求的关键能力。"党的二十大报告中指出："必须坚持科技是第一生产力、人才是第一资源、创新是第一动力，深入实施科教兴国战略、人才强国战略、创新驱动发展战略，开辟发展新领域新赛道，不断塑造发展新动能新优势。"因此，"汽车试验学"课程变革愈加迫切、重要性日益提高，其覆盖的专业范围越来越宽，修读的学生越来越多。这些变化推动着"汽车试验学"课程的建设快速地向前发展，即以六个"一流"（一流的教师队伍、一流的教学水平、一流的教学内容和教学手段、一流的教学条件、一流的教学管理、一流的教学效果）的精品课程建设理念为指导，坚持"提升高阶性、突出创新性、增加挑战度"的一流课程内涵建设标准，特别注重课程特色的培育以及优质资源的共享水平与示范辐射效应，强调"产学研"结合的课程建设模式，加强"一流课程"建设，支撑"一流专业"发展，为车辆工程等专业学生学习汽车试验学知识提供一流课程平台，让优质课程资源有效地服务于适应新时代需要的应用创新型人才培养。

本书围绕立德树人的根本任务，参照专业培养方案和课程教学大纲的要求，进行了课程内容体系的优化，融合价值观、方法论、知识点于一体，使课程内容既能充分展示本课程的核心领域知识及其逻辑关系，又能反映该领域的最新技术发展和研究成果，以前沿技术提升课程内涵，体现学科发展方向，并与其他相关课程进行有效衔接。本书介绍了汽车试验学的基本理论与试验方法，从基础知识到应用技术逐步深入，涉及汽车试验基础理论，汽车传感器技术、试验设备及设施，汽车法规类试验，汽车通用类试验与汽车新技术试验。本书侧重阐述了方法、理论与标准，并介绍了近年来汽车试验中的新技术与新应用。

本章主要介绍汽车试验的作用、汽车试验的发展历程和发展趋势、汽车试验的分类、汽车试验标准及汽车试验的计划与组织等。

1.1　汽车试验的发展与分类

汽车是一个复杂的可修复系统。随着社会发展，对汽车要求越来越高，既要满足安全、

节能、环保的社会要求,还要满足高性能、舒适性、个性化、长寿命等的多样化需求。汽车试验指在试验道路、试验室内或仿真软件上,使用专用仪器设备,依照试验大纲或有关标准,对汽车整车或零部件的指定特性或指标进行测定的过程。通过汽车试验可以发现汽车在设计开发、制造和使用过程中的缺陷及薄弱环节,便于产品进行改进升级,有效推动技术进步。为适应汽车发展需要,汽车试验技术越发丰富,内容涵盖安全、性能、功能、可靠耐久等方面,类别包括道路试验、台架试验以及虚拟仿真试验等。

1.1.1 汽车试验的发展历程

汽车试验是伴随着汽车工业的诞生和发展而逐渐成长起来的,其发展历经了以下几个阶段。

(1) 第一阶段 从第一辆汽车的研制开始至福特公司建成"汽车流水生产线",汽车试验以研发性试验和道路试验为主,主要方法是操作体验和主观评价,汽车试验工作处于一种较原始的状态。尽管如此,汽车试验工作仍受到汽车制造商和用户的普遍重视。

(2) 第二阶段 从第一条"汽车流水生产线"建成至20世纪40年代,汽车已经实现批量生产。汽车的性能和质量方面的问题较为突出,需通过试验研究加以解决,初步建立了汽车试验体系。在此期间,汽车试验除借助于其他行业较为成熟的技术和方法外,还制订了针对汽车行业的试验方法。为适应汽车高品质、低售价和专业化生产的需要,相关企业进行了大量有关材料、工艺、可靠性及性能等方面的试验研究,并研制了适应汽车发展需要的试验仪器设备,如转鼓试验台、疲劳试验台等。这些设备除在结构和控制方面有所改进外,其基本原理沿用至今。汽车生产方式的变化带来了汽车试验方法的根本变革,汽车试验已由手工生产阶段的操作体验、主观评价发展为仪器检测、客观评价。汽车试验工作的基本方法在这一时期基本形成,且为后期的发展打下了良好的基础。

(3) 第三阶段 从20世纪40年代到20世纪70年代,全世界汽车保有量剧增,汽车结构和性能有了大幅度的改善和提高。这一时期汽车工业的主要特点是,既保持着大规模生产,又有向多品种和高技术发展的趋势。由于汽车生产发展的需要,加之许多相邻工业、相邻学科的发展和渗透,汽车试验技术进入了一个新的发展时期,大量的基础性研究工作推动了试验技术的发展。由于电子技术的发展,出现了各种数据采集、变换、放大、存储、处理及控制等方面的高精度电子仪器。电测量测试技术的应用在现代汽车试验中占有十分重要的地位。自20世纪60年代日本丰田公司创立精益生产方式以来,世界各大汽车公司便开始投入巨资大规模建设汽车试验室和汽车试验场。国际上有影响的大公司几乎无一例外地都拥有自己的汽车试验场。一些跨国大公司长年都有数百辆汽车在汽车整车试验室及汽车试验场进行试验,各总成部件的试验规模也相当大。

(4) 第四阶段 20世纪70年代以后,汽车工业发展不仅保持了大规模、多品种和高技术的特点,而且出台了一些更科学、更合理的生产组织管理制度,汽车试验技术也得到了同步的提高和完善。在此阶段,电子计算机的应用对汽车试验起到了巨大的促进作用。电子计算机在汽车的性能预测、强度计算上提供了快速、准确的运算工具,如操纵稳定性预测、空气动力学特性预测及车身与车架的有限元计算等,从而代替了大量的用于多方案比较的实物试验。运用计算机虚拟仿真试验,在设计阶段就能对产品的运行性能进行评价或体验,缩短了汽车的开发设计周期,降低了研发成本,提高了工作效能,并且能在整车电气检测中开发适合自身特点且灵活性强的检测系统。在此阶段,电子液压振动试验台和电控转鼓试验台等大型试验设备的广泛应用，以及汽车风洞、汽车试验场等大型试验设施的普遍建立，使汽车试验技术无论在方法上，还是在装备上都达到了空前完善的程度。

(5) **第五阶段** 随着第四次工业革命的到来，汽车工业步入智能化时代，新能源、人工智能、大数据、5G通信、智能驾驶是技术发展的方向。现在的汽车工业几乎将所有前沿科技囊括其中，可以说，汽车工业的转型与发展已经成为科技创新与进步的练兵场和试验田。车企不再仅仅是生产硬件产品的一个元素，而是成为推动交通出行，甚至人类技术进步不可或缺的一部分。软件定义汽车、场景定义汽车已经是产业共性认知。围绕"新四化"（电动化、网联化、智能化、共享化）的发展，打造智能汽车、智能交通、智慧城市。对于智能车辆的测试验证，需要从"车-路-云-图-网"多维度综合考核，围绕数据安全、网络安全、空中下载技术（Over-The-Air Technology，OTA）、功能安全及预期功能安全等五个维度重点开展。此外，汽车试验技术也随着汽车性能关注点，汽车车速高速化后的安全问题，汽车大批量应用后的节能、环保问题而不断发展。

1.1.2 汽车试验的发展趋势

1. 试验内容更加全面

一方面，为满足人们对汽车品质不断提高的要求，需要不断地增加试验项目和试验内容。试验内容包括动力性、经济性、制动性、操纵稳定性、安全性、舒适性、通过性以及可靠性等方面的测试评价。

另一方面，随着汽车电动化、智能化、网联化以及轻量化的发展，汽车功能越来越丰富、汽车结构和材料越来越多样化，汽车试验也从传统结构部件向电子电气、软件功能等方面扩展，同时随着各种新结构、新材料、新技术在汽车上的应用，必然要求增加新的试验内容和试验项目。

此外，汽车行驶工况和路况的不断变化，如高等级公路及高速公路飞速发展带来的汽车行驶速度的显著提高，由此会产生一些新的问题，这也需要更新和补充新的试验内容和试验方法。

2. 试验仪器设备更先进

为了适应新的汽车试验内容的加入，试验方法的不断更新，以及试验精度要求的提高，功能更强、精度与效率更高的仪器设备将陆续取代传统的仪器设备。汽车试验仪器设备具有以下重要特征：

(1) **自动化程度更高** 现代汽车试验用仪器设备的开发，不仅包括仪器设备自身结构和功能的开发，还包括对被试对象操控内容的开发。对这类仪器设备自身的操作控制，已完全实现了自动化，对试验中的车辆或总成部件的操作也将由计算机自动进行控制。

(2) **功能集成化程度更高** 功能集成包含两方面内容：其一是一机多功能，如近几年开发的汽车道路试验仪器已彻底改变了过去一项性能一套仪器的传统，如今一套仪器几乎可以完成所有的道路试验项目；其二是根据汽车试验要求的不同，将不同功能的仪器设备进行合理的组合，使之构成一个多功能的汽车试验系统，由计算机进行集中控制，以提高仪器设备的工作效率，降低试验成本。

(3) **试验精度和效率更高** 汽车试验内容和试验项目的复杂化与多样化，必然要求试

验用仪器设备具有更高的测量精度和工作效率，以满足日渐严格的试验法规要求，缩短试验时间。

3. 检验检测机构更完善

汽车正从交通工具转变为大型移动智能终端、储能单元和数字空间，乘员、车辆、货物、运营平台与基础设施等实现智能互联和数据共享。为了大力发展汽车先进技术，形成新能源汽车、智能网联汽车和先进节能汽车梯次合理的产业格局以及完善的产业配套体系，引领汽车产业转型升级，汽车检验检测机构的下一步发展方向将分为以下几点：

1）紧随汽车产业创新，通过技术革命由传统机械环保性能检测机构向智能、安全"一体化"保障机构发展。应用虚拟现实、大数据、人工智能等技术，建立汽车电动化、网联化、智能化虚拟仿真和测试验证平台，提升整车、关键零部件的计量测试、性能评价与检测认证能力。

2）承担政府职能角色，服务政府决策，为政府制定汽车产业政策提供建议。

3）创新服务，实现跨越式发展。在服务地方经济方面，以汽车检测为切入点，带动上下游产业，形成聚集效应、挤出效应，拉动地方经济发展。在服务消费大众方面，通过邀请消费者参与（浸入式）体验，展示大投入、高度智能化的汽车检测试验室（试验场地）实力，树立消费者对汽车产品质量安全的信心。在产学检结合方面，通过与企业、高校、科研院所的深度合作，建立产学检融合发展联盟，成为企业技术攻坚公共技术服务平台、高校联合办学学生实习基地、科研院所攻坚克难的技术合作伙伴。

4）以资本为纽带，以管理为核心，以人才为媒介，通过标准引领与科研驱动，破解关键检测设备的"卡脖子"难题，比如完成转向机器人、制动加速踏板机器人、中国假人以及其他受制于国外的检测设备的自主开发。

5）从消费者维度进行各类测评，为当下消费群体提供选车、购车的第三方测评结果。

4. 虚拟试验与实车试验结合更紧密

控制技术和计算机的高速发展，使得汽车的部分试验能够在计算机上进行模拟测试和仿真分析，即能够开展虚拟仿真试验技术。通过对虚拟试验技术的使用，研发人员可以对设计所需的各项技术指标和参数进行模拟测试，对汽车的各项性能进行仿真分析，在计算机模拟试验和实车道路试验之间建立一定的相互关系，为实车道路试验提供经济、有效的参考数据和方案。此外通过虚拟仿真试验能够更好地开展对于智能网联汽车在主动安全、辅助/自动驾驶等方面的测试评价。虚拟仿真试验技术也越来越受到国内外整车企业、零部件供应商以及检测机构的重视。这并不意味着汽车试验场的作用在减小，恰恰相反，由于这些先进的试验手段应用的前提是汽车在实际道路上行驶的各种工况数据，而这些数据大部分是在试验场采集的，这就意味着计算机虚拟仿真技术与实车道路试验技术的关系将结合得更紧密。

未来，汽车试验技术将向包含室内室外、虚拟仿真、数字孪生等多方式融合的方向发展，以期更好地适应汽车技术发展的需要，有效推动我国汽车产业技术进步。

1.1.3 汽车试验的分类

汽车试验可按试验目的、试验对象和试验场所进行分类。

1. 按试验目的分类

按试验目的的不同，汽车试验可分为研发性试验、新产品设计定型试验和产品质量检查试验三大类。

研发性试验是指为了推进汽车的技术进步所开展的各项试验，如汽车新产品、新结构、新技术、新材料和新工艺等的验证试验及汽车试验新方法的探索性试验。研发性试验又分为产品研发试验、材料试验、工艺试验和研究试验四种。

新产品设计定型试验是指以考核新开发的汽车产品是否符合设计要求及是否满足汽车法规规定为目的的试验。

产品质量检查试验一般是指对汽车产品品质的定期检查试验。对目前生产的汽车产品，定期进行品质检查试验，考核产品品质的稳定性，以便及时检查出产品存在的问题。例如，汽车年度检验、产品抽查等。

2. 按试验对象分类

按试验对象的不同，汽车试验可分为整车性能试验、总成试验和零部件试验三大类。

整车性能试验的目的是考核整车的主要技术性能，测出各项技术性能指标，如动力性、经济性、接近角、离去角、最小离地间隙及最小转弯半径等。

总成试验主要考核机构及总成的工作性能和耐久性，如发动机和变速器的机械效率、悬架装置的特性，以及它们的结构强度、疲劳寿命和耐久性等。

零部件试验主要考核汽车零部件设计和工艺的合理性，测试其精度、强度、磨损和疲劳寿命，以及研究材料的选择是否合适。

3. 按试验场所分类

按试验场所的不同，汽车试验可分为试验室台架试验、试验场试验和室外道路场地试验三大类。

试验室台架试验的重要特征在于试验不受环境的影响，且可24h不停地进行试验，它特别适用于汽车性能的对比试验和可靠性、耐久性试验。室内台架试验的突出特点是试验效率高，它不仅适用于汽车的总成部件，也适用于汽车整车。

试验场试验是一种按照预先制订的试验项目、试验规范，在规定的行驶条件下进行的试验。在汽车试验场上可以设置各种不同的路面，如扭曲路面、比利时砌石路面、高速环道和汽车性能试验专用跑道等。在汽车试验场上，可在不受道路交通影响的情况下完成汽车各项性能试验，尤其是汽车的可靠性、耐久性试验及环境适应性试验。由于在汽车试验场上可以进行高强化水平的试验，因此可以大大地缩短试验周期。

汽车产品最终都要交到用户手中，到不同气候、不同交通状况的地区、不同道路条件的各种路面上去行驶。要想汽车的各项性能全面满足实际使用要求，就必须到实际的道路上进行考核，即进行室外道路试验。主机厂进行室外道路试验主要指三高环境适应性试验。主机厂进行三高环境适应性试验的目的，一方面是对整车关键系统性能进行地区气候条件适应性的标定匹配，比如采暖系统、防抱制动系统（Anti-lock Braking System，ABS）、牵引力控制系统（Traction Control System，TCS）、汽车电子稳定控制系统（Electronic Stability Controller，ESC）等系统；另一方面是对整车在三高地区气候环境及路况的可靠性考核及验证。针对目前智能网联汽车的产业化进程，国家部委明确下达《智能网联汽车示范区运行指导意见》

及《智能网联汽车生产企业及产品准入征求意见》，均涉及智能车辆的示范运行考核，涵盖封闭场地测试、开放道路测试与典型城市综合示范区测试等。目前的进展是处在第二阶段建设和第三阶段建设的过渡时期，从封闭测试区到开放道路测试，是一个巨大的飞跃。开放道路的测试意义更加重大，因为具备更加多变的城市道路交通环境，更加真实的背景交通流，更加难以预测的交通参与对象等行为，智能网联汽车实际运行过程当中的问题都可能会在开放道路上暴露出来。

因此，任何一种新开发出来的汽车产品都必须要经历室内的台架试验、汽车试验场试验及室外道路试验这一复杂的验证过程。

由于试验场试验和实际道路试验均在道路上进行，因此业内人士常将这二者统称为道路试验。

对于汽车试验而言，无论是哪种试验对象（整车、总成、零部件），还是哪种试验目的（质检、定型、科研），通常均需进行室内台架试验、汽车试验场试验和室外道路试验。其试验顺序是先进行室内台架试验，若台架试验达到了相关要求，则进行试验场试验。试验场试验的结果符合相关要求后，在汽车产品正式投放市场之前，必须要进行道路适应性试验。汽车总成及零部件的试验场试验无法独立进行，必须将其装在整车上进行试验。汽车总成及零部件室内台架试验均利用专用总成部件试验台架独立进行试验。

因此，若要简化汽车试验的分类，可将汽车试验笼统地分为三类，即室内台架试验、汽车试验场试验和室外道路试验。

1.2 汽车试验标准

1.2.1 汽车试验标准的特点

1. 标准的技术性和权威性

由于标准作为一种依据和规范提出，其描述的内容详尽、完整且可靠，因此标准文献的技术成熟度很高。权威性是指试验方法一经形成标准，在试验中就应严格遵照执行，不应随意改变。若在试验中未严格执行标准，则试验结果就失去了它的严肃性和可比性。因此，标准还具有一定的法律属性，使产品的生产、使用和组织管理等都有据可依。

2. 标准自成体系

标准文献无论是从编写格式、描述内容、遣词用字上，还是在审批程序、管理办法及使用范围等方面都不同于一般的文献，而别具一格、自成体系。标准文献的一个显著标志就是一个标准对应一个标准号。一个标准，即使仅有寥寥数页也单独成册出版，一般只解决一个问题。

3. 标准的先进性

通常标准制定后，随着国民经济的发展和技术水平的提高，都要不断地进行修订、补充或以新代旧。国际标准化组织规定每5年将所有标准重新审订一次，个别情况下可以提前修订，以保证标准的先进性。所以，标准文献对于了解一个国家的工业发展情况和科学技术水平，具有很大的参考价值。试验标准的先进性有利于促进汽车试验技术和汽车制造水平的提高；而试验标准的稳定性，则有利于试验方法的推广执行。

4. 标准的交叉性

从企业标准到行业标准直至国际标准之间并不意味着级别依次上升。许多国家的国家标准是由具有代表性的行业标准或企业标准升级而来的，所以在内容上有许多重复交叉的现象，且各国之间直接相互引用有关标准也屡见不鲜。因此，判断标准的水平，不能以使用范围大小来盲目进行评价，而应以具体的技术参数和内容为依据。

5. 标准的通用性

标准的通用性是指以试验方法标准作为权威方法，在试验中有一定的指导作用，它应适用于不同部门、多种车型的汽车试验。目前，标准文献向国际化发展的一个重要原因就是贸易全球化、产品国际化。要想参与国际竞争，把产品打入国际市场，则必须执行国际标准。目前，各国都在纷纷制定与国际标准兼容的国家标准。

1.2.2 汽车试验标准的分类

1. 按试验标准适用范围分类

（1）**国际标准**　国际标准是由国际标准化组织（International Standards Organization，ISO）制定的。ISO 是世界上最大的、非官方工业和技术合作国际组织，是联合国的高级咨询机构。我国于 1978 年 9 月加入 ISO，成为该组织的正式成员，英文代号为中国国家标准局（China State Bureau of Standards，CSBS）。凡是由 ISO 制定的标准，开头都有"ISO"标记，如 ISO 17409：2015《电动汽车　外部电源连接　安全要求》。

（2）**国际区域性标准**　国际区域性标准由若干个成员国共同参与制定并共同遵守，最典型的如欧洲经济委员会（Economic Commission of Europe，ECE）和欧洲经济共同体（European Economic Community，EEC）。ECE 法规不是强制性法规，各成员国可选择采用，各国通常在 ECE 法规基本要求下制定本国法规。EEC 是联合国理事会的下属机构，1958 年开始制定汽车安全法规。EEC 汽车安全法规是由欧洲经济共同体成员国讨论制定的，具有绝对权威性，一旦发布，各成员国必须强制执行。EEC 标准号由年份、编号和 EEC 代号三部分组成，如 70/156EEC，即为 1970 年颁发的第 156 号 EEC 指令。

（3）**国家标准**　国家标准是各国依据自己的国情而制定的适用于本国的标准。我国国家标准简写为 GB，美国国家标准（American National Standards）简写为 ANS，日本国家标准（Japanese Industrial Standards）简写为 JIS。

（4）**行业标准**　行业标准是指对没有国家标准而又需要在全国某个行业范围内统一技术要求所制定的标准。行业标准是对国家标准的补充，是专业性和技术性较强的标准。行业标准的制定不得与国家标准相抵触，国家标准公布实施后，相应的行业标准即行废止。我国汽车行业标准简写为 QC，交通行业标准简写为 JT 等。美国汽车工程师学会（Society of Automotive Engineers，SAE）制定的标准，在美国和世界上都具有很高的权威性。

（5）**地方标准**　对没有国家标准和行业标准而又需要在省、自治区、直辖市范围内统一的工业产品的安全、卫生要求，可以制定地方标准。地方标准由省、自治区、直辖市标准化行政主管部门制定，并报国务院标准化行政主管部门和国务院有关行政主管部门备案，在公布国家标准或者行业标准之后，该地方标准即行废止。例如，北京市地方标准 DB 11/

121—2010《在用柴油车加载减速烟度排放限值及测量方法》。

（6）**企业标准**　企业标准是指各汽车生产企业、汽车试验场根据本身的特点，参考相应的国际、国家标准而制定的标准，它仅限于在本企业内使用。为提高本企业产品的品质与竞争力，企业标准通常要严于国家标准和国际标准。

（7）**团体标准**　团体标准是指由团体按照团体确立的标准制定程序自主制定发布，由社会自愿采用的标准。团体是指具有法人资格，且具备相应专业技术能力、标准化工作能力和组织管理能力的学会、协会、商会、联合会和产业技术联盟等社会团体。

2. 按试验标准的性质分类

试验标准按性质的不同可分为强制性试验标准和推荐性试验标准。

（1）**强制性试验标准**　强制性试验标准是指为了保障人身健康、安全，保护环境、节约能源而制定的强制执行的标准，这类标准一般称为法规。我国《标准化法》规定：强制性标准必须执行，不符合强制性标准的产品禁止生产、销售和进口。我国 GB 7258—2017《机动车运行安全技术条件》即为强制性标准。在我国，强制性汽车标准已有百余项。

（2）**推荐性试验标准**　推荐性试验标准无强制性，企业自愿采用，但一经采用就应严格执行，不得随意改动。在我国，凡标准代号带"T"的，均为推荐性试验标准，如 GB/T 12678—2021《汽车可靠性行驶试验方法》等。

推荐性试验标准还可细分为通用性试验标准和定型试验标准。通用性试验标准是车辆单项性能试验标准，一般不分车辆类型，即不管何种车辆，均可用此标准规定的方法进行某一性能的试验。定型试验是车辆定型时进行的试验。定型试验标准因车辆类型的不同而不同，如《载货汽车定型试验规程》《越野汽车定型试验规程》等。

1.3　汽车试验的计划与组织

汽车试验是一项技术性很强的工作，事先必须有周密的计划和组织，否则就很难达到预期的目的。汽车试验过程可分为试验准备、试验实施和试验总结三个阶段。

1.3.1　试验准备阶段

试验准备一般指按照试验的实际需要，对整个试验过程做出全面而系统的规划，即试验设计。其内容包括试验目的与条件、试验内容、试验场地与仪器、试验方法和试验数据的处理分析等。

（1）**全面了解被试对象**　全面、深入地了解被试对象是进行试验设计的前提。了解被试对象最直接且最有效的方法是从被试对象的设计研究者那里获取相关信息，或邀请设计研究者参与试验设计工作。若无法做到这一点，则试验设计人员应深入分析被试对象的全部技术资料。

（2）**充分了解试验要求**　充分了解试验要求是科学、合理设计试验的基础。试验要求通常包括两个层面：其一是试验精度要求；其二是拟通过试验获取的有用信息。

对于任何一项试验，根据要求的试验精度不同，所需要的试验仪器、试验方法、试验周期和试验成本会存在很大的差异。一般来讲，试验精度要求越高，所需试验仪器系统会越复杂，试验周期会越长，试验成本会越高。汽车试验是一项纯消耗性的工作，试验成本是汽车生产及研发成本的重要组成部分。因此，无论什么类型的试验往往都遵循这样的原则，即在满足试验精度要求的前提下，应尽可能地降低试验成本。

通过试验获取必要的有用信息，是指应避免做一些无用的试验。

(3) **研究相关试验标准与试验规范** 如果所要进行的试验有现成的试验标准或试验规范，则按照试验标准或试验规范进行试验。如果拟开展全新试验，没有现成的试验标准或试验规范可供参考，但相近的产品或相近的研究可能已有了相关的试验标准或试验规范，其中或许绝大多数内容与本试验无关，但相近产品或相近研究的已有试验标准或试验规范的思想和内容一定会有可借鉴之处。广泛研究相关的试验标准或试验规范可以使试验时少走弯路，缩短试验设计的周期。但参照相关的试验标准及试验规范并不等于简单地照抄照搬。试验设计是一项创造性的工作，一定要充分反映本试验的特点。

(4) **深入分析已有试验条件及试验仪器设备** 充分利用已有的试验条件和设备，尽可能少用本单位没有的仪器设备，力争避免采用待开发的设备，是试验设计过程中应遵循的一项重要原则。但千万别指望所有的新试验都可借助于已有的试验仪器设备就能完成。进行科研性试验时，往往不可避免地需要不断补充一些新的试验仪器设备。

(5) **明确试验目的** 明确试验目的就是要解决为什么要进行该项试验的问题，即通过此次试验希望获取哪些信息，解决什么问题。对于一项全新的试验而言，试验目的可能需要一个逐步明确的过程。在开始进行试验之前，或许只有部分试验目的是明确的。有些试验目的需等到一些试验数据得出之后才能逐渐清楚。事实上这是科研试验的一种普遍规律，即科研性试验需要在试验过程中逐渐去完善。

(6) **确定试验内容** 根据试验目的确定试验内容就是要"对症下药"，既不要做一些无用的试验而浪费时间和金钱，也不要漏掉一些重要的试验项目而影响研究进展。

(7) **选择试验用仪器设备** 在选择试验用仪器设备时，首先应使其满足试验所必需的功能要求，即应保证能有效地检测出试验内容中所涉及的所有被测量。其次，应使其满足试验的精度要求。试验仪器设备的精度与仪器的复杂程度、价格直接相关，通常精度高的仪器设备，其结构也较复杂，价格也会较高。正确选择仪器设备的原则是：在满足试验要求的前提下，不要片面地追求高精度。工程实践表明，试验仪器设备的精度比试验所要求的精度高一个精度等级，就可以很好地满足上面所述的仪器设备选用原则。最后，对由多种不同功能的仪器组合而成的仪器系统应合理进行组建，充分注意传感器的接入对测试系统动态特性的影响及仪器设备级联所带来的负载效应。

(8) **分析试验条件对试验结果的可能影响** 对汽车试验而言，尤其是那些需要在室外进行的试验，由于室外的环境和气候条件不可控，且不同地区、不同季节和不同时段的环境和气候条件差异很大。如果所要进行的试验对环境和气候的变化敏感，则应对其做出严格的规定，以避免试验条件的变化对试验结果带来过大的影响。

(9) **确定试验方法** 试验方法需对下述内容做出明确而详细的规定，包括：试验对象的维护；试验过程中，试验对象出现异常情况的处理；试验前的磨合与预热；试验的实施，仪器和试验对象的操控；试验数据的处理和修正；试验结果的评价。

当然并不是所有的试验项目的试验方法均包括以上内容，试验目的不同，其试验方法所涉及的内容也会有些差异。

（10）制订试验大纲 试验大纲是指导试验工作的重要文献。大纲质量的高低关系到试验工作质量的高低，甚至会影响到试验工作的成败。试验大纲的内容一般包括试验的任务和目的、试验的内容和条件、试验项目和测量参数、试验仪器、试验技术和方法、人员的组织与分工、试验进度计划等。

（11）准备试验仪器设备 根据大纲的要求，准备好试验所需的仪器设备。应注意的是，所有仪器设备均应满足试验要求的测量范围、容量和精度；试验前应对所用仪器设备进行标定，标定的数据应记录并填入试验报告中。

（12）人员配备和试验记录准备 根据试验项目测取数据，配备操作、监测、记录人员，明确每个人的任务和相互之间的配合关系，熟练掌握仪器设备的操作规程、车辆驾驶技术，并拟定试验记录表格和数据处理表格，对自动打印或记录的测试系统，要设计好打印格式、记录图形的方式与规格。

1.3.2 试验实施阶段

试验实施阶段是试验工作的中心环节，一般经历四个过程，即车辆设备的预热、工况的监测、读数采样和校核数据。

试验中，无论是车辆还是总成部件，除另有规定（如冷起动试验）外，都应经起动运转预热的过程，使试验设备和被试车辆部件均达到正常工作状态的温度，然后负荷由小到大，转速由低到高进行试验。在试验过程中，必须随时监测车辆和设备的运转工况（如发动机冷却液温度、机油温度等），需要加载荷试验的，应特别注意极限加载值，以防止发生破坏设备的事故；按试验大纲规定，在指定工况下进行读数采样。

另外，因试验常分为稳态试验和瞬态试验，所以读取数据时应注意，稳态值应是在一定时间（如5s）内的值，而瞬态瞬时值应该与被试件的动作和记录同步。所以，瞬态瞬时值多采用自动采样记录系统，它可以快速记录大量数据，存储、输出记录的参数，必要时可以输出参数间的关系曲线或图形。数据测取结束后，应立即汇总主要的测试数据，校核各参数的测量值，并据此画出监督曲线，根据监督曲线尽快大致分析并做出试验是否有效的判定。若数据互相矛盾或偏差过大，就应采取措施，必要时重新进行局部或全部的补救试验。

在具体试验实施阶段必须遵守以下原则：
1) 不得临时改变试验项目或内容，以免因考虑不周、准备不足而发生意外。
2) 发现故障，应立即停止试验，查找原因并进行维修。
3) 不应突破试验大纲中规定的各参量的极限值。
4) 测试同一项目要尽可能在相同的自然条件下进行。
5) 及时汇总并处理测试数据，发现问题应及时解决。
6) 确保参加试验人员的人身安全，做好安全保障措施。

1.3.3 试验总结阶段

试验总结阶段包括试验数据处理、编写试验报告等内容。

试验数据处理阶段包括对试验中发现的问题、观察到的现象进行定性的分析和研究，对测取的数据利用试验统计理论和误差分析方法进行处理，以确定实测所得的性能指标和各参数间的关系。对强度、疲劳磨损试验则应在试验完毕后，对被试车辆进行分解、检查和测量，获取试验后的数据。

在完成上述试验工作后，应按所采用标准中试验报告的格式，编写试验报告或定型试验工作总结材料，上报主管定型委员会，并将试验报告提交研制单位和使用单位。

试验报告的主要内容包括：前言（介绍试验任务的来源、研制单位、试验单位及试验基本情况）、目录、能反映试验车基本外形特征的照片、试验仪器设备的相关信息、试验依据、试验车的技术指标、试验条件、试验内容和结果、试验结论与改进意见、附件（包括图表、曲线、照片和各种专项及台架试验报告，必要的技术资料，试验人员及职务等）、试验日期。

思考与习题

1. 何谓汽车试验？简述汽车试验的必要性。
2. 简述汽车试验的发展趋势。
3. 简述汽车试验的类型。
4. 简述汽车试验标准的分类和特点。
5. 汽车试验一般分为哪几个阶段？

第2章 汽车试验基础理论

汽车试验基础理论是汽车试验的必备基础知识,为了合理组织并成功实施汽车试验,必须在正确理论的指导下科学、合理、高效地进行试验研究。本章主要介绍测量系统的组成与特性、测量误差基本理论、静态试验数据和动态试验数据的处理等内容。

2.1 测量系统的组成与特性

2.1.1 测量系统的基本组成及要求

1. 测量系统的基本组成

测量系统是为实现一定的测量目的而由若干相互联系、相互作用的传感器和仪器设备等元器件组成的有机整体。测量系统的基本任务是获取有用的信息,而信息又是蕴含在某些随时间或空间变化的物理量,即信号之中的。因此,首先要检测出被测对象所呈现的有关信号,再加以分析和处理,最后将结果提交给观察者或其他信息处理装置、控制装置。一般情况下,一个测量系统的组成可用图2-1所示的框图来表示。当然,测量系统的组成与研究任务有关,并不一定包含该图中的所有环节。

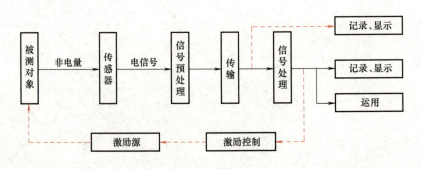

图2-1 测量系统组成框图

(1) 激励源 激励源用于向被测对象输入能量,以激发出能充分表征有关信息又便于检测的信号。有些试验,被测对象在适当的工作状态下可产生所需要的信号,而有些试验,则需要用外部激励装置对被测对象进行激励。

（2）**传感器** 传感器是指能感受规定的被测量并按一定规律转换成同一种或另一种输出信号的器件或装置。传感器通常由敏感元件和转换元件组成，敏感元件直接感受被测量，转换元件则将敏感元件的输出转换为便于传输和测量的信号。在许多传感器中，这两者是合为一体的。

（3）**信号预处理** 信号预处理是指将传感器输出信号转换成便于传输和处理的规范信号。因为传感器的输出信号一般是微弱且混有噪声的信号，不便于处理、传输或记录，所以一般要经过调制、放大、解调和滤波等处理，或作进一步的变换，如将阻抗的变化转换为电压或频率的变化，将模拟信号转换为数字信号等。

对一些重要的测量项目，需将变换后的信号记录下来作为原始资料进行保存，或显示出来供测量者观察。

（4）**信号处理** 信号处理是指将中间变换的输出信号作进一步处理和分析，提取被测对象的有用信息。

（5）**记录、显示或运用** 记录、显示或运用是指将处理结果记录下来或显示出来，供测量者作进一步分析。若该测量系统就是某一控制系统中的一个环节，则处理结果将直接被运用。

测量系统的组成揭示了：个体的力量总是渺小的、有限的，一个团队（组合）的力量远大于单个个体的力量。团队不仅强调个体的工作成果，更强调团队的整体业绩。合作、协同有助于调动团队成员的所有资源与才智，为达到既定目标而产生一股强大而持久的力量。"合作共赢""协同创新""1+1>2"之道于物、于人皆成立。

2. 对测量系统的要求

在汽车试验中，经常会遇到如何选择仪器及组成测量系统的问题。对测量系统的要求，要从测量对象、测量目的和要求出发，综合考虑测量精度要求、使用环境和被测物理量变化的快慢、测量范围、成本费用及自动化程度等因素。但对测量系统的最基本的要求应当是具有单值的、确定的输入-输出关系，其中以输出和输入呈线性关系为最佳。只有使测量结果在精度要求范围内不失真地反映被测物理量，测试系统的输出才能作为其输入（被测物理量）的量度，从而完成预定的测量任务。因此，必须了解测量仪器或系统的基本特性。

按照被测量在测量系统中的状态，测量系统的基本特性可分为静态特性和动态特性两类。当被测量不随时间的变化而变化或变化很缓慢时，测量系统的输出与输入之间的关系称为静态特性；当被测量随时间的变化而变化时，测量系统的输出与输入之间的关系称为动态特性。

任何一个测量系统都可以简化成图 2-2 所示的测量系统模型。通常的工程测试问题就是在处理输入量 $x(t)$、系统的传输特性 $h(t)$ 和输出量 $y(t)$ 三者之间的关系。

如果已知 $h(t)$，通过对 $y(t)$ 的观察与分析就能推断 $x(t)$，这就是测量。如果已知 $x(t)$，通过对 $y(t)$ 的观察与分析就能推断出 $h(t)$，这就是系统或仪器的定度过程。如果 $x(t)$ 和 $h(t)$ 都已知，则可以推断或估计 $y(t)$，这就是输出信号预测。

图 2-2 测量系统模型

理想的测量仪器或系统应具有单值确定的输入-输出关系，并且最好是单向线性系统。单向系统是指测量系统对被测量的反作用影响可以忽略。例如，在进行振动测试时，要求传感器质量很小，使其对被测振动物体固有频率的影响可忽略不计；在研究汽车轮胎与地面的相互作用时，由于测试轮胎的应力分布变化规律需要在轮胎面上埋入一些压力传感器，那么就需要压力传感器尽量小，使其对轮胎的弹性影响可忽略不计，当然，最好采用非接触式测试。

线性系统是指输出与输入是线性关系。在静态测量中，虽然希望系统呈线性关系，但并不是必须的，因为在静态测量中，用校正曲线或输出补偿技术作非线性校正并不困难；在动态测量中，测量系统本身应该力求是线性系统，这不仅因为在动态测量中作非线性校正较困难，而且现在只能对线性系统作比较完善的数学处理与分析。实际测量系统不可能在较大的工作范围内保持线性，因此只能在一定的误差范围内和在一定的工作范围内作线性处理。

2.1.2 测量系统的静态特性

测量系统的静态特性表示被测物理量处于稳定状态，输入和输出都是不随时间变化而变化的常量（或变化极缓慢，在所观察的时间间隔内可忽略其变化而视为常量）。输入和输出的关系一般可表示为

$$y = a_0 + a_1 x + a_2 x^2 + \cdots + a_n x^n \quad (2\text{-}1)$$

式中，x 为输入量；y 为输出量；a_0，a_1，a_2，$\cdots$，a_n 为常数。

当 $a_0 \neq 0$ 时，表示即使系统没有输入，但仍有输出，通常称为零点漂移（零漂），如图 2-3 所示。

理想的静态测量系统，其输出应单值且线性比例于输入，即静态特性为 $y = a_1 x$，是一条直线。实际测量系统的静态特性常用灵敏度、非线性度、回程误差和重复度等指标来表征。此外，还有分辨率、零点漂移、温度漂移及测量范围等。实际应用中可根据测量系统本身的特点和测量要求确定相应的静态特性指标。

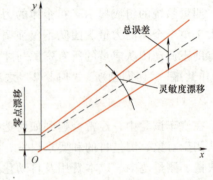

图 2-3 零点漂移与灵敏度漂移

1. 灵敏度

灵敏度 S 是测量系统静态特性的一个基本参数。设测量系统的输入 x 有一个增量 Δx，引起输出 y 发生相应变化 Δy，则

$$S = \frac{\Delta y}{\Delta x} \quad (2\text{-}2)$$

S 为该测量系统的绝对灵敏度，如图 2-4 所示。对于特性呈直线关系的装置，有

$$S = \frac{\Delta y}{\Delta x} = \frac{y}{x} = 常量 \quad (2\text{-}3)$$

非线性测量系统的灵敏度就是该系统静态特性曲线上各点的斜率。当输出和输入为同一量纲时，

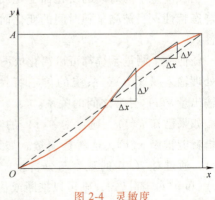

图 2-4 灵敏度

灵敏度常称为测量系统的放大倍数。

以上是仅以被测量变化时考虑了灵敏度的变化。实际在被测量不变的情况下，由于外界环境条件等因素的变化，也可能引起测量系统输出的变化，最后表现为灵敏度的变化，如温度改变引起测量仪器中电子元器件参数的变化或机械部件尺寸和材料特性的变化等，由此引起的测量系统灵敏度的变化称为灵敏度漂移。产生灵敏度漂移的根源是上述环境因素的变化导致式（2-1）中常数 a_0，a_1，a_2，…，a_n 变化。如图 2-3 所示，常以输入不变的情况下每小时输出的变化量来衡量灵敏度漂移。显然，性能良好的测量系统，其灵敏度漂移较小。

在选择测量系统（仪器）时，应当注意其灵敏度的合理性。因为一般来说，测量系统（仪器）的灵敏度越高，测量范围越窄，稳定性也越差。

2. 非线性度

非线性度是对测量系统的输出与输入之间能否保持常值比例关系（线性关系）的一种量度。在静态测试中，常用试验的方法求取系统输入和输出关系曲线，并称其为定度曲线。定度曲线（实际特性曲线）偏离其拟合直线（理想直线）的程度就是非线性度，如图 2-5 所示。作为技术指标，非线性度是指在测量系统的标称输出范围（全量程 A）内，定度曲线与该拟合直线的最大偏差 B 与 A 的比值，即

$$非线性度 = \frac{B}{A} \times 100\% \tag{2-4}$$

3. 回程误差

回程误差也称为迟滞误差，它也是判断实际测量系统与理想测量系统特性之间差别的一项指标。理想测量系统的输出与输入应是单值一一对应的关系，而实际测量系统有时会对同一大小的输入量，在正向输入（输入量由小增大）和反向输入（输入量由大到小）时输出不同的量值，其差值称为滞后量 Δh，如图 2-6 所示。测量系统全量程 A 内的最大滞后量与 A 的比值称为回程误差或迟滞误差，即

$$E_r = \frac{\Delta h_{max}}{A} \times 100\% \tag{2-5}$$

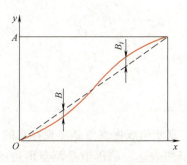

图 2-5　定度曲线与非线性度

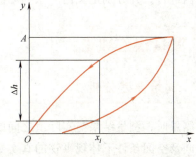

图 2-6　回程误差

回程误差一般是由滞后现象引起的。在磁性材料的磁化和一般材料受力变形的过程中都能发生，回程误差，它也可能反映仪器的不工作区（也称为死区）的存在，而不工作区则是输入变化对输出无影响的范围。摩擦力和机械元件之间的游隙是存在不工作区的主要原因。

4. 重复度

重复度是指在相同的试验条件下,对同一被测参数进行重复测量时测量值的一致程度。重复度的好坏,在很大程度上反映了测量结果中随机误差的大小。换言之,随机误差大,则测量结果的重复度就差。

为了能使测量结果尽可能地反映出实际情况,要求测量系统应具有足够的灵敏度和较高的重复度,以及尽可能小的非线性度和回程误差。

2.1.3 测量系统的动态特性

测量系统的动态特性是指输入随时间变化而变化时,其输出随输入的变化而变化的关系。在输入变化时,人们所测得的输出不仅受到研究对象动态特性的影响,还受到测量系统动态特性的影响。为降低和消除测量系统的动态特性给测量带来的误差,对于动态测量的测量系统,必须考察并掌握测量系统的动态特性,判断测量时会产生什么误差。

要研究测量系统的动态特性,首先必须建立其数学模型。要从具体测量系统的物理结构出发,根据其所遵循的物理定律,建立起把测量系统的输出和输入联系起来的运动微分方程,然后在给定的条件下求解,从而得到任意输入 $x(t)$ 激励下测量系统的响应 $y(t)$。

由于测量系统一般都是线性系统,所以它们的数学模型是常系数线性微分方程,经过简单的运算即可求得其传递函数。该传递函数就能描述测量系统的固有动态特性。但在实践中对于很多复杂的测量系统,即使做出不少近似的假设,也很难准确地列出其运动微分方程,并且即使运用上述理论分析方法得出了结果,也需要经过实际测量进行验证。因此,较广泛实用的测量系统动态特性的研究方法是采用试验的方法。

采用试验方法分析测量系统动态特性的基本思路是:首先,根据测量系统实际工作时最常见的输入信号的形式,选择一些典型信号。在一定条件下,任意信号均可理解为由一系列不同频率的正弦信号的叠加。因此,最基本的典型信号是正弦信号。另外常用的信号还有脉冲信号、阶跃信号及随机信号等。以上述这些典型信号作为测量系统的输入,然后测出其输出,进而对该测量系统的动态特征做出分析和评价。分析时,既可以在时域内进行,也可以在频域内进行,并分别定义出一系列动态特征参数。

2.2 测量误差理论

2.2.1 测量误差分析

在测量时,测量结果与实际值之间的差值叫误差。真实值或称真值是客观存在的,是在一定时间及空间条件下体现事物的真实数值,但很难确切表达。测得值是测量所得的结果。这两者之间总是或多或少存在一定的差异,这就是测量误差。

每一个物理量都是客观存在,在一定的条件下具有不以人的意志为转移的客观大小,人们将它称为该物理量的真值。进行测量是想要获得待测量的真值。然而测量要依据一定的理论或方法,使用一定的仪器,在一定的环境中,由具体的人进行。由于试验理论上存在着近似性,方法上难以很完善,试验仪器灵敏度和分辨能力有局限性,周围环境不稳定等因素的影响，待测量的真值是不可能测得的，测量结果和被测量真值之间总会存在或多或少的偏差，这种偏差称为测量值的误差。

测量误差主要分为三大类：系统误差、随机误差、过失误差。

按误差产生的原因可归结为以下几方面：环境误差、仪器误差、方法误差、人员误差。

1. 测量误差的来源

测量工作是在一定条件下进行的，外界环境、观测者的技术水平和仪器本身构造的不完善等原因，都可能导致测量误差的产生。通常把测量仪器、观测者的技术水平和外界环境三个方面综合起来，称为观测条件。观测条件不理想和不断变化，是产生测量误差的根本原因。通常把观测条件相同的各次观测，称为等精度观测；观测条件不同的各次观测，称为不等精度观测。

具体来说，测量误差主要来自以下四个方面：

(1) **环境误差**　主要指观测环境中气温、气压、空气湿度和清晰度、风力以及大气折光等因素的不断变化，导致测量结果中带有误差。

(2) **仪器误差**　仪器在加工和装配等工艺过程中，不能保证仪器的结构能满足各种几何关系，这样的仪器必然会给测量带来误差，还有仪表结构、制造不完善或调整、校正不当等。

(3) **方法误差**　测量方法或计算方法不完善，知识不足或研究不充分，操作和试验不合理。

(4) **人员误差**　由于观测者感官鉴别能力所限以及技术熟练程度不同，也会在仪器对中、整平和瞄准等方面产生误差，还有生理分辨能力、工作疲劳、固有习惯引起的读数误差及一时疏忽等。

2. 测量误差的分类

测量工作：以确定被测参数的数值为目的一系列试验操作。

在物理试验中，对于待测物理量的测量分为两类：直接测量和间接测量。

直接测量：通过测量仪器，将被测参数与同一物理量的标准量直接比较，或者用事先经过标准量校正的测量仪器进行测量，从而直接求得被测参数的数值。直接测量可以用测量仪器和待测量进行比较，直接得到结果。例如，用刻度尺、游标卡尺、停表、天平、直流电流表等进行的测量就是直接测量。

间接测量：通过直接测量与被测量有确定函数关系的其他量后，经过计算得到被测量参数数值。间接测量是不能直接用测量仪器把待测量的大小测出来，而要依据待测量与某几个直接测量量的函数关系求出待测量。例如，重力加速度可通过测量单摆的摆长和周期，再由单摆周期公式算出，这种类型的测量就是间接测量。

(1) **按照误差的表示方式分**　按照误差的表示方式可分为绝对误差、相对误差和引用误差三种。

1) 绝对误差。被测量的测得值与其真值之差，即

$$绝对误差 = 测得值 - 真值$$

绝对误差与测得值具有同量纲。与绝对误差大小相等、符号相反的量称为修正值，即

$$修正值 = -绝对误差 = 真值 - 测得值$$

从上式可知，含有误差的测得值加上修正值后就可消除误差的影响。

2）相对误差。绝对误差与被测量真值之比的百分率，即

$$相对误差 = 绝对误差/被测量真值 \times 100\%$$

相对误差可以比较切地反映测量的准确程度。例如，用两台频率计数器分别测量准确频率分别为 $f_1 = 1000\text{Hz}$ 和 $f_2 = 1000000\text{Hz}$ 的信号源，其绝对误差分别为 $\Delta f_1 = 1\text{Hz}$ 和 $\Delta f_2 = 10\text{Hz}$。尽管 Δf_2 大于 Δf_1，但并不能因此而得出对 f_1 的测量较 f_2 准确的结论。经计算，测量 f_1 的相对误差为 0.1%，而测量 f_2 的相对误差为 0.001%，后者的测量准确程度高于前者。因此，相对误差又叫相对真误差。

3）引用误差。引用误差是一种简化和使用方便的仪器仪表示值的相对误差。引用误差为仪器示值的绝对误差与测量范围上限值或量程之比值，即：

$$引用误差 = 示值的绝对误差/满刻度示值 \times 100\%$$

引用误差常在多档量程和连续分度的仪器仪表中应用。在这类仪器仪表中，为了计算和划分仪表准确度等级更方便，一律取该仪器的量程或测量范围上限值作为计算引用误差的分母，并将其结果称为引用误差。常用的电工仪表分为 ± 0.1、± 0.2、± 0.5、± 1.0、± 1.5、± 2.5 和 ± 5.0 七级，就是用引用误差表示的，如 ± 1.0 级表示引用误差不超过 1.0%。

（2）按性质和特点分 按性质和特点可分为系统误差、随机误差（偶然误差）和过失误差（粗大误差）三大类。

1）系统误差。系统误差是指在相同条件下多次测量同一量时，误差的符号保持恒定，或在条件改变时按某种确定规律而变化的误差。确定的规律是指这种误差可以归结为某一个因素或几个因素的函数，一般可用解析公式、曲线或数表来表达。

造成系统误差的原因很多，常见的有：测量设备的缺陷、测量仪器不准、测量仪表的安装、放置和使用不当等引起的误差；测量环境变化，如温度、湿度、电源电压变化、周围电磁场的影响等带来的误差；测量方法不完善，所依据的理论不严密或采用了某些近似公式等造成的误差。系统误差具有一定的规律性，可以根据系统误差产生的原因采取一定的技术措施，设法消除或减弱它。

2）随机误差。随机误差是指在实际相同条件下，多次测量同一量时，误差的绝对值和符号以不可预定的方式变化的误差。随机误差主要是由那些对测量值影响微小，又互不相关的多种随机因素共同造成的，如热扰动、噪声干扰、电磁场的微变、空气扰动、大地微振等。一次测量的随机误差没有规律，不可预定，不能控制也不能用试验的方法加以消除。但是，随机误差在足够多次测量的基础上服从统计的规律。

随机误差的特点是：在多次测量中，随机误差的绝对值实际上不会超过一定的界限，即随机误差具有有界性；众多随机误差之和有正负相消的机会，随着测量次数的增加，随机误差的算术平均值越来越小并以零为极限。因此，多次测量的平均值的随机误差通常比单个测量值的随机误差小，即随机误差具有抵偿性。绝对值小的误差比绝对值大的误差出现的机会多，绝对值相等的正、负误差出现的机会相等，在相同条件下，同一量的等精度观测，其随机误差的算术平均值，随着观测次数的无限增多而趋于零。

由于随机误差的变化不能预定，因此，这类误差也不能修正，但是，可以通过多次测量取平均值的办法来削弱随机误差对测量结果的影响。

3）过失误差。超出在规定条件下预期的误差叫过失误差。也就是说，在一定的测量条件下，测量结果明显地偏离了真值。读数错误、测量方法错误、测量仪器有严重缺陷等原

因，都会导致产生过失误差。过失误差明显地歪曲了测量结果，应予剔除，所以，对应于过失误差的测量结果称为异常数据或坏值。

产生过失误差的主要原因如下：

客观原因：电压突变、机械冲击、外界振动、电磁（静电）干扰、仪器故障等引起了测试仪器的测量值异常或被测物品的位置相对移动，从而产生了过失误差。

主观原因：使用了有缺陷的量具；操作时疏忽大意；读数、记录、计算的错误等。另外，环境条件的反常突变因素也是产生过失误差的原因。

过失误差不具有抵偿性，它存在于一切科学试验中，不能被彻底消除，只能在一定程度上减弱。它是异常值，严重歪曲了实际情况，所以在处理数据时应将其剔除，否则将对标准差、平均差产生严重的影响。

3. 测量的精度和不确定度

精密度：多次重复测量中的测定值的重复性或分散程度。随机误差决定了测量的精密度。

准确度：表示测量结果与被测量的真实值之间的偏离程度。系统误差决定了测量的准确度。

精确度：测量结果的精密度和准确度的综合反映，精确度越高，系统误差和随机误差越小。

不确定度：由于测量误差的存在而对被测量值不能肯定的程度。分为系统不确定度和随机不确定度。不确定度是一个描述尚未确定的误差特征的量，是表征测量范围的一个评定，而被测量的真实值就在其中。一般用若干倍的标准误差 $K\sigma$ 表示不确定度，K 为置信系数。

4. 测量误差分析的任务

误差分析的任务就是研究误差的性质和规律。

1）研究和确定过失误差和巨大随机误差之间的界限，舍去包含过失误差的测定值。

2）研究系统误差的规律，寻找把系统误差从随机误差中分离出来的方法，消除系统误差。

3）研究随机误差的分布规律，分析和确定测量的精密度。

4）从一系列测定值中求出最接近被测参数真实值的测量结果。

2.2.2　随机误差

1. 随机误差的正态分布规律

测量列：在相同的条件下，对同一个参数重复进行多次测量，可以认为是等精密度测量，所得到的测量值数列。大量的测量实践证明：若测量列中不包括系统误差和过失误差，则该测量列中的随机误差是服从正态分布的。

$$f(\Delta) = \frac{1}{\sigma\sqrt{2\pi}} e^{-\frac{\Delta^2}{2\sigma^2}} \tag{2-6}$$

其中 σ 为标准误差或均方根误差。

$$\sigma = \sqrt{\frac{1}{n}\sum_{i=1}^{n}\Delta_i^2} \quad (n \to \infty) \tag{2-7}$$

其中 Δ 为随机误差，随机误差服从正态分布规律，通常记作 $\Delta \sim N(0, \sigma)$，随机变量的测定

值 l，也服从正态分布，记作 $l \sim N(X, \sigma)$。

随机误差具有以下特征：

1）单峰性。绝对值小的误差出现的概率大，而绝对值大的误差出现的概率小。

2）对称性。绝对值相等的正负误差出现的概率相同。

3）有限性。在一定条件下，绝对值无限大的误差出现的概率趋近于 0，即误差的绝对值不会超过一定的界限。

4）抵偿性。对同一被测量的多次等精度测量中，随机误差的代数和趋近于 0，即具有相互抵消的特性。抵偿性是随机误差最本质的性质，也就是说具有抵偿性的误差，原则上都可认为是随机误差。

2. 等精密度测量的最可信赖值

设测定值为 l_i，随机误差为 Δ_i，n 次等精密度测量，则有：

$$l_i = X + \Delta_i \tag{2-8}$$

$$L = \frac{1}{n}(l_1 + l_2 + \cdots + l_n) = \frac{1}{n}\sum_{i=1}^{n} l_i \tag{2-9}$$

$$X = \frac{1}{n}\left(\sum_{i=1}^{n} l_i - \sum_{i=1}^{n} \Delta_i\right) = L - \frac{1}{n}\sum_{i=1}^{n} \Delta_i \tag{2-10}$$

$$n \to \infty \text{ 时}, \lim_{n \to \infty} \frac{1}{n}\sum_{i=1}^{n} \Delta_i = 0 \tag{2-11}$$

测定值的算术平均值就等于被测参数的真实值，也可以认为测定值的算术平均值是最可信赖值。

测定值 l_i 与算术平均值 L 之差，称为残余误差，简称为残差（或称为偏差），以 v_i 表示，则有

$$v_i = l_i - L \tag{2-12}$$

将各测定值的残差相加，可得

$$\sum_{i=1}^{n} v_i = \sum_{i=1}^{n} l_i - nL = 0 \tag{2-13}$$

可见，各测定值残差的代数和等于零。残差的这个性质可用来检查算术平均值的计算是否正确。

3. 测量列的精密度估计

标准误差 σ 为

$$\sigma = \sqrt{\frac{1}{n}(\Delta_1^2 + \Delta_2^2 + \cdots + \Delta_n^2)} = \sqrt{\frac{1}{n}\sum_{i=1}^{n} \Delta_i^2} \tag{2-14}$$

标准误差 σ 越小，测量列的精密度就越高。

上述精密度参数是以重复测量次数 n 趋近于无穷大为基础的，而在实际测量中，测量次数总是有限的，并且被测参数的真实值是未可知的，因而无法求得测量值所包含的随机误差。因此，无法用式（2-14）计算测量列的精密度参数 σ。但是，重复测量次数为 n 的测量列可以看作是从无限的总体中抽取的容量为 n 的样本，该样本的标准误差 $\hat{\sigma}$ 是对总体标准误差 σ 的一种估计，在一般测量工作中，用样本参数代替总体参数（即用 $\hat{\sigma}$ 代替 σ）而引

起的误差是可以忽略的。

由于在有限容量的样本中只能求得测量值的残差,并且残差与随机误差具有相同的特征,也符合正态分布规律,因此,可通过残差来计算精密度参数 $\hat{\sigma}$,并称 $\hat{\sigma}$ 为无限测量列总体的精密度参数 σ 的无偏估计,可表达如下:

$$\hat{\sigma} = \sqrt{\frac{1}{n-1}\sum_{i=1}^{n} v_i^2} \tag{2-15}$$

这种通过残差平方和估计精密度参数的方法,称为贝塞尔(Bessel)方法。

4. 测量结果的精密度

根据一个有限的测量列,无法求得被测参数的真值,而只能用测定值的算术平均值作为测量结果,近似地代替真实值。一个有序的测量列,实际上是从无限的总体中任意抽取的一个样本,而这个样本有无数个,因而测量结果也是一个随机变量。测量结果(测定值的算术平均值)L 与被测参数真值 X 之差,称为测量结果的随机误差,以 λ 表示,其计算公式如下:

$$\lambda = L - X = \frac{\sum_{i=1}^{n} l_i}{n} - X = \frac{\sum_{i=1}^{n}(X + \Delta_i)}{n} - X = \frac{\sum_{i=1}^{n}\Delta_i}{n} \tag{2-16}$$

测量结果的随机误差等于各测定值随机误差的算术平均值。测量结果的数学期望等于被测参数的真值,因此,测量结果是被测参数真实值的无偏估计。

测量结果的分布律和它的密度:

假设一个有限的测量列,由 $l_1, l_2, \cdots, l_n$ 组成,其测量结果 $L = \frac{1}{n}\sum_{i=1}^{n} l_i$,可以把具体的测定值 l_1 看成随机变量 ξ_1 的一个样本,把具体的测定值 l_2 看成随机变量 ξ_2 的一个样本……把 L 看成随机变量 η 的一个样本。显然 $\eta = \frac{1}{n}\sum_{i=1}^{n}\xi_i$,对于一个等精密度的测量列而言,$\xi_1, \xi_2, \cdots, \xi_n$ 是相互独立的同分布的随机变量,它们都服从正态分布,可以记作: $\xi_1 \sim N(X, \sigma)$,$i = 1, 2, \cdots, n$,其中 X 为被测参数的真值,σ 为测量列的标准误差。

根据概率论可知,随机变量 η 也服从正态分布,它的分布规律可以记作 $\eta \sim N(X, \sigma_L)$,其中 σ_L 为测量结果的标准误差。$\sigma_L = \frac{\sigma}{\sqrt{n}}$,$n$ 为测量列的容量,即重复测量次数。σ_L 的估计值 $\hat{\sigma}_L$ 根据贝塞尔计算法得到:

$$\hat{\sigma}_L = \frac{\hat{\sigma}}{\sqrt{n}} = \sqrt{\frac{1}{n(n-1)}\sum_{i=1}^{n} v_i^2} \tag{2-17}$$

测量结果的标准误差与测量列的标准误差成正比,而与重复测量次数的平方根成反比。因此,在测量列精密度一定的情况下,增加测量的次数,可以提高测量结果的精密度(即减少测量结果的误差)。但是,要使测量结果的误差降低到原有的 1/10,就必须使测量次数增大至原有的 100 倍,这就需要花费大量的劳动和时间。

实际上,当重复测量次数 $n \geq 10$ 时,为了进一步提高测量结果的精密度,单纯增加测量次数是不经济的,应设法提高测量列的精密度。当然,重复测量次数也不能太少。在一般的试验测量工作中,建议将重复的次数 n 取为 10~15。

5. 测量结果的表达

测量结果的目的就是要确定被测参数的数值。通过有限次重复测量，可以用测定值的算术平均值 L 来近似代替真实值 X，这时测量结果可以表示为 $X \sim L$。但是这种表达方式常用于粗略的测量中，原因是测定值的算术平均值也存在随机误差。因此，需要数理统计学中区间估计的方法，求得被测参数的真实值在某个置信概率下的置信区间。

设测定值 $l_1, l_2, \cdots, l_n$ 为一有限的等精密度测量列，由测量条件决定的标准误差为 σ，标准误差的估计值 $\hat{\sigma}_L$ 为

$$\hat{\sigma}_L = \sqrt{\frac{1}{n-1}\sum_{i=1}^{n}(l_i - L)^2} \tag{2-18}$$

$$\frac{L-X}{\frac{\hat{\sigma}}{\sqrt{n}}} \sim t(n-1) \tag{2-19}$$

测量结果可以表达为

$$X = L \pm \hat{\sigma}_L t_p(n-1) \tag{2-20}$$

如果重复测量次数较多，t 分布就变成正态分布，测量结果可以表达为

$$X = L \pm 3\hat{\sigma}_L \quad (p = 0.9973) \tag{2-21}$$

$$X = L \pm 2\hat{\sigma}_L \quad (p = 0.9546) \tag{2-22}$$

$$X = L \pm \hat{\sigma}_L \quad (p = 0.6826) \tag{2-23}$$

保证数据及其处理结果的真实、准确、可靠，是对原始测量数据进行误差分析和数据处理应坚持的基本原则！也涉及测量领域的工程伦理和职业道德。诚信对于一名车辆领域的工程师而言尤其重要！

2.2.3 系统误差

1. 系统误差的分类

系统误差是指保持一定数值或按一定规律变化的误差。系统误差的规律性体现在每一次具体的测量中。因此，通过试验找到这种规律之后，就可以对测量值进行修正，以消除系统误差的影响。

系统误差根据其性质的不同可分为固定的系统误差和变化的系统误差。

（1）**固定的系统误差** 在整个测量过程中，数值大小和正负号都保持不变的系统误差。

（2）**变化的系统误差** 在测量过程中，数值大小和正负号都发生变化的系统误差。根据变化规律的不同，又可分为：

1）累进的系统误差：测量过程中不断增大（或减小）的系统误差。

2）周期性的系统误差：周期性地改变数值或正负的系统误差。

3）复杂的系统误差：变化规律比较复杂的系统误差。

2. 系统误差的发现

$$m_i = X + \Delta_i + \theta_i = l_i + \theta_i \quad (i=1,2,\cdots,n) \tag{2-24}$$

式中，θ_i 为系统误差；Δ_i 为随机误差；l_i 为只包含随机误差的测定值；m_i 为包含随机误差和系统误差的测定值。

将式（2-24）两边累加后，再同时除以 n，得

$$M = L + \frac{1}{n}\sum_{i=1}^{n}\theta_i \tag{2-25}$$

$$L = M - \frac{1}{n}\sum_{i=1}^{n}\theta_i = M + c \tag{2-26}$$

式中，$c = -\frac{1}{n}\sum_{i=1}^{n}\theta_i$；$M$ 为 m_i 的算术平均值；L 为 l_i 的算术平均值。

为了求得只含有随机误差的测定值的算术平均值 L，可以根据系统误差的算术平均值 $+\frac{1}{n}\sum_{i=1}^{n}\theta_i$ 对算术平均值 M 引入更正值。

随机误差的测定值的残差为

$$v_i = l_i - L = m_i - \theta_i - M + \frac{1}{n}\sum_{i=1}^{n}\theta_i = m_i - M + \left(\frac{1}{n}\sum_{i=1}^{n}\theta_i - \theta_i\right) = v_i' + \left(\frac{1}{n}\sum_{i=1}^{n}\theta_i - \theta_i\right) \tag{2-27}$$

$v_i' = m_i - M$ 为既包含系统误差又包含随机误差的测定值的残差。

常见的发现系统误差的方法有残差分析法和分布检验法。

(1) **残差分析法** 无系统误差并且测量条件不变时，测量值的记录曲线应是一条仅含随机误差的直线，测量值围绕平均值上下变化。若存在系统误差，且系统误差大于随机误差，那么，测量值残差的正负号变化趋势将主要取决于系统误差变化规律。因此，根据残差的符号，可以发现变化的系统误差的存在。具体判别方法如下：

1) 将测量值对应的残差按照测量的先后顺序排列，若发现残差有规则的向一个方向变化，例如，前段为负号而后段为正号（-、-、-、-、-、+、+、+、+、+），或前段为正号而后段为负号（+、+、+、+、+、-、-、-、-、-），则测量值必定含有累进的系统误差。

2) 把测量值对应的残差按照测量先后顺序排列，若发现残差符号做周期性变化（+、+、+、-、-、-、+、+、+、-、-、-、+、+、+），则测量值含有周期性系统误差。

3) 在一个测量列中，当存在某些测量条件时，测量值的残差基本上保持相同的符号，但当上述条件消失或出现新的条件时，残差均改变符号，那么该测量列中含有随测量条件变化而出现（或消失）的固定的系统误差。

若系统误差的数值不超过随机误差，可用下述方法判别：

1) 当重复测量的次数 n 足够多时，可将测量值的残差按测量的先后顺序排列，如前一半测量值的残差和与后一半测量值的残差和之差显著地不等于零，则该测量列存在累进的系统误差。

2) 在一个测量列中，如条件改变前测量值的残差和与条件改变后测量值的残差和之差显著地不等于零，则该测量列含有随测量条件改变而出现（或消失）的固定的系统误差。

(2) **分布检验法**

1) 基本思想。因为随机误差服从正态分布，所以包含随机误差的测量值也服从正态分布。若测量值不服从正态分布，就有理由怀疑测量值中含有系统误差。显然，分布检验法只适用于测量次数 n 足够多的情况。

为检验测量值是否服从正态分布,可应用图 2-7 所示的正态概率纸。正态概率纸的横坐标按等距分度,与普通坐标纸一样,而纵坐标则按正态分布的规律分度。满足正态分布的测量值在正态概率纸上应表现为一条直线。

【例 2-1】 对某参数重复测量 100 次,将测量值分为 10 组,各组内测量值出现的频数见表 2-1,试检验该测量列是否含有系统误差。

解:根据测量值在各组内出现的频数,计算相对频率和累计相对频数。

以各组右端点数值为横坐标,以该组的累计相对频数为纵坐标,在正态概率纸上画点,如图 2-7 所示。由图可见,这些点基本上在同一条直线上,因而可以判定该测量列服从正态分布。这就说明测量值中不含有变化的系统误差。

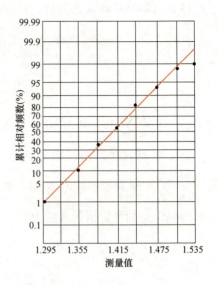

图 2-7 测量值在正态概率纸上的分布

表 2-1 测量值的分布

各组序号	各组右端点数值	频数	相对频数(%)	累计相对频数(%)
1	1.295	1	1	1
2	1.325	4	4	5
3	1.355	7	7	12
4	1.385	22	22	34
5	1.415	24	24	58
6	1.445	24	24	82
7	1.475	10	10	92
8	1.505	6	6	98
9	1.535	1	1	99
10	1.565	1	1	100

2) 具体判别方法。将测量值按波动范围分为若干组并列成表;计算各组内测量值出现的频数、相对频数和累计相对频数;根据测量值和累计相对频数的数值在正态概率纸上画点(正态概率纸上横坐标表示测量值,纵坐标表示累计相对频数)。若这些点(尤其是中间点)在一条直线上,则表明测量值只含有随机误差。由于样本的随机波动,有些偏差是允许的,如果偏差过大,则说明测量列不服从正态分布,因此有理由怀疑存在变化的系统误差。

因为固定的系统误差的存在不会影响测量值的分布情况,所以用分布检验法不能判定是否有固定的系统误差存在。固定的系统误差只有在改变测量条件的情况下,才可能被发现。因此,可在测量记录前,人为地改变测量条件(如活动一下电源插座或导线、转动集流环、突然打开或关闭某台仪器等),取得多个测量列,然后用残差分析法对这些测量列进行检验,从而发现是否存在固定的系统误差。

3. 系统误差的消除

为使测量结果准确，应尽可能消除掉测量值中的系统误差。消除系统误差有如下几种基本方法：

（1）消除根源法　消除系统误差最基本的方法是在测量前就去掉产生误差的根源。采用完善的测量方法，正确地安装和使用仪器设备，保持稳定的测量条件，防止外界的干扰，测量人员应具备较高的素质并严格按照操作规范使用仪器，以及定期检定仪器设备等，这些措施都可以避免系统误差的产生。

（2）校正值修正法　测量前预先对测量系统进行校正，将测量仪器的系统误差检定或计算出来，取得仪器示值与准确值之间的关系，并绘制误差曲线或确定误差公式。取与误差大小相同、符号相反的数值作为修正值，将实测值加上修正值，即可得到不包含系统误差的测量结果。由于修正值本身也带有误差，因此不可能完全修正，会残留少量系统误差，可将这部分误差按随机误差处理。

（3）抵消补偿法　在测量中，选择适当的方法使系统误差相互抵消。可以改变某些测量条件（如测量位置、测量方向等），使两次测量的误差大小相等、符号相反，取其平均值可消除系统误差。

2.2.4 异常数据的取舍

1. 过失误差与异常数据

过失误差：由于测量工作中的错误、疏忽大意等原因引起的误差。一般来说，过失误差的数值比较大，它会对测量结果产生明显的歪曲，因而包含过失误差的测定值是不可信赖的，应予舍弃。异常数据的取舍必须十分慎重。如果有充分的根据可以判别异常数据是由过失误差引起的，则应予舍弃。对于原因不明的异常数据，只能用统计学的准则进行取舍。

在科研工作中常常需要对原始数据进行预处理或数据清洗等操作，对含有过失误差的数据进行识别和剔除是其核心内容之一，目的在于清除原始数据中明显不合理、会对结果准确性造成损害的数据。其中蕴含着去粗取精、去伪存真的方法论，即除去杂质，留取精华。该方法也常用于信息安全领域中异常行为数据的识别和处理。

2. 异常数据的取舍准则

基本思想：数值超过某一界限的测定值（或残差）的概率很小，是个小概率事件。如果在一个容量不大的测量列中出现了这种测定值，则有理由认为，这是由于过失误差引起的异常数据，因而予以舍弃。

（1）来伊达（Layard）准则（3σ 准则）　由概率积分表可知，服从正态分布的随机误差超过 $\pm3\sigma$ 的可能性只有 0.27%，在通常的有限次测量工作中不可能出现。因此，如果测量列中发现 $|v_i|>3\sigma$ 的残差，就可以认作过失误差予以舍去（对于有限次测量，σ 可用估计值 $\hat{\sigma}$ 代替）。来伊达准则是建立在测量次数 $n\to\infty$ 的前提下，当 n 有限时，特别是 n 值较小时，这个判据并不很可靠。

（2）格拉布斯（Grubbs）准则　格拉布斯准则规定：若有一服从正态分布的测量列，当残差 v_i 中有满足 $|v_i|>G_0\hat{\sigma}$ 者，则认为该测定值是一个包含过失误差的异常数据，应予舍弃。G_0 为临界值，它取决于测量次数 n 和显著性水平 α（通常取 0.05、0.025 或 0.01），可

从表 2-2 中查出。

必须注意：经剔除含有过失误差的异常数据后，要重新计算出其余数据的算术平均值和标准误差，再作判别，直至完全剔除含有过失误差的异常数据为止。

表 2-2　临界值 G_0

n	α			n	α		
	0.05	0.025	0.01		0.05	0.025	0.01
	G_0				G_0		
3	1.15	1.15	1.15	18	2.50	2.65	2.82
4	1.46	1.48	1.49	19	2.53	2.68	2.85
5	1.67	1.71	1.75	20	2.56	2.71	2.88
6	1.82	1.89	1.94	21	2.58	2.73	2.91
7	1.94	2.02	2.10	22	2.60	2.76	2.94
8	2.03	2.13	2.22	23	2.62	2.78	2.96
9	2.11	2.21	2.32	24	2.64	2.80	2.99
10	2.18	2.29	2.41	25	2.66	2.82	3.01
11	2.23	2.36	2.48	30	2.75	2.91	3.10
12	2.29	2.41	2.55	35	2.82	2.98	3.18
13	2.33	2.46	2.61	40	2.87	3.04	3.24
14	2.37	2.51	2.66	45	2.92	3.09	
15	2.41	2.55	2.71	50	2.96	3.13	
16	2.44	2.59	2.75	60	3.03	3.20	
17	2.47	2.62	2.79	70	3.09	3.26	

（3）肖维纳（Chauvenet）准则　肖维纳准则认为，对某参数做 n 次重复测量，其测量值如果服从正态分布，则以概率 $\dfrac{1}{2n}$ 设定一个判别范围，当残差 v_i 超出该范围时，就意味着该测量值是异常数据，应予以舍弃。

依据此准则可知，残差 v_i 落在区间 $[-K_n\sigma, +K_n\sigma]$ 的概率为 $\left(1-\dfrac{1}{2n}\right)$，即

$$\phi(K_n) = \dfrac{2}{\sqrt{2\pi}} \int_0^{K_n} e^{-\frac{t^2}{2}} dt = 1 - \dfrac{1}{2n} \tag{2-28}$$

式中，K_n 为肖维纳系数，$K_n = \dfrac{v_{ch}}{\sigma}$，$v_{ch}$ 为肖维纳准则的残差限值；σ 为测量列的标准误差，对于有限次测量，σ 可用估计值 $\hat{\sigma}$ 代替。

由式（2-28）可知，根据测量次数 n 可以求得 $\phi(K_n)$，然后查概率积分表即可求出 K_n 值，于是，残差限值可计算为 $v_{ch} = K_n\hat{\sigma}$。在实际工作中，可根据测量次数 n 直接由表 2-3 查得 K_n 值。

表2-3　K_n 值

n	K_n	n	K_n	n	K_n	n	K_n
3	1.38	10	1.96	17	2.17	24	2.31
4	1.53	11	2.00	18	2.20	25	2.33
5	1.65	12	2.03	19	2.22	30	2.39
6	1.73	13	2.07	20	2.24	40	2.49
7	1.80	14	2.10	21	2.26	50	2.58
8	1.86	15	2.13	22	2.28	75	2.71
9	1.92	16	2.15	23	2.30	100	2.81

【例2-2】 测量某零件尺寸见表2-4第一列数据，试分别用来伊达准则、格拉布斯准则和肖维纳准则决定异常数据的取舍。

表2-4　测量值及其残差相应计算结果

序号	l_i/mm	v_i/mm	v_i^2/mm²	l_{ic}/mm	v_{ic}/mm	v_{ic}^2/mm²
1	20.42	+0.016	0.000256	20.42	+0.009	0.000081
2	20.43	+0.026	0.000676	20.43	+0.019	0.000361
3	20.40	-0.004	0.000016	20.40	-0.011	0.000121
4	20.43	+0.026	0.000676	20.43	+0.019	0.000361
5	20.42	+0.016	0.000256	20.42	+0.009	0.000081
6	20.43	+0.026	0.000676	20.43	+0.019	0.000361
7	20.39	-0.014	0.000196	20.39	-0.021	0.000441
8	20.30	-0.104	0.010816	—	—	—
9	20.40	-0.004	0.000016	20.40	-0.011	0.000121
10	20.43	+0.026	0.000676	20.43	+0.019	0.000361
11	20.42	+0.016	0.000256	20.42	+0.009	0.000081
12	20.41	+0.006	0.000036	20.41	-0.001	0.000001
13	20.39	-0.014	0.000196	20.39	-0.021	0.000441
14	20.39	-0.014	0.000196	20.39	-0.021	0.000441
15	20.40	-0.004	0.000016	20.40	-0.011	0.000121
Σ	306.06		0.014960	285.76		0.003374
算术平均值	L=20.404			L_c=20.411		

(1) 利用来伊达准则求解

解：计算测量值的算术平均值 L 和残差 v_i，其中 $v_i = l_i - L$，填入表2-4中。

标准误差的估计值为

$$\hat{\sigma} = \sqrt{\frac{1}{15-1}\sum_{i=1}^{15} v_i^2} = \sqrt{\frac{1}{14} \times 0.014960}\,\text{mm} = 0.033\,\text{mm}$$

因 $|v_8| = 0.104\,\text{mm} > 3\hat{\sigma} = 0.099\,\text{mm}$，故舍去测量值 l_8。对剩下的14个测量值，再计算算术平均值 L_c、残差 v_{ic} 及 v_{ic}^2，列于表2-4中。再次计算标准误差的估计值为

$$\hat{\sigma}_c = \sqrt{\frac{1}{14-1}\sum_{i=1}^{14} v_{ic}^2} = \sqrt{\frac{1}{13} \times 0.003374}\,\text{mm} = 0.016\,\text{mm}$$

这时，14 个测量值的残差的绝对值均未超过 $3\hat{\sigma}_c$（0.048mm），说明已无过失误差引起的异常数据。

（2）利用格拉布斯准则求解

解：选定显著性水平 $\alpha = 0.05$，根据 $n = 15$，由表 2-2 查得 $G_0 = 2.41$，则残差极限值 v_G 计算为

$$v_G = G_0\hat{\sigma} = (2.41 \times 0.033)\,\text{mm} = 0.07953\,\text{mm}$$

因 $|v_8| = 0.104\,\text{mm} > v_G$，故测量值 l_8 应舍弃。l_8 舍弃后，$n_c = 14$，根据表 2-2 有 $G_{0c} = 2.37$，再次计算残差极限值 v_{Gc} 为

$$v_{Gc} = G_{0c}\hat{\sigma}_c = (2.37 \times 0.016)\,\text{mm} = 0.03792\,\text{mm}$$

剩下的 14 个测量值的残差均未超过 v_{Gc}，说明已无过失误差引起的异常数据。

（3）利用肖维纳准则求解

解：根据 $n = 15$，由表 2-3 得 $K_n = 2.13$，则残差限值为

$$v_{ch} = K_n\hat{\sigma} = (2.13 \times 0.033)\,\text{mm} = 0.07029\,\text{mm}$$

因 $|v_8| = 0.104\,\text{mm} > v_{ch}$，故测量值 l_8 应舍弃。l_8 舍弃后，$n_c = 14$，$K_{nc} = 2.10$，则

$$v_{chc} = K_{nc}\hat{\sigma}_c = (2.10 \times 0.016)\,\text{mm} = 0.0336\,\text{mm}$$

剩下的 14 个测量值的残差均未超过 v_{chc}，说明已无过失误差引起的异常数据。

2.2.5 等精密度测量参数测量值的处理

对某参数进行等精密度直接测量时，其测量值可能同时包含系统误差、随机误差和过失误差，为了得到可靠的测量结果，对这些误差应按前述理论进行分析处理，其处理步骤归纳如下：

1）判断并消除系统误差。设测量列的测量值为 $l_1, l_2, \cdots, l_n$，根据系统误差的判别方法判断测量列中是否含有系统误差。若测量列中含有系统误差，则可根据其大小和变化规律将其消除。

2）求算术平均值。消除系统误差后，按式（2-9）求出各测量值的算术平均值 L。

3）求残差。按式 $v_i = l_i - L$，求出各测量值的残差。这时，可根据求得的残差，再判断测量列中是否含有系统误差。若存在系统误差，则应予以消除，并仍然要由第 2）步开始进行计算。

4）求测量列标准误差的估计值 $\hat{\sigma}$。按式（2-15）计算测量列标准误差的估计值 $\hat{\sigma}$。

5）判断并舍弃含有过失误差的异常数据。根据异常数据的取舍准则，判断测量列中是否存在含有过失误差的异常数据，如果存在，则将其舍弃；然后重新按第 2）、3）、4）步计算，直至不再存在由过失误差引起的异常数据为止。

6）求算术平均值的标准误差 $\hat{\sigma}_L$。根据式（2-17）计算测量列算术平均值的标准误差。

7）测量结果的表达（置信区间的估计）。先选定置信概率 p，然后按自由度 $f = n - 1$ 查 t 分布表，得 $t_p(f)$，最后按式（2-20）写出测量结果的表达式。

8）如果重复测量次数多，可直接按式（2-21）或式（2-22）或式（2-23）写出测量结果。

在按上述步骤处理数据时，第1）步判断系统误差比较麻烦，可由第2）步开始计算，根据系统误差的判断方法，将其放在有关步骤之后。

【例2-3】 在发动机处于稳定工作情况下，对输出转矩进行了10次测量，得到如下测量值：143N·m，143N·m，145N·m，143N·m，138N·m，140N·m，144N·m，145N·m，143N·m，140N·m。试表达测量结果。

解：发动机稳定工作时，可以认为输出转矩的真实值保持不变，假定测量是等精密度的，现对数据处理如下：

1）判断系统误差。假定无固定的系统误差，可先由第2）步开始计算，但以后需判断有无变化的系统误差存在。

2）计算测量值的算术平均值 L = 142.4N·m。

3）求残差，计算结果见表2-5。由于残差和为0，说明算术平均值 L 的计算无误。根据残差分析法，残差的正负号变化无明显的规律，因此可判断测量列无变化的系统误差。

表2-5 残差及其平方

测量次序	测量值 l_i/N·m	残差 v_i/N·m	残差平方 v_i^2/(N·m)²
1	143	+0.6	0.36
2	143	+0.6	0.36
3	145	+2.6	6.76
4	143	+0.6	0.36
5	138	-4.4	19.36
6	140	-2.4	5.76
7	144	+1.6	2.56
8	145	+2.6	6.76
9	143	+0.6	0.36
10	140	-2.4	5.76
Σ	1424	0	48.40
算术平均值	142.4		

4）根据 $\hat{\sigma} = \sqrt{\dfrac{1}{n-1}\sum_{i=1}^{n} v_i^2}$ 计算测量列的标准差 $\hat{\sigma}$ 为2.32N·m。

5）判断过失误差。根据莱伊达准则 $|v_i| < 3\hat{\sigma} = 6.96$N·m，故可以判断测量值不含有过失误差。

6）计算算术平均值的标准差为 $\hat{\sigma}_L = \dfrac{\hat{\sigma}}{\sqrt{n}} = \dfrac{2.32}{\sqrt{10}}$N·m = 0.73N·m。

7）测量结果的表达（置信区间的估计）。选定置信概率 p = 0.9973，按自由度 $f = n-1 = 9$ 查 t 分布表得 $t_{0.9973}(9) = 4.09$，则

$$X = L \pm \hat{\sigma}_L t_p(n-1) = 142.4\text{N·m} \pm (0.73 \times 4.09)\text{N·m} = (142.4 \pm 2.98)\text{N·m} \quad (p = 0.9973)$$

2.3 试验数据的处理

处理试验数据不能一概而论，需要看实际情况，要具体问题具体分析。具体问题具体分析是指在矛盾普遍性原理的指导下，具体分析矛盾的特殊性，并找出解决矛盾的正确方法。本节主要介绍静态试验数据和动态试验数据的处理方法以及一些统计学基础知识。

2.3.1 静态试验数据处理

1. 抽样分布统计学基础知识

（1）χ^2 分布 设 X_1，X_2，…，X_n 是来自正态总体 $N(0,1)$ 的样本，则称统计量

$$\chi^2 = X_1^2 + X_2^2 + \cdots + X_n^2 \tag{2-29}$$

服从自由度为 n 的 χ^2 分布，记为 $\chi^2 \sim \chi^2(n)$。

$\chi^2(n)$ 分布的概率密度（图 2-8）为

$$f(y) = \frac{1}{2^{\frac{n}{2}} \Gamma\left(\frac{n}{2}\right)} y^{\frac{n}{2}-1} e^{-\frac{y}{2}}, y > 0 \tag{2-30}$$

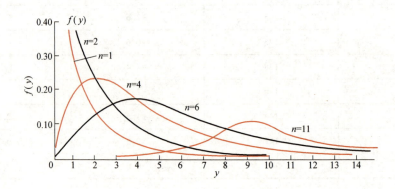

图 2-8 $\chi^2(n)$ 分布的概率密度函数

（2）t 分布 设 $X \sim N(0,1)$，$Y \sim \chi^2(n)$，且 X，Y 相互独立，则称随机变量

$$t = \frac{X}{\sqrt{\dfrac{Y}{n}}} \tag{2-31}$$

服从自由度为 n 的 t 分布，记为 $t \sim t(n)$。

$t(n)$ 分布的概率密度（图 2-9）为

$$h(t) = \frac{\Gamma\left(\dfrac{n+1}{2}\right)}{\sqrt{\pi n}\, \Gamma\left(\dfrac{n}{2}\right)} \left(1 + \frac{t^2}{n}\right)^{-\frac{(n+1)}{2}}, -\infty < t < +\infty \tag{2-32}$$

（3）F 分布 设 $U \sim \chi^2(n_1)$，$V \sim \chi^2(n_2)$，且 U，V 相互独立，则称随机变量

$$F = \frac{U/n_1}{V/n_2} \tag{2-33}$$

服从自由度为 (n_1, n_2) 的 F 分布，记为 $F \sim F(n_1, n_2)$。

$F(n_1, n_2)$ 分布的概率密度（图 2-10）为

$$\Psi(y) = \begin{cases} \dfrac{\Gamma\left(\dfrac{n_1+n_2}{2}\right)\left(\dfrac{n_1}{n_2}\right)^{\frac{n_1}{2}} y^{\frac{n_1}{2}-1}}{\Gamma\left(\dfrac{n_1}{2}\right)\Gamma\left(\dfrac{n_2}{2}\right)\left(1+\dfrac{n_1 y}{n_2}\right)^{\frac{n_1+n_2}{2}}}, & y>0 \\ 0, & \text{其他} \end{cases} \tag{2-34}$$

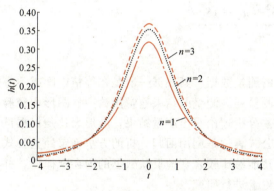

图 2-9　$t(n)$ 分布的概率密度函数　　　图 2-10　$F(n_1, n_2)$ 分布的概率密度函数

（4）正态总体的样本均值与样本方差　设总体 X（不管服从什么分布，只要均值和方差存在）的均值为 μ，方差为 σ^2，$X_1, X_2, \cdots, X_n$ 是来自 X 的一个样本，$\bar{x}$，s^2 分别是样本均值和样本方差，则有

$$E(\bar{x}) = \mu \tag{2-35}$$

$$D(\bar{x}) = \frac{\sigma^2}{n} \tag{2-36}$$

定理一：设 $X_1, X_2, \cdots, X_n$ 是来自正态总体 $N(\mu, \sigma^2)$ 的样本，$\bar{x}$ 是样本均值，则有

$$\bar{x} \sim N\left(\mu, \frac{\sigma^2}{n}\right) \tag{2-37}$$

定理二：设 $X_1, X_2, \cdots, X_n$ 是来自正态总体 $N(\mu, \sigma^2)$ 的样本，$\bar{x}$，s^2 分别是样本均值和样本方差，则有

1)
$$\frac{(n-1)s^2}{\sigma^2} \sim \chi^2(n-1) \tag{2-38}$$

2) $\bar{x}$，s^2 相互独立。

定理三：设 $X_1, X_2, \cdots, X_n$ 是来自正态总体 $N(\mu, \sigma^2)$ 的样本，$\bar{x}$，s^2 分别是样本均值和样本方差，则有

$$\frac{\bar{x}-\mu}{S/\sqrt{n}} \sim t(n-1) \tag{2-39}$$

定理四：设 $X_1, X_2, \cdots, X_{n_1}$ 与 $Y_1, Y_2, \cdots, Y_{n_2}$ 分别是来自正态总体 $N(\mu_1, \sigma_1^2)$ 和 $N(\mu_2, \sigma_2^2)$ 的样本，且这两个样本相互独立。设

$$\overline{X} = \frac{1}{n_1}\sum_{i=1}^{n_1} X_i, \quad \overline{Y} = \frac{1}{n_2}\sum_{i=1}^{n_2} Y_i \tag{2-40}$$

分别是这两个样本的样本均值，则有

$$\frac{s_1^2/s_2^2}{\sigma_1^2/\sigma_2^2} \sim F(n_1-1, n_2-1) \tag{2-41}$$

当 $\sigma_1^2 = \sigma_2^2 = \sigma^2$，

$$\frac{(\overline{X}-\overline{Y})-(\mu_1-\mu_2)}{S_w\sqrt{\frac{1}{n_1}+\frac{1}{n_2}}} \sim t(n_1+n_2-2) \tag{2-42}$$

其中

$$S_w^2 = \frac{(n_1-1)S_1^2+(n_2-1)S_2^2}{n_1+n_2-2}$$

2. 试验数据结果的表达

静态试验数据指的是不随时间变化而变化的测量数据。其数据一般是在等精密度或不等精密度测量条件下获得的离散的、带有误差的测量列。测量的结果通常用数字、图形和经验公式三种方式表达。数字表达可以采用测量误差分析理论写出测量结果；图形表达是根据试验结果作出尽可能反映真实情况的曲线；经验公式表达是利用回归分析的方法确定经验公式的函数类型及其参数。试验数据经验公式的表达能够比较客观地反映数据的内在规律性，并且形式紧凑，便于用数学分析方法进一步从理论上进行研究。

试验数据结果的图形表达形象直观，易显示出数据变化的趋势和特征，便于找出数学模型和预测某种现象，但若在作图过程中对某些问题处理不当，则会造成一些假象而得出错误的结论。因此，正确地用图形法表达试验数据，必须对坐标的选择与分度、数据描点等问题进行认真的考虑。

（1）**坐标的选择与分度** 常用作图坐标有直角坐标和极坐标两种。在直角坐标中，又可分为均匀分度的直角坐标和非均匀分度的直角坐标，后者如对数坐标、三角函数坐标等，作图时应根据具体情况合理选择。工程上多采用直角坐标。在数据变化具有指数特征时，用对数坐标可压缩图幅。

通常 x 作为自变量，以横坐标表示，y 作为因变量，以纵坐标表示。在直角坐标中，线性分度应用较多，分为1、2、5最为方便，应尽量避免使用易引起读数误差的3、6、7、9这类分度；坐标分度取值应与测量精密度相吻合。分度值过小会人为地夸大测量精密度，造成错觉；反之，分度值过大会人为地降低原有的测量精密度。无论是自变量还是因变量，坐标线的标度值均不一定从零开始。在分度值与测量精密度相适应的前提下，坐标线标度值的起点可取低于试验数据最小值的某一整数，终点可取高于最大值的某一整数，以便使试验数据的图像占满整个幅面。两坐标轴的比例尺不一定相同，可根据具体情况进行选择。坐标线标度值标出的有效数字应与测量数据的有效数字相同，每个坐标轴都应注明名称与单位。

（2）**数据描点与曲线描绘** 在一般情况下，根据试验数据即可在坐标线上标出数据点。如果考虑到试验的误差，则应采用空心圆、三角形、矩形、正方形、十字形及叉号等表示不同的数据，其中心代表算术平均值，半径或边长代表测量误差。矩形的一边等于自变量标准

误差的两倍,另一边则等于因变量标准误差的两倍。如果自变量与因变量的标准误差相等,则习惯用空心圆代表各数据点,圆心为算术平均值,半径为标准误差值。

在曲线描绘中,数据点不可能全部落在一条光滑的曲线上。一般绘制曲线的原则是:曲线应光滑匀整,所有数据点要靠近曲线,大体上随机地分布在曲线两侧并落在误差带范围内,但不必都在曲线上。在曲线急剧变化的地方,数据点应选密一些。

当数据的分散度较大时,徒手绘制曲线较困难,在要求不太高时,可采用下面两种简便方法。

1) 分组平均法。分组平均法是把试验数据点分成若干组,每组包含2~4个数据点不等,然后分别求出各组数据点几何质心的坐标,按其几何质心坐标进行曲线描绘的方法。利用分组平均法描绘的曲线,由于进行了数据平均,因此在一定程度上减小了测量过程中随机误差的影响。各几何质心点的分散程度显著减少,从而使作图较为方便和准确。分组的数目应视具体情况而定,分组太细,平均效果不明显;分组太粗,会因平均点很少,给作图带来困难,还可能掩盖住函数本身的特性。因此,曲线斜率较大或变化规律重要的部分可分得细些,曲线较平坦部分可分得粗些。

2) 残差图法。当描绘的曲线存在直线关系时,若所得直线是最佳的,则此时的残差和及残差平方和趋向最小值。若所得直线与理想的最佳直线发生了偏斜,则此时的残差和不等于0。作出残差图,分析其变化规律然后予以修正,这就是利用残差图法修正直线的基本思想。

设试验数据服从于一条理想的直线 AA',BB'代表有偏差的直线。对于这样有偏差的直线,修正过程如下:

① 列出试验数据对 x_i,y_i 的值,并标注在坐标纸上。

② 根据坐标点作一条直线,并求出如下直线的方程。

$$y = ax + b$$

③ 求出各 x_i 所对应的残差。

$$v_i = y_i - (ax_i + b)$$

④ 求出残差直线方程。

$$v = a'x + b'$$

⑤ 求出修正后的直线方程。

$$y = a_1 x + b_1$$

式中,$a_1 = a + a'$;$b_1 = b + b'$。

修正后的直线方程参数 a_1 和 b_1 值并不是理想的最佳直线方程参数值,只是比 a 和 b 更接近实际值。通常修正一次即能满足一般要求,如果要求特别高时,可进行多次修正,直到满足要求为止。

3. 回归分析与曲线拟合

在静态试验数据处理中,寻求用简便的经验公式表达各变量之间的关系是很重要的。根据最小二乘法原理确定经验公式的数理统计方法称为回归分析。其中处理两个变量之间的关系称为一元回归分析,处理多个变量之间的关系称为多元回归分析。

通过回归分析寻求经验公式,需要解决三个问题,即确定经验公式的函数类型、确定函数中的各参数值、对该经验公式的精度做出评价。

(1) **一元线性回归**　若两个变量间的关系是线性的,则称为一元线性回归,它是工程和科研中常见的直线拟合问题。

1）回归方程的确定。将两个变量的各个试验数据点画在坐标纸上，如果各点的分布近似于一条直线，则可考虑采用线性回归。实测值与计算值之差代表残差，残差越小，说明回归直线越接近理想的最佳直线。

$$\hat{y} = a + bx \tag{2-43}$$

式中，$\hat{y}$ 为计算出的因变量值；x 为自变量值；a，b 为线性回归系数。

线性回归的原则：找出一条直线与实测数据之间的误差，比任何其他直线与实测数据之间的误差都小，即残差的平方和最小，这就是最小二乘法的基本思想。

$$Q_y = \sum_{i=1}^{n} v_i^2 = \sum_{i=1}^{n} (y_i - \hat{y}_i)^2 = \min \tag{2-44}$$

式中，Q_y 为残差平方和；y_i 为实测值；$\hat{y}_i$ 为回归直线上的理论计算值。

$$Q_y = \sum_{i=1}^{n} (y_i - \hat{y}_i)^2 = \sum_{i=1}^{n} [y_i - (a + bx_i)]^2 = \min \tag{2-45}$$

令 $\dfrac{\partial Q_y}{\partial a} = 0$，$\dfrac{\partial Q_y}{\partial b} = 0$，求出

$$a = \bar{y} - b\bar{x} \tag{2-46}$$

$$b = \dfrac{l_{xy}}{l_{xx}} \tag{2-47}$$

式中，$\bar{x} = \dfrac{1}{n}\sum_{i=1}^{n} x_i$；$\bar{y} = \dfrac{1}{n}\sum_{i=1}^{n} y_i$；$l_{xx} = \sum_{i=1}^{n}(x_i - \bar{x})^2 = \sum_{i=1}^{n} x_i^2 - \dfrac{1}{n}(\sum_{i=1}^{n} x_i)^2$；$l_{xy} = \sum_{i=1}^{n}(x_i - \bar{x})(y_i - \bar{y}) = \sum_{i=1}^{n} x_i y_i - \dfrac{1}{n}\sum_{i=1}^{n} x_i \sum_{i=1}^{n} y_i$；$n$ 为试验数据个数。

【例 2-4】某车辆在水平的直线路上行驶，在不同的距离 S 下测出车辆行驶的时间 t，对应的数据见表 2-6，试确定其回归方程。

表 2-6 距离 S 与时间 t 试验数据

序号	1	2	3	4	5	6	7	8
S/m	700	900	1160	1190	1270	1490	1620	2130
t/min	3.8	4.2	4.7	4.8	4.9	5.4	5.6	6.7

解： 取距离 S 为自变量，用横坐标表示；时间 t 为因变量，用纵坐标表示。将表 2-6 中的数据画在坐标纸上，如图 2-11 所示。

从图 2-11 可以看出，这些点近似于一条直线，于是可以利用一条直线来代替变量之间的关系，即

$$\hat{y} = a + bx$$

式中，$\hat{y}$ 为公式中算出的时间 t 值；x 为距离 S 的值；a，b 为线性回归系数。

根据表 2-6 的实测数据，利用式（2-46）和

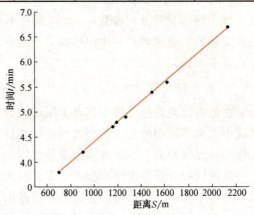

图 2-11 距离 S 与时间 t 的关系曲线

式（2-47）可以求出回归系数 a 和 b，并确定车辆行驶时间和距离之间关系的回归方程，即

$$\hat{y} = 2.37 + 0.00202x$$

2）回归方程精度与显著性检验。确定回归直线后，可根据自变量 x 预测或控制因变量 y 值。预测或控制的效果即回归方程的精度问题，通常采用方差分析来检验回归效果，确定回归方程的精度。

在一组试验数据中，变量 y 的变动情况可以用各测量值 y_i 与其平均值 $\bar{y}$ 之差的平方和来表示，称为总离差平方和，记为 Q_z。

$$Q_z = l_{yy} = \sum_{i=1}^{n}(y_i - \bar{y})^2 = \sum_{i=1}^{n}[(y_i - \hat{y}_i) + (\hat{y}_i - \bar{y})]^2$$

$$= \sum_{i=1}^{n}(y_i - \hat{y}_i)^2 + \sum_{i=1}^{n}(\hat{y}_i - \bar{y})^2 = Q_y + U \tag{2-48}$$

式中，$Q_y = \sum_{i=1}^{n}(y_i - \hat{y}_i)^2$；$U = \sum_{i=1}^{n}(\hat{y}_i - \bar{y})^2$；$U$ 称为回归平方和，它反映了回归直线上的点 $\hat{y}_i$ 对平均值 $\bar{y}$ 的变动；Q_y 为残差平方和，它反映了试验数据 y_i 与回归直线的偏离程度。Q_y 的均方根值 $\hat{\sigma}$ 称为残差标准误差，它可以用来衡量所有随机因素对 y 的一次性观测的平均变差的大小，$\hat{\sigma}$ 越小，回归直线的精度越高。

$$\hat{\sigma} = \sqrt{\frac{Q_y}{n-2}} = \sqrt{\frac{\sum_{i=1}^{n}(y_i - \hat{y}_i)^2}{n-2}} = \sqrt{\frac{\sum_{i=2}^{n}(y_i - (a+bx_i))^2}{n-2}} \tag{2-49}$$

$$U = \sum_{i=1}^{n}(\hat{y}_i - \bar{y})^2 = \sum_{i=1}^{n}(a + bx_i - a - b\bar{x})^2$$

$$= b^2 \sum_{i=1}^{n}(x_i - \bar{x})^2 = b^2 l_{xx} = bl_{xy} \tag{2-50}$$

$$Q_y = l_{yy} - U = l_{yy} - bl_{xy} \tag{2-51}$$

一个回归方程是否显著，即 y 与 x 的线性关系是否密切，取决于 U 及 Q_y 的大小。U 越大，Q_y 越小，说明 y 与 x 的线性关系越密切。回归方程显著性检验常采用 F 检验法（即方差分析法）和相关分析法。

① F 检验法。方差又称为均方，而自由度是表征在计算随机变量平方和时，有多少个随机变量独立线性函数要考虑的数。因此，方差分析的关键是在正确计算平方和的基础上，决定其自由度。

总离差平方和 Q_z 的自由度 f 为 $n-1$。由于平方和相对应的自由度具有可叠加性，因此总的自由度 f 也等于 f 回归平方和的自由度 f_U 与残差平方和的自由度 f_{Q_y} 之和，即

$$f = f_U + f_{Q_y} \tag{2-52}$$

回归平方和的自由度 f_U 对应的自变量的个数，在一元线性回归中，$f_U = 1$，因此

$$f_{Q_y} = f - f_U = n - 2 \tag{2-53}$$

令统计量 F 为

$$F = \frac{U/f_U}{Q_y/f_{Q_y}} \tag{2-54}$$

对于一元线性回归，则

$$F = \frac{U/f_U}{Q_y/f_{Q_y}} = \frac{U/1}{Q_y/(n-2)} \tag{2-55}$$

根据显著性水平 α 及自由度 f_U、f_{Q_y}，查 F 分布表得到 $F_\alpha(1, n-2)$。

若 $F \geq F_{0.01}(1, n-2)$，则回归高度显著；若 $F_{0.05}(1, n-2) \leq F \leq F_{0.01}(1, n-2)$，则回归显著；若 $F < F_{0.1}(1, n-2)$，则回归不显著。

方差分析公式见表 2-7。

表 2-7 方差分析公式

变差来源	平方和	自由度	方差	F 值
回归	$U = bl_{xy}$	1	—	$F = \dfrac{U/1}{Q_y/(n-2)}$
残差	$Q_y = l_{yy} - bl_{xy}$	$n-2$	$\hat{\sigma}^2 = \dfrac{Q_y}{n-2}$	
总计	$Q_z = l_{yy}$	$n-1$	—	—

【例 2-5】 对表 2-6 所提供的试验数据所求得的回归直线进行显著性检验。

解：根据上述分析，将表 2-6 所提供的试验数据代入表 2-7，可得回归直线的方差分析表，见表 2-8。

表 2-8 方差分析

变差来源	平方和	自由度	方差	F 值
回归	5.626205	1		13269
残差	0.002545	6	0.000424	
总计	5.62875	7	—	—

从 F 分布表中查出：$F_{0.01}(1,6) = 13.7$；由于 $F = 13269 > F_{0.01}(1,6)$，所以表 2-6 提供的试验数据所求得的回归直线高度显著。

② 相关分析法。检查回归直线是否正确，还可以采用相关分析法。由于回归平方和 U 与总离差平方和 Q_z 的比值反映了回归的效果，该比值越大，即 U 越大，Q_z 越小，则两变量的线性关系越密切。因此，令

$$\gamma = \sqrt{\frac{U}{Q_z}} = \sqrt{\frac{bl_{xy}}{l_{yy}}} = \frac{l_{xy}}{\sqrt{l_{xx}l_{yy}}} \tag{2-56}$$

式中，γ 为相关系数，$0 \leq |\gamma| \leq 1$。若 $|\gamma| = 1$，表示所有的试验点都严格地分布在同一条直线上，即其有确定的线性关系；若 $|\gamma|$ 趋近于零，则认为 y 与 x 之间没有线性关系。

3) y 值的预测区间

$$\hat{y}_0(x = x_0) = \pm t_{\frac{\alpha}{2}}(n-2)\hat{\sigma}\sqrt{1 + \frac{1}{n} + \frac{(x_0 - \bar{x})^2}{l_{xx}}} \tag{2-57}$$

置信水平为 $1-\alpha$ 的预测区间。

(2) 一元非线性回归 在实际问题中，当两个变量之间不符合线性关系时，一般分两步求得所需的回归方程，即选取合适的函数类型，然后求解相关函数中的回归系数和常数项。一元非线性回归分析是试验数据处理中的曲线拟合问题，通常是通过变量转换把回归曲

线转换成直线，然后用一元线性回归方法求解，或者直接用回归多项式来描述两变量之间的关系。

1) 化曲线为直线的回归。化曲线为直线的回归需通过四个步骤来完成：选取合适的函数类型；通过变量转换把非线性关系函数转化为线性关系函数；进行一元线性回归分析；通过变量反转换，将求出的线性关系还原为非线性关系，即得到所要求的拟合曲线。

在选取并确定合适的函数类型时，可以采用比较法，将试验数据作图后与典型曲线比较，以确定曲线类型；也可根据专业知识，从理论推导或根据试验经验确定两变量之间的函数类型。

典型曲线通过变量转换化成直线的经验公式如下：

① 双曲线 $\frac{1}{y}=a+\frac{b}{x}$：令 $Y=\frac{1}{y}$，$X=\frac{1}{x}$，$A=a$，$B=b$，则 $Y=A+BX$。

② 对数曲线 $y=a+b\lg x$：令 $Y=y$，$X=\lg x$，$A=a$，$B=b$，则 $Y=A+BX$。

③ 指数曲线 $y=ae^{bx}$：令 $Y=\ln y$，$X=x$，$A=\ln a$，$B=b$，则 $Y=A+BX$。

④ 幂函数曲线 $y=ax^b$：令 $Y=\lg y$，$X=\lg x$，$A=\lg a$，$B=b$，则 $Y=A+BX$。

【例2-6】 在一项试验中，对变量 x 和 y 进行实测，其数据见表2-9，试确定其回归方程。

表 2-9 试验数据

序号	1	2	3	4	5	6	7	8
x	2	3	4	5	6	7	8	9
y	6.42	8.20	9.85	9.50	9.70	10.00	9.93	9.99
序号	9	10	11	12	13	14	15	—
x	10	11	12	13	14	15	16	—
y	10.49	10.59	10.60	10.80	10.00	10.90	10.76	—

解： ① 确定回归方程的函数类型。将表2-9中的数据画在坐标纸上，如图2-12所示，从图中可以看出，数据点的分布与双曲线接近，故初步判断回归方程是一条双曲线，于是可表示为

$$\frac{1}{y}=a+\frac{b}{x}$$

② 通过变量转换化曲线函数为直线函数。令 $Y=\frac{1}{y}$，$X=\frac{1}{x}$，则双曲线函数式变成 $Y=a+bX$。

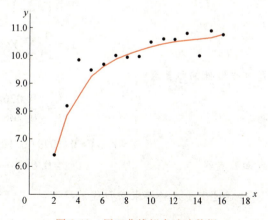

图 2-12 用双曲线拟合试验数据

③ 进行一元回归。将表2-9中的 x 和 y 取倒数后，分别得到 X 和 Y，并进行相应的运算，然后列于表2-10中。

表 2-10 一元回归计算

序号	X	Y	X^2	Y^2	XY
1	0.500	0.156	0.2500	0.0243	0.0779
2	0.333	0.122	0.1111	0.0149	0.0407
3	0.250	0.102	0.0625	0.0103	0.0254
4	0.200	0.105	0.0400	0.0111	0.0211
5	0.167	0.103	0.0278	0.0106	0.0172
6	0.143	0.100	0.0204	0.0100	0.0431
7	0.125	0.101	0.0156	0.101	0.0126
8	0.111	0.100	0.0123	0.0100	0.0111
9	0.100	0.095	0.0100	0.0091	0.0095
10	0.091	0.094	0.0083	0.0089	0.0086
11	0.083	0.094	0.0069	0.0089	0.0079
12	0.077	0.093	0.0059	0.0086	0.0071
13	0.071	0.094	0.0051	0.0089	0.0067
14	0.067	0.092	0.0044	0.0034	0.0061
15	0.063	0.093	0.0039	0.0085	0.0058
Σ	2.381	1.544	0.5843	0.1627	0.2719

根据表 2-10 中数据可算出：

$$l_{xx} = \sum_{i=1}^{15}(X_i - \overline{X})^2 = \sum_{i=1}^{15} X_i^2 - \frac{1}{15}\left(\sum_{i=1}^{15} X_i\right)^2 = 0.5843 - 0.377 = 0.2073$$

$$l_{xy} = \sum_{i=1}^{15}(X_i - \overline{X})(Y_i - \overline{Y}) = \sum_{i=1}^{15} X_i Y_i - \frac{1}{15}\sum_{i=1}^{15} X_i \sum_{i=1}^{15} Y_i$$

$$= 0.2719 - 0.2451 = 0.0268$$

$$\overline{X} = \frac{1}{15}\sum_{i=1}^{15} X_i = 0.1587$$

$$\overline{Y} = \frac{1}{15}\sum_{i=1}^{15} Y_i = 0.1029$$

于是可得线性回归系数：

$$b = \frac{l_{xy}}{l_{xx}} = \frac{0.0268}{0.2064} = 0.1298$$

$$a = \overline{Y} - b\overline{X} = 0.1029 - 0.1298 \times 0.1587 = 0.0823$$

得到回归直线 $Y = 0.0823 + 0.1298X$

④ 通过变量反转换求回归线。将 $Y = \frac{1}{y}$，$X = \frac{1}{x}$ 代入，则可得回归曲线为

$$\frac{1}{y} = 0.0823 + \frac{0.1298}{x}$$

2）多项式回归。若一组试验数据很难用一个典型函数曲线来描述，则可用一个多项式

来逼近。

设多项式为

$$y = a_0 + a_1 x + a_2 x^2 + \cdots + a_m x^m \tag{2-58}$$

① 多项式次数的确定。多项式次数的确定一般采用差分法。设自变量的取值是等间距的，即

$$x_2 - x_1 = x_3 - x_2 = \cdots = x_m - x_{m-1} = \Delta x \tag{2-59}$$

计算出因变量 y 的相邻之间的差值，称为一阶差值 Δy。

$$\Delta y_1 = y_2 - y_1, \Delta y_2 = y_3 - y_2, \cdots, \Delta y_{m-1} = y_m - y_{m-1} \tag{2-60}$$

二阶差值 $\Delta^2 y$ 为

$$\Delta^2 y_1 = \Delta y_2 - \Delta y_1, \Delta^2 y_2 = \Delta y_3 - \Delta y_2, \cdots \tag{2-61}$$

三阶差值 $\Delta^3 y$，$\cdots$，$\Delta^n y$ 为

$$\Delta^3 y_1 = \Delta^2 y_2 - \Delta^2 y_1, \Delta^3 y_2 = \Delta^2 y_3 - \Delta^2 y_2, \cdots \tag{2-62}$$

$$\Delta^n y_1 = \Delta^{n-1} y_2 - \Delta^{n-1} y_1, \Delta^n y_2 = \Delta^{n-1} y_3 - \Delta^{n-1} y_2, \cdots \tag{2-63}$$

当某阶差值之间的最大差值 $(\Delta^n y)_{\max}$ 不大于 y 的测量误差 δ_y 累积起来的该阶差值的误差时，此阶数即为多项式的次数，即

$$(\Delta^n y)_{\max} \leq 2^n |\delta_y| \tag{2-64}$$

【例 2-7】 测试数据列于表 2-11 中的第 1、2 列。已知 y 的测量误差 $\delta_y = \pm 0.05$，试确定回归多项式的次数。

表 2-11 差值计算

x	y	Δy	$\Delta^2 y$	$\Delta^3 y$
1	4.0	4.0	1.9	0.2
2	8.0	5.9	2.1	0.1
3	13.9	8.0	2.2	0.1
4	21.9	10.2	2.3	—
5	32.1	12.5	—	—
6	44.6	—	—	—

解：由表 2-11 可见，二阶差值之间的最大差 $(\Delta^3 y)_{\max} = 0.2$，而由测量误差带来的二阶差值的误差为 $2^n |\delta_y| = 2^2 \times 0.05 = 0.2$，即 $(\Delta^3 y)_{\max} = 2^2 |\delta_y|$ 满足试 (2-64) 的要求，因此多项式的次数为 2，即

$$y = a_0 + a_1 x + a_2 x^2$$

② 多项式系数的确定。多项式系数的确定一般采用最小二乘法。实际测量值与回归多项式计算值的平方和为最小，即

$$Q_y = \sum_{i=1}^{n} (y_i - \hat{y}_i)^2 = \sum_{i=1}^{n} [y_i - (a_0 + a_1 x + a_2 x^2 + \cdots + a_m x^m)]^2$$

$$= \sum_{i=1}^{n} [y_i - \sum_{j=0}^{m} a_j x_i^j]^2 = \min \tag{2-65}$$

令 $\dfrac{\partial Q_y}{\partial a_0} = 0$，$\dfrac{\partial Q_y}{\partial a_1} = 0$，$\cdots$，$\dfrac{\partial Q_y}{\partial a_m} = 0$，即可求出 a_0，a_1，$\cdots$，a_m 的数值，即

$$a_0 = D_0/D; a_1 = D_1/D; \cdots; a_m = D_m/D$$

$$D = \begin{vmatrix} n & \sum x_i & \sum x_i^2 & \cdots & \sum x_i^m \\ \sum x_i & \sum x_i^2 & \sum x_i^3 & \cdots & \sum x_i^{m+1} \\ \sum x_i^2 & \sum x_i^3 & \sum x_i^4 & \cdots & \sum x_i^{m+2} \\ \vdots & \vdots & \vdots & & \vdots \\ \sum x_i^m & \sum x_i^{m+1} & \sum x_i^{m+2} & \cdots & \sum x_i^{2m} \end{vmatrix} \quad (2\text{-}66)$$

$$D_0 = \begin{vmatrix} \sum y_i & \sum x_i & \sum x_i^2 & \cdots & \sum x_i^m \\ \sum x_i y_i & \sum x_i^2 & \sum x_i^3 & \cdots & \sum x_i^{m+1} \\ \sum x_i^2 y_i & \sum x_i^3 & \sum x_i^4 & \cdots & \sum x_i^{m+2} \\ \vdots & \vdots & \vdots & & \vdots \\ \sum x_i^m y_i & \sum x_i^{m+1} & \sum x_i^{m+2} & \cdots & \sum x_i^{2m} \end{vmatrix} \quad (2\text{-}67)$$

$$D_1 = \begin{vmatrix} n & \sum y_i & \sum x_i^2 & \cdots & \sum x_i^m \\ \sum x_i & \sum x_i y_i & \sum x_i^3 & \cdots & \sum x_i^{m+1} \\ \sum x_i^2 & \sum x_i^2 y_i & \sum x_i^4 & \cdots & \sum x_i^{m+2} \\ \vdots & \vdots & \vdots & & \vdots \\ \sum x_i^m & \sum x_i^m y_i & \sum x_i^{m+2} & \cdots & \sum x_i^{2m} \end{vmatrix} \quad (2\text{-}68)$$

$$\vdots$$

$$D_m = \begin{vmatrix} n & \sum x_i & \sum x_i^2 & \cdots & \sum y_i \\ \sum x_i & \sum x_i^2 & \sum x_i^3 & \cdots & \sum x_i y_i \\ \sum x_i^2 & \sum x_i^3 & \sum x_i^4 & \cdots & \sum x_i^2 y_i \\ \vdots & \vdots & \vdots & & \vdots \\ \sum x_i^m & \sum x_i^{m+1} & \sum x_i^{m+2} & \cdots & \sum x_i^m y_i \end{vmatrix} \quad (2\text{-}69)$$

③ 回归曲线方程的效果评定。相关系数 R 为

$$R = 1 - \frac{\sum (y_i - \hat{y}_i)^2}{\sum (y_i - \bar{y}_i)^2} \quad (2\text{-}70)$$

式中，$i = 1, 2, \cdots, n$。R 越接近于 1，表明所拟合曲线的效果越好，其回归越显著。

残差标准误差 $\hat{\sigma}$

$$\hat{\sigma} = \sqrt{\frac{Q_y}{n-q}} = \sqrt{\frac{\sum_{i=1}^{n}(y_i - \hat{y}_i)^2}{n-q}} \quad (2\text{-}71)$$

式中，q 为回归方程中待定系数的个数。$\hat{\sigma}$ 越小说明回归曲线的精度越高。

（3）多元线性回归 若因变量 y 与多个变量有关，则为多元回归问题。多元回归中最简单的是多元线性回归。许多非线性回归和多项式回归都可化为多元线性回归问题来研究。

（4）应用实例 采用静态试验数据处理方法对滑行试验的试验数据进行二次回归计算，

可得出汽车滑行阻力系数，从而得到比较准确的车辆道路阻力模型。

在排放试验中，需要在底盘测功机上模拟道路行驶阻力。底盘测功机的阻力可以由数学模型来描述，模型为

$$F = m_0 \frac{dv}{dt} = a + bv + cv^2 \qquad (2\text{-}72)$$

式中，a 为与速度无关的常数项阻力（如道路摩擦力等）；b 为与速度一次项有关的阻力（如传动系阻力）；c 为与速度二次项有关的阻力（如风阻等）。

为处理方便，将此微分方程在速度 v 的某些局部定义域内差分化，试验车以车速 $v_i+\Delta v$ 滑行至车速 $v_i-\Delta v$，当行驶速度变化即 Δv 较小（$\Delta v \leqslant 5$km/h）时，我们可以认为这一过程是均匀减速运动。可以列写如下方程

$$a_i = \frac{dv}{dt} = \frac{(v_i+\Delta v)-(v_i-\Delta v)}{t_d} = \frac{2\Delta v}{t_d} \qquad (2\text{-}73)$$

式中，a_i 为由车速 $v_i+\Delta v$ 减速至 $v_i-\Delta v$ 过程中的平均减速度，即在速度为 v_i 时刻的减速度；t_d 为由车速 $v_i+\Delta v$ 减速至 $v_i-\Delta v$ 过程的时间长度；v_i 为选取的速度降区间的速度中点。

这样，将式（2-73）代入式（2-72），可得到在速度为 v_i 时的制动力为

$$m_0 \frac{2\Delta v}{t_d} = F_i = a + bv_i + cv_i^2 \qquad (2\text{-}74)$$

滑行试验的目的是在高速到低速的断开动力链的自由减速过程中，使用适当仪器和方法获取并记录一系列等速度降过程的速度降区间的速度中点 v_i，及各个过程时间 t_d；依据记录数据建立一系列（与选取的记录过程组数相同）关于动力参数 a，b，c 的三元一次方程，构成方程组；再根据这个方程组，使用二元回归等方法，算出最优动力参数 a，b，c，为底盘测功机提供精确的道路行驶阻力模拟设定值。

数据处理方法可对试验数据进行二次回归计算，得到 a，b，c 三个待定系数。滑行试验中可以得到式（2-74）中的 n 组两个参数对：v_i，F_i。将参数带入方程 $F_i = a + bv_i + cv_i^2$，$i = 1$，2，$\cdots$，n，n 为数据组数，可以得到 n 个关于 a，b，c 的一次方程，这些方程构成关于 a，b，c 的线性方程组。

使用二次回归求解 a，b，c。二次回归的原理和方法如下：

1）最小偏差准则。最小偏差准则是用来创造回归直线 $y = ax+b$ 的，使之在 n 个控制点 (x_1, y_1)，(x_2, y_2)，$\cdots$，(x_n, y_n) 上满足控制点到直线的垂直距离的平方和最小的方法。

2）构造回归直线。构造回归直线就是找到适当的 a，b 使得距离平方和 $S = \sum_{i=1}^{n}[y_i - (ax_i + b)]^2$ 取得最小值。将最小偏差准则应用于构造二次回归曲线 $F = a + bv + cv^2$，使得在 n 个控制点 (x_1, y_1)，(x_2, y_2)，$\cdots$，(x_n, y_n) 上满足控制点到二次曲线的垂直距离的平方和最小。算法的目的就是求取待定系数 a，b，c，使得

$$S = \sum_{i=1}^{n}[F_i - (a + bv_i + cv_i^2)]^2 \qquad (2\text{-}75)$$

在 a，b，c 的取值下取得最小值。

由式（2-75），S 可以被表示为 a 的二次多项式形式（认为 b，c 为常数），对应地，S 也可以分别被表示为 b 和 c 的二次多项式形式（认为其他两个变量为常数），即

$$S = c^2 \sum v_i^4 + 2c \sum (bv_i^3 + av_i^2 - v_i^2 F_i) + \sum (bv_i + a - F_i)^2 \qquad (2\text{-}76)$$

$$S = b^2 \sum v_i^2 + 2b \sum (cv_i^3 + av_i - v_i F_i) + \sum (cv_i^2 + a - F_i)^2 \tag{2-77}$$

$$S = a^2 \sum 1 + 2a \sum (cv_i^2 + bv_i - F_i) + \sum (cv_i^2 + bv_i - F_i)^2 \tag{2-78}$$

$S(a, b, c)$ 是关于 a, b, c 的三元二次多项式函数。a, b, c 的取值范围,即 S 的定义域是整个实数域。求待定系数 a, b, c 使得 S 最小,就是求 $S(a, b, c)$ 在定义域上的最小值点。由 S 的偏差平方和的属性可知,S 的最值是最小值而不是最大值。若 $S(a, b, c)$ 在 (a_m, b_m, c_m) 上取得最小值,则 (a_m, b_m, c_m) 要么在定义域的边界,要么在驻点上。S 的定义域是整个实数域,在边界上的值是无穷大,不可能是最小值,所以最小值 (a_m, b_m, c_m) 点在 S 的驻点上。

对 S 分别求 a, b, c 的偏导函数并令其为零,得到以 a, b, c 为未知数的三元一次方程组

$$\frac{\partial S}{\partial c} = (2 \sum v_i^4) c + 2 \sum (bv_i^3 + av_i^2 - v_i^2 F_i) = 0 \tag{2-79}$$

$$\frac{\partial S}{\partial b} = (2 \sum v_i^2) b + 2 \sum (cv_i^3 + av_i - v_i F_i) = 0 \tag{2-80}$$

$$\frac{\partial S}{\partial a} = 2na + 2 \sum (cv_i^2 + bv_i - F_i) = 0 \tag{2-81}$$

整理,得

$$\sum v_i^4 c + \sum v_i^3 b + \sum v_i^2 a = \sum v_i^2 F_i \tag{2-82}$$

$$\sum v_i^3 c + \sum v_i^2 b + \sum v_i a = \sum v_i F_i \tag{2-83}$$

$$\sum v_i^2 c + \sum v_i b + na = \sum F_i \tag{2-84}$$

这个线性方程组的解有两种情况:无解和有唯一解。

这个方程组的解,即为函数 $S(a, b, c)$ 在定义域上的驻点。由前面的结论,最小值 (a_m, b_m, c_m) 点在 S 的驻点上,所以:当解唯一时,最小值点在唯一驻点上,解就是函数 $S(a, b, c)$ 在定义域上的最小值;当无解时,函数 $S(a, b, c)$ 在定义域上没有最小值(即不存在 a, b, c 使得 F 可表为 $a+bv+cv^2$)。

使用最小二乘法,对 F_i 进行二次函数 $a+bv+cv^2$ 拟合,得到的正态方程也是式(2-82)~式(2-84)。解线性方程组,得到解 c, b, a,构造二次曲线 $f(c, b, a)$。(c, b, a) 即为通过试验数据处理得到的滑行动力参数 c, b, a。二次曲线 $f(c, b, a)$ 即为制动力。

线性方程组可以使用克莱姆法则求解,通过代数方法求解二次回归,计算得出 3 个阻力系数。这样可以自动化完成试验数据的处理计算,得到比较准确的车辆道路行驶阻力模型。

2.3.2 动态试验数据处理

1. 试验数据处理概述

(1) **数据的分类** 动态试验数据指的是随时间变化而变化的测量数据,通常是以时间为自变量的连续函数。根据试验数据所表征的变化特点,试验数据可分为确定性数据和随机性数据两类。

1) 确定性数据。能用明确的数学关系式描述的数据,称为确定性数据,它可以分为周

期性数据和非周期性数据两种。周期性数据包括正弦周期性数据和复杂周期性数据；而非周期性数据包括准周期性数据和瞬变数据。

2）随机性数据。不能用明确的数学关系式描述的数据，称为随机性数据。随机性数据在每个瞬时的值是不确定的，而且永远不会重复出现，只能用数理统计的方法来分析其统计特性。随机性数据是由随机现象产生的，而随机现象的进行过程用随机过程来描述。随机过程可分为平稳过程和非平稳过程两类。

平稳过程是指其统计特性不随时间的推移而变化的随机过程。平稳过程的均值、方差、均方值是与时间无关的常量，其相关函数及协方差仅是时移的函数，而与过程的起止时刻无关。因此，平稳过程最重要的特点是过程在不同时刻具有相同的统计特征。与平稳过程相反，非平稳过程的统计特性是随着时间的推移而变化的。

平稳过程可分为各态历经过程和非各态历经过程。若随机过程的总体平均参数，可用任一时间历程按时间平均所求得的统计参数来代替，则这类随机过程称为各态历经随机过程。实践证明，许多随机现象都可以在不同程度上视为各态历经随机过程。因此，可以用时间充分长的单个样本函数的时间平均统计参数来代替总体的平均统计值。

(2) **数据分析与处理的步骤**　试验数据的分析与处理是整个试验过程的一个重要环节。测量系统所提供的数据通常以电压时间历程的形式出现，它是隐含事物内在规律的原始资料，只有经过一定的处理和分析，才能从原始记录中获取有用的信息。数据分析的项目及步骤与数据的最终用途有关，也与数据本身的类型有关。它大体包括数据准备、数据检验及数据分析等工作。

1）数据准备。为使数据适用于分析与处理，首先要进行数据预处理，其目的是检测和剔除在测量过程中由于严重的噪声、信号丢失等原因造成的异常数据。

采用数字处理法分析时，在数据预处理后还要进行波形采样、数据标定、均值零化以及消除趋势项等工作。在动态测量数据处理中，有时还要进行滤波处理，使信号在分析前滤去干扰噪声。

2）数据检验。数据检验首先是判断试验数据是确定性的还是随机性的。常用频谱分析方法判断试验数据的确定性。若某一时间历程的频谱是离散的，那么它一定是确定性的试验数据；若频谱是连续的，并且多次重复测量能得到相同的结果，则它是确定的瞬变数据，否则为随机性的试验数据。

对于随机性数据，一般要对试验数据进行平稳性、周期性和正态性的检验。

① 平稳性检验。判断随机性数据是否平稳，最简单的方法是根据产生此数据的现象和物理特性，结合时间历程的图形做出分析。如果产生此数据的基本物理因素不随时间变化而变化，那么就可以认为数据是平稳的；反之，则说明数据是非平稳的。采用这种直观分析方法进行平稳性检验，需要一定的实践经验。在不能做出直观判断时，可以运用统计检验原理——轮次（游程）检验法进行，这种检验法的基本思想是把一个时间历程记录分成相等的 m 段，计算每一段的均值、方差和自相关函数，然后根据轮次检验法判断是否存在非平稳的趋势，若没有非平稳的趋势存在，则数据是平稳的。

轮次检验法的工作步骤：

a. 将待检验数据序列 $\{x_i\}$ 分成 m 等分，并计算各等分的方差 σ_i^2。

b. 计算 $\sigma^2 = \dfrac{\sigma_{imax}^2 + \sigma_{imin}^2}{2}$。

c. 当 $\sigma_i^2 > \sigma^2$ 时将该等分记为"+",当 $\sigma_i^2 < \sigma^2$ 时将该等分记为"-"。

d. 将 m 个等分按"+""-"排成观察序列,并将符号相同的连续序列定义一个轮次(游程)。统计轮次(游程)数 r 作为检验统计量。

e. $N_1 = N_+$("+"的总数),$N_2 = N_-$("-"的总数)。

f. 当 N_1 和 N_2 远小于 15 时,认为是小样本量,查轮次(游程)检验分布表,可得在显著水平 $\alpha = 0.05$ 的上下限 r_u, r_l。

g. 若 $r_l < r < r_u$,则为平稳性数据。

h. 当 N_1 或 N_2 大于 15 时,可认为是大样本量,这时可用正态分布表来定出检验的接受域和否定域,计算统计量 $z = (r-u)/\sigma$。

i.
$$N = N_1 + N_2 \tag{2-85}$$
$$\mu = 2N_1 N_2 / N + 1 \tag{2-86}$$
$$\sigma = \sqrt{\dfrac{2N_1 N_2 (2N_1 N_2 - N)}{N^2 (N-1)}} \tag{2-87}$$

j. 在 $\alpha = 0.05$ 时,若 $|z| \leq 1.96$,则为平稳性数据。

② 周期性检验。周期性检验主要是判断数据中是否含有周期分量。最有效的方法是通过数据分析,再根据样本的概率密度函数、自相关函数和自功率谱图形来判断。根据表 2-12 给出的四种典型数据时间历程及统计特性图可知,周期性数据的概率密度函数呈碗形,而一般随机性数据的概率密度函数呈钟形;周期性数据的功率谱是 δ 函数,它的自相关函数是周期函数。当随机性数据中混有周期分量时,概率密度函数呈驼峰形,自相关函数呈连续振荡形,功率谱密度函数图形会出现一个尖峰。

表 2-12 四种典型数据时间历程及统计特性

	时间历程	概率密度	自相关函数	功率谱密度函数
正弦波				
正弦波加随机过程				
窄带随机过程				
宽带随机过程				

③ 正态性检验。正态性检验的办法是利用计算机进行概率密度函数处理，然后与正态分布密度函数比较作出判断。也可以用 χ^2 检验法进行处理分析。

3）数据分析。试验数据的类型不同，分析方法也不同。对于确定性数据，可以寻求数学函数或经验公式来表达。而对随机性数据，一般从以下三个方面进行描述：

① 时间域描述：自相关函数和互相关函数。
② 幅值域描述：均值、均方值、方差以及概率密度函数等。
③ 频率域描述：自功率谱密度函数和互功率谱密度函数等。

在工程技术测量中，有些随机性试验数据可简化成各态历经随机过程予以处理，因此其统计特性可用单个样本函数上的时间平均来描述。

(3) 采样、采样定理和混叠

1) 采样。为将传感器输出的模拟信号送至计算机中进行处理，需将其转换成数字量。将连续的模拟信号转换成数字量的过程称为采样，A/D 转换器是采样的常用工具。

采样是把连续时间信号离散化的过程，目前最常用的采样方法是等间隔采样。采样过程可以看作是用等间隔的单位脉冲序列乘以模拟信号，这样各采样点上的信号大小就变成了脉冲序列的权值，即

$$x_s(t) = x(t)g(t) = x(t) \sum_{n=-\infty}^{+\infty} \delta(t - n\Delta t) \quad (2-88)$$

连续的模拟信号 $x(t)$ 经过采样过程后变换为离散的信号（或简称采样信号）$x_s(t)$。离散信号相邻两个采样值之间的时间间隔 Δt 称为采样周期，用 T_s 表示。

2) 采样定理。采样周期 T_s 决定了采样信号的质量与数量：T_s 太小，会使 $x_s(t)$ 的数量剧增，占用大量的计算机内存；T_s 太大，会使模拟信号的某些信息丢失，若将采样后的信号恢复成原来的信号，就会出现失真现象，影响数据处理的精度。因此，必须有一个选择采样周期 T_s 的依据，以确保 $x_s(t)$ 能不失真地恢复成原信号 $x(t)$，这就是香农（Shannon）采样定理。

设有一个连续时间历程 $x(t)$，其傅里叶变换为 $X(f)$，以等间隔 Δt 采样获得的采样信号 $x_s(t)$，其傅里叶变换为 $X_s(f)$，如果满足下列两个条件：

① 频谱 $X(f)$ 为有限频谱，即当 $|f| > f_c$（f_c 为最高分析频率，又称截止频率）时，$X(f) = 0$。

② $T_s \leq \dfrac{1}{2f_c}$。

那么，由采样信号 $x_s(t)$ 可以唯一地确定 $X(f)$ 和 $x(t)$，具体写作

$$X(f) = \Delta t X_s(f), \quad f \in [-f_c, f_c] \quad (2-89)$$

$$x(t) = \sum_{n=-\infty}^{\infty} x(n\Delta t) \frac{\sin \dfrac{\pi}{\Delta t}(t - n\Delta t)}{\dfrac{\pi}{\Delta t}(t - n\Delta t)} \quad (2-90)$$

式中，$n = 0, \pm 1, \pm 2, \cdots$；$x(n\Delta t)$ 为第 n 点（即 $t = n\Delta t$）的函数值 x_n。

采样定理表明，$x(t)$ 只要满足 $|f| > f_c$ 时有 $X(f) = 0$，则以 $T_s \leq 1/2f_c$ 采得的离散序列 $\{x_n\}$ 就能完全表征连续函数 $x(t)$。因此，采样定理提供了选择采样间隔的准则。若以 f_s 表示采样频率，则有 $f_s = 1/T_s \geq 2f_c$。

采样方式有实时采样（Real-Time Sampling）和等效时间采样（Equivalent-Time Sampling）两种。对实时采样，当数字化一开始，信号波形的第一个采样点就被采样并数字化。然后，经过一个采样间隔，再采入第二个采样点，这样一直将整个信号波形数字化后存入波形存储器。实时采样的优点在于信号波形一到就采入，因此适应于任何形式的信号波形，重复的或不重复的，单次的或连续的。又由于所有采样点是以时间为顺序，因而易于实现波形显示功能。实时采样的主要缺点是时间分辨率较差，每个采样点的采入、量化和存储等必须在小于采样间隔的时间内完成。若对信号的时间分辨率要求很高，那么实现起来就比较困难。

等效时间采样技术可以实现很高的数字化转换速率，但这种采样方式的应用前提是信号波形是可以重复产生的。由于波形可以重复取得，故采样可以用较慢的速度进行。采样的样本可以是时序的（步进、步退、差额），也可以是随机的。这样就可以把许多采集的样本合成一个采样密度较高的波形。一般也常将等效时间采样称为变换采样。

3）混叠和避免混叠的措施。根据采样定理可知，当采样频率 $f_s \geq 2f_c$ 时，采样信号才能唯一确定原连续函数。很显然，采样间隔越小，离散的数据点越密集，对原始模拟信号的表达就越精确，后续计算处理就越可靠。反之，如果采样间隔太大，就有可能"看不清"原信号的变化规律，特别是对于变动剧烈的高频信息，可能会丢失有用成分，造成"混淆"。

如果采样时间间隔 Δt 太大，即采样频率 f_s 太低，使 $f_s < 2f_c$ 时，将发生 $x(t)$ 中的高频成分被折叠到低频成分上去的现象，这种现象称为混叠。产生混叠现象后，改变了原信号的频谱的部分幅值，从而无法还原原来的时域信号。

为了避免数据处理中混叠现象的发生，采样频率 f_s 必须大于或等于测试信号中最高频率 f_c 的两倍，即 $f_s \geq 2f_c$。在实际工作中，一般采样频率应为处理信号中最高频率的 3~4 倍。如果确知测试信号中的高频分量是噪声干扰引起的，那么可以将信号先送入低通滤波器，去掉高频干扰后，再以较低的采样频率进行采样，这样既可以满足采样定理，不会造成混淆，又可以减少数字计算量。

（4）**数据采集与数据处理参数的选择** 以 GB/T 4970—2009《汽车平顺性试验方法》为例，介绍如何进行数据采集与数据处理参数的选择。

分段数据采集过程中应采用抗混叠滤波器，如需要在数据处理过程中计算功率谱密度则必须采用窗函数。数据处理中涉及的采样时间间隔、频率分辨率和独立样本个数等需要在满足采样定理并考虑实际抗混叠滤波器性能指标以及实际工程需要的基础上确定。

1）截止频率 f_c。对于客车和轿车座椅以及各类车辆驾驶室座椅上的采样，$f_c = 100\text{Hz}$；各类车辆（包括客车和轿车）车厢底板及车桥上的采样，$f_c = 500\text{Hz}$；驾驶人手臂振动的测量，$f_c = 100\text{Hz}$；晕车界限的测量，$f_c = 2\text{Hz}$。本标准要求 $f_c \geq 90\text{Hz}$。

2）采样时间间隔 Δt。采样时间间隔在满足截止频率的基础上根据数据采集过程中采用的抗混叠滤波器性能指标确定。

3）频率分辨率 Δf。频率分辨率与计算机平滑方式有关，当采用整体平滑时，频率分辨率 Δf 为 f_s/N。其中 f_s 为采样频率，N 为单个子样的采样点数，一般为 1024 个。本标准要求 $\Delta f \leq 0.2\text{Hz}$。

4）独立样本个数。总体平滑独立样本个数的选取与要求的随机误差有关，例如，当要求误差低于 20% 时，样本个数取 25 即可满足要求。对于随机输入行驶独立样本数 $q \geq 25$。

5) 窗函数的选择。功率谱密度计算过程中采用汉宁窗（Hanning Window）函数。

2. 试验数据的时域处理与分析

数据的时域分析是根据数据的时间历程记录或波形，分析数据的组成和特征量。通过分析可以确定：数据波形的幅值参数；波形的各次谐波分量的幅值和频率；波形的畸变和真实波形；由波形的衰减求系统的阻尼；数据前后的相关程度。

在时域上分析数据，不仅要分析数据信号的强弱，还要分析数据的前后相连或相似程度，为此需要进行相关分析。研究两个变量之间的关系问题，就称为相关分析。

在信号分析处理中，相关是一个重要的概念。相关是指变量之间的线性关系。对于确定性的信号，两个变量之间可用函数关系来描述。两个随机变量之间就不具有这样确定的关系，但是如果这两个变量之间具有某种内涵的联系，通过大量统计就能发现它们之间还是存在着某种虽不精确但却具有相应的表征其特性的近似关系。例如，人的体重和身高之间不能用确定性函数表达，但是通过大量的统计可以发现身高较高的人体重也常常大些，这两个变量之间有一定的线性关系。

变量 x 和 y 之间的相关程度用相关系数 ρ_{xy} 表示为

$$\rho_{xy} = \frac{E[(x-\mu_x)(y-\mu_y)]}{\sigma_x \sigma_y} \tag{2-91}$$

式中，$\mu_x = E[x]$；$\mu_y = E[y]$；σ_x 和 σ_y 是随机变量 x、y 的标准差。

$|\rho_{xy}| \leq 1$。当 $\rho_{xy} = \pm 1$ 时，x、y 两变量是线性相关；当 $\rho_{xy} = 0$ 时，x、y 两变量之间完全无关；当 $|\rho_{xy}| < 1$ 时，x、y 两变量之间的相关程度取决于 $|\rho_{xy}|$ 的大小。

(1) **自相关函数** 如果 $x(t)$ 是某各态历经随机过程的一个样本，$x(t+\tau)$ 与 $x(t)$ 时移差为 τ，$x(t+\tau)$ 与 $x(t)$ 的相关系数 $\rho_{x(t)x(t+\tau)}$ 可以表示为

$$\rho_{x(t)x(t+\tau)} = \frac{\lim\limits_{T \to \infty} \frac{1}{2T} \int_{-T}^{T} [x(t)-\mu_x][x(t+\tau)-\mu_x]\mathrm{d}t}{\sigma_x^2} = \frac{\lim\limits_{T \to \infty} \frac{1}{2T} \int_{-T}^{T} x(t)x(t+\tau)\mathrm{d}t - \mu_x^2}{\sigma_x^2} \tag{2-92}$$

若用 $R_x(\tau)$ 表示自相关函数，则

$$R_x(\tau) = \lim_{T \to \infty} \frac{1}{2T} \int_{-T}^{T} x(t)x(t+\tau)\mathrm{d}t \tag{2-93}$$

$$\rho_{x(t)x(t+\tau)} = \frac{R_x(\tau) - \mu_x^2}{\sigma_x^2} \tag{2-94}$$

假如把 $\rho_{x(t)x(t+\tau)}$ 简写为 $\rho_{x(\tau)}$，则

$$R_x(\tau) = \rho_{x(\tau)} \sigma_x^2 + \mu_x^2 \tag{2-95}$$

$$R_x(0) = \sigma_x^2 + \mu_x^2 \tag{2-96}$$

$\rho_x(0) = 1$，当 $\tau = 0$ 时，$R_x(0)$ 具有最大值 $\sigma_x^2 + \mu_x^2$；当 $\tau \to \infty$ 时，$x(t)$ 与 $x(t+\tau)$ 之间不存在内在联系，即 $\rho_x(\tau \to \infty) \to 0$，$R_x(\tau \to \infty) \to \mu_x^2$。

自相关函数的性质：

1) 周期信号的自相关函数仍是周期函数，且频率相同。
2) 对变化迅速的信号（宽带随机过程），相关的程度在 τ 很小时就完全丧失。信号中

高频分量越多，则 $R_x(\tau)$ 衰减越快。对变化较缓慢的信号（窄带随机过程），$R_x(\tau)$ 衰减较慢，要在 τ 很大后，$x(t)$ 与 $x(t+\tau)$ 才不相关。

3）当随机信号中含有周期信号时，$R_x(\tau)$ 中也必定有周期分量，且周期相同。因此可以应用自相关分析来检测在随机现象中的确定性周期信号。

【例 2-8】 求任意正弦函数 $x(t)=X_0\sin(\omega t+\varphi)$ 的自相关函数。

解： 按照自相关函数的定义式有

$$R_x(\tau)=\lim_{T\to\infty}\frac{1}{2T}\int_{-T}^{T}X_0\sin(\omega t+\varphi)X_0\sin(\omega t+\omega\tau+\varphi)\mathrm{d}t$$

上式中的被积函数 $X_0\sin(\omega t+\varphi)X_0\sin(\omega t+\omega\tau+\varphi)$ 具有周期 $T_0=\dfrac{2\pi}{\omega}$，显然其无穷区间上的平均值等于一个周期内的平均值，所以

$$R_x(\tau)=\frac{1}{T_0}\int_0^{T_0}X_0\sin(\omega t+\varphi)X_0\sin(\omega t+\omega\tau+\varphi)\mathrm{d}t$$

运用三角函数的积化和差公式 $\sin\alpha\sin\beta=\dfrac{1}{2}[\cos(\alpha-\beta)-\cos(\alpha+\beta)]$

得

$$R_x(\tau)=\frac{1}{T_0}\int_0^{T_0}\frac{X_0^2}{2}[\cos\omega\tau-\cos(2\omega t+\omega\tau+2\varphi)]\mathrm{d}t=\frac{X_0^2}{2}\cos\omega\tau$$

可见，正弦函数的自相关函数是一个同频率的标准余弦函数，在自变量 $\tau=0$ 时有最大值，而不再出现原函数的初始相位 φ。因此，对周期函数做自相关分析，可以保留原函数的幅值和频率信息，但是会丢失初始相位信息。

在测试信号的分析处理中，通常利用"周期函数的自相关函数仍是周期函数，且频率相同"这一性质，对信号进行周期性检验，也就是鉴定杂乱无章的随机信号中是否混有周期分量，可应用于汽车悬架振动测试中，如图 2-13、图 2-14 所示。

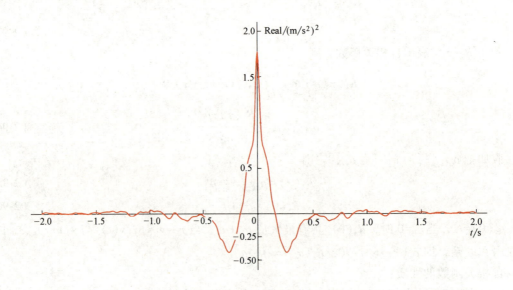

图 2-13 右悬架被动：-Z 方向振动自相关函数

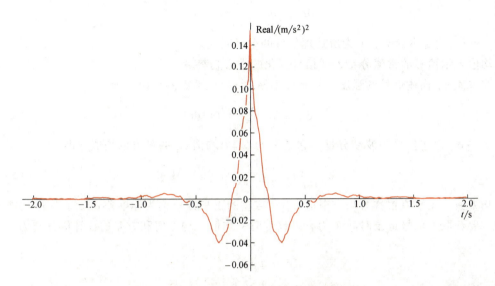

图 2-14 左悬架被动：-Z 方向振动自相关函数

（2）**互相关函数** 对于各态历经过程，两个随机信号 $x(t)$ 和 $y(t)$ 的互相关函数 $R_{xy}(\tau)$ 定义为

$$R_{xy}(\tau) = \lim_{T \to \infty} \frac{1}{2T} \int_{-T}^{T} x(t) y(t+\tau) \mathrm{d}t \tag{2-97}$$

$$R_{yx}(\tau) = \lim_{T \to \infty} \frac{1}{2T} \int_{-T}^{T} y(t) x(t+\tau) \mathrm{d}t \tag{2-98}$$

时移 τ 的相关系数

$$\rho_{xy}(\tau) = \frac{\lim_{T \to \infty} \frac{1}{2T} \int_{-T}^{T} [x(t) - \mu_x][y(t+\tau) - \mu_y] \mathrm{d}t}{\sigma_x \sigma_y} \tag{2-99}$$

$$|\rho_{xy}(\tau)| \leqslant 1, \mu_x \mu_y - \sigma_x \sigma_y \leqslant R_{xy}(\tau) \leqslant \mu_x \mu_y + \sigma_x \sigma_y$$

在某个时刻 τ_0，$R_{xy}(\tau)$ 达到最大值，它反映 $x(t)$ 和 $y(t)$ 之间主传输通道的滞后时间。如果两随机信号中具有频率相同的周期成分，那么在互相关函数中即使 $\tau \to \infty$ 也会出现该频率的周期成分。

利用互相关函数的性质，可以进行以下测量：

1）测量滞后时间。如进行汽车操纵稳定性试验时，测量汽车操纵系统的反应时间。

2）测量速度、距离或位置。利用互相关分析可以测量运动物体的速度或距离，还可以帮助确定位置。如地下管路发生漏损，需要确定位置，但不能将路面全部掘开，就可以在漏损点两侧选定位置各布置一个声音传感器，将两者的信号做互相关处理。互相关函数的最大值所对应的时移，就是声音沿管道传递到两个传感器的时间差。结合声音在管道材料中传递的速度，就能确定漏损位置。

3. 试验数据的幅值域分析与处理

（1）**均值、均方值和方差** 各态历经信号的均值 μ_x 为

$$\mu_x = \lim_{T \to \infty} \frac{1}{T} \int_0^T x(t) \, dt \tag{2-100}$$

式中，$x(t)$ 为样本函数；T 为所处理信号的记录时间。

均值表示信号的常值分量，即信号变化的中心趋势。

均方值 ψ_x^2 描述信号的强度，它是样本函数 $x(t)$ 平方的均值，即

$$\psi_x^2 = \lim_{T \to \infty} \frac{1}{T} \int_0^T x^2(t) \, dt \tag{2-101}$$

方差 σ_x^2 描述信号的波动分量，它是 $x(t)$ 偏离均值 μ_x 的平方的均值，即

$$\sigma_x^2 = \lim_{T \to \infty} \frac{1}{T} \int_0^T [x(t) - \mu_x]^2 \, dt \tag{2-102}$$

均方值的正平方根称为均方根值 x_{rms}；方差的正平方根称为标准差 σ_x。在实际的测试工作中，要获取的信号记录时间 T 为有限长度时，均值、均方值和方差的估计值分别为

$$\hat{\mu}_x = \frac{1}{T} \int_0^T x(t) \, dt \tag{2-103}$$

$$\hat{\Psi}_x^2 = \frac{1}{T} \int_0^T x^2(t) \, dt \tag{2-104}$$

$$\hat{\sigma}_x^2 = \frac{1}{T} \int_0^T [x(t) - \mu_x]^2 \, dt \tag{2-105}$$

应用模拟处理法分析动态测量数据时，均值和均方值的测量一般采用电压表。均值使用直流电压表，它包括简单的平均电路和指示装置两部分。均方值使用真均方根值数字式电表，它装备一个信号瞬时值的平方电路。

应用数字处理法分析时，模拟信号经过时域采样后，得到数值序列 $\{x_n\}$（$n = 0, 1, 2, \cdots, N-1$）。其采样点数 $N = T/\Delta t$。T 为所处理信号的记录时间，Δt 为采样时间间隔。均值、均方值和方差的估计值分别为

$$\hat{\mu}_x = \frac{1}{N} \sum_{n=0}^{N-1} x_n \tag{2-106}$$

$$\hat{\Psi}_x^2 = \frac{1}{N-1} \sum_{n=0}^{N-1} x_n^2 \tag{2-107}$$

$$\hat{\sigma}_x^2 = \frac{1}{N-1} \sum_{n=0}^{N-1} (x_n - \mu_x)^2 \tag{2-108}$$

(2) 概率密度函数 $x(t)$ 是各态历经随机过程的样本记录，T 为记录时间。$x(t)$ 在 $(x, x+\Delta x)$ 区间内取值的总时间

$$T_x = \sum_{i=1}^n \Delta t_i \tag{2-109}$$

当 $T \to \infty$ 时，比值 T_x/T 就是事件 $[x < x(t) \leq x + \Delta x]$ 的概率，记为

$$P[x < x(t) \leq x + \Delta x] = \lim_{T \to \infty} \frac{T_x}{T} \tag{2-110}$$

概率密度函数 $p(x)$ 定义为

$$p(x) = \lim_{\Delta x \to 0} \frac{P[x < x(t) \leq x + \Delta x]}{\Delta x} \tag{2-111}$$

概率密度函数提供了动态测量数据在幅值域分布的信息。不同试验数据的时间历程具有不同的概率密度函数图形，借此可以识别试验数据的基本类型。

概率密度函数的估计值表示为

$$\hat{p}(x) = \frac{T_x}{T\Delta x} \tag{2-112}$$

式中，T_x 为 $x(t)$ 落在中心为 x，宽度为 Δx 的窄振幅窗中的时间。

4. 试验数据的频域分析

数据的频域分析方法就是根据数据的频域描述，估计和分析数据的组成和特征值。通过数据的频域分析，可以解决以下问题：

1）确定数据中含有的频率组成成分和频率分布范围。
2）确定数据中各个频率成分的幅值和能量。
3）分析各数据之间的相互关系。
4）通过系统输入与输出的频率，求得系统的传递函数，识别系统的动力学参数。
5）通过频谱分析，寻找系统的振动噪声源并进行故障诊断。

数据的频域描述称为频谱，但是对于不同类型的数据和不同的分析参数，频谱可以表示为不同的形式。对于周期数据，可以展开为傅里叶级数，求得不同频率成分的幅值和相位，构成离散的幅值谱、相位谱或功率谱。对于非周期数据，可以进行傅里叶变换，求得随频率连续分布的幅值谱密度、相位谱密度或功率谱密度。对于随机数据，由于它的幅值和相位是随机的，因而在理论上不能作幅值谱和相位谱。通常采用具有统计特征的功率谱密度对其进行分析。

功率谱可以分为自功率谱和互功率谱。自功率谱表示一个数据信号的能量（功率）沿频率轴的分布，互功率谱由两个数据的互相关函数和互功率谱函数经傅里叶变换求得，因而互功率谱用来分析两个数据的互相关系，本身并不含有数据的功率意义。

为研究功率谱中的周期现象，例如，谐波引起的周期性功率谱峰值，可以对功率谱再作一次"谱分析"，得到倒频谱。为了研究两个频谱之间的相关程度，例如，系统的输出频谱与输入频谱的相关程度，可以求两个频谱的相干函数，称为相干分析。

实际的数据往往是混杂有确定性数据的随机数据，不能由确定性函数计算它们的谱函数，而且测试只能在有限时间内进行，因而不能按频谱定义从无限区间求得真实的频谱。通常由有限长的离散时间采样序列求得的频谱，只是数据真实频谱的一种估计，故称为谱估计。

(1) 频谱分析

1）周期性数据的频谱分析——谐波分析法。根据傅里叶级数理论，在满足狄利克雷条件（分段连续和分段光滑）下，任何周期为 T 的时间历程 $x(t)$ 都可以展开成傅里叶级数。这种把周期性数据展开成傅里叶级数的方法称为谐波分析法。周期性数据的频谱具有离散性、谐波性和收敛性。

2）非周期性数据的频谱分析——傅里叶积分变换法。非周期性数据一般是在一定时间内，随时间变化的瞬变数据。

$$X(f) = \int_{-\infty}^{+\infty} x(t) e^{-j2\pi ft} dt \tag{2-113}$$

$$x(t) = \int_{-\infty}^{+\infty} X(f) e^{j2\pi ft} df \qquad (2-114)$$

矩形窗函数宽度 T 很大时,信号的能量将大部分集中在 $f=0$ 附近。在 $f=0$ 处 $W(f) = 2T$,其频谱主瓣宽度 $\Delta f = 1/2T$。在 $T \to \infty$ 的极限情况下,频谱函数成为在 $f=0$ 处的 $\delta(f)$ 函数。若矩形窗函数宽度 T 很小时,则频谱中的高频分量将增加。当 $T \to 0$ 时,频谱函数将变成平的直线,并扩展到全部频率。这就是采用冲击试验代替频率扫描试验来测定装置频率特性的原因。

3) 随机性数据的频谱分析——功率谱分析法。为了研究数据信号的能量(或功率)频率分布,并突出数据频谱图中的主频谱,需要作功率谱分析。特别是对于有明显的非确定性的随机数据,用经典的傅里叶分析得到幅值谱和相位谱的方法效果不好。这是由于实际时间序列的数据和噪声的振幅、相位和频率变化的随机性质造成的。因此,需要从统计的角度出发,引进适合于具有随机性质时间序列的谱分析方法,即功率谱分析方法,它是把傅里叶分析法和统计分析法两者结合起来考虑的。

① 自功率谱密度函数。假定 $x(t)$ 是各态历经随机过程的一个样本,其均值 $\mu_x = 0$,并且其中没有周期分量,那么 $R_x(\tau \to \infty) = 0$,这样,自相关函数 $R_x(\tau)$ 可满足函数在无限区间上绝对可积的条件,即

$$\int_{-\infty}^{+\infty} |R_x(\tau)| d\tau < \infty \qquad (2-115)$$

$$S_x(f) = \int_{-\infty}^{+\infty} R_x(\tau) e^{-j2\pi f\tau} d\tau \qquad (2-116)$$

$$R_x(\tau) = \int_{-\infty}^{+\infty} S_x(f) e^{j2\pi f\tau} df \qquad (2-117)$$

$$R_x(\tau) \xrightarrow{FT} S_x(f); S_x(f) \xrightarrow{IFT} R_x(\tau) \qquad (2-118)$$

$S_x(f)$ 定义为 $x(t)$ 的自功率谱密度函数,简称自谱或自功率谱。

当 $\tau = 0$,有

$$R_x(0) = \lim_{T \to \infty} \frac{1}{2T} \int_{-T}^{T} x^2(t) dt = \int_{-\infty}^{+\infty} S_x(f) df \qquad (2-119)$$

$S_x(f)$ 曲线下和频率轴所包围的面积就是数据的平均功率,则 $S_x(f)$ 就表示数据的功率密度沿频率轴的分布,故称 $S_x(f)$ 为自功率谱密度函数。自功率谱密度函数 $S_x(f)$ 反映数据的频率结构,这一点和幅值谱 $|X(f)|$ 相近,但是自功率谱密度函数所反映的是数据幅值的平方,因此其频域结构特征更为明显。

② 互功率谱密度函数。和定义自功率谱密度函数类似,如果互相关函数 $R_{xy}(\tau)$ 满足傅里叶积分变换条件,则 $S_{xy}(f)$ 定义为数据 $x(t)$ 和 $y(t)$ 的互功率谱密度函数,即

$$S_{xy}(f) = \int_{-\infty}^{+\infty} R_{xy}(\tau) e^{-j2\pi f\tau} d\tau \qquad (2-120)$$

互功率谱密度函数简称互谱或互功率谱。根据傅里叶积分逆变换,有

$$R_{xy}(\tau) = \int_{-\infty}^{+\infty} S_{xy}(f) e^{j2\pi f\tau} df \qquad (2-121)$$

将角标 x 和 y 互换,还有

$$S_{yx}(f) = \int_{-\infty}^{+\infty} R_{yx}(\tau) e^{-j2\pi f\tau} d\tau \qquad (2-122)$$

$$R_{yx}(\tau) = \int_{-\infty}^{+\infty} S_{yx}(f) e^{j2\pi f \tau} df \qquad (2\text{-}123)$$

互相关函数不是偶函数，因此互功率谱密度函数具有虚、实两部分。

(2) 谱窗、泄漏和平滑

1) 截断与泄漏。随机性数据的时间历程是无限的，而实际上不可能对无限长的整个信号进行处理，所以要进行截断。在谱分析时，对截断后的信号进行处理，只能得到它们的估计值

$$\hat{X}(f) = \int_{-T}^{T} x(t) e^{-j2\pi f t} dt \qquad (2\text{-}124)$$

$$\hat{S}_x(f) = \int_{-T}^{T} R_x(\tau) e^{-j2\pi f \tau} d\tau \qquad (2\text{-}125)$$

截断可以看作是将无限长的信号乘以有限宽的窗函数。最简单的窗函数是矩形窗，通常把矩形窗称为窗函数，它在时域上称为矩形时移窗，在频域上称为矩形谱窗。时移窗和谱窗互为傅里叶变换，其表达式分别见式（2-113）和式（2-114）。

$$\hat{X}(f) = \int_{-\infty}^{+\infty} x(t) w(t) e^{-j2\pi f t} dt = X(f) W(f) \qquad (2\text{-}126)$$

$$\hat{S}_x(f) = \int_{-\infty}^{+\infty} R_x(\tau) w(\tau) e^{-j2\pi f \tau} d\tau = S_x(f) W(f) \qquad (2\text{-}127)$$

由于 $W(f)$ 是一个频带无限的函数，所以即使 $x(t)$ 和 $R_x(\tau)$ 是频带有限的信号，而在截断以后也必然成为无限带宽函数，即截止频率 $f_c \to \infty$。由采样定理可知，无论采样频率 f_s 多高，只要信号一经截断就不可避免地会引起泄漏。在数据处理中，由于信号截断导致能量分散，必然会产生一些误差，这一现象称为泄漏。

如果增大截断长度，则 $W(f)$ 图形将变窄，虽然理论上其频谱范围仍为无限宽，但实际上中心频率以外的频率分量衰减较快，因而泄漏误差将减小。当截断长度趋于无限大时，$W(f)$ 将变为 $\delta(f)$ 函数，而 $\delta(f)$ 函数与 $X(f)$、$S_x(f)$ 的卷积仍为 $X(f)$、$S_x(f)$。这说明，如果不截断就不会有泄漏误差产生。

2) 功率谱估计值的统计误差。功率谱估计值的统计误差由两部分组成。第一部分是随机误差（方差项误差），它反映估计值波动的大小；第二部分是系统误差（偏度误差），它反映估计值偏离真值的程度。相对偏度误差 b_G 和相对方差项误差 σ_G^2 可表示为

$$b_G = \frac{G_x''(f)}{24 G_x(f)} \frac{1}{T^2} \qquad (2\text{-}128)$$

$$\sigma_G^2 = \frac{T}{T_\Sigma} \qquad (2\text{-}129)$$

式中，T 为单边窗函数宽度，一段处理信号的记录时间；T_Σ 为处理信号的总记录时间；$G_x''(f)$ 为 $G_x(f)$ 对 f 的二阶导数。

要降低相对偏度误差 b_G，应增大截断长度，即增大单边时移窗的宽度 T，谱窗的主瓣越窄越好；要降低相对方差项误差 σ_G^2，减少谱估计值的波动量，应减少截断长度，增大处理信号的总记录时间 T_Σ，谱窗的旁瓣越低越好。

3) 抑制泄漏的措施。要提高功率谱估计精度，减少谱估计值的波动程度，应在同样截断长度的情况下，降低谱窗的旁瓣高度。泄漏与谱窗的旁瓣有关，若谱窗的旁瓣较小，相应

的泄漏误差也将减小。

为了抑制泄漏，工程上提出了多种形式的谱窗，常用的有三角窗和汉宁窗（Hanning Window），如图 2-15 所示。其中三角窗为

$$W(t) = \begin{cases} 1 - \dfrac{1}{T}|t| & |t| \leq T \\ 0 & |t| > T \end{cases} \quad (2\text{-}130)$$

$$W(f) = T\left(\dfrac{\sin \pi f T}{\pi f T}\right)^2 \quad (2\text{-}131)$$

汉宁窗为

$$W(t) = \begin{cases} \dfrac{1}{2} + \dfrac{1}{2}\cos\dfrac{\pi t}{T} & |t| \leq T \\ 0 & |t| > T \end{cases} \quad (2\text{-}132)$$

$$W(f) = \dfrac{1}{2}Q(f) + \dfrac{1}{4}\left[Q\left(f + \dfrac{1}{2T}\right) + Q\left(f - \dfrac{1}{2T}\right)\right] \quad (2\text{-}133)$$

$$Q(f) = \dfrac{\sin 2\pi f T}{\pi f} \quad (2\text{-}134)$$

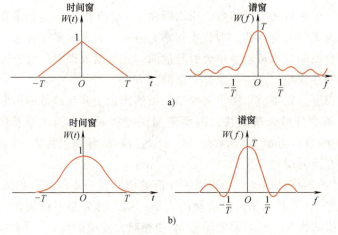

图 2-15　三角窗和汉宁窗
a）三角窗　b）汉宁窗

三角窗和汉宁窗的旁瓣比矩形窗小，尤其是汉宁窗的旁瓣更小。图 2-16 所示为汉宁窗和矩形窗的谱窗比较。和矩形窗相比，汉宁窗主瓣加宽，旁瓣高度减小，因此对泄漏误差有一定的抑制作用。

在实际的信号处理中，常用单边窗函数。若以开始测量的时刻 $t = 0$，截断长度为 T，则 $0 \leq t \leq T$，这等于把双边窗函数进行时移。根据傅里叶变换的性质，对应的频域作相移而幅值绝对值不变。因此，以单边窗函数截断所产生的泄漏误差与上面所讨论的相同。

在进行频谱分析时，每次采样的时域信号都被截断，因此加窗处理是必然的，只是选矩形窗还是选汉宁窗或其他窗的问题。近年来窗函数的应用有很大发展，为提高频谱分析精度，应根据信号的不同性质和不同的处理目的来选择不同的窗函数。选用窗函数的总原则是：

① 要从保持最大信息和消除旁瓣的综合效果出发来考虑问题，要尽可能使窗函数的频谱中的主瓣宽度窄，使旁瓣幅值小。但这两者之间彼此是有矛盾的，主瓣宽度越窄，旁瓣幅值就越大。所以，实际上我们只能在这两者之间作一权衡。

② 要考虑信号中信息量的分布，增强信号中所需要的信息部分，压制信号中不需要的信息部分，以感兴趣的有效信息与窗函数作用后的综合效果为最好来选用窗函数，使得处理结果有足够的频谱检测能力和频谱幅值估计。

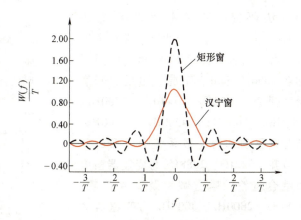

图 2-16　汉宁窗和矩形窗的谱窗比较

例如，进行模态参数识别时，应选用汉宁窗，以使曲线皱波小而且平滑。在测定汽车悬架自振频率时，目的是测出精确的自振频率，就可采用矩形窗，因为矩形窗的主瓣最窄，主瓣窄一些便于分辨自振频率。功率谱处理时，究竟选用哪种窗函数为宜，应根据功率谱估计值的统计误差要求，并结合处理的实践经验决定。

4）平滑处理。数据处理中，常把功率谱估计值在频域上进行光滑化处理，这种措施称为平滑处理。平滑的结果是得到一条较为光滑的曲线，从而可以减少谱处理的统计误差。

① 频域平滑处理。上述抑制泄漏的措施是通过对试验数据选用适当的窗函数达到的，反映在频域上的效果是使 $\hat{G}_x(f)$ 的皱波减小。可以证明，选用汉宁窗作抑制泄漏处理，与 $\hat{G}_x(f)$ 在频域上作平滑处理等价。因此，从功率谱曲线平滑处理角度出发，数据分析时应选用汉宁窗或其他窗函数。

② 分段平滑处理。为减少数据分析中的谱密度随机误差，通常采用分段平滑处理。将处理信号的总记录时间 T_Σ 分成 q 段，每段分析长度为 $T = T_\Sigma/q$。对每一段作谱，然后把每段上 f_k 频率处的谱估计值 G_{ki} 进行平均，便得到分段平滑估计值 G_k。

$$G_k = \frac{1}{q} \sum_{i=1}^{q} G_{ki} \quad (i = 1, 2, \cdots, q) \tag{2-135}$$

由式（2-129）和 $T = T_\Sigma/q$ 可知

$$\sigma_G = \frac{1}{\sqrt{q}} \tag{2-136}$$

要满足工程上的一般要求，$\sigma_G \leq 0.2$，则分段平滑段数 $q \geq 25$。

（3）频谱分析的应用

1）振动系统固有频率的测定。
2）振源与噪声源的确定。
3）振动监测与故障诊断。
4）振动传递特性的研究。
5）频域疲劳分析。

结合电动机与变速器噪声形成理论，运用稳态频谱分析理论开展电驱动动力总成噪声识别方法研究。针对电驱动系统在 2000r·min^{-1} 工况下变速器前端噪声进行频谱分析，如图 2-17 所示。由图可知在 2000r·min^{-1} 工况下出现的峰值噪声频率为 522Hz、1000Hz、2000Hz、2088Hz、3000Hz、4200Hz、5800Hz，结合电驱动动力总成系统噪声形成理论可知，522Hz、2088Hz 为变速器输出级啮合齿轮的啮合频率及其 4 倍频；1000Hz、2000Hz、3000Hz 为变速器输入级啮合齿轮的啮合频率及其 2 倍、3 倍频；4200Hz、5800Hz 为电动机的 PWM 开关频率。

图 2-17 变速器噪声频谱图

针对电驱动系统在 2000r·min^{-1} 工况下电动机后壳测点进行频谱分析，如图 2-18 所示，由图可知在 2000r·min^{-1} 工况下出现的峰值噪声频率为 522Hz、1000Hz、2000Hz、3200Hz、4200Hz、5800Hz，结合电驱动动力总成系统噪声形成理论可知，522Hz 为变速器输出级啮合齿轮的啮合频率；1000Hz、2000Hz 为变速器输入级啮合齿轮的啮合频率及其 2 倍频；3200Hz 为电动机的定子齿槽谐波频率；4200Hz、5800Hz 为电动机的 PWM 开关频率。

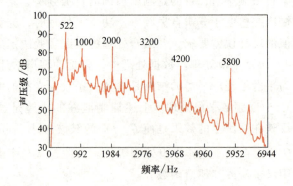

图 2-18 电动机噪声频谱图

为了防止出现故障，许多大型设备需要定期检修。定期检修时往往是拆开设备后检测，频繁地拆装，对设备本身也会产生损害。利用数据处理技术，对测得的机器振动和噪声数据进行分析，得到频谱图，可以判断设备有无故障。

(4) **随机信号频率响应函数分析** 频谱分析应用很广泛，但有个缺点，要求对比试验的条件和工况完全相同，否则无法进行对比。以汽车测试为例，在某地某时做试验，其谱分析的结果无法与其他地区或时间所做的试验分析结果相对比。因为道路状况、气候等条件均不可能完全相同。一般来说，改进汽车结构得到的效益，还没有改变工况条件对试验结果的影响大。有时，即使在同一时刻、同一地点进行对比试验，也很难保证两次试验时，汽车车轮的轨迹完全一致。另外，汽车的使用工况是非常复杂的。有时在某种道路和车速条件下，试验方案 1 比方案 2 好；而在另一种道路和车速条件下，试验方案 2 比方案 1 好。因此，为了做好试验，必须在各种路段、各种车速下进行。这样试验的工况十分繁杂，要求处理的数据很多，工作量非常大，而且又很难用简单的图表全面地说明问题。

频率响应函数的分析能够很好地解决上述问题，其分析结果具有较好的可比性。为了取得结果，一般仅需要选择一种工况进行试验就可以得到满意的结果。由于频率响应函数分析具有这一突出的优点，在实际工程问题上应用很普遍，从而得到迅速的发展。

1) 频率响应函数的定义与基本特性。众所周知，常系数线性系统的动态特性可用脉冲响应函数 $h(\tau)$ 来描述。$h(\tau)$ 的定义为任意时刻上系统对单位脉冲输入的输出，则对任意输入 $x(t)$，系统的输出 $y(t)$ 为

$$y(t) = \int_{-\infty}^{+\infty} h(\tau) x(t-\tau) \mathrm{d}\tau \tag{2-137}$$

同时，常系数线性系统也可用传递函数 $H(s)$ 来描述。这里 $H(s)$ 定义为脉冲响应函数 $h(\tau)$ 的拉普拉斯（Laplace）变换，即

$$H(s) = \int_{0}^{+\infty} h(\tau) \mathrm{e}^{-s\tau} \mathrm{d}\tau, \quad s = a + \mathrm{j}b \tag{2-138}$$

如果一个常系数线性系统在物理上是可实现的，而且是稳定的，则此系统可用频率响应函数 $H(f)$ 来描述。$H(f)$ 定义为脉冲响应函数 $h(\tau)$ 的傅里叶变换，即

$$H(f) = \int_{0}^{+\infty} h(\tau) \mathrm{e}^{-\mathrm{j}2\pi f\tau} \mathrm{d}\tau \tag{2-139}$$

频率响应函数是传递函数的一个特例。对于物理上可实现的稳定的系统，用 $H(f)$ 代替 $H(s)$ 不会丢失有用的信息。

对式（2-137）两边取傅里叶变换，令 $X(f)$ 是 $x(t)$ 的傅里叶变换，$Y(f)$ 是相应输出函数 $y(t)$ 的傅里叶变换，则可得到常系数线性系统频率响应函数的重要关系式：

$$Y(f) = H(f) X(f) \tag{2-140}$$

所以：

$$H(f) = \frac{Y(f)}{X(f)} = \frac{Y(f) X^*(f)}{X(f) X^*(f)} = \frac{P_{xy}(f)}{P_x(f)} \tag{2-141}$$

式中，$P_{xy}(f)$ 为互功率谱；$P_x(f)$ 为输入信号的功率谱。

$H(f)$ 是一个复数，可用模和相角表示。

$$H(f) = |H(f)| \mathrm{e}^{-\mathrm{j}g(f)} = A(f) - \mathrm{j}B(f) \tag{2-142}$$

式中，$|H(f)|$ 为模，$|H(f)| = \sqrt{A^2(f) + B^2(f)}$ 称为幅频特性；$g(f)$ 为相角，$g(f) = \arctan \frac{B(f)}{A(f)}$ 为相频特性。

频率响应函数的物理意义是：首先假定输入是频率为 f 的正弦波，输出也是一个相同频率的波。同一频率的输出振幅与输入振幅之比，等于系统的模 $|H(f)|$；输出和输入的相位差等于系统的相角 $g(f)$。频率响应函数就是系统的幅频和相频特性。

频率响应函数的一些基本特性：

① $|H(f)| \geq 0$，即幅频特性为正值函数。

② $h(\tau)$ 与 $H(f)$ 互为傅里叶变换对。

③ 如果系统为单输入，则没有明显的噪声输入。若频率响应函数是确定的，那么只要知道系统的输入功率谱，就可以计算出系统的输出功率谱或互谱，即

$$P_y(f) = |H(f)|^2 P_x(f) \tag{2-143}$$

$$P_{xy}(f) = H(f) G_x(f) \tag{2-144}$$

如果已知汽车车轮和悬架系统的传递函数特性，那么只要知道这些道路的路面谱，就可以计算出汽车在该道路上的响应谱。因此，如果知道各种工况下的输入谱，只要做一次试验

测得系统的传递函数，就可计算出各种工况下的响应谱，而不必大量重复地试验测定。这充分体现了频率响应函数的优点。

④ 频率响应函数的相频特性与互谱的相位特性完全相同。互谱的相位特性就是频率响应函数的相频特性，即

$$H(f) = \frac{Y(f)}{X(f)} = \frac{Y(f)X^*(f)}{X(f)X^*(f)} = \frac{P_{xy}(f)}{|X(f)|^2} \tag{2-145}$$

式中，$|X(f)|$为实数。

⑤ 频率响应函数的幅频特性图上，幅比值可用线性坐标，其单位为输出信号的物理单位除以输入信号的物理单位。有时也用对数坐标表示，即$20\lg|H(f)|$，对数坐标的单位是dB（分贝）。必须注意，即使用了对数坐标，也必须牢记其参考单位为输出信号的物理单位除以输入信号的物理单位。例如，输入为力，其单位为N（牛顿），而输出为加速度，单位为m/s^2，则幅频特性的物理单位为$m/s^2/N$，其对数坐标dB的参考比较单位为$m/s^2/N$。

2）相干函数。频率响应函数在输出与输入信号中均无噪声信号混杂，是理想的。在实际试验中，测定的信号不能完全保证无噪声干扰。为了研究输出信号$y(t)$中有多少来自于输入信号$x(t)$，引入了相干函数（Coherence Function），或称凝聚函数。

$$\gamma_{xy}^2(f) = \frac{|H(f)|^2}{P_x(f)P_y(f)} \quad (0 \le \gamma_{xy}^2(f) \le 1) \tag{2-146}$$

相干函数必须在多段平均时应用。如果研究输入，输出信号只有一段，则$\gamma_{xy}^2(f)$永远等于1。即使$x(t)$、$y(t)$之间毫无关系，也是如此。在此情况下，相干函数完全失去意义，反而造成错觉。因为处理一段信号时：

$$|P_{xy}(f)| = |X^*(f)Y(f)| = |X(f)||Y(f)| \tag{2-147}$$

所以：

$$|P_{xy}(f)|^2 = |X(f)|^2|Y(f)|^2 = P_x(f)P_y(f) \tag{2-148}$$

则

$$\gamma_{xy}^2(f) = \frac{|P_{xy}(f)|^2}{P_x(f)P_y(f)} = 1 \tag{2-149}$$

因此，在处理一段信号时，相干函数不能应用。

3）频率响应函数的测定。系统的频率响应函数，理论上可用解析法确定，但是，由于实际的系统是复杂的，如对机械系统而言，其各个参数（质量、阻尼、刚度）都是连续分布的，而在理论计算时，一般多作为集中系数考虑。因此，直接用解析法分析较复杂的系统，即使是近似计算，要得到频率响应函数也是困难的，且精度较差。因此，较普遍地应用试验测试方法来测定频率响应函数。试验测定常用的方法有3种：

① 正弦和随机扫频激振法。如果系统用正弦波作为输入信号，并不断改变它的频率，或者用白噪声随机波作为输入信号，再测出系统的响应，求得频率响应函数，这是比较理想的，然而，这往往需要庞大的试验设备，如激振台、激振装置等。

② 冲击法。用脉冲信号对系统激励，测试系统的输入、输出信号，进行傅里叶变换，即可计算出频率响应函数。该方法试验方便，但精度较差。由于使用的设备简单，所以还是得到广泛应用。

③ 原型工况实测法。直接用系统实际工作的输入、输出信号数据，进行傅里叶变换后

求得。该方法不需要庞大的试验设备，加上信号分析技术的发展，现已得到广泛的应用。

4）频率响应函数的应用。频率响应函数的应用十分广泛，如通过频率响应函数，测定系统的动力特性，判别减振和隔振效果，判别传输通道等。根据输入与输出数据，通过频率响应函数分析，测定物理系统的模拟特性，如电气系统的电感、电阻和电容，机械系统的质量和阻尼等，声系统的声惯性、声质量和声阻尼。

2.3.3 其他统计学基础

1. 离散型随机变量的常见概率分布

（1）超几何分布　总体容量（N）、样本容量（n）、样本容量n中的缺陷数（k）、置信水平C和缺陷百分比（D/N）之间的关系用如下公式给出：

$$\frac{\sum_{i=0}^{k}\binom{D}{i}\binom{N-D}{n-i}}{\binom{N}{n}} \leq 1-C \quad (2-150)$$

在没有缺陷存在的特殊情况$k=0$时，式（2-150）变为

$$\frac{\binom{N-D}{n}}{\binom{N}{n}} \leq 1-C \quad (2-151)$$

（2）二项分布　当样本分数n/N足够小时，二项分布可以近似代替超几何分布。样本容量（n）、样本容量n中的缺陷数（k）、置信水平C和缺陷百分比（$q=D/N$）之间的关系为

$$\sum_{i=0}^{k}\binom{n}{k}q^i(1-q)^{n-i} \leq 1-C \quad (2-152)$$

在没有缺陷存在的特殊情况$k=0$时，式（2-152）变为

$$(1-q)^n \leq 1-C \quad (2-153)$$

根据不同的批量大小（N）和质量目标（可靠度和置信度），就可以确定最小样本数量，见表2-13。

表2-13　最小车辆数的确定

可靠度	90%	95%	90%	95%
置信水平	90%	90%	95%	95%
最小车辆数/辆	22	45	28	58

"具有90%置信水平的90%可靠度"是接受或拒绝一个总体的典型要求。

（3）泊松分布　定义：若X表示事件A在单位时间内发生的次数，它是一个随机变量，且满足以下三个假定：

1）事件A在任一时间间隔内发生的次数，与在另外不相重叠的时间间隔内发生的次数独立无关。

2）有两个或更多事件同时发生的机会很小，可以忽略不计。

3）事件A在单位时间内发生的平均次数是一个常数λ，并不随时间的变化而改变。那么，X的概率分布就称为泊松分布，记作$X\sim p(\lambda)$，λ为泊松分布的参数，$\lambda>0$。

$$P(X=k) = \frac{\lambda^k}{k!}e^{-\lambda} \quad (k=0,1,2,\cdots,n), \lambda > 0 \tag{2-154}$$

泊松分布可以认为是当 n 为无限大时二项分布的推广。当 n 很大，p 很小时，可用泊松分布近似代替二项分布，即

$$C_n^k p^k q^{n-k} = \frac{\lambda^k}{k!}e^{-\lambda} \quad (k=0,1,2,\cdots,n), 其中 \lambda = np \tag{2-155}$$

一般地，$n \geq 50$，$p \leq 0.5$，近似程度较好。

随机变量 X 取值不大于 k 次，即累积分布函数为

$$F(k) = \sum_{r=0}^{k} \frac{\lambda^k}{k!}e^{-\lambda} \tag{2-156}$$

泊松分布的均值和方差为 $E(X) = \lambda$，$D(X) = \lambda$。

一般来讲，当 $n \geq 50$，$p \leq 0.5$（p 为失效率），$\lambda = np < 10$ 时，用泊松分布计算简单，精度可满足要求。

2. 连续性随机变量的常见概率分布

（1）正态分布

1）正态分布函数。正态分布密度函数为

$$f(x) = \frac{1}{\sigma\sqrt{2\pi}}e^{-\frac{(x-\mu)^2}{2\sigma^2}}, -\infty < x < +\infty \tag{2-157}$$

累计失效分布函数 $F(x)$ 为

$$F(x) = \int_{-\infty}^{x} f(x)dx = \frac{1}{\sigma\sqrt{2\pi}}\int_{-\infty}^{x} e^{-\frac{(x-\mu)^2}{2\sigma^2}}dx \tag{2-158}$$

可靠度函数 $R(x)$ 为

$$R(x) = 1 - F(x) \tag{2-159}$$

故障率函数 $\lambda(x)$ 为

$$\lambda(x) = \frac{f(x)}{R(x)} \tag{2-160}$$

2）正态分布的密度函数曲线。正态分布密度函数曲线如图 2-19 所示。

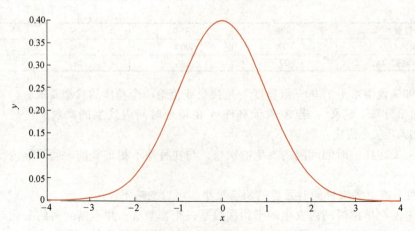

图 2-19 正态分布密度函数曲线

3）正态分布应用举例。在前轴前束和整车前束的关系上应用正态分布统计学知识，可提高整车前束合格率。正态分布直方图如图 2-20 所示。

（2）指数分布

1）指数分布的密度函数。指数分布的密度函数 $f(t)$ 为

$$f(t) = \begin{cases} \lambda e^{-\lambda t} & 0 < \lambda < \infty, 0 \leqslant t < \infty \\ 0 & -\infty < t < 0 \end{cases} \quad (2\text{-}161)$$

指数分布的分布函数 $F(t)$（即累计失效分布函数）和可靠度函数 $R(t)$ 分别为

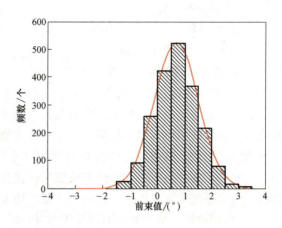

图 2-20　正态分布直方图

$$F(t) = \int_{-\infty}^{t} f(t) \mathrm{d}t = \int_{0}^{t} \lambda e^{-\lambda t} \mathrm{d}t = 1 - e^{-\lambda t}, 0 < t < \infty \quad (2\text{-}162)$$

$$R(t) = 1 - F(t) = e^{-\lambda t}, 0 < t < \infty \quad (2\text{-}163)$$

指数分布情况下的失效率 $\lambda(t)$ 为

$$\lambda(t) = \frac{f(t)}{R(t)} = \frac{\lambda e^{-\lambda t}}{e^{-\lambda t}} = \lambda \quad (2\text{-}164)$$

指数分布的分布参数 λ 就是它的失效率，是与时间 t 无关的常数，它可以用来描述浴盆曲线的偶然失效期。

2）指数分布的密度函数曲线。可靠度函数曲线和累计失效分布函数曲线如图 2-21 所示。

3）指数分布的可靠性数字特征。

① 平均寿命和寿命方差分别为

$$M = E(T) = \frac{1}{\lambda} \quad (2\text{-}165)$$

$$\sigma^2 = D(T) = \frac{1}{\lambda^2} \quad (2\text{-}166)$$

② 可靠寿命为

$$R(t) = e^{-\lambda t} = R \quad (2\text{-}167)$$

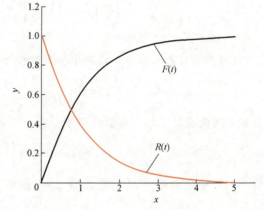

图 2-21　可靠度函数曲线和累计失效分布函数曲线

$$t_R = \frac{1}{\lambda} \ln \frac{1}{R} \quad (2\text{-}168)$$

中位寿命为

$$t_{0.5} = \frac{1}{\lambda} \ln 2 \quad (2\text{-}169)$$

特征寿命（$R = e^{-1} = 0.368$）为

$$t_e^{-1} = \frac{1}{\lambda} = m \quad (2\text{-}170)$$

4) 指数分布的特点。

① 平均寿命与失效率互为倒数。

② 特征寿命即平均寿命。

③ 指数分布具有无记忆性。

5) 指数分布的应用。指数分布最适宜描述产品的寿命。对于元件则适用于只是偶然出现的失效，并且与使用时间无关的情况；对于系统则适用于经过调试，排除了设计、制造、装配等方面的缺陷而引起的故障，工作在正常使用阶段的随机失效期。这些系统通常由大量元件或零件组成，其中各元件失效相互独立，系统发生故障的次序与所有单元失效次序相同。若元件或零件失效后立即修复或更换，仍然同新产品一样，不影响以后寿命长度。可以看出，这类系统或整机都有一个共同特征，即失效率趋近于某一稳定值 λ，λ = 常数。

6) 应用举例。平均故障间隔里程（MTBF）按指数分布进行计算，其点估计值为

$$\mathrm{MTBF} = S/r \tag{2-171}$$

式中，S 为总试验里程（km）；r 为 S 里程内发生的 1、2、3 类故障总数。

定时截尾单侧区间下限值按下式计算：

$$(\mathrm{MTBF})_L = \frac{2S}{\chi^2[2(r+1),\alpha]} \tag{2-172}$$

其中，$\chi^2[2(r+1),\alpha]$ 自由度为 $2(r+1)$，置信水平为 α 的 χ^2 分布值，标准中取 0.1。

定时截尾双侧估计按下式计算：

$$\left[\frac{2S}{\chi^2\left[2(r+1),\frac{\alpha}{2}\right]}, \frac{2S}{\chi^2\left[2(r+1),1-\frac{\alpha}{2}\right]}\right] \tag{2-173}$$

(3) 威布尔分布

1) 三参数威布尔分布。威布尔分布的概率密度函数 $f(t)$ 为

$$f(t) = \frac{\beta}{\theta}\left(\frac{t-\delta}{\theta-\delta}\right)^{\beta-1} e^{-\left(\frac{t-\delta}{\theta-\delta}\right)^{\beta}}, \delta<t, \beta>0, \theta>0 \tag{2-174}$$

对于随机变量 T 的三参数威布尔分布，累积分布函数：

$$F(t) = 1-\exp\left[-\left(\frac{t-\delta}{\theta-\delta}\right)^{\beta}\right], t>\delta \tag{2-175}$$

式中，θ 为特征寿命（尺度参数）；β 为威布尔斜率（形状参数）；δ 为最短寿命（位置参数）。

t 时刻的可靠性定义为

$$R(t) = 1-F(t) = \exp\left[-\left(\frac{t-\delta}{\theta-\delta}\right)^{\beta}\right] \tag{2-176}$$

威布尔分布的平均寿命为

$$\mu = \delta + (\theta-\delta)\Gamma\left(1+\frac{1}{\beta}\right) \tag{2-177}$$

威布尔分布的 B_q（$q\%$ 为失效百分率）寿命为

$$B_q = \delta + (\theta-\delta)\left(\ln\frac{100}{100-q}\right)^{1/\beta} \tag{2-178}$$

式中，B_q 为失效率期望值等于或小于 $q\%$ 时的寿命。

2) 两参数威布尔分布。

① 试验至失效。对于随机变量 T 的两参数（最短寿命 $\delta = 0$）威布尔分布，密度函数 $f(t)$、累积分布函数、B_q 寿命、平均寿命和方差分别为

$$f(t) = \frac{\beta}{\theta}\left(\frac{t}{\theta}\right)^{\beta-1}\exp\left[-\left(\frac{t}{\theta}\right)^{\beta}\right], t>0 \tag{2-179}$$

$$F(t) = 1 - \exp\left[-\left(\frac{t}{\theta}\right)^{\beta}\right], t>0 \tag{2-180}$$

$$B_q = \theta\left(\ln\frac{100}{100-q}\right)^{1/\beta} \tag{2-181}$$

$$\mu = \theta\Gamma\left(1 + \frac{1}{\beta}\right) \tag{2-182}$$

$$\sigma^2 = \theta^2\left[\Gamma\left(1 + \frac{2}{\beta}\right) - \Gamma^2\left(1 + \frac{1}{\beta}\right)\right] \tag{2-183}$$

② 几乎没有失效。

$$R(t) = \exp\left[-\left(\frac{t}{\theta}\right)^{\beta}\right], t>0 \tag{2-184}$$

对于给定的样本容量 n，如果失效次数 $r \geq 0$，且无失效的次数 $n-r$ 为 $t_1, t_2, \cdots, t_n$，假设 β 为已知，与真值 θ 相对应的置信区间下限 $C(\%)$ 由下式给出：

$$\theta_c = \left[\frac{2T}{\chi^2(1-C, 2r+2)}\right]^{\frac{1}{\beta}} \tag{2-185}$$

$$T = \sum_{i=1}^{n} t_i^{\beta} \tag{2-186}$$

$$R(t) = \exp\left[-\left(\frac{t}{\theta_c}\right)^{\beta}\right], t>0 \tag{2-187}$$

思考与习题

1. 简述测量系统的基本组成及各组成的功用。
2. 何谓测量系统的静态特性和动态特性？静态特性指标有哪些？
3. 简述测量误差根据其性质可分为哪几类？测量误差的来源有哪些？
4. 简述系统误差的分类和消除系统误差的方法。
5. 何谓残差？简述用残差分析法发现系统误差的基本思想。
6. 用统计学的方法决定异常数据的取舍时，其基本思想是什么？
7. 某衬套弹性体单方向加卸载数据如下：

位移/mm		-12.05	-10	-5	0	5	10	11.80
载荷/N	加载	-4177	-2786	-1071	288	1775	4054	4187
	卸载	-4177	-3942	-1714	-175	1130	3002	4187
线性化后载荷/N		-4177	-3458	-1704	49	1802	3556	4187

试作出静态特性曲线,求出灵敏度,非线性误差及回程误差。

8. 对某参数进行等精密度重复测量,得测量列如下(单位略):20.42、20.43、20.40、20.43、20.42、20.43、20.39、20.30、20.40、20.43、20.42、20.41、20.39、20.39、20.40。试决定异常数据的取舍。

9. 对某一轮胎不同气压下的轮胎周长进行测量,得数据见下表,试表达测量结果。

序号	1	2	3	4	5	6	7
周长/mm	2202	2204	2211	2218	2226	2229	2235

10. 试验数据结果表达方式一般有几种?简述各自的特点。

11. 求下列试验数据的线性回归方程,并进行显著性检验($\alpha = 0.05$)。

x	1	3	8	10	13	15	17	20
y	7.5	10.1	14.8	17.5	20.2	22.4	25.1	27.6

12. 动态试验数据可分为哪几类?简述各自的特点。

13. 简述动态试验数据分析与处理的步骤。

14. 随机性数据一般可从哪些方面进行检验?

15. 在一定的径向载荷下,对某汽车轮胎的气压 p 和静力半径 r 进行了测量,测得的数据如下:

p/kPa	0	60	120	180	240	300	360
r/mm	353.32	350.78	351.89	353.01	354.28	354.76	355.71

试确定轮胎的静力半径 r 与气压 p 之间的经验公式,并求出回归精度。

16. 已知试验数据如下:

x	0	0.2	0.4	0.6	0.8	1.0	1.2
y	1.0	2.4	6.6	14.2	25.7	40.1	57.5

试利用多项式回归确定经验公式,并求出回归曲线的精度。

第3章 汽车传感器技术、试验设备及设施

党的二十大报告提出，"推进新型工业化，加快建设制造强国、质量强国、航天强国、交通强国、网络强国、数字中国。"这为我们推动工业和信息化高质量发展，加快建设制造强国，提出了更高要求。汽车传感器技术、试验设备及设施用于汽车设计、研发、生产、测试和销售等各个环节，基于对国内汽车传感器技术、试验设备及设施发展基本情况的认识与分析，本章重点介绍传统汽车、新能源汽车、智能网联与自动驾驶汽车试验中使用的试验仪器、设备、设施以及先进的传感器技术。

3.1 传感器技术

本节重点介绍传统汽车、新能源汽车、智能网联与自动驾驶汽车试验中使用到的先进的传感器技术。国家标准 GB/T 7665—2005《传感器通用术语》对传感器的定义是："能感受被测量并按照一定的规律转换成可用输出信号的器件或装置，通常由敏感元件和转换元件组成"。其中，敏感元件是指传感器中能直接感受或响应被测量的部分；转换元件是指传感器中能将敏感元件感受或响应的被测量转换成适于传输或测量的电信号部分。

汽车传感器用来测量汽车在运行过程中各大总成和整车的工作状态及参数的变化情况，将不断变化的机械运动状态变成电参数（电压、电阻与电流）的变化，并及时送给电子控制器（计算机）、各种仪表和指示灯，以便车载计算机对发动机及其他总成进行控制，使驾驶人及时地了解汽车各部分的工作状况，从而提高车辆的使用性能。

3.1.1 汽车传感器的分类

汽车传感器的种类很多，且一个被测参数可用多种不同类型的传感器来测量，而同一种传感器也往往可以测量多个被测参数。传感器的分类有多种方法，常用的分类方法有如下几种：

1. 按能量关系分类

传感器按能量关系可分为主动型和被动型两类。汽车上使用的大多是被动型传感器，这种传感器需要外加电源才能产生电信号，它自身实际上是一个能量控制器。

2. 按信号转换分类

从信号转换的角度考虑，传感器也可分为两大类。第一类是由一种非电量转换为另一种

非电量（如弹性敏感元件和气动传感器）的传感器；第二类是由非电量转换为电量的传感器，如电热偶温度传感器、压电式加速度传感器等。目前，第二类传感器发展很快，近年来应用越来越广泛。

3. 按检测变换原理分类

根据检测变换原理的不同，可将传感器分为物理性能型和结构型两类。物理性能型传感器在测量过程中，结构参数基本上不变，而是依靠敏感元件的物理性能变化来实现信号的变换（如热电传感器、光电传感器、压电传感器等）；结构型传感器则是依靠传感器某些结构参数的变化来实现信号的变换（如电容传感器、电感传感器等）。

汽车传感器根据被测参数的不同，有温度传感器、压力传感器、流量传感器、气体浓度传感器、转速传感器、位置与角度传感器、加速度与振动传感器、电流传感器与距离传感器等。

3.1.2 汽车传感器的性能要求

传感器的性能指标包括精度、响应特性、可靠性、耐久性、结构紧凑性、适应性、输出电平和制造成本等。

汽车电子控制系统对传感器的性能要求有以下几点：

1. 较好的环境适应性

由于汽车工作环境的变化，特别是发动机，它是在高温、振动、油污等恶劣环境下工作的，这就要求传感器能适应温度、湿度、冲击、振动、腐蚀及油污等恶劣的工作环境。

2. 较高的可靠性

同普通传感器一样，汽车传感器的可靠性是最重要的，且稳定性要好。

3. 重复性好

由于计算机控制系统的应用，即使传感器线性特性不良，只要重复性好，就可通过计算机进行修正计算。

4. 批量生产性和通用性

汽车电子化的发展趋势，使得传感器市场前景广阔，因此要求传感器具有批量生产性。一种传感器信号，可以用于多个因素的控制，如可以把速度信号微分，求得加速度信号等。所以，要求传感器具有通用性。

5. 传感器数量不受限制

在现代汽车电子控制系统中，传感器能把被测参数转变成电信号，无论参数数量怎样多，只要把传感器信号输入计算机，就可以进行处理，实现汽车的高精度控制。

6. 其他要求

传感器要尽可能小型、轻量、便于安装，符合标准化的要求。

3.1.3 汽车传感器的发展趋势

现代汽车的电子化趋势推动了汽车传感器技术的发展，未来的车用传感器技术的发展趋势是多功能化、集成化、智能化。多功能化是指一个传感器能检测两个或者两个以上的特性参数或者化学参数。集成化是指利用 IC 制造技术和精细加工技术制作 IC 式传感器。智能化是指传感器与大规模集成电路相结合，带有微处理器（Microprocessor Unit，MPU），具有智能功能。新近研发的汽车用传感器具有如下特点：数字化信号输出、线性化微处理器补偿、传感器信号共用和加工、传感器间接测量、复合传感器信息处理、IC化和精细加工等。

未来传感器技术的多功能化、集成化、智能化，还将不断提高可靠性并降低系统制造成本。集成型传感器不仅是提高性能的集成化，而且还将具有相同或不同性质的传感功能加以集成，成为具有多元化功能的传感器。

光纤传感器现已开发出温度、压力、位移、转速、液位、流量、振动、陀螺等上百种类型。由于光纤传感器具有灵敏度高、体积小、重量轻、可弯曲、绝缘性好、无电磁干扰、频带宽、低损耗等特点，今后将会广泛应用到汽车上。

为提高汽车安全性和舒适性，对应的环境测量、生物体测量等方面的传感器也在研究中。例如，驾驶人视野盲区障碍物测量、保持两车前后间距、碰撞自动保护等装置中用的传感器。

传感器信号输出与控制系统的计算机接口也是一个重要的研究方向。内含有A/D、D/A、I/O驱动、缓冲RAM、程序ROM、MPU接口，并具有线性、温度补偿以及相应控制程序的灵巧型汽车用传感器越来越引人注目，将使汽车各系统的元件数量大大减少，从而降低系统制造成本，减小体积和减轻重量，并使得整个系统更加简单可靠。

总之，汽车传感器技术的发展，不仅仅是传感器自身的开发，更要注重对传感器的互换性、耐久性、可靠性的开发。

3.1.4 传统汽车用传感器

1. 汽车温度传感器

温度传感器是工业自动化过程中的四大传感器之一。随着汽车电子化程度的提高，汽车上使用温度传感器的地方越来越多。例如，要控制发动机的热状态、计算进气量及排气净化处理，都需要有能够连接并精确地测量冷却液温度、进气温度和排气温度的传感器。汽车电子控制系统中的计算机能够及时对这些传感器输入的温度信号进行处理，使发动机在最佳的工作状况下工作。

常用的温度传感器有热电阻式、热电偶式、热敏铁氧体式、晶体管和集成型。目前，汽车上用的多为热电阻式、热电偶式和热敏铁氧体式温度传感器。

（1）**热电阻式温度传感器** 物质的电阻率随其本身温度变化而变化的现象称为热电阻效应，根据热电阻效应制成的传感器叫热电阻式传感器。热电阻按材料特性不同可分为金属热电阻和热敏电阻。

1) 金属热电阻。金属热电阻作为反映电阻-温度特性关系的检测元件，要有尽可能大而且稳定的电阻温度系数（最好为常数）、稳定的化学和物理性能及大的电阻率。目前常用的金属热电阻有铂电阻和铜电阻。

① 铂电阻。铂是一种较理想的热电阻材料，在氧化性介质中，甚至在高温下，铂的物理和化学性能都很稳定，并且在很宽的温度范围内都可以保持良好的特性。因此，铂热电阻一直是使用最多、生产量最大的温度传感器之一。

② 铜电阻。铜的电阻温度系数很大，其电阻值与温度呈线性关系，且容易加工和提纯，

资源丰富、价格便宜,这些都是用铜作为热电阻的优点。铜电阻适用于较低温度,一般用于-50~150℃之间的温度测量,其特点是测温精确度高、稳定性好。

2)热敏电阻。热敏电阻是一种用陶瓷半导体制成的温度系数很大的电阻体。在工作温度范围内,按陶瓷半导体的电阻与温度的特性关系,热敏电阻可分为以下三种类型。

① 负温度系数(Negative Temperature Coefficient,NTC)热敏电阻,其电阻值随温度升高而减小,如图3-1中曲线1所示。这种电阻是由镍、铜、钴、锰等金属氧化物按适当比例混合后,高温烧结而成的,现广泛用于汽车发动机冷却液温度传感器、进气温度传感器、机油温度传感器和空调用温度传感器中。NTC温度传感器在汽车电子领域的应用如图3-2所示。

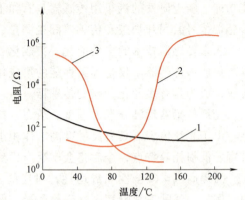

图 3-1 热敏电阻的温度特性
1—负温度系数(NTC) 2—正温度系数(PTC) 3—临界温度系数(CTR)

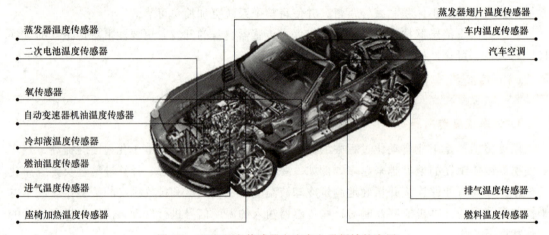

图 3-2 NTC温度传感器在汽车电子领域的应用

② 正温度系数(Positive Temperature Coefficient,PTC)热敏电阻,其电阻值随温度升高而按指数函数增加,如图3-1中曲线2所示。这种电阻的主要成分是钛酸钡($BaTiO_3$),并混合其他金属氧化物烧结而成,它在汽车发动机、仪器、仪表等测温感温部件中应用广泛。

③ 临界温度系数(Critical Temperature Resistor,CTR)热敏电阻,其电阻值随温度升高而按指数函数减小,如图3-1中曲线3所示。

热敏电阻的特点主要有以下几点:
① 能够制成尺寸大小不同的各种形状。
② 电阻值的选择范围广,可做成数欧姆至数兆欧姆的电阻元件。
③ 电阻值的温度系数大,能测出微小的温度变化。
④ 由于电阻元件的电阻值大,为避免引线电阻的影响,可用铜导线制作引线。

(2)热电偶式温度传感器 热电偶式温度传感器是利用热电效应原理制成的。将两个不同材质的金属粘接在一起，如图 3-3 所示。根据温度的变化，当 A、B 两点间温度不同时，两点间就会出现电位差 ΔU_{AB}，该电位差仅仅取决于 A、B 两端的温差。因此，通过测定电位差 ΔU_{AB} 就可以测出温度。

图 3-3 热电偶的原理

汽车上使用的热电偶式温度传感器（图 3-4）主要用于测量较高的温度，如发动机排气系统中排气温度的测定。这种传感器测试温度高、体积小、响应速度快，但热电位差不高，需放大后进行处理。

（3）热敏铁氧体式温度传感器 热敏铁氧体是强磁性金属氧化物铁氧体（$Mo \cdot Fe_2O_3$），具有如下性质：当超过某一温度时，其磁性急速转变，由强变弱，引起急变的温度称为居里温度。例如，居里温度为 65℃、100℃，则在对应的温度下形成不同的磁场，使传感器簧片开关在 65℃ 以下、100℃ 以上时处于接通，而中间范围时则断开。居里温度可以根据烧结体的成分和热处理的温度自由选择。

图 3-4 汽车热电偶式温度传感器

2. 汽车压力传感器

压力传感器是工业自动化系统中应用最广泛的传感器之一，它常用来检测气体压力和液体压力，并将压力信号转变为电压信号。压力传感器的基本原理是靠测定压差来工作。检测过程中的基准压力通常是指大气压。

压力传感器的种类很多，有膜片式（可变电感式）、应变片式、差动变压器式、半导体式等多种形式。汽车压力传感器如图 3-5 所示。

图 3-5 汽车压力传感器

(1) **膜片式压力传感器** 膜片式压力传感器大多安装在化油器节气门的下方,壳内有一膜片,在膜片上装有一个铁心,当进气管内的压力变化时,膜片带动铁心运动,使电感线圈产生电压,这样就将进气管内的真空度变化转换成电信号输出。

(2) **应变片式压力传感器** 应变片式压力传感器是把应变片粘在受压变形部位,应变片的电阻值随其变形大小而发生变化。这时若将其接入检测电路中,则可测出相应的电压变化,根据此电压变化可换算出所受压力是正压还是负压以及所受压力的大小。

(3) **差动变压器式压力传感器** 差动变压器式压力传感器是把真空膜片盒安装在所要检测的部位,它将随着绝对压力的变化而产生线性位移,带动一个线性可调的差动变压器,从而得到与绝对压力值成正比的电信号输出。

(4) **半导体式压力传感器** 半导体式压力传感器利用半导体的压阻效应制成,它是由硅片、底座、硅杯及盖子组成的。工作时,硅片上的膜片受压产生应力,随着膜片应力的变化,硅片上的电阻值也发生变化,从而将压力信号变成电信号输出。半导体式压力传感器的体积小、精度高、成本低,而且响应性、再用性、稳定性非常好,因此,在汽车上广泛用于压力检测。

目前,汽车上应用的压力传感器较多,用来检测进气歧管压力、气缸压力、发动机油压、变速器油压、车外大气压力及轮胎压力等。它们的主要作用见表3-1。

表3-1 汽车用压力传感器的作用

气压测定作用	控制作用	部件压力监测作用
歧管压力测定	点火提前角控制	轮胎气压
	空燃比控制	变速器油压
	EGR控制	
气缸压力测定	爆燃控制	制动阀油压
大气压测定	空燃比修正	悬架油压

3. 空气流量传感器

现代汽车电子控制燃油喷射系统中,空气流量传感器用于测量发动机吸入的空气量,它是决定电控系统控制精度的重要部件之一,如图3-6所示。

空气流量传感器又称为空气流量计(Air Flow Meter,AFM),它获得的进气量信号是电控单元(Electronic Control Unit,ECU)计算喷油时间和点火时间的主要依据。在多点燃油喷射系统(Multi Point Injection,MPI)中,检测进气量的方法,在"D"型和"L"型两种燃油喷射系统中各不相同。

图3-6 空气流量传感器

"D"型燃油喷射系统中,发动机进气量的测量是通过间接测量法,即利用压力传感器检测进气歧管内的空气压力(真空度)来测量吸入发动机气缸内的进气量。因为空气在发动机进气歧管内流动时会产生压力波动,且发动机怠速节气门完全闭合时的进气量与汽车加速节气门全开时的进气量相差 40 倍以上,进气气流的最大流速可达 80m/s,所以,"D"型燃油喷射系统的测量精度不高,但成本低。

"L"型燃油喷射系统中,进气量的测量是通过直接测量法,即利用空气流量传感器,直接测量进气歧管内被吸入发动机气缸内的空气量,因此,这种检测进气量方法的精确度较高,控制效果优于"D"型燃油喷射系统,但系统成本较高。

虽然空气流量传感器的技术参数随燃油喷射系统及发动机的不同而不同,但汽车对空气流量传感器的一般要求均相同。

目前,现代汽车燃油喷射系统所采用的空气流量传感器有体积流量型和质量流量型两种。其中,常用的体积流量型传感器有叶片式、卡尔曼涡流式和测量芯片式流量传感器等;质量流量型传感器有热线式和热膜式空气流量传感器等。

4. 气体浓度传感器

目前汽车上用于电子控制燃油喷射装置进行反馈控制的传感器是氧传感器,如图 3-7 所示,它安装在发动机排气管上,其功能是通过检测排放气体中氧气的含量、空燃比的浓稀,并将检测结果转变为电压或电阻信号,反馈给计算机,计算机根据氧传感器信号,不断修整喷油时间与喷油量,使混合气浓度保持在理想范围内,实现空燃比反馈控制(即闭环控制)。使用氧传感器对混合气的空燃比进行控制后,能够使发动机得到最佳浓度的混合气,从而降低有害气体的排放量,减少汽车排气污染。汽车目前已实际采用的氧传感器有氧化锆型(ZrO_2)和氧化钛型(TiO_2)两种。

相对普通氧传感器而言,有一种传感器能连续检测混合气从浓到稀的整个范围的空燃比,称为全范围空燃比传感器。在稀燃发动机的领域空燃比反馈控制系统中,采用了稀燃传感器,这种传感器能够在混合气极稀薄领域中,连续地测出稀薄燃烧区的空燃比,实现了稀薄领域的反馈控制。

图 3-7 氧传感器

在不装氧传感器的燃油喷射系统中,可使用可变电阻器为主元件的传感器改变混合气的浓度,故称之为可变电阻器型传感器。

此外还有与空气净化器配套使用的烟雾浓度传感器,通过检测烟雾浓度后,可使空气净化器自动运转或停止,从而达到净化驾驶室内空气的目的。

为了降低柴油发动机排出的黑烟导致周围空气的污染,在柴油机的电子控制系统中,采用一种能检测发动机排气中形成的碳烟或未燃烧碳粒的传感器,并将其信号反馈给计算机,来自动调节空气与燃油的供给,使其接近完全燃烧,以避免形成过多的碳烟。

5. 转速传感器

转速传感器是发动机集中控制系统中非常重要的传感器,它的作用是能够检测出任意轴的旋转速度,如图 3-8 所示,在汽车上,常用以测量发动机的转速、车轮的转速,从而依此推算出车速。对于采用钢丝软轴转速表读取的转速,只对驾驶人显示某一转轴的旋转速度,若要获得各种装置速度的数据资料,还要将发动机转速表得到的信息,应用于车速表、防抱制动系统(ABS)、发动机控制、燃油的计算等,所以要把转速信号变换成电信号,以便用计算机读取。

转速传感器可分为脉冲检波式、电磁式、光电式、外附型盘形信号板式等几种。脉冲检波式传感器用来检测发动机的曲轴角位置，并把发动机曲轴角位置以电信号的形式检出；电磁式传感器是从喷油泵获取电信号，从而检测出发动机的转速；而光电式传感器是通过光电二极管的导通或截止将角度信号转变为脉冲信号输送给计算机；外附型盘形信号板式传感器配合曲轴角度传感器产生信号。

车速传感器是用以测量汽车行驶速度，以便使发动机的控制、自动起动、防抱制动系统、牵引力控制系统

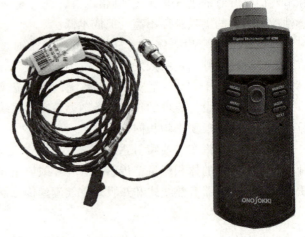

图 3-8 转速传感器

(Traction Control System，TCS)、活动悬架、导航系统等装置能正常工作，它主要有簧片开关式、磁阻元件式、光电式等几种传感器。簧片开关式传感器目前已不多用；光电式传感器一般用于数字式速度表上；而磁阻元件式传感器是通过磁阻的变化，用磁阻元件（Magneto-resistance Element，MRE）检测出车速的一种传感器。

另外，检测角速度用的传感器有振动型、音叉型等几种。根据车辆不同，所采取的结构形式也不完全一样。下面介绍几种形式的转速传感器的使用与检修。

(1) 位置与角度传感器 位置与角度传感器，按输出形态可分为数字式和模拟式两种。数字式位置与角度传感器主要有光电式和磁性的旋转编码器。模拟式位置与角度传感器，就是把角度的变化由电位计变换成电阻的变化。

在汽车电子控制系统中，为了能满足汽车的使用要求，位置与角度传感器的类型很多，主要有节气门式、线性式位置传感器，防滴型、非接触型角度传感器，车高传感器（光电式），液位传感器，转向传感器，座椅位置传感器，方位传感器等几种。

为了使喷油量满足不同工况的要求，在电子控制燃油喷射系统中，节气门上装有节气门位置传感器，它可将节气门的开度变换成电信号输送给电控单元（ECU），作为 ECU 判定发动机工况的依据。节气门位置传感器常用的有编码式、线性式、滑动式三种。

车高传感器和转向传感器在电控主动悬架系统中是两种十分重要的传感器，目前均采用光电式。车高传感器是把车身高度的变化变换成传感器轴的旋转，并检测出其旋转角度，将其变换成电信号输入到微型计算机中，可随时对车身高度进行调节；转向传感器是用来检测轴的旋转方向及旋转速度，并提供给 ECU，由 ECU 来调节汽车悬架系统的侧倾刚度。

液位传感器可用于测定制动液液位、洗涤液液位、散热器冷却液液位、燃油液位等，当液位减少到一定的值时，产生类似于开关的接通、断开的转换，它主要有浮筒簧片开关式、电极式、热敏电阻式、滑动电阻式四种。

另外，还有安装在机油泵上的线性式位置传感器，它能连续检测直接变位量（步进电动机控制栓的位置等），多触点滑动触片安装在轴上，并在电阻体上前后滑动以输出线性电压。

座椅位置传感器用于微型计算机控制的动力座椅上，它是通过霍尔元件将旋转永久磁铁的变化位置引起的磁通密度变化检测出来，并变换成电压，作为脉冲信号的形式送入控制计算机。

方位传感器是车辆导航系统中非常重要的一种传感器，从电磁的角度看，它是利用地磁产生电信号而进行检测的传感器，用来指示方向的偏差。

(2) 加速度与振动传感器　目前汽车为了提高乘车人员安全性和舒适性，广泛采用了安全气囊系统、防抱制动系统（ABS）、底盘控制等装置。为对这些装置进行有效的控制，加速度传感器和振动传感器是必不可少的。

碰撞传感器在现代轿车上的 SRS 气囊中和在新型的防抱制动系统中，已成为确保其操纵稳定性和制动性能的重要元件。碰撞传感器的功能是检测、判定汽车的碰撞强度，以便及时启动安全气囊。

加速度传感器能检测汽车的加速度，并将其转换成电信号输入给电控单元（ECU）。加速度传感器的内部装有增幅电路和温度补偿电路，从工作性质看，大都是属于线性输出加速度传感器。加速度传感器从具体结构上可分为：钢球式、半导体式、水银式和光电式。

半导体式加速度传感器通过采用高精度的温度补偿电路和低输入的偏置温度漂移运算放大器，具有良好的温度特性和经济性等特点；水银式加速度传感器由玻璃管和水银组成，在高级轿车和赛车上用得较多，该传感器可检测出汽车前、后两个方向的加、减速度；光电式加速度传感器是根据两只光电晶体管导通和截止的输出信号，判断路面的状况，从而采取相应的措施；钢球式加速度传感器的主要特点是具有良好的耐热冲击性和抗干扰性。对注塑材料，由于采用了硬度较低的硅树脂，大大改善了温度漂移的杂散性。

为了避免因爆燃损坏发动机，人们通过在发动机上装上爆燃传感器来检测有无爆燃现象，并将信号输送给电控单元（ECU），ECU 根据爆燃传感器的反馈信号来调整点火提前角，从而使点火提前角保持最佳位置，改善发动机的工作性能。用于发动机机体振动检测的爆燃传感器可分为磁应变式和压电式两种类型，压电式又分为共振型和非共振型。

磁应变式传感器是利用磁应变效应的一种传感器，它将发动机振动的频率变换成电压信号，来检测爆燃强度。

压电式爆燃传感器是利用结晶或陶瓷多晶体的压电效应和硅压电阻效应制成的一种传感器。压电式爆燃传感器构造简单，价格便宜。

3.1.5　电动汽车用传感器

电动汽车用传感器在电动汽车电子控制系统中有着十分重要的作用，主要应用于电动机控制系统、底盘控制系统、车身控制系统和导航系统。

1. 转速传感器

在纯电动汽车及混合式电动汽车上，为了有效地控制电动机与发电机，需要高精度检测转子位置、转速的传感器。电动汽车的电动机有直流电动机及交流电动机，从类型上又有感应型、同步型等。

根据所用电动机、发电机的种类及检测项目的不同来选择不同种类的传感器，图 3-9 所示为丰田混合式系统上所用的转速传感器。传感器的定子上，嵌有三个线圈，输出线圈 B

与 C 的电角度错开 90°。因为转子为椭圆形，所以当转子旋转时，定子、转子间的气隙长度发生变化，由线圈 A 中的交流电形成的线圈 B、C 中的输出信号将随传感器转子的位置而变化，通过输出的差别可以测出绝对位置。而且，利用微型计算机计算一定时间内位置的变化量，也可以把这种传感器作为转速传感器使用。

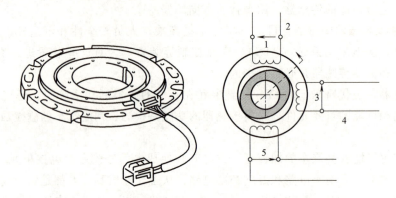

图 3-9　转速传感器的构成

1—线圈 A　2—动磁侧　3—线圈 B　4—输出侧　5—线圈 C

采用霍尔元件，包括霍尔集成电路在内的传感器在这类车辆上也有广泛的应用。传感器应用的工作原理是霍尔效应，即半导体中有电流通过，在垂直方向上加上磁场时，在与电流和磁场均垂直的方向上就会有电压产生。将这种传感器用于直流无刷电动机上，通过检测磁场的变化，就可以测出转子旋转角度。

对检测电动机、发电机转速等的转速传感器的要求是：精度高、体积小，特别是具有适应于宽温度范围的高可靠性，耐久性。

2. 电压、电流传感器

电压、电流传感器用于检测电动汽车及混合式电动汽车上各部位的电压及电流。

车上所用蓄电池的电压高达几十至 300 多伏，因为要控制充放电及监测是否有异常，所以要测出蓄电池电压及电流。

因为电动机一般为电流控制，所以要用电流传感器（图 3-10）检测电流。检测电流的方法有：分流电阻式、霍尔元件式等。

图 3-10　电流传感器

3. 转矩传感器

在发动机控制与电动机控制中，转矩的检测是项很重要的工作。但在电动汽车及混合式电动汽车上，不是直接检测输出转矩的，而是采用软式检测，即大多是根据发动机的转速、节气门开度、进气量等间接测出发动机转矩；根据电动机的电流值间接测出电动机转矩。

4. 其他传感器

电动汽车上的蓄电池很重要，所以要检测其充电状态及蓄电池的剩余容量。因为直接检测充电状态是比较难的，所以可以采用软式检测，即采用传感器直接检测蓄电池电压、充放电电流、蓄电池温度等，再间接测出即计算出充电状态。

此外，还要采用漏电传感器，以检测蓄电池及变频器等是否漏电。

3.1.6 智能汽车用传感器

智能汽车用传感器包括：转速与相位传感器、温度与气体传感器、超声波雷达/毫米波雷达/激光雷达、视觉传感器、定位与惯性导航传感器。

智能汽车系统主要表现为由一系列的硬件组成，包括组成车体的底盘、轮胎、舵机装置、电动机装置、道路检测装置、测速装置和控制电路板等。本节主要总结智能汽车设计中使用到的传感器（包括光电式传感器、图像传感器、测速传感器、激光雷达、摄像头和毫米波雷达等）。

传感器由敏感元件和转换元件组成。敏感元件能够随着被测量的变化而引起某种易被测量的信号的变化，而转换元件则将敏感元件感受或响应的被测量转换成适于传输或测量的电信号部分，具体的电量形式取决于敏感元件的原理。除此之外，由于转换元件的输出信号一般都很微弱，为方便传输、转换、处理及显示，通常有信号调理转换电路、辅助电路等，将转换元件输出的电信

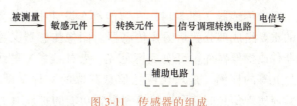

图3-11 传感器的组成

号进行放大或运算调制。因此，传感器的组成通常包括敏感元件、转换元件、信号调理转换电路和辅助电路，如图3-11所示。随着半导体器件与集成技术的发展，传感器的信号调理转换电路与敏感元件、转换元件等一起集成在同一芯片上，安装在传感器的壳体里。

1. 光电式传感器

光电式传感器（图3-12）是利用光电器件把光信号转换成电信号的装置。光电式传感器工作时，先将被测量转换为光量的变化，然后通过光电器件再把光量的变化转换为相应的电量变化，从而实现非电量的测量。光电式传感器的核心（敏感元件）是光电器件，光电器件的基础是光电效应。

光电式传感器的结构简单，响应速度快，可靠性较高，能实现参数的非接触测量，因此广泛地应用于各种工业自动化仪表中。光电式传感器可用来测量光学量或测量已先行转换为光学量的其他被测量，然后输出一定形式的电信号。在测量光学量时，光电器件是作为敏感元件使用；而测量其他物理量时，它是作为转换元件使用。光电式传感

图3-12 光电式传感器

器由光路及电路两大部分组成，光路部分实现被测量信号对光量的控制和调制，电路部分完成从光信号到电信号的转换。图3-13a所示为测量光量时的组成框图，图3-13b所示为测量其他物理量时的组成框图。

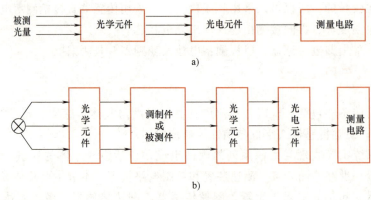

图 3-13 测量组成框图
a)测量光信号 b)测量非光信号

2. 图像传感器

图像传感器（图3-14）在智能汽车设计中非常常见。智能汽车路径识别模块中的摄像头的重要组成部分就是图像传感器。图像传感器又称为成像器件或摄像器件，可实现可见光、紫外线、X射线、近红外光等的探测，是现代视觉信息获取的一种基础器件。因其能实现信息的获取、转换和视觉功能的扩展（光谱拓宽、灵敏度范围扩大），能给出直观、真实、多层次、多内容的可视图像信息，图像传感器在现代科学技术中得到越来越广泛的应用。

图 3-14 图像传感器

（1）电荷耦合器件（Charge-coupled Device，CCD）图像传感器　CCD图像传感器从结构上可以分为两类：一类是用于获取线图像的，称为线阵CCD；另一类是用于获取面图像的，称为面阵CCD。

1）线阵CCD图像传感器。线阵CCD图像传感器可以直接接收一维光信息，而不能直接将二维图像转换为一维的电信号输出，为了得到整个二维图像的输出，就必须用行扫描的方法来实现。

2）面阵CCD图像传感器。面阵CCD图像传感器的感光单元呈二维矩阵排列，能检测二维平面图像。由于传输与读出方式不同，面阵图像传感器有许多类型，常见的传输方式有行传输、帧传输和行间传输三种。

（2）摄像头的工作原理　摄像头以隔行扫描的方式采样图像，当扫描到某点时，就通过图像传感芯片将该点处图像的灰度转换成与灰度对应的电压值，然后将此电压值通过视频信号端输出。具体而言，如图3-15所示，摄像头连续地扫描图像上的一行，就输出一段连续的电压信号，该电压信号的高低起伏正反映了该行图像的灰度变化情况。当扫描完一行，视频信号端就输出一个低于最低视频信号电压的电平（如0.3V），并保持一段时间。这样相当于紧接着每行图像对应的电压信号之后会有一个电压"凹槽"，此"凹槽"叫作行同步脉冲，它是扫描换行的标志。然后扫描新的一行，如此下去，直到扫描完该场的信号，接着会出现一段场消隐信号。其中有若干个复合消隐脉冲（简称消隐脉冲），在这些消隐脉冲中，

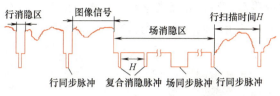

图 3-15　摄像头的工作原理

有一个消隐脉冲远宽于其他的消隐脉冲（即该消隐脉冲的持续时间远长于其他的消隐脉冲的持续时间），该消隐脉冲又称为场同步脉冲，标志着新的一场的到来。摄像头每秒扫描25帧图像，每帧又分奇、偶两场，故每秒扫描50场图像。

3. 测速传感器

在智能汽车设计中，测速传感器的设计主要有两种方案：霍尔式传感器和光电式脉冲编码器。

（1）霍尔式传感器　霍尔式传感器是基于霍尔效应原理，将电流、磁场、位移、压力、压差、转速等被测量转换成电动势输出的一种传感器。虽然转换率低、温度影响大、要求转换精度较高时必须进行温度补偿，但霍尔式传感器具有结构简单、体积小、坚固、频率响应宽（从直流到微波）、动态范围（输出电动势的变化）大、无触点、寿命长、可靠性高，以及易于微型化和集成电路化等优点。

霍尔式转速传感器如图 3-16 所示，图 3-17 所示为部分霍尔式转速传感器结构示意图。转盘的输入轴与被测转轴相连，当被测转轴转动时，转盘随之转动，固定在转盘附近的霍尔式传感器便可在每一个小磁铁通过时产生一个相应的脉冲，检测出单位时间的脉冲数，便可知被测转速。根据磁性转盘上小磁铁数目多少，就可以确定传感器测量转速的分辨率。

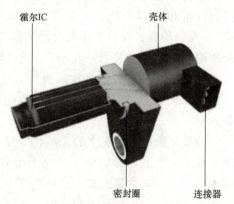

图 3-16　霍尔式转速传感器

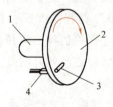 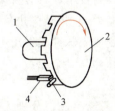 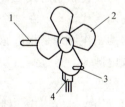

图 3-17　部分霍尔式转速传感器结构示意图
1—输入轴　2—转盘　3—磁铁　4—霍尔式传感器

（2）光电式脉冲编码器　光电式脉冲编码器可将机械位移、转角或速度变化转换成电脉冲输出，是精密数控采用的检测传感器。光电式编码器（图 3-18）的最大特点是非接触式，此外还具有精度高、响应快、可靠性高等特点。

光电式编码器采用光电方法，将转角和位移转换为各种代码形式的数字脉冲，如图 3-19 所示光电式脉冲编码器，在发光元件和光电接收元件中间，有一个直接装在旋转轴上的具有

相当数量的透光扇形区的码盘,在光源经光学系统形成一束平行光投在透光和不透光区的码盘上时,转动码盘,在码盘的另一侧就形成光脉冲,脉冲光照射在光电元件上就产生与之对应的电脉冲信号。

图 3-18 光电式编码器

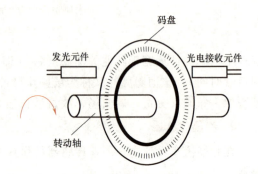

图 3-19 光电式脉冲编码器

4. 激光雷达

激光雷达(图 3-20)是一种工作在光学波段(特殊波段)的雷达,它被广泛用于无人驾驶汽车和机器人领域,被誉为广义机器人的"眼睛",是一种通过发射激光来测量物体与传感器之间精确距离的主动测量装置。其中广义机器人包括具有无人驾驶功能的汽车,也可称之为轮式机器人,另外还包括实现无人清扫、无人运送等功能的新型服务机器人。

激光雷达是车辆安全和智能化的核心高端传感器,激光雷达也是我国智能汽车战略大力发展的关键基础技术之一。国家发展改革委、科技部、工信部等 11 部门联合印发的《智能汽车创新发展战略》中定义了什么是智能汽车,智能汽车是指通过搭载先进传感器等装置,运用人工智能等新技术,具有自动驾驶功能,逐步成为智能移动空间和应用终端的新一代汽车。在这个定义中,"搭载先进传感器"是智能汽车的重要标签。

图 3-20 激光雷达

激光雷达的工作原理是将电脉冲变成光脉冲发射出去,光接收机再把从目标反射回来的光脉冲还原成电脉冲,通过测量发射脉冲与一个或数个回波脉冲之间的时间差而获得距离以及物体材质和颜色等参数。

如图 3-21 所示,激光雷达由四个系统组成,分别为激光发射、激光接收、信息处理和扫描系统。激光发射系统中激励源周期性地驱动激光器,发射激光脉冲,激光调制器通过光束控制器控制发射激光的方向和线数,最后通过发射光学系统,将激光发射至目标物体;激光接收系统的工作原理是经接收光学系统、光电探测器接受目标物体反射回来的激光,产生接收信号;信息处理系统是接收信号经过放大器处理和数模转换,经由信息处理模块计算,获取目标表面形态、物理属性等特性,最终建立物体模型;扫描系统是以稳定的转速旋转实现对所在平面的扫描,并产生实时的平面图信息。

激光雷达主要技术指标包括视场角、线数、分辨率、探测距离、测量精度、反射率和扫

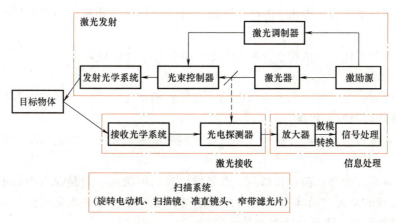

图 3-21 激光雷达的构成

描帧频等。

1)视场角。视场角决定了激光雷达能够看到的视野范围,分为水平视场角和垂直视场角,视场角越大,代表视野范围越大,反之则代表视野范围越小。

2)线数。线数越高,代表单位时间内采样的点越多,分辨率也就越高,目前无人驾驶汽车一般采用 32 线或 64 线的激光雷达。

3)分辨率。分辨率和激光光束之间的夹角有关,夹角越小,分辨率越高。固态激光雷达的垂直分辨率和水平分辨率大概相当,约为 0.1°,旋转式激光雷达的水平分辨率为 0.08°,垂直分辨率约为 0.4°。

4)探测距离。探测距离是指激光雷达的最大测量距离。在自动驾驶领域应用的激光雷达的测距范围普遍在 100~200m。

5)测量精度。激光雷达的数据手册中的测量精度(Accuracy)常表示为,例如±2cm 的形式。测量精度表示设备测量位置与实际位置偏差的范围。

6)反射率。反射率是指物体反射的辐射能量占总辐射能量的百分比,例如,某物体的反射率是 20%,表示物体接收的激光辐射中有 20% 被反射出去了。不同物体的反射率不同,这主要取决于物体本身的性质(表面状况),如果反射率太低,那么激光雷达收不到反射回来的激光,导致检测不到障碍物。激光雷达一般要求物体表面的反射率在 10% 以上,用激光雷达采集高精度地图的时候,如果车道线的反射率太低,生成的高精度地图的车道线会不太清晰。

7)扫描帧频。扫描帧频是指激光雷达点云数据更新的频率。对于混合固态激光雷达来说,也就是旋转镜每秒旋转的圈数,单位为 Hz。例如,10Hz 即旋转镜每秒转 10 圈,同一方位的数据点更新 10 次。

激光雷达的优点:

1)距离、方位探测精度高,可同时跟踪多个目标,通过算法处理,能够对障碍物进行分类。

2)方向性好,探测距离远,最大可达 300m。

3)抗干扰能力强,稳定性相当高,鲁棒性好。激光属于直线传播,方向性好,光束非常窄,只有在其传播路径上才能接收到,所以干扰信号也很难进入激光雷达的接收机。

4)获取信息量丰富,输出 3D 点云数据,可获取目标的距离、角度、反射强度、速度等信息。

5)可全天时工作,不依赖于外界光照条件或目标本身的辐射特性。

激光雷达的缺点:

1)容易受雨、雪、雾等恶劣天气影响,直接影响激光雷达的测量精度和扫描距离,甚至导致激光雷达探测发生错误。

2)激光雷达目前成本高,体积大,设计使用寿命普遍较短,离满足车规级要求还存在一定的距离。

3)激光雷达安全性目前存在风险,激光雷达发出的激光本身是没有编码的,接收器无法识别接收信号的来源。激光雷达之间存在干扰,且可能会收到恶意模拟车辆、行人的信号,造成障碍物假象,干扰决策规划控制。

4)传统激光雷达对线束数量要求较高,数据保真度会随探测距离而下降。

5. 摄像头

摄像头,即视觉传感器,如图 3-22 所示,就如同人的眼睛,计算芯片就如同人的大脑,为了给"大脑"提供可供决策的视觉信息,摄像头需要克服不利环境对摄像头的干扰。相对于激光雷达加高精地图的方案,计算机视觉方案逻辑上更像人类驾驶过程。

为了保障安全,就必须保证摄像头在各种恶劣环境下,能快速识别车辆、行人和交通标志,都能输出清晰的画面,给现阶段的自动驾驶技术提供足够的环境感知保障。

对于自动驾驶车辆的感知系统,视觉传感器是不可或缺的组成部分,相当于驾驶人的眼睛,是未来自动驾驶技术的发展重点。通过视觉传感器感知环境,并结合其他传感器(激光雷达、毫米波雷达、定位设备、超声波雷达等)的感知信息,完成车辆对所处环境的识别。

图 3-22 摄像头

广义的视觉传感器主要是由光源、镜头、图像传感器、模数转换器、图像处理器等组成。景物通过镜头投射到图像传感器(如 CMOS 和 CDD)表面,图像传感器将目标的光信号转化为模拟电信号;再根据像素分布、亮度和颜色等信息,通过模数转换器转变为数字信号(CMOS 图像传感器不需要 A/D);最后图像处理器通过对这些数字信号进行图像滤波与增强、灰度处理、自适应二值化、深度学习等算法处理,完成对目标或车道线的检测、分类和识别,进而获得相应的识别信息并输出给自动驾驶系统。

车载摄像头包括单目摄像头、双目摄像头、广角摄像头等。先进驾驶辅助系统(Advanced Driver Assistance System,ADAS)阶段单目摄像头应用较多,L3 级自动驾驶以后,需要多个摄像头配合。L3 级称为"有条件的自动驾驶",意思是车辆可以在特定的道路上实现完整的自动驾驶功能,开启后可以完全解放驾驶人的手脚。可以在设计运行范围内连续控制车辆，控制车辆观察路况、红绿灯、行人等，做出正确决策，但驾驶人需要在系统请求时进行操作和响应决策，L3 级意味着系统已经具备初步思考能力。

为了实现从手动驾驶到自动驾驶的安全过渡，系统必须全面掌握车辆内外的情况。外置摄像头用来监测车辆前方的情况，内置摄像头用来监测驾驶人的情况，持续监控驾驶人是否在执行驾驶操作。相关软件会持续评估摄像头的数据，显示驾驶人是在专心驾车还是处于分神状态，是否将脸朝向后座的儿童，是否盯着智能手机屏幕，或者驾驶人的手是放在转向盘上还是放在后脑勺上。通过这个摄像头系统，车辆和驾驶人可以持续关注彼此的情况。这最终有助于人们建立对自动驾驶的信任感。

摄像头的优点：

1）横向距离分辨率较其他传感器（如毫米波雷达）要高。
2）对目标的分类能力是目前车载传感器中最好的。
3）在可以识别车道线的传感器中，摄像头成本低于激光雷达。
4）相较于其他传感器，摄像头是目前唯一可以识别交通标识的传感器。
5）可以对环境进行识别，实现对雨雪等环境的识别。
6）摄像头成本低廉，技术相对比较成熟。

摄像头的缺点：

1）天气对摄像头识别效果影响比较严重。
2）大广角摄像头成像有镜头畸变，镜头畸变造成的图像失真对图像检测有较大影响。
3）低动态的摄像头在光照变化强烈的场景下会造成代表某些区域的细节信息丢失。

6. 毫米波雷达

毫米波雷达是工作在毫米波波段（Millimeter Wave）探测的雷达，通常毫米波是指 30~300GHz 频域（波长为 1~10mm）。毫米波雷达因频段介于厘米波与光波间，所以同时具备光波导与电磁波导特性，在军事领域已被广泛应用。近年来，随着人工智能的兴起无人驾驶汽车获得了越来越多的关注，为了精确掌握现实中复杂的交通状况，车载毫米波雷达技术发展逐渐成熟，目前已成为先进驾驶辅助系统（ADAS）的关键传感器之一。相较于车载摄像头与激光雷达，毫米波雷达受天气、光线及尘埃等影响程度较低，故其探测稳定度较佳，是自动驾驶技术的重要一部分。

毫米波雷达的工作原理如图 3-23 所示，首先通过振荡器产生线性调频连续波或三角波，经由发射机发射，再由天线定向辐射出去，在空间以电磁波形式传播，当遇到目标时反射回来。接收机接收目标反射信号，再经过信号处理、数据处理即可得到目标的相关信息，最后可通过显示器将目标信息显示出来。

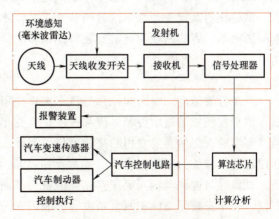

图 3-23 毫米波雷达的工作原理

毫米波雷达的优点：

1）精度高抗干扰。毫米波雷达有更窄的波束（一般为 mrad 量级），可提高雷达

的角分辨能力和测角精度，并且有利于抗电子干扰、杂波干扰和多径反射干扰等。

2）全天时全天候。毫米波有很强的穿透能力，其测距精度受雨、雪、雾、阳光等天气因素和杂声、污染等环境的影响较小，具有全天候全天时的特点。

3）高分辨多目标。由于工作频率高，可能得到大的信号带宽（如 GHz 量级）和多普勒频移，有利于提高距离和速度的测量精度以及分辨能力，并能分析目标细节特征。同时，毫米波雷达能分辨识别很小的目标，并能同时识别多个目标，因此具有很强的空间分辨和成像能力。

4）敏感性高误报低。毫米波雷达不易受外界电磁噪声的干扰，因此具有较高的系统敏感性，并且误报率低。

5）高频率低功率。毫米波雷达具有更高的发射频率，更低的发射功率。

6）可测速可测距。利用调频连续波（Frequency-Modulated Continous Wave，FMCW）能同时测出多个目标的距离和速度，并可对目标连续跟踪，甚至能对静止目标保持跟踪不丢失。

7）探测距离远、实时性高。毫米波雷达能够进行双向 12 车道 200m 的远距离测量，同时 38Hz、26ms 的检测频率使得它具有极强的实时性。

毫米波雷达的缺点：

1）受空气谐振影响。毫米波波段存在若干大气窗口频段，对空气敏感度较低，空气中水蒸气及氧分子产生的谐振会造成毫米波频率被吸收或者散射，产生严重的衰减。

2）毫米波雷达视场角较小，径向距离及速度测试精度高，但切向测试误差较大。

3）对金属、运动物体探测敏感，对非金属、静止物体探测不敏感。

4）毫米波雷达对周边所有障碍物无法进行精准的建模，目标识别难度较大。

5）在雨雪等恶劣天气影响下，会出现距离模糊和速度模糊。

6）大功率器件和插损的影响会降低毫米波雷达的探测距离，加工精度相对要求高，单片收发集成电路的开发相对迟缓。

3.2 典型试验仪器及设备

当前，新一轮科技革命和产业变革正蓬勃兴起，只有推动制造业高端化、智能化、绿色化，才能实现高质量发展，才能推动中国制造向"中国创造""中国智造"转变，在汽车领域也是如此。因此，当代青年要勇于创新，掌握关键核心技术，最终赢得主动、赢得优势、赢得未来。

试验仪器及设备是汽车试验的基本工具。本节重点介绍不同类型汽车，包括传统汽车、新能源汽车、智能网联与自动驾驶汽车试验中使用的典型试验仪器及设备。

3.2.1 车速测量仪

汽车行驶速度、时间和位移是汽车多项使用性能试验和评价中必不可少的测量参数，虽然车辆里程表能够指示行驶里程和速度，但受车轮滚动半径、机械传动系统磨损、指示仪表精度等影响，仍然需要专用的高精度仪器测量。这种测量并记录汽车行驶过程的速度、时间和位移的仪器称为车速测量仪（简称车速仪）。由于传统车速测量仪器为带有传感器的小轮子，试验时与被测车辆固定连接，并由被测车辆拖动在路面上随之滚动，因此常被称为第五轮仪。由于安装便捷性和测量精度等影响因素的限制，目前这种与地面接触的接地式车速仪已较少使用，在实际车速测量中常使用非接地式车速仪。非接地式车速仪根据测量原理的不同，比较有代表性的主要有光电式车速仪和基于 GPS 定位的车速测量系统。

1. 第五轮仪

第五轮仪（图 3-24）简称五轮仪，是早前汽车加速性能、滑行性能及燃油经济性等试验的一种常用仪器。第五轮仪一般由第五轮、齿盘、连接臂、导线、开关导线、安装盘、传感器、显示器及脚踏开关等组成。

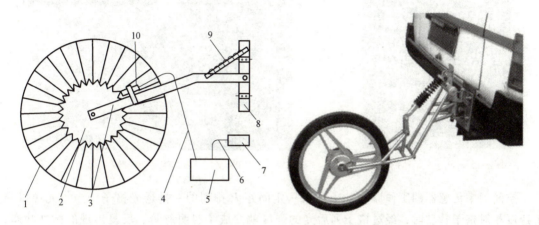

图 3-24　第五轮仪

1—第五轮　2—齿盘　3—连接臂　4—导线　5—显示器　6—开关导线
7—脚踏开关　8—安装盘　9—加力弹簧　10—传感器

试验时，第五轮固定在试验车尾部或侧面，当第五轮随汽车运动而转动时，磁电传感器感受到齿盘的齿顶和齿谷的交替变化，并产生与齿数成一定比例数量的电脉冲。脉冲数与汽车行驶的距离成正比，脉冲频率与车速成正比。汽车行驶距离与脉冲信号的比例关系是一常量，通常称之为传递系数。当显示器收到由传感器传递过来的一定频率和数量的脉冲信号时，自动与传递系数相乘得到相应的距离，同时将距离与由晶体振荡器控制的时间相比得出车速，并显示、存储或打印出来。以上过程，在试验中隔一定时间进行一次，直至试验结束，从而完成试验过程中车速、距离、时间的实时测量。

传递系数与第五轮的周长和齿盘齿数有关，若第五轮实际周长为 L，齿盘有 n 个齿，传感器每感受到一次齿顶和齿谷的变化就发送两个脉冲信号，则传递系数为 $L/(2n)$。由于第五轮的周长随胎压和接地压力变化，因此每次试验前都应进行传递系数的标定。第五轮仪的形式不同，传递系数的标定方法也不同，应根据所用第五轮仪的使用说明进行。

接地式车速仪在试验过程中要求第五轮必须时刻与地面接触，且不能出现打滑，因而限制了试验道路种类的选择范围，不利于非公路车辆对应试验的实施。由于设备精度的限制，这种接地式车速仪不能进行大于 180km/h 的车速测量。此外，由于这类设备体积相对较大，不利于携带，仪器安装的便捷性也不好，目前已较少使用。

2. 光电式车速测量仪

光电式车速测量仪（图 3-25）是利用空间滤波原理检测车速的非接地式车速测量仪。
光电式车速测量仪由空间频率传感器和信号处理装置组成，其工作界面如图 3-26 所示。空间频率传感器主要由投光器和受光器组成。投光器将强光射到地面，由于地面凹凸不平，形成明暗对比的不同反射,由受光器中的梳状光电管接收。随着车辆的移动,光电管接收地面反射光的明暗变化脉冲,此脉冲频率与车速成正比。明暗交替变化的频率信号经过一定的信号处理即可获得车辆的行驶速度。

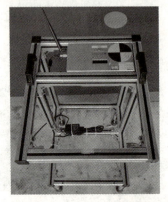

图 3-25 光电式车速测量仪

图 3-26 车辆行驶速度显示界面

空间频率传感器的工作原理如下:以一定间距 P 排列的一排透光格子,当点光源以一定速度相对格子移动时,经过格子列后光的强度就变成了忽明忽暗、反复出现的脉冲状态,此脉冲与光穿过格子的次数相对应,即每移动一个 P 距离变换一次。假设点光源移动速度为 v,光学系统的放大率为 m,则在格子列上移动的光点速度为 mv。这样,一明一暗的脉冲列的周期为 P/mv,即频率 $f=mv/P$ 与速度 v 成正比,速度 v 的变化则通过频率 f 的变化表现出来。

与点光源相比,一般的光学投影则稍有差异。这种光学投影(凹凸不均的形状)可以视为许多不同强度的点光源不规则地集中,不改变相互位置,向着一定的方向平行移动的状况。

由此得来的光量,就是从这些点光源一个一个地测量的光量总和。然而,由于点光源的分布和强度都不同,其结果导致相位和亮度的全然不同。但因频率完全相同,结果组成了许多仅相位和振幅不同的信号,其平均频率为 mv/P,从而可得到相位和振幅均随机平稳变化的信号(窄带随机信号)。通过推测此中心频率可解出移动速度和移动距离。

与接地式五轮仪相比,光电式车速测量仪安装方便、测量精度高,适用于高速测量,最高测量车速可达 250km/h;但其光源耗电量大,并且在车速很低时,测量误差大,车速小于 1.5km/h 时不能测量。此外,在冰雪路面和潮湿的防抱制动系统(ABS)性能测试路面上,由于光电式车速测量仪是靠内部的空间滤光片传感器接受地面反射来的光进行信号采集,而湿的低附着系数路面无法实现光线的良好反射,导致信号丢失,仪器失效。

3. GPS 定位车速测量系统

GPS 定位车速测量系统主要包括 GPS 接收器和一套数据采集系统。它使用高性能的卫星接收器,利用位置已知的卫星(不少于 4 颗)的三维坐标来确定被测目标的三维坐标 (x, y, z),根据卫星发射的无线信号的传播延时建立三维位置量和时间量的方程,结合测量得到的各卫星与目标位置的距离确定被测目标在地面上的位置,然后计算被测目标的位移和速度。

VBOX（Velocity Box，速度测量装置）是基于 GPS 定位系统进行车速测量的典型设备，由英国 Racelogic 公司生产制造，是一套专业测量、记录和分析显示车辆行驶数据的综合性便携式测试设备。VBOX 整车试验数据采集系统由卫星接收器、主机和多种外接模块及传感器组成，如图 3-27 所示。主机可直接获得汽车的速度和移动距离，提供横（纵）向加/减速度值、充分发出的平均减速度（Mean Fully Developed Deceleration，MFDD）、时间以及制动、滑行、加速等距离。系统附加多种模块和传感器，可以采集油耗、温度、加速度、角度、角速度、转向角速度、转向力矩、制动踏板力、制动踏板行程、制动管路压力等，可便捷完成动力性、燃油经济性和操纵稳定性等十多项试验内容。

图 3-27　VBOX 整车试验数据采集系统

基于 GPS 定位的测量系统的测量精度与光电式车速测量仪相当，且安装更便捷，对试验道路环境的要求较低，非常适合汽车综合测试使用。但整套试验设备价格昂贵，一般只有专业检测机构和科研院所采用，其应用场景如图 3-28 所示。

图 3-28　VBOX 数据采集系统应用场景

3.2.2　燃油消耗量测量仪

燃油消耗量测量仪又称油耗仪，它可测量某一段时间间隔或某一里程内流体通过管道的总体积或总质量。油耗仪按其测量方法的不同，可分为质量式油耗仪和容积式油耗仪。这两种油耗仪都能连续、累积测量油耗，都可用于汽车燃料消耗量台架试验。

1. 质量式油耗仪

质量式油耗仪通过测定消耗一定质量燃料所用的时间或测量规定时间内消耗的燃油质量来计算耗油量。测量准确度不受发动机供油系统燃油回流的影响，特别是在测量具有回油管路供油系统的汽车时，只要将发动机回油管路中的燃油流入称量容器，即可排除发动机回油管路中的燃油蒸气或空气对油量准确度的影响。但质量式油耗仪不适用于动态测试，一般不能用于道路试验，多用于台架试验。

质量式油耗仪由称重装置、计数装置和控制装置组成，如图 3-29 所示。燃油从燃油箱经电磁阀和油管注入称重装置秤盘上的油杯中，通过油管供给被测定的发动机。电磁阀的开闭由两个微型限位开关来控制，而微型限位开关装在平衡块行程限位器和微型限位开关的继电器上。需要测量的油量由两个光电二极管以及装在指针上的光源来控制。一个光电二极管是固定的，可用于控制记录装置。另一个光电二极管装在活动滑块上，滑块通过齿轮齿条移动，齿轮轴与鼓轮相连，鼓轮带有以 g 为单位的分度盘，燃料消耗量通过鼓轮的转动可显示在分度盘上。

用这种油耗仪自动测量燃料消耗量时，首先给油杯充油，称量秤左端下沉。当平衡块行程限位器到达微型限位开关的位置时（微型限位开关起挡块作用），微型限位开关将关闭电磁阀而停止充油。当油杯中燃油流向被测发动机时，由于重量减轻而使称量秤左端上升，通过杠杆机构推动指针摆动，当光源的光束射到光电二极管上时发出信号，记录仪开始工作。当油杯中燃油耗尽，光束便射到光电二极管上，它便发出信号使记录仪停止工作。记录仪由两个带数字显示的半导体计数器组成，一个计数器用于计算发动机曲轴的转速，另一个计数器起秒表作用。

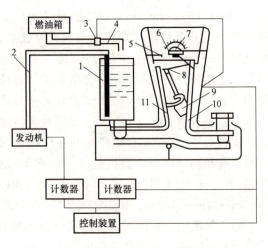

图 3-29　质量式油耗仪测量系统

1—油杯　2、4—油管　3—电磁阀　5、6—光电二极管　7—鼓轮　8—光源　9—平衡块行程限位器　10、11—微型限位开关

值得注意的是：质量式油耗仪存在系统误差，即测量时油杯油面发生变化，伸入油杯中的油管浮力的反作用力也发生变化，造成称量时的系统误差。此项系统误差必须根据汽车油耗量及油杯液面高度变化进行修正。此外，燃油消耗量单位采用 L/100km 时，在换算时必须考虑燃油密度与温度之间的关系。

在测量消耗一定质量的燃油所需的时间后，按式（3-1）计算单位时间内发动机的燃油消耗量。

$$G = 3.6m/t \qquad (3-1)$$

式中，G 为燃油消耗量（kg/h）；m 为燃油重量（g）；t 为测量时间（s）。

2. 容积式油耗仪

容积式油耗仪（图 3-30、图 3-31）是测量汽车燃油消耗量常用的仪器，它通过测定消耗一定容积的燃油所需的时间来计算容积耗油量。容积式油耗仪在用于多工况循环试验时可能会出现的问题有：高燃油流量时，过大的压力可能会影响发动机的供油性能；而流量低时，

图 3-30　容积式油耗仪（一）

DFL1x-5bar

DFL3x-5bar

图 3-31　容积式油耗仪（二）

注：1bar = 10^5 Pa。

由于通过传感器元件泄漏,测量准确度有下降的趋势,尤其是怠速泄漏,将导致测量的准确度下降。

容积式油耗仪按其结构可分为活塞式油耗仪、膜片式油耗仪、齿轮式油耗仪和涡轮式油耗仪,其中活塞式油耗仪应用最广泛。

活塞式油耗仪由油耗传感器和信号转换器组成,如图 3-32 所示。信号转换器可以将燃油的体积转换为便于计量的旋转件的转动圈数,它由在同一水平面内的四个活塞组成,如图 3-33 所示。四个活塞布置成 90°的夹角,共用一个曲柄,每个活塞中部都开有环形槽,环形槽可用来控制相邻缸的进油和排油。

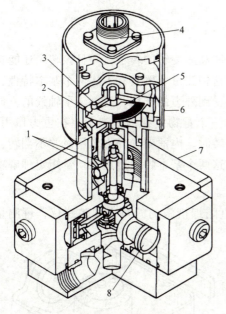
图 3-32 活塞式油耗仪结构示意
1—磁性联轴器 2—固定光栅 3—光电二极管(对置)
4—信号端子 5—转动光栅 6—转速/脉冲变换部
7—流量/转速变换部 8—活塞

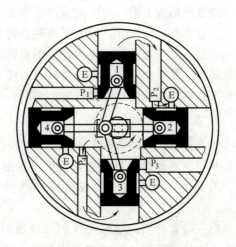
图 3-33 活塞式油耗仪工作原理
1、2、3、4—活塞

测量时,将油耗传感器串接在发动机供油系燃油泵和喷油器之间,燃油在油泵压力作用下进入信号转换器的内腔,并推动活塞 1 向上运动,其外腔的燃油经管道 P、活塞 2 上的环槽、出油道 E 和耐油胶管流入高压泵;活塞 1 向上运动的同时,通过连杆带动曲柄轴旋转,曲柄又带动其他三个活塞 2、3 和 4 运动,从而实现曲柄轴的连续转动,各缸按序进油、排油。曲柄轴旋转一周,各气缸分别工作一次。由于每个气缸的直径和活塞行程一定,因此各气缸工作一次排出的燃油容积是一定的,即曲柄轴旋转一周,油耗传感器所排出的油是一定的,从而可以将燃油流量测量转换为曲柄转数的测量。

在信号转换器曲柄轴的一端装有磁性联轴器,将曲柄轴与光电脉冲发生器的转轴连接在一起,曲柄轴旋转时,带动脉冲信号发生器输出脉冲信号。脉冲信号的频率按一定比例直接转换成瞬时流量,并显示出来。累计流量为测量时间内接收到的脉冲信号数按比例(因数)转换成的燃油消耗量。

活塞式油耗仪用于电控燃油喷射式发动机时需处理从调压器回流的多余燃油。对于小排量发动机,可以让燃油回流到油耗传感器输出端;对于大排量发动机,由于从调压器返回的燃油压力迅速降低,并且靠近发动机温度较高,将会使输出的脉冲抖动,从而导致很大的测量误差,因此必须采用具有返回燃油处理功能的活塞式油耗仪。从发动机返回的燃油被导入热交换器中按照油箱的温度进行冷却,再被泵出形成循环。

3.2.3 陀螺仪

在汽车操纵稳定性试验中,经常要在汽车运动状态下测定某些动态运动参数,如汽车航向角、汽车横摆角速度、车身侧倾角及纵倾角(俯仰角)等,这些运动参数通常用陀螺仪进行测量。

1. 陀螺仪基本特性

狭义地讲,陀螺仪是一个安装在内、外框架上能高速旋转的转子,并且该转子还能在框架内绕自转轴线上的一个固定点向任意方向回转。这种测量装置具有下述两个基本特性:定向性和进动性。定向性,即转子高速旋转时,除非受到外力的作用,否则转子轴线的方向将一直保持不变。进动性,即当转子不自转时,若把一个重物挂在内框架上,在重力作用下,内框架将向着重物的作用方向翻转;当转子高速自转时,内框架受外力作用时并不翻转,而外框架将绕其自身的转动轴线发生偏转。陀螺仪的这两个基本特性可利用动量矩定理解释。

2. 垂直陀螺仪

垂直陀螺仪(图3-34)是具有保持自转轴垂直陀螺措施的三自由度陀螺仪,可测量汽车车身侧倾角和纵倾角。它主要由三自由度陀螺仪、修正装置和指示机构或角度传感器等部分组成。

修正装置由摆式敏感元件和力矩器组成,摆式敏感元件常用液体开关或水银开关。液体开关实际上是个液体摆,它相当于一个能够传输电信号的气泡水准仪,故其中装的是特殊导电液体并设置有电极。图3-34中的液体开关为五极式,其中心电极与液体开关的壳体相连,另外四个电极均布在壳体上部的圆周上,构成相互垂直的两对电极,液体开关安装在陀螺内框架的底面上。力矩器常用力矩电动机,但其结构做成扁环形或弧

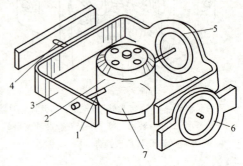

图3-34 垂直陀螺仪

1—内框轴 2—陀螺房(内框) 3—外框 4—外框轴 5、6—扁环形修正电动机 7—液体开关

形,以使仪表结构紧凑,两个力矩电动机分别安装在陀螺内、外框轴方向。当陀螺外框轴平行于机体纵轴安装时,外框轴和内框轴方向的力矩电动机分别称为纵向和横向修正力矩电动机,液体开关与力矩电动机的连接电路称为修正电路。

当自转轴未偏离垂线时,液体开关保持水平,气泡处于中央位置,均等地盖住四个电极表面约一半的面积,中心电极经导电液体至四个电极的电阻相等,这时每个力矩电动机中两个控制线圈所通过电流的大小相等,方向相反,因而不产生修正力矩作用在陀螺仪上。

当自转轴偏离垂线时,液体开关随之倾斜,气泡向处于高位的电极移动,中心电极经导电液体至相应一对电极中的两个电极电阻不等,这时相应的修正电动机中两个控制线圈所通

过电流的大小不等，因而产生修正力矩作用在陀螺仪上，使自转轴绕框架轴进动，直到液体开关中的气泡处于中央位置，即自转轴回到垂线为止。利用指示机构或角度传感器测出自转轴绕框架轴的进动角度，即可得到车辆的侧倾角与纵倾角。

使用这种陀螺仪测量车身侧倾角最大的问题是由于其自转轴不完全垂直于地面所造成的正弦波信号输出。因此，试验前应使汽车以极低的车速转圈行驶，测出由此而产生的偏差，以便在数据处理时进行修正。

使用带修正装置的三自由度陀螺仪时，试验前可以利用修正装置将陀螺仪自转轴自动修正到地垂线位置。试验时断开修正装置电路，以避免修正装置发出错误信号（如由离心力引起的）。但试验时间不能太长，通常可允许数分钟，否则，将会由于其他原因引起自转轴产生漂移而导致测量误差。

3. 角速度陀螺仪

角速度陀螺仪又称二自由度陀螺仪，用来测定汽车的横摆角速度。角速度陀螺仪通常刚性安装在汽车地板上，安装时应保证其敏感轴与地垂线平行，偏差不应大于1°。汽车在稳态转圈时，车身侧倾角对横摆角速度输出影响很小，通常可忽略不计。但在转向和制动联合作用时，应进行修正。为使动态测试值不产生太大的相位滞后，当仪器相对阻尼系数为0.2时，其自振频率不应小于50Hz。角速度陀螺仪还应保证输入频率在0~2.5Hz范围内，其输出是线性的。

与三自由度陀螺仪相比，二自由度陀螺仪只有一个框架，而无内外两个框架，故相对基座而言，它少了一个转动自由度。因此，在陀螺力矩作用下，陀螺仪将绕框架轴相对基座转动并出现转角，这被称为"强迫进动"。

图3-35所示为角速度陀螺仪的工作原理，它是在二自由度陀螺仪的基础上增设弹性元件、阻尼器等。弹性元件也称定位弹簧，一端与框架相连，另一端与壳体相连。阻尼器常用空气阻尼器或液体阻尼器。

根据二自由度陀螺仪特性可知，当基座绕二自由度陀螺仪所缺少自由度的轴线方向以角速度 ω_Y 转动时，由于支承推力矩 L 的作用，使陀螺仪产生绕内框轴的进动，进动转角为 β，定位弹簧便发生弹性变形而产生绕内框轴的弹性力矩 M_s 作用在陀螺仪上。弹性力矩的方向（图中为绕内框轴 O_x 的正向）与陀螺仪绕内框轴的偏转方向相反，弹性力矩的大小与陀螺仪绕内框轴的相对转角 β 大小成正比，可表达为

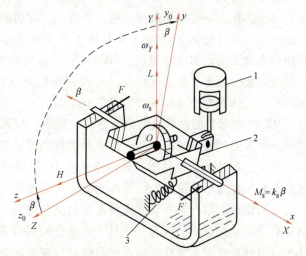

图3-35 角速度陀螺仪的工作原理
1—阻尼器 2—单自由度陀螺仪 3—定位弹簧

$$M_s = k_s \beta \quad (3\text{-}2)$$

式中，k_s 是定位弹簧的弹性系数（N·m/rad），即在单位转角下定位弹簧所产生的弹性

力矩。

当基座转动的方向改变为相反方向时,陀螺仪绕内框轴的进动方向也随之改变。

4. MEMS 陀螺仪

微电子机械系统(Micro Electro Mechanical Systems,MEMS)技术是建立在微米/纳米技术基础上的 21 世纪前沿技术,是指对微米/纳米材料进行设计、加工、制造、测量和控制的技术。它可将机械构件、光学系统、驱动部件、电控系统集成为一个整体单元的微型系统。这种微电子机械系统不仅能够采集、处理与发送信息或指令,还能够按照所获取的信息自主地或根据外部的指令采取行动。它用微电子技术和微加工技术(包括硅体微加工、硅表面微加工、LIGA 和晶片键合等技术)相结合的制造工艺,制造出各种性能优异、价格低廉、微型化的传感器、执行器、驱动器和微系统。微电子机械系统技术是近年来发展起来的一种新型多学科交叉的技术,该技术将对未来人类生活产生重大影响。它涉及机械、电子、化学、物理、光学、生物、材料等多学科。

陀螺仪是用来测量角速率的器件。随着人工智能、物联网时代的加速到来,MEMS 陀螺仪得到越来越广泛的应用,渗透到人们工作、生活中的各个方面。智能手机,蓝牙耳机和无人机等智能设备都搭载了 MEMS 陀螺仪。

(1) **MEMS 陀螺仪组成** MEMS 陀螺仪由一个 MEMS 芯片和一个专用集成电路(Application Specific Integrated Circuit,ASIC)芯片组成,两个芯片封装一起构成了陀螺仪,是人工智能物联网时代信息获取和交互的必要器件,其姿态测量、平台稳定、导航推算等功能在消费电子、汽车电子领域获得越来越广阔的应用。MEMS 指尺寸在几毫米乃至更小的高科技装置,可批量制作,将微型传感器、微型执行器以及信号处理和控制电路,甚至接口、通信和电源等集为一体的微型器件或系统。MEMS 是利用传统的半导体工艺和材料,通过微纳米技术在芯片上制造微型机械结构,并将其与对应的电路结构集成为一个整体。受益于普通传感器无法企及的 IC 硅片加工批量化生产带来的成本优势,MEMS 同时又具备普通传感器无法具备的微型化和高集成度。MEMS 的工作原理是外部环境物理、化学和生物等信号输入,通过微传感器转换成电信号,经过信号处理(模拟信号或数字信号)后,由微执行器执行动作,达到与外部环境"互动"的功能。

MEMS 陀螺仪的微机械部分包含两组梳齿,分别称为驱动梳齿和检测梳齿,各自又有可动部分和固定部分构成电容器。给驱动梳齿的可动部分施加交变电压,让它沿 x 方向振荡在固定频率;当传感器整体沿 z 轴以角速度 Ω_z 旋转时,在科氏力的作用下,检测梳齿的可动部分会在 y 方向产生位移,引起检测梳齿可动部分与固定部分之间的电容量发生变化。

专用集成电路产生驱动梳齿所需要的交变电压,控制驱动梳齿的振荡幅度,同时测量检测梳齿与驱动梳齿间的电容变化量,再通过同相解调技术检测出 Ω_z 的大小。对角速度做积分可以得到角位置。惯性传感器的数据经特定算法处理后,可用于物体的动作识别、姿态感知、动作控制、姿态控制等。

(2) **MEMS 陀螺仪原理** MEMS 陀螺仪相对于机械陀螺、激光陀螺、光纤陀螺,具有小尺寸、低功耗、低成本、高性价比的特点,更容易商用化、民用化。在人们的脑海中,陀螺往往与旋转联系在一起,实际上在 MEMS 陀螺仪的内部并不存在高速旋转的转子,正是这样一种近似固态器件的结构使 MEMS 陀螺仪比普通的机械陀螺具有更好的抗振和抗冲击性能。那么 MEMS 陀螺仪是怎么感应转动角速度的大小的呢？大部分 MEMS 陀螺仪对角速度的检测依赖于驱动模态和检测模态间的能量转移，即科里奥利效应。科氏力的大小可以表示为

$$F_c = -2m\Omega v \tag{3-3}$$

式中，F_c 为科氏力；m 为质量块的质量；Ω 为角速度；v 为质量块的速度。

对于二阶系统，质量块的运动速度为其相对平衡位置位移 x 的一阶导数：

$$v = \dot{x} = A\sin(\omega t + \varphi) \tag{3-4}$$

式中，A 为质量块的振幅（驱动幅度）；ω 和 φ 分别为其振动的角频率和初始相位。

将速度表达式代入科氏力的表达式可以发现科氏力的幅度除了正比于外加角速度的大小，也同样正比于驱动幅度，所以在 MEMS 陀螺仪中对驱动幅度的控制是至关重要的。

电容式 MEMS 陀螺仪是一个典型的机电耦合系统，存在电信号和机械振动的相互转化，驱动即对驱动电极施加电信号并转化为机械能使质量块克服阻尼力的阻碍振动起来，当外加电信号的频率与陀螺仪的驱动模态的谐振频率一致时质量块最容易被驱动。MEMS 结构受到的阻尼力随振幅的增大而增大，理论上当一个周期中电信号所做的正功与阻尼力所做的负功大小相同时驱动幅度达到稳定值。但是由于 MEMS 陀螺仪的谐振频率和品质因数等不可避免地会受到环境温度及应力的影响，而这些参数的改变都会影响 MEMS 结构的振幅，所以开环驱动在实际应用中几乎无法保证稳定的驱动幅度，更不必说稳定的性能。故为了提高性能稳定性，MEMS 陀螺仪常采用闭环方式进行驱动。

MEMS 陀螺仪的设计和工作原理可能各种各样，但是公开的 MEMS 陀螺仪均采用振动物体传感角速度的概念。利用振动来诱导和探测科氏力而设计的 MEMS 陀螺仪没有旋转部件、不需要轴承，已被证明可以用微机械加工技术大批量生产。

通过改进设计和静电调试使得驱动和传感的共振频率一致，以实现最大可能的能量转移，从而获得最大灵敏度。大多数 MEMS 陀螺仪驱动和传感模式完全匹配或接近匹配，它对系统的振动参数变化极其敏感，而这些系统参数会改变振动的固有频率，因此需要一个好的控制架构来做修正。如果需要高的品质因子（Q），驱动和感应的频宽必须很窄。增加 1% 的频宽可能降低 20% 的信号输出，阻尼大小也会影响信号输出。一般的微机械陀螺仪由梳子结构的驱动部分（图 3-36）和电容板形状的传感部分（图 3-37）组成，有的设计还带有去驱动和传感耦合的结构（图 3-38）。

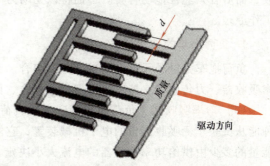

图 3-36 梳子结构的驱动部分

MEMS 陀螺仪的重要参数包括：分辨率（Resolution）、零角速度输出（零位输出）、灵敏度（Sensitivity）和测量范围。这些参数是评判 MEMS 陀螺仪性能好坏的重要标志，同时也决定陀螺仪的应用环境。

分辨率是指陀螺仪能检测的最小角速度，该参数与零角速度输出其实是由陀螺仪的白噪声决定的。这三个参数主要说明了该陀螺仪的内部性能和抗干扰能力。对使用者而言，灵敏度更具有实际的选择意义。测量范围是指陀螺仪能够测量的最大角速度。不同的应用场合对陀螺仪的各种性能指标有不同的要求。

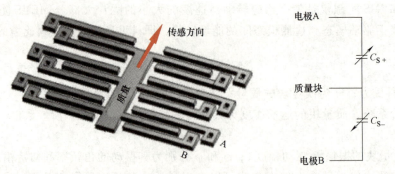

图 3-37 电容板形状的传感部分

微机械陀螺仪用于测量汽车的旋转速度（转弯或者打滚），它与低加速度计一起构成主动控制系统。主动控制系统就是一旦发现汽车的状态异常，系统在车祸尚未发生时及时纠正这个异常状态或者正确应对异常状态以阻止车祸的发生。例如，在转弯时，系统通过陀螺仪测量角速度就知道转向盘打得过多还是不够，主动在内侧或者外侧车轮上加上适当的制动以防止汽车脱离车道。这种系统主要安装于高端汽车上。

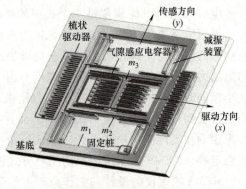

图 3-38 传感耦合的结构

3.2.4 负荷拖车

负荷拖车用以给试验车辆提供负荷，它是一种现代化的车辆测试设备。在进行车辆性能试验时，利用该设备可以在平坦的试验路面上模拟车辆的各种行驶工况。负荷拖车有两类：有动力负荷拖车和无动力负荷拖车。二者的区别在于前者既可以被拖动行驶，也可以自己行驶；而后者只能被拖动行驶。下面将以无动力电涡流负荷拖车为例，介绍负荷拖车的结构及工作原理。

1. 负荷拖车的结构

负荷拖车是电子元件和机械部分的组合。无动力电涡流负荷拖车的主要测控系统包括功率吸收器、力传感器、速度传感器、手控盒、计算机等。

(1) 功率吸收器　负荷拖车所产生的负荷就是由功率吸收器提供的。功率吸收器是一种能从试验车辆吸收能量的电子机械装置，它能将旋转的动能转变为热能并予以吸收。吸收能量的多少由供给功率吸收器的电流大小决定，电流大小的调节由 DC/DC 控制器完成，而 DC/DC 控制器又是由计算机来控制的。

电涡流负荷拖车的功率吸收器由定子和转子两部分组成，其中定子绕有 16 组电磁线圈。只有在电磁线圈有电流，而且转子在转动的情况下，功率吸收器才能吸收能量，负荷拖车才能产生负荷。

负荷拖车的车轮轮轴通过传动系与功率吸收器的转子相连，当拖车由车辆牵引前进时，车轮滚动，从而带动转子转动。但如果此时没有给定子的电磁线圈供电，功率吸收器将不吸收能量。当计算机发出指令控制供给功率吸收器电磁线圈的电流时,功率吸收器才能吸收能量。其表现为定子中 16 个电磁线圈产生 16 个磁场,转子在转动中不断切割磁力线,每次切割都使转子中的固有微粒被极化或重新极化一次,微粒周围则产生杂乱的分子电流,阻止磁场发生磁通量变化,转子受到与其转动方向相反的阻力矩,该阻力矩通过传动系传递到车轮,于是产生了拖车的负荷。微粒被极化或重新极化的过程要吸收能量,这就是功率吸收器将动能转变为热能并予以吸收的过程。通过调节电磁线圈中的电流,可以控制极化或重新极化微粒的数量,从而达到控制拖车负荷大小的目的。

(2) 力传感器 力传感器在拖车的前部,用于测量拖车施加于被试车辆的负荷。试验时,负荷拖车产生负荷,力传感器受载,它将载荷转换为电信号并输入计算机进行处理。

(3) 速度传感器 速度传感器安装在负荷拖车的轮轴传动系统上,用于测量负荷拖车的速度,也就是被试车辆的速度。试验时负荷拖车的车轮转动,速度传感器将产生脉冲信号并输入计算机。

(4) 手控盒 手控盒是一个与计算机相连的有线盒子,试验时由它控制负荷拖车加载与否。控制盒上有两个按钮,绿色的为开始触发按钮,红色的为结束触发按钮,相对应的有绿、红两个指示灯。另外还有两个调节负荷拖车速度大小与负荷大小的调节开关,所希望的目标值能在计算机屏幕上显示出来。

(5) 计算机 这里的计算机是一个车载便携式计算机。负荷拖车具有足够长的连线,试验时,计算机接上信号线和电源线后,启动负荷拖车控制程序,试验人员在被试车辆上即可控制拖车模拟各种试验工况。

2. 负荷拖车的工作原理

负荷拖车在试验时作为一个可调负荷拖挂在试验车辆之后,用以调节试验车的负荷。试验中,试验车拖挂负荷拖车后的受力情况如图 3-39 所示。其受力平衡方程式为

$$F_k = F_w + F_f + F_g \tag{3-5}$$

式中,F_k 为试验车牵引力(N);F_g 为试验车拖钩牵引力(N);F_w 为试验车空气阻力(N);F_f 为试验车轮胎滚动阻力(N)。试验车行驶时,F_k、F_g、F_w 和 F_f 的关系如图 3-40 所示,当试验车采用不同档位行驶时,根据受力平衡方程,可得到 F_g 的最大值。

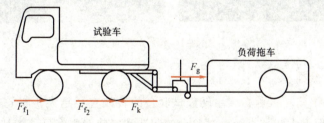

图 3-39 试验车受力情况

为测取试验车拖钩牵引力,在负荷拖车上设有力传感器。试验时,负荷拖车由被测车辆牵引前进,拖车车轮滚动,通过传动系统带动交流发电机给车载蓄电池充电;同时还带动功率吸收器,通过功率吸收器吸收能量,对转子产生制动阻力矩,制动阻力矩传到拖车车轮使其制动,由车轮与地面的摩擦所产生的摩擦阻力给前面的被测车辆施加负荷。而负荷拖车的控制单元计算机由蓄电池提供电源,试验人员可以通过操作计算机输入所要求的各种不同的

负荷及速度目标值，再由计算机向 DC/DC 控制器发出指令，由 DC/DC 控制器调节蓄电池供给功率吸收器定子中电磁线圈的电流大小，从而改变负荷拖车的负荷，达到所要求的目标。计算机作为负荷拖车的主控单元，用来选择负荷拖车的控制模式并发出指令，而力传感器和速度传感器则向计算机传送负荷及速度的反馈信号。一旦计算机选定了负荷/速度参数，它将不断比较控制目标信息和实际的反馈信息，如果二者不相符，它将传给 DC/DC 控制器来调整指令，改变负荷拖车的负荷，直到二者一致，达到控制要求。

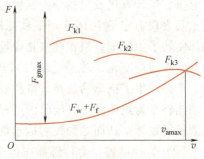

图 3-40 驱动力与行驶阻力关系

负荷拖车可用于汽车的牵引性能试验、汽车滑行阻力及滑行阻力系数的测定、模拟汽车爬坡以及为试验车辆提供可以调节的稳定负荷。

3.2.5 转鼓试验台

转鼓试验台（图 3-41）也称底盘测功机，是检测汽车底盘输出功率及其相关参数的一种检测设备。它以转鼓的表面模拟路面，通过加载装置给转鼓轴施加负荷以模拟汽车在实际行驶时的阻力，以可调风速的供风系统模拟汽车迎面行驶风，从而在室内实现汽车道路行驶工况的模拟。

图 3-41 转鼓试验台

1. 转鼓试验台分类

（1）单转鼓（滚筒）试验台 单转鼓试验台的转鼓直径越大，车轮在转鼓上转动就越像在平路上滚动。但增大转鼓直径，试验台的制造和安装费用将显著增加，所以一般转鼓直径均在 1500~2500mm。单转鼓试验台对试验汽车的安放定位要求较严，车轮与转鼓的对中比较困难，但其试验精度比较高，故主要用于汽车制造厂和科研单位。

图 3-42 所示为 MSR500 转鼓试验台。MSR500 的单滚筒固定方式可以保证在高载荷下进行长时间测试，并且使大功率发动机的测试变得可靠和简单。由于配置了电动机，四驱测试时，前桥和后桥的速度可以保证高精度同步，如同在路面上行驶一样。前后桥的速度是一致的，避免了损耗和磨损。在四驱模式和两驱模式下都可以用电动机驱动车辆测试馈电系统，

非常适合测试纯电动汽车和混合动力车辆。

(2) 双转鼓（滚筒）试验台 双转鼓试验台的转鼓直径比单转鼓试验台的要小，一般在 185～400mm 的范围内，随试验车速而定。转鼓曲率半径小，轮胎和转鼓的接触情况与在道路上的受压情况不一样，故试验精度较低。但这样的试验台对试验车的安放要求不高，使用方便，而且成本低，适合于维修保养企业及汽车检测站在进行汽车技术状况检查和故障诊断时使用。

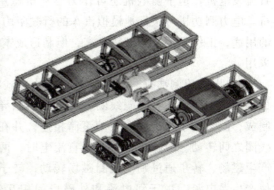

图 3-42　MSR500 转鼓试验台

2. 转鼓试验台结构

转鼓试验台一般由加载装置、测量装置、转鼓组件、举升装置、纵向约束装置以及测控管理系统等组成。图 3-43 所示是转鼓试验台机械部分组成示意。

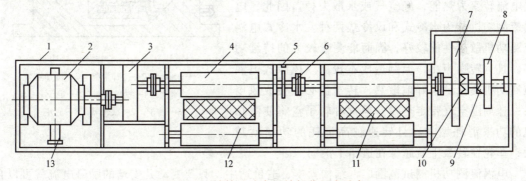

图 3-43　转鼓试验台机械部分组成示意

1—框架　2—电涡流测功机　3—变速器　4—主动滚筒　5—速度传感器　6—联轴器
7、8—飞轮　9、10—电磁离合器　11—举升器　12—从动滚筒　13—压力传感器

(1) 加载装置 汽车在转鼓试验台上进行性能测试或技术状况检验时，要求试验台能模拟汽车在公路上行驶时所受的各种阻力。汽车行驶时的内部阻力是由于汽车传动系统的摩擦所引起的，在道路和试验台上是一样的，但外部阻力却不同。汽车在道路上行驶时，其外部阻力是由于前后轮的滚动阻力、车轮轴承的摩擦和空气的作用引起的。但汽车在试验台上运转时，只有驱动轮在运动。因此，空气阻力、爬坡阻力和从动轮的轴承摩擦等只能通过调节试验台上测功机的负载加以模拟，以使汽车的受力情况与在道路上行驶时一样。

功率吸收装置是用来吸收并测量汽车驱动轮上的功率和牵引力的，转鼓试验台通常采用的测功机有水力测功机、电力测功机和电涡流测功机等几种类型。

1）水力测功机。用水作为制动介质，水在测功机的转子和定子间起连接作用，利用转子对水的冲击、切割和摩擦产生的阻力来消耗功率，通过调节进出水量，可得到不同的制动功率。在水流量一定时，测功机的制动转矩随转子转速的增加而提高，这种测功机在大功率测量时性能稳定，造价较低但精度不高。

2）电力测功机，又称平衡电机，作为负载用时，通过发电来吸收功率，其功用相当于直流发电机，但平衡电机还可作为驱动机械用，此时它输出功率，其功用相当于直流电动机。电力测功机可很好地模拟汽车的行驶阻力和惯性力。因此，它大大地拓宽了滚筒试验台的用途，工作平稳，测试精度高，但制造成本也高，所以通常只在供科研试验用的试验台上采用。

3）电涡流测功机。图3-44所示为水冷式电涡流测功机，它主要由定子和转子两部分组成。在定子四周装有励磁线圈，转子用高磁导率钢制成，圆盘转子与试验台主动滚筒相连，并在磁场线圈之间转动。当励磁线圈通过直流电时，两极间产生磁场，转子通过励磁线圈磁场转动，转子盘上便产生涡电流。由于涡电流和外磁场的相互作用，对转子盘产生一个制动阻力矩。通过调节励磁线圈电流的大小，即可改变制动阻力矩（即吸收功率）的范围。

电涡流测功机将吸收汽车驱动轮功率而产生的涡电流转变为热能，经空气或水散失掉。因此，电涡流测功机分为水冷式和风冷式两种。水冷式电涡流测功机散热性能较好，因而能测量较大的持续功率，且运转噪声小，但制造成本较高。风冷式电涡流测功机要保证很好地散热，转子盘必须做成风扇式，让周围空气带走热量。但这种转子盘将使测功机的功率消耗增加，且转速越高消耗的功率就越大，车轮在转鼓上就越像在道路上滚动。

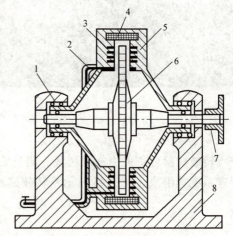

图3-44 水冷式电涡流测功机

1—轴承 2—冷却液管 3—冷却室水沟 4—励磁线圈 5—定子 6—转子 7—联轴器 8—底座

电涡流测功机测试范围广、结构紧凑、造价适中，只要变动几安培的励磁电流就可以自由地控制它所吸收的转矩，故目前被用作大多数滚筒试验台的功率吸收装置。

(2) 测量装置 测量装置是转鼓试验台的一个重要组成部分，包括测力装置、测速装置和功率指示装置。因为电涡流测功机不能直接测出汽车驱动轮的输出功率值，它需要测出旋转运动时的转速与转矩，或直线运动时的速度与牵引力，再换算成其功率值，所以，测功试验台必须备有测力装置与测速装置。同时，试验台在对汽车进行加速性能、滑行性能、燃油消耗量等检测时，都要准确地表示其车速，也需要测速装置。

1）测力装置。测的是转鼓轴上的转矩，经变换后即得到作用在驱动轮上的切向力。在测功机的定子对其转子施加制动作用的同时，定子本身便受到大小相等、方向相反的反作用力矩。由于定子是可摆动的，故该力矩是由定子经一定长度的杆臂传给测力装置，然后由仪表指示出其数值。测力装置有以下几种形式：

① 液压测力装置由一个充满液体的测压传感器、标准压力表和连接油管组成。测功机定子杆臂的端部压在传感器上，压力传感器通过液体把压力传到压力表。仪表指示精度一般为 2%。

② 机械测力装置是倾斜平衡器式，作用在测功机定子上的反作用转矩，通过传动机构使倾斜平衡器的摆锤偏转，其偏转角与转矩的大小成正比，摆锤偏转的角度以力的单位表示在刻度盘上。这种装置可靠且精确，其精度在 0.5% 以内，但成本较高。

③ 电测力装置。一般的电测力装置由具有螺旋弹簧的测压盘、测试电位计、指示仪表及电源等组成。测功机定子杆臂的端部压在测压盘上，测压盘内弹簧压缩变形的程度由测功机转矩的大小而定。弹簧的变形通过电位计转换为电量，在指示仪器上以力的单位示出。测试弹簧误差约为 2%，指示仪器精度为 1.5%~2%，总的测量误差在 3% 左右。

④ 电转矩仪由转矩传感器和转矩指示器组成。转矩传感器串接在转鼓轴和测功机轴之间，其两端通过连接凸缘由转鼓和测功机支承。通常用铁丝等将传感器的定子轻轻地固定住，以防其摆动。有的传感器在定子上有结实的支架，可紧固在底架上。转矩的数值由转矩指示器示出。

2）测速装置。现多为电测式，由测速发电机和毫伏电压表组成。利用直流发电机的电压与转速成正比关系的测速装置，其精度约为 2%，且易受温度影响，而利用交流发电机的电压测速装置，其精度较高，约为 1%，已被广泛采用。

3）功率指示装置。液压测力装置和机械测力装置分度盘上的指示值多是以牛顿为单位的力，即汽车驱动轮上的牵引力，这时汽车驱动轮的功率是根据牵引力与其相应的车速算出的。在电测装置中，可直接指示功率值。在一定力或转矩的作用下，测试电位计的电量与相应车速的测速发电机的电量同时输入功率指示仪表，在其刻度盘上可直接指示出功率值。

(3) 转鼓组件

1）转鼓。一般情况下，转鼓均是用钢制成的，并采用空心结构，转鼓表面可以是光滑的，也可以是轻度粗糙的。对于双转鼓制动试验台，为提高转鼓表面的附着系数，有的转鼓表面被制成波纹状或带有凸台，或在转鼓表面上粘接一层摩擦性能良好的专用塑料。在实际使用中，带有凸台或表面焊有钢丝网的转鼓能获得良好的效果。对于测定或检验汽车动力性和燃料经济性的转鼓试验台或模拟汽车行驶工况的转鼓试验台上的转鼓，其表面多为光滑的，车轮与光滑鼓面间的附着能力能够产生足够的牵引力。对于供汽车振动试验用的转鼓试验台，其转鼓表面有的覆盖一层厚度按正弦规律变化的木块，有的则按所要模拟的道路振动特性而做成凸凹不平的形状。

转鼓直径对轮胎发热有直接影响，轮胎在转鼓上滚动时，转鼓直径小，则轮胎的摩擦功增加，长时间高速运转，其温度将升高使轮胎面可能达到临界温度而早期损坏。因此，当速度达 200km/h，转鼓直径应不小于 350mm；当速度达 160km/h，转鼓直径应不小于 300mm。

2）飞轮。在测定稳定工况下的汽车性能时，在转鼓试验台上只装有作为负载的测功机，而且希望旋转部分的惯性矩尽量小，以减小惯性对测试装置的影响。而在测定非稳定工况的汽车性能时，为模拟汽车质量，试验台旋转质量的动能应与行驶汽车的动能相等。因此，必须采用惯量可调节的飞轮、传动比可以改变的增速器或通过电力驱动的调节来改变试验台旋转质量的动能，以适应各种车型的需要。

(4) 汽车举升装置　汽车转鼓试验台需要在主动和从动滚筒之间安装举升器。在测试前,将举升器升起,以使汽车进入试验台。在测试时,将举升器降下,以使车轮接触滚筒并驱动滚筒转动。测试完毕后,升起举升器,以使汽车顺利驶出试验台。

汽车举升器有气压式、液压式和电动式三种,气压举升器目前应用较多。

(5) 纵向约束装置 为保证汽车在转鼓上运行时其车轮能稳定地置于准确的位置,必须防止汽车在转鼓上的纵向移动,否则,将出现与实际行驶状态完全不同的运动特性。因此,必须使用纵向约束装置。

纵向约束装置的使用方法有两种,即从动轮固定与钢丝绳固定。若汽车的所有车轮都在转鼓试验台上运转,则汽车的前、后、左、右或用张紧的钢丝绳,或用图 3-45 所示的方法加以固定。

用横向位移限制器测出后轴的横向位移,并通过伺服电动机使 A 和 B 两点有相同的横向位移。这样,后轴中心总是保持在 AB 线上,从而消除了随着汽车的横向位移和倾斜所产生的横向力。

(6) 轮胎冷却装置 汽车在转鼓上长时间运转时,轮胎就会过热。因此要用鼓风机向轮胎直接吹风,使它冷却,以防过热。冷却用的鼓风机安装在地坑覆盖板上,有的鼓风机能随鼓风机运转产生的风压自动调节其出风口开度。

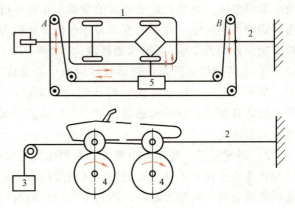

图 3-45 钢丝绳固定法

1—试验车 2—前、后限制用钢丝绳 3—重锤
4—转鼓 5—位移测量器(伺服电动机)

(7) 测控管理系统 汽车转鼓试验台计算机测控管理系统是以工业控制计算机为核心的多功能测试系统。整个测控管理系统包括计算机、多功能控制卡、晶闸管及其控制电路等。转鼓试验台采用智能测控仪表,能对模拟信号和脉冲信号进行采集处理,并能输出模拟量和开关量控制信号。它的有效性可以通过嵌入计算机的应用程序来调配,也可通过应用程序的补偿措施得以改善和提高。

3. 转鼓试验台工作原理

(1) 汽车驱动轮输出功率测试原理 驱动轮输出功率的测试有两种方式,一种是恒速测功,另一种是恒扭测功,两种测试方式原理基本相同。当滚筒稳定旋转时,定子上测力杠杆所测力矩与驱动轮对滚筒的驱动力矩相等。根据测力装置与测速装置的测量值,由式 (3-6) 可得驱动轮的输出功率。

$$P = \frac{T_t n}{9550} \quad (3-6)$$

式中, P 为驱动轮的输出功率 (kW); T_t 为驱动轮的驱动力矩 (N·m); n 为滚筒的转速 (r/min)。

(2) 汽车滑行能力测试原理 汽车驱动轮首先带动滚筒装置、飞轮机构以相应转速旋转,此时滚筒装置和飞轮机构具有的动能与汽车道路试验时具有的动能相等。汽车摘档滑行后,储存在滚筒装置、飞轮机构内的动能释放出来,驱动汽车驱动轮和传动系统旋转,滚筒装置继续转过的圆周长与汽车道路试验时的滑行距离相对应。

(3) **汽车传动系统传动效率测试原理** 汽车传动系统的传动效率是指驱动轮输出功率与发动机有效功率的百分比。

利用转鼓试验台反拖可测得传动系统消耗的功率，即在测得汽车驱动轮的输出功率后，立即踩下离合器踏板，储存在飞轮机构中的汽车行驶动能将反过来拖动汽车驱动轮和传动系统运转，运转阻力作用于滚筒装置，从而可得反拖驱动轮和传动系统消耗的功率。

另外，有的转鼓试验台带有变频调速器和大功率电动机组成的反向驱动系统，可直接通过电动机反拖来测量汽车底盘及测功机台架本身的损耗功率。

(4) **车速表与里程表校准** 在转鼓试验台上测量汽车行驶速度是一项基本功能，用它来测量车速表的误差非常方便。由于转鼓试验台是按照车辆高速行驶的要求设计的，它可在较大范围内对车速表的误差进行校准。

测试前，在测试系统中输入要校正的速度点，然后使汽车以该设定车速行驶，当转鼓试验台测速装置所显示的车速达到该车速时，检查车速表指示值，该指示值与设定值间的差值即为车速表在该设定车速下的误差。

里程表的校准方法与车速表类似。先设定某一校准的里程数，然后让汽车在转鼓试验台上以某一速度运转，到达预期的里程表读数值时使测试系统程序停止记录距离，待车速降为零后完成测试。将测试系统显示的汽车实际驶过的距离值与里程表读数值比较，即可知道该车里程表装置的准确性。

(5) **其他项目检测** 转鼓试验台除用于上述几项测试外，还用于汽车加速性能、最大爬坡度和最高车速的测量。转鼓试验台与排气分析仪和油耗仪配合使用，还可测试汽车多工况排放指标和油耗指标。配套高低温环境试验舱，搭载各类能量流测试仪器设备，结合法规行驶工况，可开展新能源整车能量流、热管理及续驶里程测试验证以及策略标定。

3.2.6 道路模拟试验机

道路模拟试验是将整车或车辆的部分总成、构件置于试验机上，而后通过激振机构进行加振，所施加的振动应能尽量正确地再现在实际车辆上产生的现象。因为这种试验机能够再现汽车实际行驶中所遇到的各种复杂工况，所以叫作道路模拟试验机。在道路模拟试验机上进行试验的优点是试验条件恒定，可实施复杂的振动测试，可精确地测定和观察汽车各部分的振动状态，这是道路行驶试验所不具备的，因此日益被广泛采用。

由于道路模拟试验机主要用于低频范围里的振动问题研究，所以，试验时需要大型的频率低、激振力和振幅均很大的激振设备。激振机构有电磁式振动台和电子液压式振动台两种，通常使用的是后者。除此之外，还可以将近似于各种路面的凹凸板安装在转鼓上，进行车辆振动试验，此方法较接近于车辆前后方向振动输入的实际状况。

1. 道路模拟试验机的试验内容

道路模拟试验机可以比较准确地再现预定路面、预定行驶条件下的汽车运动情况，再现振动环境。就功能来说，其可开展的试验主要有两大类。

(1) **汽车振动性能研究** 主要研究汽车本身的振动特性，如汽车平顺性评价、悬架特性研究评价、模态试验等。此类试验的道路模拟试验机要求激振的幅值不大（20mm左右），但频率范围要足够宽（0~200Hz）。

（2）汽车结构耐久性试验 该试验主要是给予汽车以苛刻的路面负荷，达到耐久性试验的目的。一般是以汽车在实际路面行驶时的期望响应点的响应信号为目标，通过迭代再现汽车在实际路面上行驶的响应。该类道路模拟试验机激振的幅值必须足够大（达到250mm），而激振频率低（0~50Hz），这种试验对新开发的样车或车身是必需的。

2. 道路模拟试验机的基本组成

道路模拟试验机的组成按其功能可分为五大部分。

（1）信号产生系统 主要包括计算机及其外围设备、磁带记录仪、函数发生器等。计算机可以按照预定程序不断发出指令信号，并不断对试件振动情况进行检测，能对随机数据进行分析处理，在建立驱动信号时有迭代逼近的功能。

（2）电控系统 对指令信号加以处理变成电驱动信号，并通过闭环严格地控制执行机构，准确地完成各种指令动作。当前电控系统已全部实现数字量控制，并与计算机结合到一起共同完成复杂的控制功能。

（3）伺服控制系统 将不断变化的电信号对应地转换成动力液压油的流量及压力输出，主要部件是伺服阀。

（4）机械执行系统 激振机构常采用电子液压式激振器，其将动力液压油的流量及压力转换成机械运动，通过一定的夹具驱动被试汽车，并将运动情况反馈到电控系统。机械执行系统主要包括作动器、位移传感器、压差传感器、夹具等。

（5）动力供给系统 负责提供足够稳定的液压驱动力，主要包括液压泵站、储能器、分油器、液压管道等。

3. 道路模拟试验机的工作原理

图3-46所示为道路模拟试验机的工作原理，它有四个电子液压激振器，汽车的四个车轮直接放在激振器上部的工作台上。试验时，从油压泵6输出的高压液流，在电子伺服阀3的控制下，进入激振器内双向作用的工作液压缸4，使工作台做上、下往复运动。装在激振器柱塞下端的位移传感器5检测所得的位移量，在检测放大器中按正比地转换为电信号，该信号在校正放大器2c中，与磁带记录仪1b、函数发生器或其他特定仪器输出的指令信号进行比较和校正形成控制信号，并在校正放大器内放大，然后输入到伺服阀，使激振器的柱塞按指令信号工作。因此，电子伺服阀、装有柱塞的工作液压缸、位移传感器5、检测放大器以及校正放大器便构成一个具有按柱塞位移进行反馈的封闭校正回路。

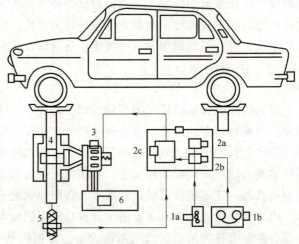

图3-46 道路模拟试验机的工作原理
1a—遥控台 1b—磁带记录仪 2a—标准信号发生器
2b—放大器 2c—校正放大器 3—电子伺服阀
4—工作液压缸 5—位移传感器 6—油压泵

液压激振器的操纵是借助于磁带记录仪 1b，通过放大器 2b、遥控台 1a 和标准信号发生器 2a 等来实现的，在上述封闭校正回路中起主导作用的是电子伺服阀。激振器工作时所需的高压液流由泵站供给，除了高压液压泵外，还包括贮油池、过滤器和油液冷却器等。高压液压泵的功率通常为 5~200kW，排量为 12~600L/min，供油压力为 19600~29400kPa，当要求的排量大时，通常采用多泵同时供油。汽车振动试验的特点是静载荷大，相对动载荷小，因此采用贮能器来支承静载荷，这样可减少泵站的排量和功率消耗。

道路模拟试验机的闭环数控系统如图 3-47 所示。闭环数控系统是实现室内再现技术的关键。试验时，将规定的载荷谱输入到计算机中，由计算机中输出的控制信号，经由数/模转换器，将数字信号转变为模拟信号，通过功率放大器去控制激振器的动作，以进行各种试验。各种传感器从被试对象上取出各种加载后的信息，经由电荷放大器输入到模/数转换器，将模拟量数字化。数字化的信息被输入到快速傅里叶解析器中，求出傅里叶系数，送入计算机中与标准载荷频谱进行比较，并进行相应的修正，然后再将修正的频谱重新传递给加载系统，通常需经过若干个这样的过程才能使加载程度达到所要求的水平和预定的精度与标准。

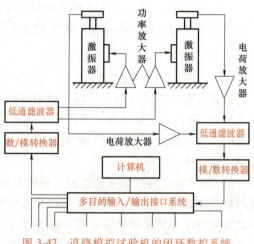

图 3-47　道路模拟试验机的闭环数控系统

4. 道路模拟试验机的工作过程

道路模拟技术的基本工作原理是通过由计算机、信号测量装置和液压伺服系统组成的道路模拟系统，再现汽车实际行驶工况的力和运动，其基本过程如图 3-48 所示。

（1）**数据采集**（也称路面采样）　试验车辆在选择的路段按试验要求行驶，通过传感器、前置放大器和信号记录装置，同时记录各期望响应点的控制变量（如加速度、应变等）的时间历程。

（2）**数据编辑**　将道路上记录的信号输入到计算机，按试验要求所确定的准则对原始信号进行取舍、编辑，从而获得汽车在模拟机上再现路面振动的期望响应信号。

（3）**求系统的传递函数**　将试验车辆置于道路模拟机上，求出由汽车、传感器、前置放大器、试验台架、电控系统、计算机等组成的系统的传递函数。

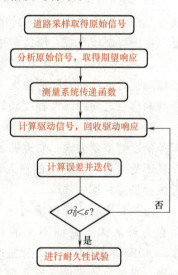

图 3-48　道路模拟的基本过程

（4）**导出初始驱动信号**　由期望响应信号和系统的传递函数计算初始驱动信号。

（5）**迭代过程**　用初始驱动信号激振，同时回收期望响应点的驱动响应信号。将此信号与期望响应信号比较，取得驱动响应的误差函数，该函数与传递函数计算可以得到驱动的误差函数。将此函数乘以小于 1 的加权系数叠加到初始驱动信号上，获得第一次迭代的驱动信号，用该信号激振汽车，同样可以得到第二次驱动的误差函数，将这次驱动的误差函数再乘以小于 1 的加权系数叠加到第一次迭代的驱动信号上，得到第二次驱动信号。如此重复，直到回收的响应信号与期望响应信号相比在规定的误差范围内时（$\sigma_0^2 < \varepsilon$）终止迭代过程。最后一次迭代的驱动信号即是正式的试验驱动信号，一般 5~10 次即可完成迭代过程。加权系数的选择取决于驱动响应对期望响应的逼近情况，选取时有一定的经验性，正常收敛的迭代过程一般选取加权系数为 0.3~0.6。

(6) **程序循环试验**　最终驱动信号可存储于计算机里，也可记录在调频磁带记录仪中。计算机或磁带记录仪将驱动信号不断循环地发出，激励汽车振动。

5. 有关道路模拟试验的几个问题

(1) **试验机与汽车的耦合方式**　试验机与汽车的耦合方式根据道路模拟试验机对被试车辆的输入形式不同可分为轮耦合和轴耦合两类。

1) 轮耦合。在作动器的活塞杆上部有托盘或平面钢带，汽车车轮置于其上，主要模拟道路的垂直冲击振动，适用于研究汽车悬架系统的特性，以及考核汽车的行驶系统和承载系统的可靠性等。

2) 轴耦合。将汽车车轮去掉，用夹具夹住汽车的轴头，再与作动器连接，该耦合方式可对轴头施加三个方向的载荷，可以模拟驱动力、制动力、侧向力对汽车的影响，适用于对轻型载货汽车和轿车的试验。除一般的整车考核外，能更好地考核汽车钣金件的可靠性。设计夹具时应考虑惯性力和运动干涉等，对夹具的质量和几何尺寸有一定的要求。

(2) **再现方式**

1) 时间域再现（波形再现）。在试验室内严格地再现汽车在采样路面上的时间历程，其特点是能准确地描述非平稳随机过程，对被试汽车激振点与响应点之间的线性程度要求较低。由于再现较直观，所以应用比较广泛。

2) 频率域再现（功率谱模拟）。在试验机上保持汽车的振动功率谱与期望响应的功率谱相同，对具体的时间历程无关紧要。它要求汽车在道路采样时应是平稳的随机过程，激振点与响应点之间的线性程度较好，频率域再现只用于轮胎连接方式中。

3) 期望响应点（反馈点）位置及控制量。期望响应点是影响驱动信号迭代逼近速度和模拟精度的重要因素，要遵循下述原则：期望响应点应尽可能接近激振点，能准确反映被试车辆所受振动（或力）的输入情况；期望响应点的信号强，干扰信号弱；期望响应点应接近试验最感兴趣的部位。

对控制量的选择也应遵循下述原则，即垂直力若来源于路面不平的作用，频率在 0.5~40Hz 范围内，宜采用加速度进行模拟控制；纵向力若来源于汽车驱动力、制动力的作用，低频成分丰富，宜采用应力模拟的控制方式；侧向力若来源于汽车转弯和路面横向作用，宜采用应力模拟控制方式。MTS 多轴振动模拟测试（MAST）系统如图 3-49 所示。

图 3-49　MTS 多轴振动模拟测试（MAST）系统

四立柱道路模拟测试系统主要应用于整车的振动模拟试验，即模拟车辆在山路或坏路上行驶时，产生的颠簸振动对整车的可靠性、零部件的使用寿命的研究试验。整车道路模拟系统可完成对整车和各总成及零部件强化模拟耐久试验、整车可靠性和耐久性评估、整车疲劳分析、使用寿命估算、整车和各子系统的噪声振动评估等可靠性及舒适性方面的研究。MTS 320 型电液伺服四立柱道路模拟测试系统如图 3-50 所示。MTS 320 ePost 电磁式四立柱道路模拟测试系统如图 3-51 所示。

图 3-50　MTS 320 型电液伺服
四立柱道路模拟测试系统

图 3-51　MTS 320 ePost 电磁式
四立柱道路模拟测试系统

六自由度道路模拟测试系统可在横向、纵向、垂直、摇摆、俯仰、旋转六个方向完成零部件振动测试，完全模拟车辆在自由行驶状态下的振动效果。它主要用于车身、仪表板、座椅、保险杠、发动机、悬架、油箱、前端等系统的振动耐久试验。MTS 329i 六自由度道路模拟测试系统如图 3-52 所示。

整车 24 通道道路模拟试验台（图 3-53）是运用道路模拟试验技术，采用轴耦合的形式，为乘用车的每个角同时提供六个自由度

图 3-52　MTS 329i 六自由度道路模拟测试系统

图 3-53　整车 24 通道道路模拟试验台

(垂直、水平、侧向、外倾、转向、制动)的输入,在试验室内实现试车场道路载荷的力和位移模拟驱动,复现道路 90% 以上损伤,对整车底盘和车身结构件进行较为快速、全面的考核。

3.2.7 内燃机高海拔模拟试验台

高海拔(低气压)模拟试验台,可以在平原地区模拟高原环境的大气状况,进行内燃机性能试验,研究及评价内燃机及其附件在不同海拔高度环境的动力性、经济性、排放以及起动性能。图 3-54 所示为某单位研制的一种内燃机高海拔(低气压)模拟试验台整体布置结构图。

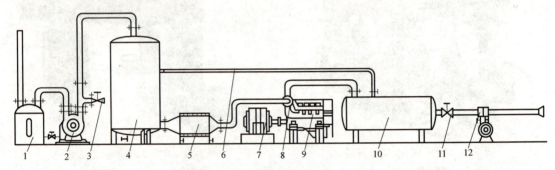

图 3-54 内燃机高海拔(低气压)模拟试验台整体布置结构图

1—气水分离器 2—水环真空泵 3—排气调压阀 4—排气稳压箱 5—热交换器 6—低压起动连通管
7—测功机 8—废气涡轮增压器 9—发动机 10—进气稳压箱 11—进气节流阀 12—空气流量计

1. 工作原理

高海拔大气条件对内燃机性能的主要影响因素包括大气压力、大气温度和空气相对湿度,其中大气压力和温度的影响十分显著。我国高原地域广阔,大气温度由于季节、昼夜、天气不同变化范围很大,若以年平均统计温度为模拟对象,缺少实用意义,另外大气温度模拟装置昂贵复杂,较难实现。因此,该试验台重点对高海拔大气压力变化进行模拟,不对温度和湿度进行模拟。

高海拔(低气压)模拟系统是通过进气节流,利用发动机运行过程中进气抽吸作用,实现进气低压模拟;在发动机排气管后用真空泵抽吸,实现排气背压的模拟;同时通过在发动机曲轴箱内保持同样的真空度来达到模拟高海拔大气压力的精确性。具体工作原理:进气压力的模拟是通过进气节流降压来实现的。空气经过空气流量计和进气节流阀,进入进气稳压箱,再通过进气管经涡轮增压器进入发动机。当发动机工作时,由进气节流阀的节流作用在进气稳压箱中产生进气低压。通过调节进气节流阀开度以控制进气稳压箱中的进气压力,从而模拟不同海拔的大气压力。为保证测量数据的精确性,整个进气系统严格密封。进气稳压箱保证进气压力不受发动机进气气流波动的影响。

排气背压的模拟是通过真空泵从排气稳压箱中抽取真空来实现的。通常可采用两种方式:一种是引射式真空泵,由压缩空气或高压水流通过引射器将发动机的排气从排气稳压箱中强制抽出;另一种是抽气式真空泵,采用直吸式真空泵直接从排气稳压箱中抽取真空。采用射流式模拟方法,对压气机或水泵的功率要求较高,供气或供水量很大,整个系统价格昂贵，体积较大。因此，采用真空泵直接抽气式模拟方法，由真空泵从排气稳压箱中抽取真空，通过调节真空泵的进气旁通调压阀的开度，将排气稳压箱内的气压控制在所需模拟的压力。考虑到排气温度较高，会使真空泵内工质升温，致使其相关零件性能降低或受损，排气系统中增加了以水为工质的热交换器，使发动机排放的废气温度降至真空泵允许的范围之内，以确保内燃机高海拔（低气压）模拟试验台的安全运行。

曲轴箱内压力的模拟是通过与进、排气稳压箱相连接来实现与模拟大气压力的一致。将曲轴箱机油口与排气稳压箱连接，同时将呼吸器测压口与进气稳压箱连接。将油尺探测口及整个曲轴箱进行严格的密封。

在进行高原环境低压模拟起动时，由于发动机停机无法实现进气低压模拟，需先将进气稳压箱与排气稳压箱相连通，由真空泵同时抽取进、排气稳压箱真空，通过调节进气节流阀，进、排气稳压箱连通阀和真空泵进气旁通调压阀，使进、排气稳压箱内分别达到所需模拟的大气压力，然后模拟在不同海拔进行低压起动试验。发动机起动后关闭进、排气稳压箱连通阀，进入正常模拟状态。

2. 主要用途

通过内燃机高海拔（低气压）模拟试验台，可对发动机开展高原适用性研究，探索其性能指标随海拔变化的规律，为改善燃烧过程、降低油耗和碳烟排放，以及为开发和设计适合高原地区使用的新型发动机提供依据和资料。

另外，内燃机高海拔（低气压）模拟试验室（图3-55、图3-56）不仅可以对发动机在不同海拔下的动力性、燃油经济性及排放性能进行试验研究，还可以通过试验，研究发动机

图3-55 高海拔模拟试验室

图3-56 内燃机高海拔（低气压）模拟试验台

附件在不同海拔下的适应性问题，如发动机打气泵在不同海拔下压力的变化、风扇转速的变化以及发动机散热器的压力变化等情况。这些针对发动机附件的研究工作为改善发动机整体性能提供了参考和依据，有助于发动机高海拔环境适应性问题的进一步研究。

高海拔模拟试验室采用钢舱体加环境舱的结构，内部安装四驱底盘测功机、阳光模拟系统及汽油排放分析仪。当开展高原试验时，需将整个试验室密封，并通过调节进、排气的形式调节所要求的大气压力，试验室中控制系统可以通过压力传感器和温、湿度传感器的信号精准调节试验室中的温、湿度及大气压力，车前风机可以模拟车辆在实际道路行驶时的风量；四驱底盘测功机用于向测试车辆提供道路阻力，并可对速度、牵引力和坡度等参数的定制条件进行模拟。

试验室主要用于整车高海拔环境下的动力性、经济性的标定及排放性能测试与优化，可为标定及测试工作提供可靠稳定的工作环境。试验环境条件可覆盖我国大部分地区，对于车辆在气候条件严苛地区（如黑河、吐鲁番、海南、格尔木等）的性能试验研究有极大的作用，在整车开发前期，可以通过试验室模拟各种气候环境，进行性能参数标定，减少气候环境对开发进度的影响，在产品验证阶段，再进行真实道路环境验证，可有效缩短研发周期。

3.3　典型试验设施

我国汽车试验设施的建设和发展经历了几十年的风风雨雨，这些试验设施为汽车提供了及时和全方位的测试服务，极大地推动了我国汽车行业的进步。这印证了制造业兴、实体经济强，则经济兴、国家强。高质量发展是全面建设社会主义现代化国家的首要任务。本节重点介绍不同类型汽车，包括传统汽车、新能源汽车、智能网联与自动驾驶汽车试验中使用到的典型试验设施。

3.3.1　高/低温模拟试验室

1. 高温试验室

为使汽车适应高温、高热环境，了解其性能及部件的老化情况，各汽车厂家根据各自汽车产品的需要纷纷兴建高温试验室。整车高温环境试验室（图3-57）主要用于测试发动机冷却系统和空调系统的性能，控制和优化车辆系统热量产生、传递、聚集、扩散过程，保证各系统安全高效运行，合理利用热能，以保证车辆各部件不会因受高温影响而产生问题。

图3-57　整车高温环境试验室

（1）结构

1）日照装置。在试验室顶壁与侧壁均匀安置红外线灯，灯光照射强度及光照区域均可按试验要求进行调节，用以模拟在炎热的阳光下，测试汽车各部位的温升及受热状态。

2）供风系统。模拟汽车实际行驶的迎面行驶风，由大型鼓风机产生，再配以风道及风速调节装置，组成供风系统。与空气动力风洞不同的是，风道出口截面积很小。同时，风速调节范围要尽可能地覆盖汽车的车速。

3）加热装置。采用电加热与蒸汽加热两种形式，一般大型试验室采用蒸汽加热。

4）路面辐射装置。为再现路面热辐射状态，一般使用加热箱，并将其铺装在试验地面上，设定的温度范围为 40~80℃。

（2）技术指标

1）温度。温度的上限值有许多，如 60℃、50℃、40℃等，通常采用 50℃。

2）湿度。湿度有 30%~80%、30%~100%、0%~95%、5%~95%几种，其中以 5%~95%的范围最合适。

3）风速。风速应尽可能覆盖整个车速范围。

（3）试验项目

1）冷却性能试验。在炎热地带和夏季气温很高的条件下，以汽车主要部件能否保持适度的温度来评价其散热性能。检测内容包括发动机冷却液温度、发动机及变速器等机油油温、发动机进气温度以及燃油油温和气阻。

2）动力性能试验。高温条件下，在燃油及进气温度上升，发动机功率降低的状态下，评价汽车的动力性能或评价汽车熄火停车后的再起动性能。

3）耐热性能试验。高温条件下，在高速行驶、爬坡行驶、城市市区行驶，以及行驶之后的停车急速等各种行驶工况下，评价汽车结构部件的耐热性以及发动机舱内和车身各部位的橡胶件、塑料件的耐热性等。

4）空调性能试验。在高温、潮湿、强烈日照的条件下，评价车内环境的舒适性，检测内容包括驾驶室内的温度、湿度、凉风、风速、换气及车窗视野等。

5）整车热平衡试验。整车热平衡试验对汽车现有冷却系统的散热能力进行考核，判断现有冷却系统能否保证发动机或电动机在合适温度区间内工作。例如，在车型开发阶段，可有效判断发动机或电动机是否存在过热问题，在产品定型之前及时评价车型的散热能力并进行改进优化和再次验证，可缩短开发周期，降低市场投放风险，提高产品竞争力。

2. 低温试验室

整车低温试验室（图 3-58）用于模拟低温环境状态。与实地寒区试验比较，该试验具有节约人力、物力、财力，不受外界气候环境的影响，不受季节限制等优点；同时，具有环境控制精度高、稳定性好、重复性好的特点。

（1）结构

1）低温试验间。低温试验间要求密封、保温、防腐，有足够的面积和高度，以及足够的地面承载能力。内设防潮照明、冷风机

图 3-58 整车低温试验室

和蒸发器及温度、压力、转速、CO 报警器等各类传感器，并配有测试传感器、电源等需要的各类插座、排烟接口、拍摄支架等。低温试验间大门要能保证试验车辆通过，并要有良好的保温性能。试验过程中试验人员进出的小门外要有过渡室，过渡室除了能减少人员进、出时低温试验间冷气的损失，保持低温试验间温度稳定以外，还可以使试验人员进、出低温试

验间时有一个温度适应过程,减少人体过强的"冷热冲击",防止感冒。低温试验间还要设有保温除霜观察窗、通信线路插头、报警器等,保证试验安全、有效地进行。如果低温试验间设置功率吸收装置,如底盘测功机,则可完成车辆在低温条件下的各种行驶工况的模拟试验。

2)制冷机房和制冷系统。制冷机房和制冷系统用于提供冷源,包括制冷压缩机、冷却器、中冷器、蒸发器、管线、阀门、电源和配电柜、测量参数显示装置和有关报警装置,同时要设置机组操作人员值班室。

3)换气系统。换气系统用于排除室内有害废气,更换和补充低温试验间的新鲜的低温冷空气,排除人员及试验样品散发的热量,维持试验规定的低温状态。

4)冷却液系统。冷却液系统是制冷系统必需的辅助设施,用以冷却制冷机组,一般包括冷却塔、水泵、水池和软化水装置等。

5)测控及观察间。测控及观察间用于放置试验测量仪器、试验数据的采集与处理系统,它是整个低温试验室的联络指挥中心。

6)试验数据采集与处理系统。试验数据采集与处理系统包括温度、电流、电压、时间及转速等各类试验参数的采集与处理的仪器设备,一般使用计算机进行。

7)通用系统及配电动力系统。

(2)技术指标 温度根据检测标准选择,多为 $-50 \sim -40$℃;湿度在 $5\% \sim 95\%$ 之间;风速与高温试验室相同。

(3)试验项目

1)汽车发动机低温冷起动性能试验。汽车发动机的低温冷起动性能试验包括发动机极限起动温度(即找出不带任何辅助起动装置发动机仍能起动的最低温度)试验和发动机低温起动辅助装置的性能测试与匹配;发动机起动系统各参数的低温匹配,这些参数包括起动系统电压、起动机啮合齿轮的齿数、起动机功率和转速、蓄电池容量和蓄电池低温充、放电能力等。

2)发动机低温行驶性能匹配。发动机低温行驶性能匹配是指在低温环境下,发动机冷起动、暖机、起步以及车辆行驶等工况的发动机点火角、点火能量、供油量、节气门开度等参数的匹配。

3)汽车行驶安全性检验。我国机动车产品公告准入要求进行整车低温环境下汽车风窗玻璃除霜系统试验、汽车风窗玻璃除雾装置试验及对应的刮水器及洗涤器系统性能试验。

4)汽车寒区适应性试验。汽车寒区适应性试验包括汽车采暖性能试验和汽车起步性能试验,后者即在发动机起动后,经过最短的暖机时间,应能使汽车顺利起步行驶。

5)非金属零件的低温适应性试验。

6)汽车燃油、润滑油、液压油等的低温性能验证试验。

7)其他必要的低温性能、低温适应性试验。

3. 高低温试验室

高低温试验室也可称为环境试验室,是狭义上的环境试验室。图3-59所示为典型高低温试验室结构示意图,它综合上述高温试验室与低温试验室的技术要求而设立,其结构也是将二者合一。同时,可将转鼓试验台放于其中。

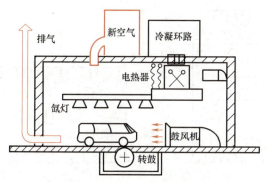

图 3-59　高低温试验室结构示意图

3.3.2　消声室和混响室

汽车是世界公认噪声源之一，各国环境保护法规中都对汽车噪声级别加以限制。为便于开展汽车噪声的检测和相关研究工作，需要一个不受外界干扰的声学环境，即消声室和混响室。

1. 消声室

消声室是指在闭合空间内建立的自由声场室。在此空间内，传播声波的介质均匀地向各个方向延伸，使声源辐射的声能"自由"地传播，既无障碍物的反射，也无环境噪声的干扰。

整车四驱半消声室主要由消声环境和低噪声四驱转鼓组成，如图 3-60 所示。室内消声环境采用国际先进的金属尖劈型吸声体，吸声系数大于 0.99，使室内形成半自由声场，控制本底噪声小于 20dB（A）。可满足整车及零部件噪声、振动、声品质等数十项 NVH 性能试验，同时兼顾常规能源及新能源车型的测试，通过对测试数据的分析，应用 CAE 模拟仿真技术，对车辆开发阶段的 NVH 性能进行验证及优化，为不断改善的汽车声学品质和乘坐舒适性提供技术支持。

图 3-60　整车四驱半消声室

消声室根据空间吸声面数量多少可分为全消声室和半消声室，如图 3-61 所示。半消声室内五面挂装吸声体，地面为水磨石地面，作为声发射面，可模拟汽车行驶时的声音反射特点。整个消声室如同一个长方体"空盒"放在房间里，并通过弹簧坐落在与房间墙壁隔离

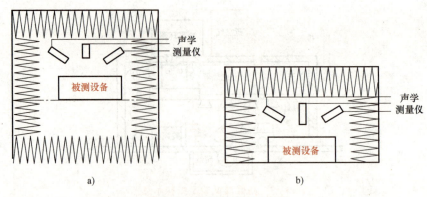

图 3-61 消声室结构示意图
a) 全消声室 b) 半消声室

的独立基础上。全消声室为六面挂装吸声体的净空间，一般用于发动机的声学测量。

消声室的功能主要体现在以下几点：

(1) 自由场空间 自由场是指声波在无限大空间里传播时，不存在任何反射体和反射面。消声室的主要功能是为声学测试提供一个自由场空间或半自由场空间。自由场半径是用于衡量自由场大小的指标，一个设计良好的消声室，自由场半径应从中心点到离尖劈 1.0m 的距离。

(2) 背景噪声 消声室另一个功能是提供低背景噪声的环境以适应测试环境的要求。在测试频率范围内，背景噪声的声压级至少要比被测声源的声压级低 6dB，最好低 12dB。

(3) 截止频率 在消声室设计中，通常把尖劈吸声系数为 0.99 的最低频率称为截止频率。墙面的吸声系统能保证 99% 的吸声系数时，可保证消声室在截止频率以上是满足自由场条件的。在截止频率以下的测量，可根据 ISO 3746：2010《声学 声压法测定噪声源声功率级和声能量级 反射面上方采用包络测量表面的简易法》和 ISO 3747：2010《声学 声压法测定噪声源声功率级和声能量级 混响环境现场使用工程法或简易法》进行修正测量。

在消声室内，可开展如下试验项目，即发动机声功率级测量、声场分布、1m 声压级测量等；排气系统噪声研究、排气噪声测量；冷却系统噪声研究；传动系统噪声研究；起动机、发动机等电气噪声研究；气、电喇叭频谱分析，可靠性试验；声学仪器的计量等。

2. 混响室

混响室（图 3-62）是一个能在所有边界上全部反射声能，并在其中充分扩散，形成各处能量密度均匀、在各传播方向做无规律分布的扩散声场的试验室。据此要求，混响室的混响时间应尽量长，以保证声能充分扩散，故一般建成各表面不相互平行的不规则房间，或其长、宽、高中任何两个尺度之比不等于或很接近于某一整数的矩形房间，几个国际标准化组织推荐采用的比值（长：宽：高）为 1.54：1.28：1，1.58：1.25：1，1.69：1.17：1，2.13：1.17：1，2.38：1.62：1。房间全部表面的平均吸声系数应不超过 0.06，一般可用在房间的表面上刷瓷漆、铺瓷砖或贴铜箔等方法来实现。为增加声能的扩散，改善声场的均匀性，可在房间内悬挂固定的扩散片，安装大型转动或摆动的扩散体。

在混响室内，可开展的试验项目有机器声功率级的测量、汽车车身隔声性能研究及吸声材料吸声系数的测量等。此外，可使消声室与混响室联合使用，用于材料隔声性能的研究。

图 3-62 混响室

3.3.3 汽车风洞

汽车风洞是由航空风洞发展而来的，两者的原理是相同的。由于汽车是在地面上行驶而不是在空中飞行，因此汽车风洞与航空风洞有所差别。汽车风洞在进行汽车试验时的流场与汽车在实际道路上行驶的气流流动状态相同或接近。

1. 汽车风洞特性

(1) 风洞结构形式 从结构上看，汽车风洞的形式分为直流式（图 3-63）和回流式。直流式风洞的特点是气流从大气中吸进而后从风洞的后部排到大气中去，直流式风洞里的气流受自然风的影响大些，噪声普遍较高。

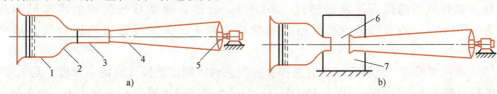

图 3-63 直流式风洞

a）闭口试验段 b）开口试验段

1—稳定段 2—收缩段 3、6—试验段 4—扩压段 5—风扇 7—密闭室

回流式风洞又分双回流式风洞（图 3-64）和单回流式风洞（图 3-65）两种，其特点是空气沿封闭路线循环流动，气流不受自然风的影响，流态稳定。

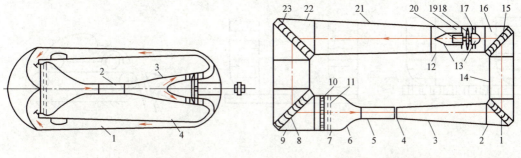

图 3-64 双回流式风洞

1—环形回流道 2—试验段
3—扩压段 4—静止空气空间

图 3-65 单回流式风洞

1、8、15、23—导流片 2—第一拐角 3、14、21—扩压段
4—调压缝 5—试验段 6—收缩段 7—稳定段 9—第四拐角
10—整流器 11—整流网 12—动力段外壳 13—整流罩
16—第二拐角 17—导向片 18—风扇 19—止
旋片 20—电动机 22—第三拐角

（2）风洞试验段形式　如图3-66所示，试验段形式分开口试验段、闭口试验段和开槽壁试验段。实车风洞闭口试验段横截面积大多选择在20m^2以上；开口或开槽壁试验段阻塞的影响小，试验段横截面积在12~20m^2之间。模型风洞多采用闭口试验段形式，试验段横截面积在12m^2左右。

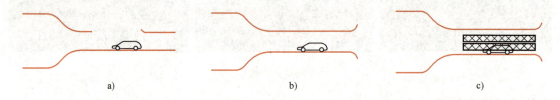

图3-66　风洞试验段形式
a）开口试验段　b）闭口试验段　c）开槽壁试验段

采用闭口试验段风洞进行试验，模型的高度不超过模型支承地板到风洞顶壁高度的1/3，模型在最大侧偏角下的正投影宽度不超过风洞试验段宽度的1/3，阻塞度控制在5%以内，这样试验数据可以不进行洞壁阻塞修正。否则，需进行阻塞修正。

风洞试验段的长度一般为模型长度的2~5倍。全尺寸风洞试验段的长度在10~25m，而一般轿车的实际长度约为5m。试验段的长度对空气特性的测定值有影响。

（3）风洞最大风速　实车风洞的最大试验风速一般要求大于，至少不低于汽车的最高车速。现代汽车的最高车速已超过200km/h。目前奔驰和日产公司的汽车风洞最大风速为270km/h。随着轿车的空气阻力系数越来越小，其空气动力特性对风速越来越敏感。

（4）风洞收缩比　风洞收缩比的选择直接关系到风洞试验段气流的紊流度、均匀度等。现有风洞的收缩比分布很广，从1.45∶1~12∶1。为将紊流度降低到一定水平，汽车风洞的收缩比通常最低选用4∶1。

（5）地面附面层　由于在风洞试验中试验段下洞壁会产生地面附面层，从而影响到试验数据的准确性，因此通常采用一些装置来消除或减小其影响，使下洞壁气流接近于实际流动状态。常用的装置有附面层吸除装置、吹气装置、移动地板等，如图3-67所示。在风洞试验中最小离地间隙小的车型特别需要采取措施控制地面附面层。

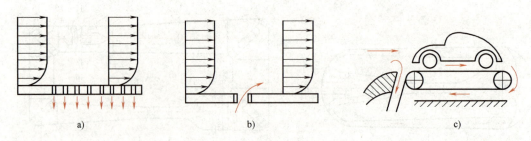

图3-67　消除地面附面层厚度的方法
a）吸气法　b）吹气法　c）移动带法

汽车支承一般为四轮支承，支承板与风洞下洞壁或地板平齐，以消除支架干扰等带来的影响。

2. 汽车风洞类型

(1) **空气动力风洞** 空气动力风洞分实车风洞和模型风洞，实车风洞主要进行实车或全尺寸模型的空气动力试验，而模型风洞进行缩尺模型的空气动力试验。

与实车风洞试验相比，缩尺模型的空气动力试验费用低，改动方便，其试验量是实车试验的几倍。随着综合性风洞的日益增多以及对原有实车风洞的改造，实车风洞中也可进行缩尺模型的试验。汽车缩尺模型采用的缩尺比通常为 3/8、1/3、1/4、1/5。模型风洞的风速范围在 30~70m/s。

另外，汽车风洞里可安装一些附加设备以提高风洞的试验能力，如加置底盘测功机进行发动机冷却系统冷却能力性能试验，加置降雨装置模拟降雨条件等。

(2) **噪声风洞** 噪声风洞用于研究气流造成的车体噪声，如风噪声、漏风噪声等，是现代汽车重要的研究课题。噪声风洞的设计是通过一系列措施，如在风道盖顶和围墙加吸声材料和装置、在转角叶片加吸声材料并整形等，使试验段成为无回声室，从而降低风洞背景噪声，使汽车的风噪声测量成为可能。

(3) **气候风洞** 气候风洞用于汽车的环境适应性试验，其试验段横截面积在 $10 \sim 12m^2$。气候风洞的阻塞度修正因子需通过在大型风洞或道路上校测来确定，并据此对风洞中的气流速度进行调整。对气流的调整还可采用缓冲板等辅助设备，以使汽车表面上的压力分布尽可能与道路上的表面压力分布一致。

(4) **气候风室** 气候风室又叫空调室，其试验段横截面积为 $5m^2$，甚至更小。在气候风室中，轿车前部的压力分布能够趋近真实情况，它通过修正风速得到，这样的压力分布可以满足发动机冷却系统性能试验要求。气候风室内一般有日照模拟装置，室内温度可以调节，能进行汽车的空调试验。

目前，气候风洞和气候风室的最高风速都能达到 180km/h，温度调节范围通常在 -50~50℃。

(5) **小型全尺寸风洞** 小型全尺寸风洞的试验段横截面积范围为 $10 \sim 20m^2$，它们的试验段要么是 3/4 开口的，要么是开槽壁的。通过对试验数据进行修正，结果可令人满意。

3. 汽车环境风洞数字孪生技术

风洞越来越成为汽车产业高质量发展阶段重要的开发手段和基础设施，常见的汽车风洞有气动力学风洞和环境风洞两种。气动力学风洞主要用于汽车空气动力学特性、声学特性和外形设计研究。汽车环境风洞依靠风机驱动气流在风道中循环，模拟气流和汽车之间的相对运动，温、湿度模拟系统可以对试验段内的气流温、湿度进行控制，配合日照模拟装置及雨雪模拟设备，广泛用于汽车设计制造后期的热系统开发及可靠性测试，成为汽车开发中越来越重要的试验设备。汽车环境风洞示意图如图 3-68 所示。汽车环境风洞效果图如图 3-69 所示。

数字孪生的概念最初由密歇根大学的 Michael Grieves 博士于 2002 年提出。Michael Grieves 与 NASA 长期合作，数字孪生技术在航天领域的产品设计、研制、测试、使用和维修等环节得到广泛应用。波音公司利用数字孪生技术开发设计了波音 777 客机；在波音 777 客机的整个研发过程，300 多万个零部件完全依靠数字仿真来推演，最后直接进行量产；该项技术帮助波音公司减少返工量 50%，有效缩短研发周期 40%。近年来，数字孪生技术已

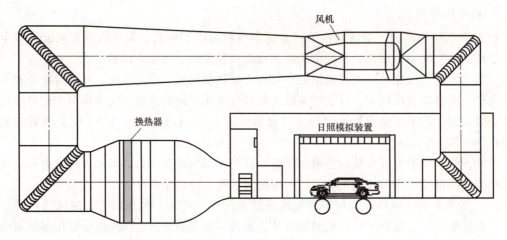

图 3-68　汽车环境风洞示意图

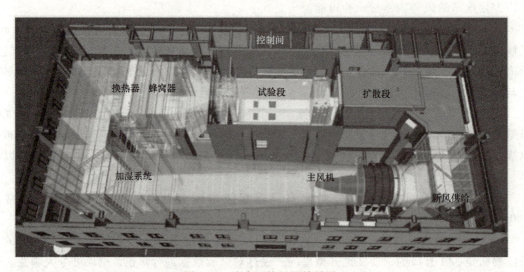

图 3-69　汽车环境风洞效果图

成为吸引全球制造业的明星技术,并在工业机械开发中得到广泛的应用,如图 3-70 所示。数字孪生技术将计算机技术、图形学技术以及数据库等技术完美结合起来,可以对工业机械开发中需要建立的快速概念模型、方案模型等全部实现数字化,将处于各种工况、各种物理环境之下的产品的运行情况进行虚拟数字化建模,施加各种模拟参数对模型进行迭代计算,帮助产品开发进行设计决策,能够在短时间内评估多种方案,进行方案比较和方案优化。

目前,国外数字孪生技术在汽车行业已经得到了广泛的应用。意大利豪车品牌玛莎拉蒂借助西门子数字孪生技术生产出了全新一代的 Ghibli 跑车,通过对数字化汽车模型进行设计和测试,缩短了 30% 的新款车型设计开发时间,在保持品质不变的情况下将跑车上市的时间缩短了 16 个月。美国福特利用汽车数字孪生验证平台开发出了全数字化汽车,在重复性的研发工作上减少了大量的人力和物力,同时提升了汽车产品的设计质量。奔驰汽车利用数字孪生技术建立了数字化汽车样机模型,可在设计阶段对汽车的总体性能匹配和车身布置设计等进行直观全面的仿真分析、评价和改进。保时捷汽车的工程师利用数字化样车模型,对

图 3-70 数字孪生技术在工业机械领域的应用

汽车的车身、驱动系统、底盘、电气设备和整车进行了数字化模拟和测试。本田汽车将数字孪生技术与 CAE/CFD 仿真相结合,帮助造型设计工程师在概念设计阶段,不需要进行物理试验就可以得到汽车的空气动力学性能。

传统的汽车虚拟风洞仿真或汽车 CFD 数值仿真中,一般计算域的选取比较随意,通常根据汽车外形选取一个比较大的计算域进行数值仿真,然后再利用汽车环境舱或环境风洞试验数据去验证和标定仿真模型。由于数值仿真的边界条件和实际环境试验相差很大,严重影响仿真结果的真实性。汽车数字孪生环境风洞和传统的汽车虚拟风洞有一定的相似性,是将汽车三维数字模型和数字风洞有机地结合在一起,在计算机上建立一个基于虚拟环境、集 CFD 计算、可视化以及三维交互等功能于一体的数字化风洞孪生模型,用于汽车在风洞环境下的各种性能验证。汽车环境风洞数字孪生技术基于准确的环境风洞试验系统和被测汽车性能建模,能更直观、更形象地动态观察汽车内部及周边不同方位的速度、压力、温度、热量等分布情况,用户可以从任意位置、任意方向及视图观察数字风洞中出现的各种现象,仿真结果也为风洞试验、汽车外形和热系统的设计优化提供可靠的参考。图 3-71 所示为汽车环境风洞数字孪生效果图。

为了缩短新车型的开发周期、减少样车试制和风洞试验的巨额费用、降低开发成本,世界各大汽车公司纷纷将虚拟设计、虚拟风洞及虚拟现实等高新技术用在汽车设计中,如汽车开发中的虚拟造型、虚拟设计、虚拟(模拟、仿真)试验、虚拟工艺制造、虚拟装配等的建立已成为当今汽车设

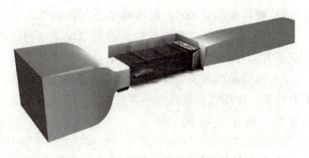

图 3-71 汽车环境风洞数字孪生效果图

计领域研究的热点。但是，由于汽车环境风洞内的试验条件十分复杂，路面效应、道路载荷和气候环境条件叠加在一起，而且汽车在环境风洞内的流动与传热过程属于多热源、多物理场、多传热方式的耦合体，环境风洞与汽车热系统叠加效应导致建立准确的"环境风洞+汽车数字孪生"模型困难重重。

环境风洞试验室（图3-72）是以人工的方式产生并且控制气流，用来模拟飞行器或实体周围气体的流动情况，并可度量气流对实体的作用效果以及观察物理现象的一种管道状试验设备，它是进行空气动力试验最常用、最有效的工具之一，下面以国内某车企环境风洞试验室为例，介绍环境风洞试验室的特点。

图3-72 环境风洞试验室

1）试验室温度范围是-40~60℃，相对湿度范围是5%~95%，基本涵盖全球所有的温、湿度环境条件。

2）光照强度范围是300~1200W/m²，可以模拟全球范围内所有的光照强度且能够提供一天内不同时刻的光照以及隧道、乌云模拟。

3）喷口面积是8m²，最高风速是220km/h。

4）雨雪模拟能够模拟五种雨品质（毛毛细雨、小/中/大/暴雨）和四种雪品质（小/中/大/暴雪），试验开展不受季节影响。

5）流场品质可满足1/4缩比模型的空气动力学测试，如车辆内部和周围的气流分布和压力分布，冷却气流或底盘零部件局部气流的流量。

3.3.4 汽车试验场

汽车试验场（图3-73）是重现汽车使用中遇到的各种各样的道路条件和使用条件的试

验场地。试验道路是实际存在的各种各样的道路经过集中、浓缩、不失真的强化并典型化的道路。汽车在试验场试验比在试验室或一般行驶条件下的试验更严格、更科学、更迅速。冬季汽车试验场如图3-74所示。

图3-73 汽车试验场

图3-74 冬季汽车试验场

汽车试验场的主要功用是:
1)汽车产品的质量鉴定试验。
2)汽车新产品的开发、定型与认证试验。
3)为室内部件、系统总成、整车台架及虚拟仿真试验提供各类场地采样条件。
4)汽车标准及法规的研究和验证试验等。
汽车试验场智能测试区如图3-75所示。

为满足汽车的实际行驶要求,汽车试验场的主要设施是集中修建的各种各样的试验道路,包括高速环道、标准坡道、强化耐久路、舒适性路、直线制动路、直线性能路、动态广场、综合耐久路、干/湿操控路等,为整车道路试验提供稳定且丰富的路形及路面条件。

汽车试验场有大有小,试验道路的品种和长短也不尽相同,试验场的场地道路设施类型及其具体参数指标,决定了汽车试验场可以为客户构建的汽车场地试验环境和试验场景的丰富程度,是汽车试验场核心竞争力的重要体现。不同的场地道路设施的长度、车速等指标,

图 3-75 汽车试验场智能测试区

对客户开展试验的效率及试验的范围构成影响,不同的特征路面的丰富程度影响客户可以达成的试验目标。

随着汽车技术的发展,不断地提出修筑新的试验设施的要求。现针对目前国内 11 家主要的汽车试验场拥有的试验道路种类的具体数据作对比,来介绍汽车试验场试验道路的现况,对比情况如下。

1. 高速环道

高速环道数据见表 3-2。

表 3-2 高速环道数据

试验道路	国内主要的汽车试验场										
高速环道	交通部试验场	总装备部试验场	襄樊汽车试验场	海南热带汽车试验场	重庆西部汽车试验场	中国汽研试验基地	中亚轮胎试验场	重庆机动车强检试验场	河南凯瑞汽车试验场	广德基地	中汽试验场
道路长度 /km	5.5	4	5.2	6	5.4	无	5.3	无	无	无	7.8
车道数量 /条	4	3	3	5			4				4
最高车速 /(km/h)	190	120	210	150	200		250				300

11 家主要的汽车试验场中,多数试验场具备高速环道且长度在 5km 以上,而在具备高速环道的汽车试验场中,可进行车速 200km/h 及以上的试验场有襄樊汽车试验场、重庆西部汽车试验场、中亚轮胎试验场和中汽试验场。

2. 标准坡道

标准坡道数据见表 3-3。

表 3-3 标准坡道数据

试验道路	国内主要的汽车试验场										
标准坡道	交通部试验场	总装备部试验场	襄樊汽车试验场	海南热带汽车试验场	重庆西部汽车试验场	中国汽研试验基地	中亚轮胎试验场	重庆机动车强检试验场	河南凯瑞汽车试验场	广德基地	中汽试验场
坡道种类数/种	8	4	7	5	7	5	9	4	3	3	10
低附坡道数/条	2	1	无	无	1	无	3	无	无	无	6

在11家主要的汽车试验场中,只有交通部试验场、总装备部试验场、重庆西部汽车试验场、中亚轮胎试验场、中汽试验场具备低附坡道的试验场地资源。在坡道种类方面,前四名分别为:中汽试验场有10种坡道,中亚轮胎试验场有9种坡道、交通部试验场有8种坡道、重庆西部汽车试验场有7种坡道。

3. 强化耐久路

强化耐久路数据见表3-4。

表 3-4 强化耐久路数据

试验道路	国内主要的汽车试验场										
强化耐久路	交通部试验场	总装备部试验场	襄樊汽车试验场	海南热带汽车试验场	重庆西部汽车试验场	中国汽研试验基地	中亚轮胎试验场	重庆机动车强检试验场	河南凯瑞汽车试验场	广德基地	中汽试验场
道路长度/km	8.3	14	11.6	9	4.3	5.867	1.8	无	无	无	11.0
特征路面数/种	15	17	42	30	40	31	15				60

11家主要的汽车试验场中,强化耐久路总长度前三名分别为:总装备部试验场(14km)、襄樊汽车试验场(11.6km)、中汽试验场(11.0km)。特征路面数量方面中汽试验场包含60余种特征路面,排名第一。

4. 舒适性路

舒适性路数据见表3-5。

表 3-5 舒适性路数据

试验道路	国内主要的汽车试验场										
舒适性路	交通部试验场	总装备部试验场	襄樊汽车试验场	海南热带汽车试验场	重庆西部汽车试验场	中国汽研试验基地	中亚轮胎试验场	重庆机动车强检试验场	河南凯瑞汽车试验场	广德基地	中汽试验场
测试区长度/km	8	2	25	无	0.4	0.43	17	无	无	无	1.2
特征路面数/种	1	3	33		10	14	17				16

11家主要的汽车试验场中,襄樊汽车试验场两项指标排名第一,其舒适性路总长度为25km,包含33种特征路面;中亚轮胎试验场两项指标排名第二,其舒适性路总长度为17km,包含17种特征路面。

5. 直线制动路

直线制动路数据见表3-6。

表3-6 直线制动路数据

试验道路	国内主要的汽车试验场										
直线制动路	交通部试验场	总装备部试验场	襄樊汽车试验场	海南热带汽车试验场	重庆西部汽车试验场	中国汽研试验基地	中亚轮胎试验场	重庆机动车强检试验场	河南凯瑞汽车试验场	广德基地	中汽试验场
特征路面数/条	1	3	4	1	6	1	8	1	1	1	5
加速段长度/km	0.8	1	1	1	1.3	0.8	1.4	1.7	0.8	0.92	

11家主要汽车试验场的直线制动路加速段长度均在1km左右。直线制动路,中亚轮胎试验场(8条特征路面)排名第一,其次是重庆西部汽车试验场(6条特征路面),中汽试验场(5条特征路面)排名第三。

6. 直线性能路

直线性能路数据见表3-7。

表3-7 直线性能路数据

试验道路	国内主要的汽车试验场										
直线性能路	交通部试验场	总装备部试验场	襄樊汽车试验场	海南热带汽车试验场	重庆西部汽车试验场	中国汽研试验基地	中亚轮胎试验场	重庆机动车强检试验场	河南凯瑞汽车试验场	广德基地	中汽试验场
直线段长度/km	2.3	1.56	1.6	1.7	2	2.7	无	2	2.37	2	2.5
掉头出弯安全车速/(km/h)	50	60	74	30	60	40		40	60	50	60

11家主要汽车试验场中,多数试验场直线性能路的直线段长度在2km及以上,掉头出弯安全车速在50km/h及以上。综合比较,中汽试验场、河南凯瑞汽车试验场的直线性能路场地资源优势较为明显。

7. 动态广场

动态广场数据见表3-8。

11家主要汽车试验场中,绝大多数汽车试验场的动态广场直径可达到300m,但综合加速段长度及宽度进行比较,襄樊汽车试验场、中汽试验场较国内其他试验场略有优势。

8. 综合耐久路

综合耐久路数据见表3-9。

表 3-8 动态广场数据

试验道路	国内主要的汽车试验场										
动态广场	交通部试验场	总装备部试验场	襄樊汽车试验场	海南热带汽车试验场	重庆西部汽车试验场	中国汽研试验基地	中亚轮胎试验场	重庆机动车强检试验场	河南凯瑞汽车试验场	广德基地	中汽试验场
广场入口数/个	2	1	2	1	1	1	2	3	1	2	3
加速段长度/km	0.8	0.8	1.4	0.8	0.8	1.7	0.8	1.6	0.4	0.38	0.9
加速段宽度/m	10	20	100	300	30	40	350	30	40	300	100
广场直径/m	300	240	300	300	300	300	300	300	300	300	300

表 3-9 综合耐久路数据

试验道路	国内主要的汽车试验场										
综合耐久路	交通部试验场	总装备部试验场	襄樊汽车试验场	海南热带汽车试验场	重庆西部汽车试验场	中国汽研试验基地	中亚轮胎试验场	重庆机动车强检试验场	河南凯瑞汽车试验场	广德基地	中汽试验场
道路长度/km	2.6	无	无	无	4.28	无	无	无	无	无	9.3
特征路面数/种	1				10						25
最高车速/(km/h)	120				120						120

11 家主要的汽车试验场中，仅中汽试验场、交通部试验场和重庆西部汽车试验场三家具备综合耐久路（底盘调校路段）。中汽试验场综合耐久路拥有底盘调校路段，综合耐久路的道路长度为 9.3km，具有特征路面 25 种，最高车速为 120km/h，三项指标均排名第一。

9. 干/湿操控路

干/湿操控路数据见表 3-10。

表 3-10 干/湿操控路数据

试验道路	国内主要的汽车试验场										
干/湿操控路	交通部试验场	总装备部试验场	襄樊汽车试验场	海南热带汽车试验场	重庆西部汽车试验场	中国汽研试验基地	中亚轮胎试验场	重庆机动车强检试验场	河南凯瑞汽车试验场	广德基地	中汽试验场
干操控路长度/km	2.65	无	1.7	无	2	无	2.9	无	无	无	2.15
湿操控路长度/km	无	无	1.6	无	无	无	2.2	无	无	0.11	无

11 家主要的汽车试验场在干/湿操控路方面布局不一，差异性较大。中亚轮胎试验场干操控路的长度为 2.9km，排名第一；交通部试验场干操控路的长度为 2.65km，排名第二；

中汽试验场干操控路的长度为 2.15km，排名第三。湿操控路方面，中亚轮胎试验场和襄樊汽车试验场优势明显。目前中汽试验场的湿操控路仍处于设计在建状态，道路计划总长度为 2km。

思考与习题

1. 汽车传感器有哪些分类方法？
2. 简述汽车传感器的主要性能要求。
3. 何谓热敏电阻？热敏电阻有哪些特点？
4. 智能汽车用传感器包括哪些？
5. 简述光电式车速测量仪的基本结构和工作原理。
6. 简述活塞式油耗仪的基本组成和工作原理。
7. 简述陀螺仪的两个基本特性以及垂直陀螺仪和角速度陀螺仪在汽车上的适用测量对象。
8. 简述负荷拖车的工作原理。
9. 转鼓试验台常用的测功机有哪几种？其基本结构和工作原理是什么？
10. 简述内燃机高海拔模拟试验台的主要用途。
11. 何谓消声室？何谓混响室？在消声室和混响室中可开展哪些试验？
12. 简述汽车风洞的类型与功能。
13. 简述汽车试验场的功用。
14. 汽车试验场主要有哪几种试验道路？

第4章　汽车法规类试验

强制性试验标准是指为了保障人身健康、安全，保护环境、节约能源而制定的强制执行的标准，这类标准一般称为法规。《中华人民共和国标准化法》规定：强制性标准必须执行，不符合强制性标准的产品禁止生产、销售和进口。例如，GB 18384—2020《电动汽车安全要求》即为强制性标准。

汽车法规类试验是指汽车强制性标准所涵盖的试验，主要涉及安全、环保和节能等方面。汽车安全方面的强制性标准分为主动安全、被动安全和一般安全三方面。汽车环保方面的强制性标准体现在噪声、排放和无线电干扰三方面。汽车节能方面的强制性标准主要指汽车经济性试验所涉及的标准，例如 GB 27999—2019《乘用车燃料消耗量评价方法及指标》。

在进行汽车试验设计时，作为一名具备基本职业素养和工匠精神的车辆类工程师，应时刻保持清醒的头脑，从职业道德规范的角度回答"该不该做？""可不可以做？"和"值不值得做？"的问题，从自身做起，从每一个项目做起，树立良好的个人形象、职业操守和社会风气。

4.1　汽车经济性试验

汽车的燃料经济性是指在保证动力性的条件下，汽车以尽量少的燃料消耗量经济行驶的能力。汽车的燃料经济性常用一定运行工况下汽车行驶百公里的燃料消耗量，或一定燃料量能使汽车行驶的里程来衡量。对汽油、柴油、两用燃料及双燃料乘用车，应执行 GB/T 19233—2020《轻型汽车燃料消耗量试验方法》，采用全球统一轻型车辆测试循环（World Light Vehicle Test Cycle，WLTC）测试车型燃料消耗量。

能量消耗率和续驶里程试验是评价电动汽车经济性和续驶里程的测试方法，续驶里程是指电动汽车在动力蓄电池完全充电状态下，以一定的行驶工况，能连续行驶的最大距离，能量消耗率是指电动汽车经过规定的试验循环后对动力蓄电池重新充电至试验前的容量，从电网上得到的电能除以行驶里程所得的值。

经济性试验见表 4-1。

表 4-1 经济性试验

车型	传统汽车	纯电动汽车	混合动力电动汽车
国家标准	GB 27999—2019《乘用车燃料消耗量评价方法及指标》	GB/T 18386.1—2021《电动汽车能量消耗率和续驶里程试验方法 第1部分:轻型汽车》	GB/T 19754—2021《重型混合动力电动汽车能量消耗量试验方法》
试验方法	利用碳平衡法,通过测定汽车二氧化碳(CO_2)、一氧化碳(CO)和碳氢化合物(HC)排放量计算燃料消耗量	工况条件下的续驶里程试验 等速条件下的续驶里程试验 能量消耗率试验	能量消耗量试验

4.1.1 传统汽车燃料经济性试验

传统汽车是指采用汽油、柴油等传统能源为动力的汽车。新能源汽车是指采用非常规的车用燃料作为动力来源（或使用常规的车用燃料、采用新型车载动力装置），综合车辆的动力控制和驱动方面的先进技术，形成的技术原理先进，具有新技术、新结构的汽车。新能源汽车包括四大类：混合动力电动汽车（Hybrid Electric Vehicle, HEV）、纯电动汽车（Battery Electric Vehicle, BEV，包括太阳能汽车）、燃料电池电动汽车（Fuel Cell Electric Vehicle, FCEV）、其他新能源（如超级电容器、飞轮等高效储能器）汽车等。

本节以传统汽车为例，介绍燃料经济性试验的具体要求和试验方法。此试验利用碳平衡法，通过测定汽车二氧化碳（CO_2）、一氧化碳（CO）和碳氢化合物（HC）排放量计算燃料消耗量。本试验适用于以点燃式发动机或压燃式发动机为动力，最大设计车速大于或等于 50km/h 的 N_1 类和最大设计总质量不超过 3500kg 的 M_1、M_2 类车辆。最大设计总质量超过 3500kg 的 M_1 类车辆可参照执行。其试验方法按国家标准 GB 27999—2019《乘用车燃料消耗量评价方法及指标》和 GB 19578—2021《乘用车燃料消耗量限值》。

1. 试验设备

试验设备有冷却风机（图 4-1）、底盘测功机（图 4-2）、排气稀释装置（图 4-3）、排气测量装置（图 4-4）。燃料经济性测试设备连接如图 4-5 所示。

图 4-1 冷却风机

图 4-2 底盘测功机

2. 试验准备

试验条件见表 4-2。

图 4-3　排气稀释装置

图 4-4　排气测量装置

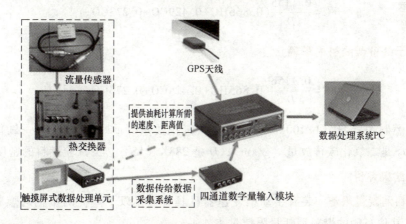

图 4-5　燃料经济性测试设备连接图

3. 试验方法

试验采用 GB 18352.6—2016 中附件 CA 所规定的试验循环，测试循环由全球统一轻型车辆测试循环（WLTC）的低速段（Low）、中速段（Medium）、高速段（High）和超高速段（Extra High）四部分组成，持续时间共 1800s。其中低速段的持续时间 589s，中速段的持续时间 433s，高速段的持续时间 455s，超高速段的持续时间 323s。

表 4-2 试验条件

条件	具体要求
环境	试验室的环境空气，排放测量装置中需要使用的稀释和取样系统温度应保持±1.5℃的精度 大气压力分辨率为±0.1kPa 绝对湿度（H）（水/干空气）分辨率为±1g/kg 试验室温度应设置为23℃，允许偏差为±5℃。大气温度和湿度应在试验车辆冷却风机出风口测量，最小测量频率为1Hz
试验车辆	试验车辆的所有零部件应满足批量生产要求 汽车生产企业或其授权代理者应将一辆代表被试车型的车辆提交给负责型式试验的检验机构 应使用汽车生产企业规定的润滑剂 试验车辆可根据汽车生产企业或其授权代理者需求进行磨合，并保证机械状况良好，磨合里程不超过 15000km
试验设备	测试设备技术特性应符合 GB 18352.6—2016《轻型汽车污染物排放限值及测量方法（中国第六阶段）》中附件 CD 的规定
试验燃料	试验时应按照汽车生产企业推荐的最低标号，采用符合 GB 18352.6—2016 中附录 K 要求的基准燃料，燃料中不准许额外添加含氧物 采用 GB 18352.6—2016 中附录 K 中未规定的燃料种类时，应采用符合相关国家标准规定的市售车用燃料

燃料消耗量通过测量汽车排放物中的 CO_2、CO 和 HC 的排放量，利用碳平衡法分别计算各速度段和综合燃烧消耗量。

采用式（4-1）和式（4-2）计算燃料消耗量：

（1）对于装备汽油机的车辆

$$FC = \frac{0.1155}{D}(0.866HC + 0.429CO + 0.273CO_2) \tag{4-1}$$

（2）对于装备柴油机的车辆

$$FC = \frac{0.1156}{D}(0.865HC + 0.429CO + 0.273CO_2) \tag{4-2}$$

式中，FC 是燃料消耗量（L/100km）；HC 是碳氢排放量（g/km）；CO 是一氧化碳排放量（g/km）；CO_2 是二氧化碳排放量（g/km）；D 是 288K（15℃）下试验燃料的密度（kg/L）。

4. 检测结果评价

（1）**燃料消耗量限值** 装有手动档变速器且具有三排以下座椅的车辆的燃料消耗量限值见表 4-3；其他车辆的燃料消耗量限值见表 4-4。

（2）**判断方法** 若汽车检测得到的燃料消耗量大于其限值，则其燃料经济性不合格；反之，则合格。

5. 经济性实测分析

（1）**实测一** 试验样车为传统能源汽车，一款为某热门中型车（测试条件见表 4-5），一款为某热门 SUV（测试条件见表 4-6），对两车分别进行百公里油耗测试，结合具体的试验数据，使读者对传统汽车的经济性有更直观的认识。

表 4-3 车型燃料消耗量限值（一）

整车整备质量 CM/kg	车型燃料消耗量限值 /(L/100km)	整车整备质量 CM/kg	车型燃料消耗量限值 /(L/100km)
CM≤750	5.2	1540<CM≤1660	8.1
750<CM≤865	5.5	1660<CM≤1770	8.5
865<CM≤980	5.8	1770<CM≤1880	8.9
980<CM≤1090	6.1	1880<CM≤2000	9.3
1090<CM≤1205	6.5	2000<CM≤2110	9.7
1205<CM≤1320	6.9	2110<CM≤2280	10.1
1320<CM≤1430	7.3	2280<CM≤2510	10.8
1430<CM≤1540	7.7	2510<CM	11.5

表 4-4 车型燃料消耗量限值（二）

整车整备质量 CM/kg	车型燃料消耗量限值 /(L/100km)	整车整备质量 CM/kg	车型燃料消耗量限值 /(L/100km)
CM≤750	5.6	1540<CM≤1660	8.4
750<CM≤865	5.9	1660<CM≤1770	8.8
865<CM≤980	6.2	1770<CM≤1880	9.2
980<CM≤1090	6.5	1880<CM≤2000	9.6
1090<CM≤1205	6.8	2000<CM≤2110	10.1
1205<CM≤1320	7.2	2110<CM≤2280	10.6
1320<CM≤1430	7.6	2280<CM≤2510	11.2
1430<CM≤1540	8.0	2510<CM	11.9

表 4-5 中型车测试条件

测试条件	情况	测试条件	情况
天气	晴 1℃	路段	拥堵/环路/高速
空调状态	A/C OFF	全程平均时速	29.9km/h
载油量	满箱	燃油标号及种类	京 95#汽油
是否出磨合期	否	消耗燃油量	8.21L

测试总里程为 107km，全程平均时速 29.9km/h，全程未开启空调压缩机，最终测得的油耗成绩是 7.7L/100km。

表 4-6 SUV 测试条件

测试条件	情况	测试条件	情况
天气	晴 5℃	路段	拥堵/环路/高速
空调状态	A/C OFF	全程平均时速	31km/h
载油量	满箱	燃油标号及种类	92#汽油
是否出磨合期	否	消耗燃油量	9.5L

测试总里程为 102.5km，全程平均时速 31km/h，全程未开启空调压缩机，最终测得的油耗成绩是 9.3L/100km。

(2) 实测二　对某一传统能源汽车进行等速油耗测试，得到该车分别使用四档（图 4-6）和五档（图 4-7）上坡时，百公里油耗随平均速度变化的数据，然后利用静态试验数据处理方法，拟合出油耗随平均速度变化的曲线图。

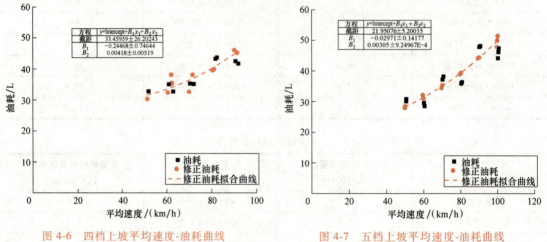

图 4-6　四档上坡平均速度-油耗曲线　　　　图 4-7　五档上坡平均速度-油耗曲线

4.1.2　纯电动汽车能量消耗率和续驶里程试验

本节根据 GB/T 18386.1—2021 来介绍纯电动汽车的能量消耗率和续驶里程的试验方法，纯电动汽车能量消耗率和续驶里程试验专业词汇定义见表 4-7。

表 4-7　纯电动汽车能量消耗率和续驶里程试验专业词汇定义

专业词汇名称	定义
放电能量（整车）(Discharged Energy)	电动汽车行驶中，由储能装置释放的电能，单位为 W·h
再生能量 (Regenerated Energy)	行驶中的电动汽车用再生制动回收的电能，单位为 W·h
续驶里程(Range)	电动汽车在动力蓄电池完全充电状态下，以一定的行驶工况，能连续行驶的最大距离，单位为 km
能量消耗率 (Energy Consumption)	电动汽车经过规定的试验循环后对动力蓄电池重新充电至试验前的容量，从电网上得到的电能除以行驶里程所得的值，单位为 W·h/km

1. 试验条件

试验条件见表 4-8。

表 4-8　试验条件

条件	具体要求
试验质量	试验质量为电动汽车整车整备质量与试验所需附加质量的和 附加质量分别为：对于 M_1、N_1，最大设计总质量不超过 3500kg 的 M_2 类车辆，该质量为 100kg；对于城市客车，该质量为最大设计装载质量的 65%；对于其他车辆，该质量为最大设计装载质量

(续)

条件	具体要求
试验车辆	试验车辆应依据每项试验的技术要求加载 轮胎应选用制造厂作为原配件所要求的类型,并按制造厂推荐的轮胎最大试验负荷和最高试验速度对应的轮胎充气压力进行充气 机械运动部件用润滑油黏度应符合制造厂的规定 车上的照明、信号装置以及辅助设备应该关闭,除非试验和车辆白天运行对这些装置有要求 除驱动用途外,所有的储能系统应充到制造厂规定的最大值(电能、液压、气压等) 试验驾驶人应按车辆制造厂推荐的操作程序使动力蓄电池在正常运行温度下工作 试验前,试验车辆应至少用安装在试验车辆上的动力蓄电池行驶 300km
环境温度	在 20~30℃室温下进行室内试验

2. 试验方法

确定能量消耗率和续驶里程应该使用相同的试验程序,试验程序包括以下三个步骤:

1)对动力蓄电池进行初次充电。
2)进行工况或等速条件下的续驶里程试验。
3)试验后再次为动力蓄电池充电,测量来自电网的能量。

对 M_1、N_1、最大设计总质量不超过 3500kg 的 M_2 类车辆,在每两个步骤执行之间,如果车辆需要移动,不允许使用车上的动力将车辆移动到下一个试验地点,且再生制动系统未起作用。对于 M_1、N_1、最大设计总质量不超过 3500kg 的 M_2 类车辆以外的车辆,如果需要移动,允许使用车上的动力。

(1) **公差** 试验循环上的速度公差和时间公差应该满足图 4-8 所示的公差和基准曲线的要求。

图 4-8 中的每一个点给出的速度公差适用于 M_1、N_1、最大设计总质量不超过 3500kg 的 M_2 类车辆为±2km/h,适用于其他车辆为±3km/h,时间公差为±1s。

在每个行驶循环中,允许超出公差范围的累计时间,对于 M_1、N_1、最大设计总质量不超过 3500kg 的 M_2 类车辆应不超过 4s,对于其他车辆应不超过 10s。在试验报告中应注明超出公差的总时间。

(2) **结束试验循环的标准** 进行 NEDC（New European Driving Cycle）工况试验循环时:对最高车速大于等于 120km/h 的试验车辆,不能满足规定的公差要求时,应停止试验;对最高车速小于 120km/h 的试验车辆,在工况目标车速大于车型申报最高车速时,目标工况相应速度基准曲线调整为车辆申报最高车速,此时要求驾驶人将加速踏板踩到底,允许车辆实际车速超过规定的公差上限,当不能满足规定的公差下限时应停止试验;在工况目标车速小于等于车型申报最高车速时,不能满足规定的公差要求时,应停止试验。

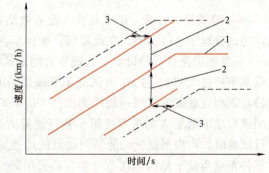

图 4-8 基准曲线和公差

1—基准曲线　2—速度公差　3—时间公差

进行中国典型城市公交循环工况试验循环时,不能满足规定的公差要求时,应停止试验。

进行C-WTVC（World Transient Vehicle Cycle）工况试验循环,在车速小于等于70 km/h时,不能满足规定的公差要求,应停止试验;在车速大于70km/h时,不能满足公差要求时,则将加速踏板踩到底,直到车速再次跟随C-WTVC循环工况目标车速,允许超出规定的公差范围。

进行等速试验时,当车辆的行驶速度达不到54km/h（M_1、N_1、最大设计总质量不超过3500 kg的M_2类车辆）或36km/h（M_1、N_1、最大设计总质量不超过3500kg的M_2类以外的车辆）时停止试验。

达到试验结束条件时,档位保持不变,使车辆滑行至最低稳定车速或5km/h,再踩下制动踏板进行停车。

(3) 动力蓄电池的初次充电

1) 总则。除非车辆制造厂或动力蓄电池制造厂有其他的规定,否则动力蓄电池的初次充电可以按照下面规定进行。动力蓄电池的初次充电指接收车辆以后的动力蓄电池的第一次充电。如果所规定的几个试验或测量连续进行,第一次充电可认为是初次充电。

2) 动力蓄电池的放电。首先,试验车辆以30min内最高车速的（70±5）%的稳定车速行驶,使车辆的动力蓄电池放电。放电结束的条件:车速不能达到30min内最高车速的65%时,或车辆制造厂安装在车上的仪器提醒驾驶人将车辆停止时。

3) 动力蓄电池的充电。动力蓄电池充电按照车辆制造厂规定的充电规程,使蓄电池达到完全充电状态,或按下列规程为动力蓄电池充电。

① 常规充电。在环境温度为20~30℃下,使用车载充电器（如果已安装）为动力蓄电池充电,或采用车辆制造厂推荐的外部充电器（应记录充电器的型号,规格）给动力蓄电池充电。常规充电不包括其他特殊类型的充电,如动力蓄电池翻新或维修充电。车辆制造厂应该保证试验过程中车辆没有进行特殊充电操作。

② 充电结束的标准。12h的充电即为充电结束的标准;如果标准仪器发出明显的信号提示驾驶人动力蓄电池没有充满,在这种情况下,最长充电时间为3×制造厂规定的蓄电池能量（kW·h）/电网供电功率。

③ 完全充满。如果依据常规充电规程,达到充电结束标准,则认为动力蓄电池已完全充满。

(4) 续驶里程试验 在动力蓄电池充电结束时记录该时刻,在此之后12h内开始按照规定的试验程序进行试验,在此期间,确保车辆在20~30℃的温度条件下放置。

1) 车辆道路负荷的设定。行驶阻力测定及在底盘测功机上的模拟:M_1、N_1、最大设计总质量不超过3500kg的M_2类试验车辆按照GB 18352.6—2016中附件CH的规定;其他类试验车辆相应载荷的道路行驶阻力按照GB/T 27840—2021中附录C的方法进行测量或按照该国家标准中附录A的重型商用车辆行驶阻力系数推荐方案。在进行道路和底盘测功机的滑行试验时,均应当把制动能量回收系统功能屏蔽。道路和底盘测功机滑行试验,汽车的其他部件都应当处于相同的状态（如空调关闭等）。

2) 工况法。

① 适用于M_1、N_1、最大设计总质量不超过3500kg的M_2类车辆的工况法。在底盘测功

机上采用 NEDC 循环进行试验,直到达到规定的要求时停止试验。除非有其他的规定,否则每 6 个工况试验循环,允许停车(10±1)min,停车期间,车辆起动开关应处于"OFF"状态,关闭发动机舱盖,关闭试验台风扇,释放制动踏板,不能使用外接电源充电。

在试验循环工况结束,车辆停止时,记录试验车辆驶过的距离 D,用 km 来表示,测量值按四舍五入圆整到整数。同时记录用小时(h)和分(min)表示的所用时间。

应该在报告中给出工况试验循环期间车辆所达到的最高车速、平均车速和行驶时间。

② 适用于 M_1、N_1、最大设计总质量不超过 3500kg 的 M_2 类车辆以外的工况法。车辆充电位置与底盘测功机不在一起的情况下,如果使用车辆自身动力在两者之间移动,要求车辆用不大于 30km/h 的车速尽量以匀速的方式在两者之间移动(尽量减少电能的消耗),车辆每次在两者之间移动的距离不得超过 3km。然后断电,关闭点火锁 15min,进行车辆预置。

对于城市客车,在底盘测功机上采用中国典型城市公交循环或 C-WTVC 循环进行试验;对于其他车辆,在底盘测功机上采用 C-WTVC 循环进行试验,直到达到规定的要求时停止试验。在移动和试验过程中应实时测量并记录电池端的电压和电流值。

除非有其他的规定,否则每 6 个工况试验循环,允许停车(10±1)min,停车期间,车辆起动开关应处于"OFF"状态,关闭发动机舱盖,关闭试验台风扇,释放制动踏板,不能使用外接电源充电。

在中国典型城市公交循环工况结束,车辆停止时,记录试验车辆驶过的距离 $D_{试验阶段}$;在 C-WTVC 循环工况结束,车辆停止时,分别记录试验车辆驶过的市区部分距离 $D_{市区}$、公路部分距离 $D_{公路}$、高速部分距离 $D_{高速}$,用 km 来表示。同时记录用小时(h)和分(min)表示的所用时间。

应该在报告中给出工况试验循环期间车辆所达到的最高车速、平均车速和行驶时间。

3)等速法。

① 适用于 M_1、N_1、最大设计总质量不超过 3500kg 的 M_2 类车辆的等速法。进行(60±2)km/h 的等速试验,试验过程中允许停车两次,每次停车时间不允许超过 2min,当车辆的行驶速度达到规定的要求时停止试验。

记录试验期间试验车辆的停车次数和停车时间。试验循环工况结束,车辆停止时,记录试验车辆驶过的距离 D,用 km 来表示,测量值按四舍五入圆整到整数,该距离即为等速法测量的续驶里程。同时记录用小时(h)和分(min)表示的所用时间。

② 适用于除 M_1、N_1、最大设计总质不超过 3500kg 的 M_2 类车辆以外的等速法。进行(40±2)km/h 的等速试验,试验过程中允许停车两次,每次停车时间不允许超过 2min,当车辆的行驶速度达到规定的停车要求时停止试验。

记录试验期间试验车辆的停车次数和停车时间。试验循环工况结束,车辆停止时,记录试验车辆驶过的距离 D,用 km 来表示,测量值按四舍五入圆整到整数,该距离即为等速法测量的续驶里程。同时记录用小时(h)和分(min)表示的所用时间。

(5)动力蓄电池充电和能量测量 完成规定的试验后,在 2h 之内将车辆与电网连接,按照充电规程为车辆的动力蓄电池充满电。在电网与车辆充电器之间连接能量测量装置,在充电期间测量来自电网的单位为 W·h 的能量 $E_{电网}$,测量值按四舍五入圆整到整数。如果电网断电,其断开的时间应该根据停电时间适当延长相应时间。车辆制造厂和认证试验室的技术服务部门应该探讨充电的有效性。

3. 经济性实测分析

试验样车为纯电动汽车，一款为某热门中型车，一款为某热门SUV，对两车分别进行低速工况续驶里程测试和高速工况续驶里程测试，结合具体的试验数据，使读者对纯电动汽车的经济性有更直观的认识。

(1) 某中型车的高速工况续驶里程测试 高速工况续驶里程测试前，先将动力蓄电池电量补满，该车电量为100%时，表显剩余续驶里程为656km，高速工况续驶里程测试时，驾驶模式调节为经济，动能回收档位为高，此时车外的温度为28℃，所以开启制冷空调，温度设定为23℃，风量为AUTO模式。

经过2h28min的测试，该款中型车共行驶了219.3km，平均车速为89km/h，表显剩余续驶里程为360km。在国家电网120kW快速充电桩将其充满电，充电量为36.64kW·h，计算可得其城际高速测试电耗为16.7kW·h/100km，按照该版本电池电量容积为80.9kW·h计算，该车的城际高速续驶里程为484km。以中型车来衡量，该车的城际高速工况的电耗不算高，近500km的续驶里程也让我们的出行范围又扩大了不少。

(2) 某中型车的低速工况续驶里程测试 低速工况续驶里程测试前，同样将车辆的电量充满，此时表显剩余续驶里程和之前一样，都为656km。驾驶模式、动能回收、空调等设定与城际高速工况续驶里程测试保持一致，将小计里程清零后开始测试。以（30±2）km/h的平均车速行驶至少100km，完成测试后前往充电站将车辆充满电，根据行驶里程和充入电量计算出实际电耗和实际续驶里程。

城市低速工况下，该车以30km/h的平均车速行驶了100.9km，电耗约15.6kW·h/100km，按照其电池电量容积为80.9kW·h计算，其城市低速续驶里程约为519km。

(3) 某SUV的高速工况续驶里程测试（图4-9） 在开始高速续驶里程测试前，将车辆充至满电，并对其进行三次补电操作，该车满电时表显续驶里程为488km。同时将加速调至轻松模式，动能回收调至标准模式，空调开至23℃自动风量，小计里程清零。

耗时2h15min，行驶204.2km后，高速工况续驶里程测试停止。此前车辆表显剩余电量为48%，表显剩余续驶里程为233km。测试结束后为其充入44.07kW·h电量，根据实际行

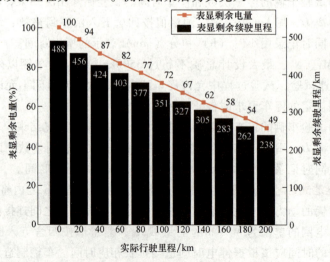

图4-9 高速工况续驶里程测试记录

驶里程和充电量计算得此次高速工况续驶里程测试下的能耗为 21.6kW·h/100km,该车在此工况下的续驶里程为 356km。

(4) 某 SUV 的低速工况续驶里程测试(图 4-10) 在开始低速续驶里程测试前,将车辆充至满电,并对其进行三次补电操作,该车满电时表显剩余续驶里程为 489km。同时将加速调至轻松模式,动能回收调至标准模式,空调开至 23℃ 自动风量,小计里程清零。

行驶 100.7km,耗时 3h15min,低速工况续驶里程测试停止,低速续驶里程测试期间平均车速为 30.98km/h。测试结束时车辆表显剩余电量为 79%,表显剩余续驶里程为 384km。测试结束后立即为其补电,最终充入 20.06kW·h 电量,该车在此次低速工况续驶里程测试中的能耗为 19.9kW·h/100km,根据车辆动力蓄电池电量容量计算,该车在低速工况下的续驶里程为 387km。

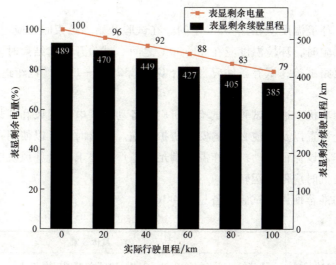

图 4-10 低速工况续驶里程测试记录

4.1.3 混合动力电动汽车能量消耗量试验

本节根据 GB/T 19754—2021《重型混合动力电动汽车能量消耗量试验方法》,来介绍重型混合动力电动汽车在底盘测功机或道路上进行能量消耗量试验的试验方法。混合动力电动汽车能量消耗量试验专业词汇定义见表 4-9。

表 4-9 混合动力电动汽车能量消耗量试验专业词汇定义

专业词汇名称	定义
超级电容器荷电状态(Super Capacitor State of Charge,SOC)	基于实际测量的电容电压平方值与厂家规定的允许使用的电容下限电压的平方值的差值,表示成对电容最大标称电压平方值与厂家规定的允许使用的电容下限电压的平方值的差值的百分比
净能量改变量(Net Energy Change,NEC)	储能装置能量的净改变量
用于驱动的能量(Propulsion Energy)	从汽车消耗的燃料/储能装置获得的用于驱动汽车的能量。如果能量仅供给汽车附件(如传统汽车中 12V/24V 的辅助蓄电池),则不应作为驱动能量看待
驱动系统(Propulsion System)	汽车起动后,能够依据驾驶人的操作指令,给汽车提供驱动力的系统

(续)

专业词汇名称	定义
制动能量回收系统(Regenerative Braking)	汽车减速或下坡时,将车辆行驶过程中的动能及势能转化或部分转化为储能装置能量存储起来的系统
总燃料能量(Total Fuel Energy)	基于燃料低热值进行计算的总的燃料能量
总燃料驱动能量(Total Fuel Propulsion Energy)	燃料能量转化成用于驱动汽车的机械能量
循环总驱动能量(Total Cycle Propulsion Energy)	在试验运转循环的全过程中,车辆的总驱动能量,包括总燃料驱动能量和电驱动能量

1. 试验条件

道路试验时,环境温度应在5~35℃之间。在试验开始和结束时,应记录环境温度。

底盘测功机试验时,环境温度应在20~30℃之间。试验开始和结束时,温度不能超出此范围。如果进行道路试验,试验条件应当符合GB/T 12534—1990《汽车道路试验方法通则》的要求。

如果在底盘测功机上进行试验,试验场所应配备动力蓄电池通风和冷却的装置、飞轮防护罩、防高压安全装置以及其他必要的安全防护设施。试验时,可以使用一个定转速风机把冷却空气导向汽车,以保证发动机工作温度满足制造厂的要求。这些风机应当仅在汽车运行时工作,而汽车关机时应停止运转。

需要使用的和推荐使用的试验设备见表4-10。

表4-10 试验设备

试验设备	具体要求
测量车辆速度和距离的试验仪器(如非接触式车速仪)	车速的测量精度为±0.2km/h,时间的测量精度应为±0.1s 燃料消耗量、能量消耗量、车速和时间的测量装置应同步起动
显示屏幕	用于辅助驾驶人,实时显示试验循环理论车速和实际车速,指导驾驶人调整车辆行驶速度,可记录实际行驶车速和理论车速,记录频率不得低于1Hz
用于测量油耗的油耗仪	精度不超过±0.5%测量值;或使用称重法测量燃料消耗量的天平,精度不得超过±0.5%测量值
测量电流的仪器	精度不超过±0.5%最大测量值,或±0.2%FS 工作频率不得低于20Hz
测量电压的仪器	精度不超过±0.5%最大测量值,或±0.2%FS 工作频率不得低于20Hz
其他可以满足能量消耗量试验功能要求的仪器	需经技术监督部门认可,才可用于试验 精度不得超过±0.5%测量值

注:FS为Full-scale的缩写,意为量程的范围,指满量程。

2. 试验方法

(1) 汽车驱动系统的启动和再启动　不推荐对重型混合动力电动汽车在使用空调的状况下进行能量消耗量的试验。空调及其他汽车正常运行并不应用到的车载附件,在试验时应当被断开或屏蔽。

汽车的驱动系统应当按照汽车制造厂提供的用户手册推荐的启动程序进行启动。

(2) 预运行　试验汽车在进行试验前应进行试验循环的预运行,以使驾驶人熟悉车辆状况及熟练汽车操作。

(3) 非外接充电型混合动力电动汽车的试验程序

1) 车辆荷电状态的预置。对于非外接充电型混合动力电动汽车,检测部门要求检查车辆处于汽车制造厂规定的正常使用的荷电状态,否则进行储能装置的能量调整,达到正常使用的荷电状态。

2) 能量消耗量试验的预循环运转。车辆在道路或底盘测功机上,使用一个完整的试验循环进行车辆的预热和预处理,循环结束,关闭点火锁15min,进行车辆预置。

3) 能量消耗量试验运转。车辆在道路或底盘测功机上,按照行驶循环进行试验,每完成一次试验,需要关闭点火锁15min,进行车辆热状态的预置。连续进行的试验,不需要进行预循环运转;如果在未完成三次试验运转之前,进行了非试验的行驶活动,则下次试验之前,应重新进行预循环的运转,然后再开始正式的试验。

4) 试验循环的次数及其处理。要求进行至少三次试验,由试验人员根据规定,判断试验结果是否有效、试验次数是否充分,然后决定是否结束试验。

(4) 外接充电型混合动力电动汽车的试验程序

1) 车辆荷电状态的预置。对于外接充电型混合动力电动汽车,在进行首次试验前,要求对车辆进行充电,达到汽车制造厂要求的荷电状态的上限。

2) 包含纯电动工作模式的外接充电型混合动力电动汽车的试验程序。

① 一般规定。包含纯电动工作模式的外接充电型混合动力电动汽车,指可以以纯电动工作模式完成"中国典型城市公交循环"的车辆。如果车辆的混合动力设计决定的或控制策略中设定的低于某车速下使用纯电机工作,高于某车速使用混合动力工作的情况,不属于该标准中规定的包含纯电动工作模式的外接充电型混合动力电动汽车,该类汽车按照相应的试验程序实施。

纯电动工作模式既可能是以手动切换开关形式作为按钮布置在仪表台上,以加速踏板踩下而动力总成不输出动力作为纯电动工作模式结束的标志;也可能是靠整车控制器自动过渡,以发动机自动起动作为纯电动工作模式结束的标志。

包含纯电动工作模式的外接充电型混合动力电动汽车的能量消耗量试验分为三个阶段,第一阶段为纯电动续驶里程段,第二阶段为储能装置能量调整阶段,第三阶段为电能量平衡运行阶段。

② 车辆的移动。如果进行道路试验,车辆充电完成的停放位置与试验场地不在一起的情况下,要求车辆以纯电动工作模式,尽量用不大于30km/h的车速以匀速的方式移动到试验场地(尽量减少电能量的消耗),从车辆预置地点移动到试验地点的最远距离不得超过3km。然后断电,关闭点火锁15min,进行车辆预置。

如果在底盘测功机上实施试验,则可以直接从冷态开始纯电动行驶试验。

③ 纯电动续驶里程试验车速。进行纯电动续驶里程试验的试验车速应当为40km/h,与纯电动汽车试验方法相一致。

④ 纯电动续驶里程段(第一阶段)能量消耗量的确定。对于使用纯电动模式切换开关

的车辆，如果有生产企业规定的结束条件，那么车辆在道路或底盘测功机上，以（40±3）km/h车速匀速行驶，直至车速达不到36km/h或达到生产企业规定的结束条件中的任何一个条件，应迅速停车，记录纯电动续驶里程数值，然后断电，关闭点火锁15min。纯电动续驶里程段试验结束；对于自动切换纯电动工作模式的车辆，车辆在道路或底盘测功机上，以（40±3）km/h车速匀速行驶，直至发动机自动起动，或车速达不到36km/h，应迅速停车，记录纯电动续驶里程数值，然后断电，关闭点火锁15min。纯电动续驶里程段试验结束。

⑤ 储能装置能量调整阶段（第二阶段）、电能量平衡运行阶段（第三阶段）能量消耗量的确定。

第二阶段、第三阶段试验，采用国家标准规定的试验循环进行试验测试。对于城市客车，采用2次重复的"中国典型城市公交循环"作为试验的行驶循环。

第二阶段的试验应在纯电动续驶里程试验（第一阶段）完成后连续进行，第二阶段试验车辆应至少连续进行三次试验。如果尚未完成第二阶段的三次试验，车辆就进行了非试验的行驶，则车辆应重新进行试验运转。第二阶段的三次试验结束后，立即进行分析，判断第二阶段试验是否结束。

如果进行三次试验，NEC变化量的绝对值均不大于5%，则该车辆不具有储能装置能量调整阶段（第二阶段），只具有电能量平衡运行阶段（即第三阶段）。试验结束。如果第一次试验，NEC的相对变化量大于5%，后两次试验，NEC的相对变化量的绝对值均不大于5%，则继续进行第四次试验，如果该次试验NEC的相对变化量的绝对值也不大于5%，则第一次试验属于储能装置能量调整阶段（第二阶段），第二、三、四次试验属于电能量平衡运行阶段（第三阶段）。试验结束。如果试验结果出现NEC变化量无规律变化的情况，在六次试验中没有连续的三次试验结果NEC变化量绝对值均不大于5%的情况出现，则六次试验均视为储能装置能量调整阶段（第二阶段）。试验结束。

如果需要，检测机关可以根据情况适当增加试验次数，但是当上一段描述的NEC变化量无规律变化的情况出现时，至少需要进行六次试验。

原则上，最好一次连续完成三阶段的试验；如果不得以，应进行非试验的车辆行驶，在第二阶段试验开始后，应至少进行三次试验后，才允许试验暂时中断。下一次试验开始前，不允许进行车辆储能装置的充电或能量调整。再次开始试验时，按照要求进行预循环运转后，再开始进行正式的试验运转。

3）不包含纯电动工作模式的外接充电型混合动力电动汽车的试验程序。

① 车辆的移动。如果进行道路试验，车辆充电完成的停放位置与试验场地不在一起的情况下，要求车辆尽量使用不大于30km/h的车速以匀速方式移动到试验场地，从车辆预置地点移动到试验地点的最远距离不得超过3km。然后断电，关闭点火锁15min，进行车辆预置。

如果在底盘测功机上实施试验，则可以直接从冷态开始试验。

② 能量消耗量试验的预循环运转。车辆在道路或底盘测功机上，使用一个完整的试验循环进行车辆的预热和预处理，循环结束，关闭点火锁15min，进行车辆预置。

③ 能量消耗量试验运转。车辆在道路或底盘测功机上进行试验，确定储能装置调整阶段和储能装置平衡阶段的能量消耗量。

4.2 汽车制动性试验

汽车行驶时能在短时间内停车且维持行驶方向稳定性和在下长坡时能维持一定车速的能力,称为汽车的制动性。汽车的制动性也是汽车的主要性能之一。自从汽车诞生之日起,汽车的制动性就至关重要;并且随着汽车技术的发展和汽车行驶车速的提高,制动性也越来越重要。制动性直接关系到交通安全,重大交通事故往往与制动距离太长、紧急制动时发生侧滑等情况有关。所以,汽车的制动性是汽车行驶的重要保障,试验方法按国家标准 GB 21670—2008《乘用车制动系统技术要求及试验方法》和 GB 12676—2014《商用车辆和挂车制动系统技术要求及试验方法》,本节主要介绍乘用车的制动性试验。

制动系统的性能是基于制动距离和充分发出的平均减速度规定的。制动系统的性能应通过测定试验中充分发出的平均减速度和与制动初速度有关的制动距离来确定。制动距离是指从驾驶人促动制动系统控制装置开始至车辆停止行驶所驶过的距离。初速度是指驾驶人开始促动制动控制装置时的车速,初速度不应低于相应试验规定车速的98%。

充分发出的平均减速度(d_m)应根据车速从 v_b 到 v_e 期间行驶的距离平均减速度计算:$d_m = \dfrac{v_b^2 - v_e^2}{25.92(S_e - S_b)}$。其中,$d_m$ 单位为 m/s²;车速 v_b 和 v_e 单位为 km/h;S_b 为车速从制动初速度 v_0 到 v_b 之间车辆行驶的距离,单位为 m;S_e 为车速从制动初速度 v_0 到 v_e 之间车辆行驶的距离,单位为 m。车速和距离应在规定试验车速下用精度为±1%的仪器测定,也可用除测量车速和距离外的其他方法测定 d_m,在这种情况下 d_m 的精度应在±3%内。

乘用车制动性试验要求先进行静态检查、后进行动态试验。动态试验时,推荐先进行空载试验、后进行满载试验。Ⅰ型试验(衰退和恢复试验)应在其他所有动态试验项目完成后进行。在静态试验和动态试验开始前,可根据制造商的意见对自动磨损补偿装置进行手动调节,但在动态试验项目过程中不应进行手动调节。无论何时,制动器调整都不应导致其在非制动状态下发生摩擦或粘合。试验前,应按制造商规定对车辆进行磨合行驶。若制造商未对磨合行驶做具体规定,可按下列方法进行磨合:

车辆满载,将最高车速的80%(小于等于120km/h)作为初速度,以 3m/s² 的减速度开始制动,当速度降至初速度的50%时,松开制动踏板,将车速加速至初速度,重复试验。磨合总次数为200次。若因条件限制不能连续完成200次,可根据具体情况调整试验次数。

试验场地应具有附着系数约为0.8的高附着系数路面和附着系数小于等于0.3的低附着系数路面。为进行防抱制动系统(ABS)试验,还应具有对开路面和对接路面。驾驶人在试验过程中可随时检查车速、瞬态减速度和控制力(或管路压力)。

所需要的试验设备见表4-11。制动性测试设备连接如图4-11所示,其中,制动踏板力测量仪器如图4-12所示,制动系统液压管路压力传感器如图4-13所示。

表4-11 试验设备

试验设备	具体要求
控制力测量仪器/传感器	精度不低于2%
测定和记录车速、制动距离、减速度、控制力(或管路压力)和时间的设备	前两者均精确到±1%

(续)

试验设备	具体要求
管路压力表/传感器	精度不低于2%
各制动器测量摩擦衬片温度的设备	确保在试验过程中(至少)能将最热的车轴上的制动温度显示给驾驶人,精度不低于5%
质量测量装置	精度不低于2%
轮胎压力表	精度不低于2%
时间测量及显示装置	精度不低于1s,其中反应时间测量装置的精度不低于0.01s
距离测量装置	精度不低于1%
发动机转速表	精度不低于2%
伏特表	对装备电控传输装置的车辆进行试验时,应准备

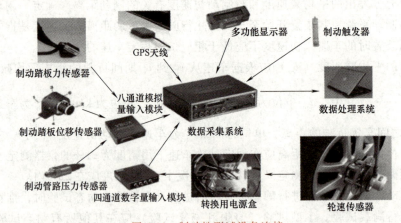

图4-11 制动性测试设备连接

图4-12 制动踏板力测量仪器　　　图4-13 制动系统液压管路压力传感器

4.2.1 静态检查试验

1. 资料及文件检查

检查制造商有关制动摩擦衬片不含石棉的声明；确认制造商对失效模拟及其影响进行了说明；检查制造商有关复合电子车辆控制系统安全方面的说明；与本标准规定相关的其他资料。

2. 部件检查

对制动系统进行外观检查，确认行车制动踏板与传输部件间的连接效能不会随着时间的推移而降低。

确认制动踏板及其支架、主缸及其活塞，控制阀、制动踏板与主缸或控制阀之间的连接件、轮缸及其活塞、制动杠杆凸轮总成等零部件具有足够的强度且便于维护。

确认行车制动作用在所有车轮上。检查系统为双回路并记录其实现方式，确认液压回路的储液罐也是分立的。

确认行车制动，应急制动和驻车制动器表面与车轮永久连接。若可断开，应确认只能在换档等情况时短暂断开。对驻车制动系统，仅当驾驶人在驾驶位置通过一个不因泄漏而起作用的系统控制时才允许断开。若行车制动或应急制动器可以断开，应在动态试验期间确认断开时仍能达到规定的性能。

3. 制动器磨损及调节检查

确认行车制动器符合磨损自动调整的规定。若应急制动系统和驻车制动系统采用单独的部件，应具有手动或自动磨损调整装置，对手动调整，检查其便于维护且无须拆解即可进行调整。检查踏板杠杆比与踏板行程相适应，确认所有制动器调整紧密。

行车制动系统制动摩擦衬片的磨损应便于从车辆外部或车辆下部，利用适当的检查孔或其他方法等车辆正常配备的工具或设备进行检查。检查时，允许拆除车轮，但不应拆除制动系统的任何部件。也可在摩擦衬片需要更换时，通过声学或光学报警装置指示给驾驶员，可采用规定的黄色信号作为报警信号。

4. 制动系统结构检查

（1）**行车制动系统检查** 确认驾驶人在佩戴固定式安全带、双手握住转向盘的情况下能从驾驶位置促动行车制动踏板；确认行车制动与驻车制动控制装置相互独立；行车制动控制装置在解除制动时能完全回位。

（2）**驻车制动系统检查** 确认驾驶人在佩戴固定式安全带的情况下能从驾驶位置促动驻车制动控制装置；确认驻车制动可通过纯机械装置锁止，且在解除制动（如脱开锁止装置）时控制装置能完全回位。

（3）**应急制动系统检查** 模拟行车制动失效，确认驾驶人在佩戴固定式安全带、双手握住转向盘的情况下能从驾驶位置全行程促动行车制动踏板。

5. 台架试验

车辆满载，储能器处于正常工作状态，将不参加制动作用的车轮固定；逐次增加控制力、管路压力或操纵幅度，并模拟必要的"失效"状态，对各轴进行试验，检查各车轮均能在试验台架允许的条件下取得最大制动力。其中，液压动力制动系统应在解除驻车制动的条件下进行试验。

检查倒车时也能有效地进行行车制动和驻车制动。

对采用电控传输制动系统的车辆，确认其储能器恢复正常工作状态；松开驻车制动控制装置，关闭点火开关或拔出钥匙以切断对电控传输装置的供能，对行车制动进行全行程促动，检查各车轮均能达到测定的最大制动力。

根据台架试验的结果，判断行车制动作用对称分布并在车轴间合理分配，确认行车制动和应急制动都是可调节的。

6. 检查控制力与管路压力比例关系

以合理的增幅对管路压力/控制力进行检查，确保涵盖最大允许控制力；分别记录助力模式和无助力模式下的数据。对助力系统，应在每次促动开始时将储能装置的压力调节至开启压力，正确调整阀门，记录空载条件下比例阀前后的管路压力。

4.2.2 空载-基本性能试验

1. 发动机脱开的 0 型试验

本试验的规定车速为 100km/h，因最高设计车速限制而不能达到规定车速的车辆，可以试验时所能达到的最高车速进行试验。试验时，首先确认最热的车轴上的行车制动器的平均温度处于 65~100℃；在附着条件良好（≥0.8）的水平路面上，将车辆加速至试验规定车速以上 5km/h，脱开档位，在车速下降至试验规定车速时全力进行行车制动。

对电机与车轮永久连接的电动车辆，若没有离合器/空档，所有试验（脱开或接合试验）都应在电机接合的条件下进行。

重复试验，确认车辆在未发生车轮抱死的情况下所能达到的最佳制动性能符合要求，包括熟悉车辆所需制动在内，每次试验最多进行 6 次制动，最多重复 5 次。

对在最高压力处取得临界结果的液压动力制动系统的车辆，应进行进一步的试验以确认当储能器充能到开启压力时管路压力能达到最低性能。

2. 发动机接合的 0 型试验

本试验仅适用于最高车速 V_{max}>125km/h 的车辆，试验规定车速 $V=80\%V_{max}$≤160km/h；对最高车速 V_{max}>200km/h 的车辆，试验车速应为 160km/h。

首先确认最热的车轴上的行车制动器的平均温度处于 65~100℃；在附着条件良好的水平路面上将车辆加速至试验规定车速以上 5km/h，采用相应的最高档行驶，松开加速踏板但保持档位不变，在车速下降至试验规定车速时进行行车制动。采用的制动控制力（或管路压力）与发动机脱开的 0 型试验接近。制动控制力应在整个制动过程中保持恒定，确保达到最大的制动强度但不会发生车轮抱死。

对电机与车轮永久连接且装备 A 型电力再生式制动系统的电动车辆应在低附着系数路面（≤0.3）上进行上述试验。试验过程中，检查车辆状况不受档位变换、加速踏板松开和其他瞬间状态的影响。试验允许进行转向修正，但转向盘的转角在最初 2s 内不应超过 120°，总转角不应超过 240°。重复试验，确认车辆在未发生车轮抱死的情况下所能达到的最佳制动性能符合要求，最多重复 5 次。

4.2.3 失效试验

1. 空载-失效试验

参照制造商有关失效模拟的说明及静态试验结果，依次选择并模拟相应的失效条件，进行发动机脱开的 0 型试验。因为最高设计车速限制而不能达到规定车速的车辆，可以试验时所能达到的最高车速进行试验。

模拟行车制动系统的一条回路失效，使失效回路的管路压力在整个试验过程中保持为零，确认能达到规定的应急制动性能。

对仅靠驾驶人体力即可达到应急制动性能的车辆，通过消耗助力装置所存储的能量依次模拟助力装置失效，在能量消耗完毕的同时将助力器从能源上断开，立即进行发动机脱开的0型试验，确认能达到规定的应急制动性能。

对必须借助其他能量才能达到应急制动性能的车辆，依次模拟各条回路失效，在静态试验所测定的管路压力下进行发动机脱开的0型试验，确认车辆能达到规定的应急制动性能。

可将辅助能源装置充能至正常的工作水平，然后使发动机停止运转或断开从发动机供应的能量，进行发动机脱开的0型试验，确认能达到规定的行车制动性能。

对装备防抱制动系统（ABS）的车辆，依次断开电源、传感器和控制器的电路，使防抱制动系统不工作，确认行车制动性能不低于发动机脱开的0型试验规定性能的80%。

通过断开可变制动力分配系统的控制连接等方式，确定可能发生的分配失效模式，并将其调整至最恶劣状态，进行发动机脱开的0型试验，确认车辆充分发出的平均减速度不小于$3.86m/s^2$。如制动力分配失效可能导致其控制的车轴完全制动，还应对制动稳定性进行检查。感载比例阀、电子制动力分配系统（Electronic Brake Force Distribution，EBD）以及控制制动力分配的其他装置（如G阀或减压阀）应参照本条款进行试验。

对行车制动系统具有电控传输的车辆，进行下列附加试验：通过断开电线等方式，模拟行车制动电控传输的持续失效，进行电机脱开的0型试验，确认车辆能达到规定的应急制动性能，并按规定点亮相应的报警信号（不满足行车制动性能时点亮红色报警信号，其他为黄色）。调节动力蓄电池电压至确定的荷电状态并阻止动力蓄电池充电，检查动力电池未对非关键性的辅助设备（包括外部照明装置）充电，进行脱开的0型试验，确认能达到规定的应急制动性能。

对行车制动系统具有电动部件的电动车辆，进行下列附加试验：通过断开电源等方式，模拟行车制动的电动部件失效，进行电机脱开的0型试验，确认车辆能达到规定的应急制动性能。如行车制动的电动部件失效会导致制动器的完全作用，应安装一个能在车辆运行期间安全工作的失效开关。通过断开电线等方式，模拟电控传输装置失效，操纵失效开关进行电机脱开的0型试验，确认车辆能达到规定的应急制动性能。

2. 满载-失效试验

参照空载-失效试验的规定，在满载条件下依次选择并模拟相应的失效条件，进行发动机脱开的0型试验，确认车辆在每种失效条件下均达到规定的应急制动性能。

4.2.4 空载-ABS试验

1. 低附着系数路面上附着系数利用率的测定

试验应在附着系数小于等于0.3的低附着系数路面上进行。为消除制动器温度不同的影响，建议在测定附着系数k之前先测定最大制动强度z_{AL}。

对装备1、2类防抱制动系统的车辆，使全部车轮制动，测定最大制动强度z_{AL}；对装备3类防抱制动系统的车辆，对至少有一个直接控制车轮的每根车轴（桥）分别测定z_{AL}。接通防抱制动系统，踩下制动踏板，确认每个制动器都正常工作。以 55km/h 的初速度制动，测定速度从 45km/h 下降至 15km/h 的时间；制动过程中，保证防抱制动系统全循环。根据 3 次试验的平均值，计算最大制动强度 $z_{AL}=\dfrac{0.849}{t_m}$。

(1) 附着系数（k_m 或 k_i）的测定 脱开防抱制动系统或使其不工作，仅对试验车辆的单根车轴（桥）进行制动。试验初速度为 50km/h，为达到最佳性能，制动力应在该车轴的车轮之间平均分配。

1) 制动强度 z_m 的测定。本试验中，控制力在制动作用期间保持不变，车速低于 20km/h 时允许车轮抱死。应逐次增加管路压力，进行多次试验，测定车速从 40km/h 下降至 20km/h 所经历的时间 t。从 t 的最小值 t_{min} 开始，在 t_{min}（包括 t_{min}）和 $1.05t_{min}$ 之间选择 3 个 t 值，取其算术平均值 t_m（若不能得到 3 个 t 值，可用 t_{min} 代替 t_m）计算最大制动强度：

$$z_{AL}=\frac{0.566}{t_m}$$

2) 根据测得的制动强度和非制动车轮的滚动阻力计算制动力及动态轴荷，以后轴驱动的两轴车为例。

前轴制动时，制动力可以表示为

$$T_1 = z_m mg - 0.015 F_2 \tag{4-3}$$

式中，T_1 为前轴制动力；z_m 为制动强度；m 为单车质量；g 为重力加速度，$g=9.81\text{m/s}^2$；F_2 为路面对后轴的法向静态反力。

前轴动态轴荷可以表示为

$$F_{fdyn} = F_f + \frac{h}{E} z_{AL} mg \tag{4-4}$$

式中，F_{fdyn} 为前轴动态轴荷；F_f 为前轴滚动阻力；h 为重心高度；E 为轴距；z_{AL} 为防抱制动系统工作时车辆的制动强度。

后轴制动时，制动力可以表示为

$$T_2 = z_m mg - 0.010 F_1 \tag{4-5}$$

式中，T_2 为后轴制动力；F_1 为路面对前轴的法向静态反力。

后轴动态轴荷可以表示为

$$F_{rdyn} = F_r - \frac{h}{E} z_{AL} mg \tag{4-6}$$

式中，F_{rdyn} 为后轴动态轴荷；F_r 为后轴滚动阻力。

分别计算前、后轴的附着系数和整车附着系数，k 值应圆整到千分位。

前轴附着系数可以表示为

$$k_f = \frac{z_m mg - 0.015 F_2}{F_1 + \dfrac{h}{E} z_m mg} \tag{4-7}$$

后轴附着系数可以表示为

$$k_r = \frac{z_m mg - 0.010 F_1}{F_2 - \dfrac{h}{E} z_m mg} \tag{4-8}$$

对装备 1、2 类防抱制动系统的车辆,整车附着系数可以表示为

$$k_\mathrm{m}=\frac{k_\mathrm{f}F_\mathrm{fdyn}+k_\mathrm{r}F_\mathrm{rdyn}}{mg} \tag{4-9}$$

(2) 附着系数利用率的计算 对装备 1、2 类防抱制动系统的车辆,附着系数利用率可以表示为

$$\varepsilon=\frac{z_\mathrm{AL}}{k_\mathrm{m}} \tag{4-10}$$

对装备 3 类防抱制动系统的车辆,对至少有一个直接控制车轮的每根车轴(桥)分别计算 ε。例如,对防抱制动系统只作用在后轴(桥)的后轮驱动双轴车辆,附着系数利用率可以表示为

$$\varepsilon_2=\frac{z_\mathrm{AL}mg-0.010F_1}{k_2\left(F_2-\frac{h}{E}z_\mathrm{AL}mg\right)} \tag{4-11}$$

将 ε 圆整到 2 位小数,检查 $\varepsilon \geq 0.75$;若 $\varepsilon > 1.00$,应重新测量附着系数,允许误差为 10%。

2. 高附着系数路面上附着系数利用率的测定

参照低附着系数路面上附着系数利用率的测定,在附着系数约为 0.8(干路面)的路面上进行试验。若全力制动时不能实现全循环,可将控制力增加至 1000N;若超过 1000N 还不足以使系统全循环,则不再进行该试验。

3. 附加检查

本试验的目的是验证车轮未抱死且车辆稳定,因此不必制动至车辆停止行驶。

(1) 单一路面试验 在附着系数小于等于 0.3 和约为 0.8(干路面)的两种路面上,以 40km/h 和 $0.8v_\mathrm{max} \leq 120$km/h 的初速度急促全力制动。试验过程中,由防抱制动系统直接控制车轮不应抱死。

(2) 对接路面试验($k_\mathrm{H} \geq 0.5$,$k_\mathrm{H}/k_\mathrm{L} \geq 2$)

1)高附着系数(k_H)路面到低附着系数(k_L)路面。当试验车辆从高附着系数路面驶向低附着系数路面时,急促全力制动,检查直接控制车轮未抱死。行驶速度和制动时机应确保车辆以规定的高、低两种速度从高附着系数路面驶入低附着系数路面,并使防抱制动系统在高附着系数路面上全循环。

2)低附着系数(k_L)路面到高附着系数(k_H)路面。当车辆从低附着系数路面驶向高附着系数路面时,急促全力制动,检查车辆的减速度在合适的时间内有明显的增加,且车辆未偏离既定行驶路线。行驶速度和制动时机应确保车辆以约为 50km/h 的速度从低附着系数路面驶入高附着系数路面,并使防抱制动系统在低附着系数路面上全循环。

(3) 对开路面试验($k_\mathrm{H} \geq 0.5$,$k_\mathrm{H}/k_\mathrm{L} \geq 2$) 本试验适用于装备 1、2 类防抱制动系统的车辆。

试验开始时,车辆的左右车轮分别位于附着系数不同(k_H、k_L)的两种路面上,车辆纵向中心平面通过高、低附着系数路面的交界线。

以 50km/h 的初速度急促全力制动,确认直接控制车轮未发生抱死,轮胎(外胎)的任

何部分均未越过此交界线。

试验过程中,允许进行转向修正,但转向盘的转角在最初 2s 内不应超过 120°,总转角不应超过 240°。

4.2.5 满载-ABS 试验

1. 低附着系数路面上附着系数利用率的测定

参照空载-ABS 试验对应部分进行试验。

2. 高附着系数路面上附着系数利用率的测定

参照空载-ABS 试验对应部分进行试验。若规定的控制力不能使防抱制动系统实现全循环,则不再测定附着系数利用率 ε。

3. 附加检查

参照空载-ABS 试验对应部分进行试验。对装备 1 类防抱制动系统的车辆,还应在对开路面试验时测定制动强度,确认 $z_{\text{MALS}} \geq 0.75 \times \dfrac{4k_L + k_H}{5}$,$z_{\text{MALS}} \geq k_L$,$z_{\text{MALS}}$ 为对开路面上防抱制动系统工作时车辆的制动强度。

4. 能耗试验

确认储能装置的初始能量水平符合制造商规定。

踩下制动踏板,确认各制动器工作正常;断开气压辅助设备的储能装置。

发动机脱开并以怠速运转,在附着系数小于等于 0.3 的路面上,以不低于 50km/h 的初速度全力制动。制动时间 $t = v_{\max}/7$,不应小于 15s。若一次制动的时间达不到 t 值,可最多分为 4 个阶段进行制动。各阶段制动之间不应补充能量;从第 2 阶段起,为弥补开始制动的能量消耗,应从规定的全行程促动中减去一次。

车辆静止,将储能调节至与制动时间 t 结束时相同的能量水平,使发动机停止运转或切断对储能装置的供能,对行车制动连续进行 4 次全行程促动。

确认进行第 5 次制动时,车辆至少能达到规定的应急制动效能。可通过在高附着系数路面上的试验检查,也可通过测定第 5 次制动时的管路压力进行判定。

4.2.6 满载-基本性能试验

1. 性能要求

(1)行车制动系统 应按表 4-12 所列条件对行车制动系统进行试验。因为最高设计车速限制而不能达到规定车速的车辆,可以按试验时所能达到的最高车速进行试验。

表 4-12 0 型试验条件

试验类型	试验参数	参数要求
A)发动机脱开的 0 型试验	试验车速 V、v	100km/h,27.8m/s
	制动距离 S	$\leq 0.1v + 0.006v^2$
	充分发出的平均减速度 d_m	$\geq 6.43\text{m/s}^2$
	力 F	65~500N

(续)

试验类型	试验参数	参数要求
B) 发动机接合的 0 型试验	试验车速 v	$80\% v_{max} \leqslant 160 \text{km/h}$
	制动距离 S	$\leqslant 0.1v + 0.0067 v^2$
	充分发出的平均减速度 d_m	$\geqslant 5.76 \text{m/s}^2$
	力 F	$65 \sim 500 \text{N}$

对允许挂接无制动挂车的乘用车在满载和空载条件下的最低 0 型试验性能不应低于 5.4m/s^2。

(2) 应急制动系统 应急制动性能应以 100km/h 的初速度，按发动机脱开的 0 型试验条件进行试验；作用在行车制动控制装置上的力不应低于 65N，也不应超过 500N。因为最高设计车速限制而不能达到规定试验车速的车辆，可以按试验时所能达到的最高车速进行试验。

应急制动的制动距离不应超过 $(0.1v + 0.0158 v^2) \text{m}$，充分发出的平均减速度不小于 2.44m/s^2（与制动距离公式的第二项对应）。应模拟行车制动系统的实际失效状态进行应急制动效能试验。装备电力再生式制动系统的车辆，还应在以下两种失效状态下检查制动性能：

1）行车制动系统输出的电动部件完全失效。
2）失效状态导致电动部件产生最大制动力。

(3) 驻车制动系统 驻车制动系统应能使满载车辆在坡度为 20% 的上、下坡道上保持静止。对允许挂接挂车的乘用车，其驻车制动系统应确保车辆能在 12% 的上、下坡道上保持静止。若采用手控装置，控制力不应超过 400N；若采用脚控装置，控制力不应超过 500N。允许通过多次促动驻车制动系统来达到规定的性能。

采用满载车辆，以 30km/h 的初速度进行发动机脱开的 0 型试验，按要求进行检查。驻车制动作用期间充分发出的平均减速度和停车前的瞬时减速度都不应小于 1.5m/s^2，作用在驻车制动控制装置上的力不应超过规定值。

2. 0 型试验（冷态制动时的常规性能）

参照空载-基本性能试验中 0 型试验的试验方法进行试验。

对允许挂接无制动挂车的乘用车，无需实际挂车进行试验，可仅以乘用车进行发动机脱开的 0 型试验，计算乘用车列车满载时充分发出的平均减速度 d_{M+R}，即

$$d_{M+R} = d_M \frac{m_M}{m_M + m_R} \tag{4-12}$$

式中，d_M 为在发动机脱开的 0 型试验中，乘用车满载时充分发出的平均减速度（m/s^2）；m_M 为乘用车满载质量（kg）；m_R 为可挂接的无制动挂车的满载质量（kg）。

确认 d_{M+R} 不小于 5.4m/s^2。

3. 车辆行驶中的驻车制动试验

以 30km/h 的初速度施加驻车制动，进行发动机脱开的 0 型试验。控制力不超过 400N（脚控时为 500N）且在制动过程中保持恒定。确认充分发出的平均制动减速度和车辆停车前

的瞬态减速度不小于 $1.5m/s^2$。只要有一次试验能达到规定性能,即认为符合要求。

4. 响应试验

装备助力制动系统且不使用助力就不能达到行车制动性能的车辆,应安装减速度记录设备,驾驶车辆以不超过 20km/h 的速度进行行车制动。根据记录的减速度,确认从开始促动踏板至达到规定的行车制动减速度的时间不超过 0.6s。本试验对行车制动控制力没有限制。

5. 0 型试验(衰退和恢复试验)

(1) 加热过程试验 采用最高档,以 $v_1 = 0.8\ v_{max} \leqslant 120km/h$ 的初速度进行 2 次发动机脱开的 0 型试验,确定车辆满载时产生 $3m/s^2$ 的减速度所需的控制力或管路压力。此外,还应确认车速能在规定的时间($\Delta t = 45s$)内从 v_1 下降至 v_2,其中,Δt 是从一次制动操作开始至下一次制动操作开始的时间。

采用最高档,以上文确定的控制力或管路压力,从车速 v_1 开始进行行车制动,使车辆产生 $3m/s^2$ 的平均减速度;在车速下降至 v_2 时解除制动,选择最有利的档位使车速恢复到 v_1,在最高档维持该车速至少 10s,然后再次制动并确认两次制动开始之间的时间间隔等于 Δt。时间测量装置应在第一次制动操作时启动或重新设置。

重复试验,直至制动总次数达到 15 次,各次制动操作的控制力应确保产生 $3m/s^2$ 的平均减速度。

循环时间可能因为车辆和试验回路而有所不同。对因为车辆性能不足而导致循环周期变化,制动操作之间的时间间隔 Δt 应增加至达到车速 v_1 所需的最短时间,并留出 10s 的时间来稳定车速。但若循环周期变化是由试验回路危险或特性(如转向或下坡)引起,则 4 次连续制动所经历的整个循环时间应符合规定。而且,所有制动的整个周期应同以正确的间隔进行的各次制动操作所消耗的时间相对应。

对不能在循环周期内达到规定车速的电动车辆,第一次制动应在规定车速下进行,其后各次制动应立即在最短的时间内加速 45s 后所达到的车速下进行。

(2) 热态性能试验 最后一次制动结束后,立即在最短的时间内加速至 0 型试验车速,进行发动机脱开的 0 型试验,所使用的平均控制力不应超过满载 0 型试验中实际使用的控制力,确认车辆在未发生车轮抱死的情况下至少能达到满载 0 型试验实际性能的 60% 和 0 型试验规定性能的 75%。若车辆在 0 型试验控制力下能达到满载 0 型试验实际性能的 60% 但不能达到 0 型试验规定性能的 75%,可采用不超过 500N 的更高的控制力进一步试验。两次试验的结果都应记入试验报告。

不能在循环周期(Δt)内达到规定车速的电动车辆,应在加热循环结束后所能达到的最高车速下进行热态性能试验。为进行对比,还应在恢复试验后以相同的车速进行冷态满载 0 型试验。对装备 A 型电力再生式制动系统的车辆,应连续保持最高档进行热态性能试验。若电力制动系统具有单独的控制装置,应确保未使用该装置。

(3) 恢复过程试验 热态性能试验结束后,立即在最短的时间内加速至 50km/h,采用与车速适应的最高档,以 $3m/s^2$ 的平均减速度进行行车制动。制动结束后立即在最短的时间内加速至 50km/h 并保持该车速,在距离上次制动起点 1.5km 的位置再次以 $3m/s^2$ 的减速度进行制动。重复该过程,直至总制动次数达到 4 次。时间测量装置应在第一次制动操作时启动或重新设置。

（4）**恢复性能试验** 最后一次制动结束后，立即在最短的时间内加速至 0 型试验车速，进行发动机脱开的 0 型试验，确认车辆在未发生车轮抱死的情况下能达到满载 0 型试验实际性能的 70%但不超过 150%。本试验不受制动器温度要求限制，所使用的平均控制力不超过满载 0 型试验中实际使用的控制力。

（5）**冷态检查** 使制动器冷却到环境温度，确认制动器未发生粘合。对装有自动磨损补偿装置的车辆应在最热的制动器冷却降温至 100℃时，检查车轮是否能自由转动。

6. 制动性实测分析

试验样车为一款传统汽车、一款混合动力电动汽车和一款纯电动汽车，均为中型车，对三车分别进行 100~0km/h 制动测试，结合具体的试验数据，使读者对各类汽车的制动性有更直观的认识。

如图 4-14~图 4-16 所示，传统汽车 100~0km/h 的制动测试成绩为 39.2m，混合动力电动汽车 100~0km/h 的制动测试成绩为 37.07m，纯电动汽车 100~0km/h 的制动测试成绩为 35.29m，可见纯电动汽车的制动性略胜一筹。

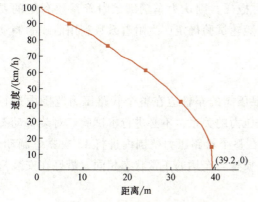

图 4-14 传统汽车制动距离-速度曲线

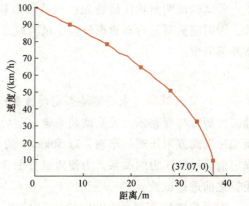

图 4-15 混合动力电动汽车制动距离-速度曲线

4.2.7 车轴间的制动力分配检查试验

应通过车轮抱死顺序试验或在必要时进行扭矩轮试验来检查车辆是否满足制动力分配的要求。

1. 车轮抱死顺序试验

本试验的试验路面应确保在制动强度处于 0.15~0.80 之间时能发生车轮抱死。试验设备应能自动连续同步记录整个试验过程，以便对车速、通过对车速微分得出的瞬态制动强度、制动控制力（或管路压力）和各车轮的角速度等变量进行实时相互对照。

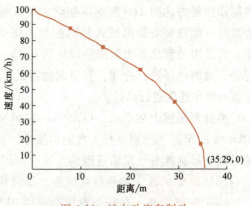

图 4-16 纯电动汽车制动距离-速度曲线

（1）**满载试验** 使车辆在低路面附着系数的路面上以 65km/h 的车速行驶，以线性速度逐渐施加制动力，使制动操作后 0.5~1.5s 发生第一次车轮抱死，在第二根车轴发生抱死、控制力达到 1000N 或第一根车轴抱死时间达到 0.1s（不论哪根车轴先发生抱死）时解除制动。

本试验需要预先进行一系列制动来确定制动操作速度，必要时可能需要安装机械式制动控制力促动装置，通过调整该装置提供需要的制动操作速度。

各试验应重复进行一次，以确认车轮的抱死顺序。若其中一次试验结果不符合要求，应在相同条件下进行第 3 次试验来最终决定其是否符合要求。

在高路面附着系数的路面上重复上述试验，试验车速为 100km/h。试验中，若车轮在制动强度小于 0.15 或大于 0.80 时开始抱死，则试验无效，应另选路面重新进行试验；若制动强度处于 0.15~0.80 之间时符合下列条件之一，则认为车辆满足车轮抱死顺序的要求。

1）无车轮抱死。
2）前轴两个车轮抱死、后轴没有或只有一个车轮抱死。
3）两个车轴同时抱死。

(2) 空载试验　参照满载试验，以空载车辆进行试验。

若试验证明前轮比后轮先抱死或与后轮同时抱死，则认为车辆满足附着系数利用的要求。否则应重新进行车轮抱死顺序试验或通过扭矩轮试验确定产生附着系数利用曲线的制动器外部因数。

2. 扭矩轮试验

(1) 空载试验　未安装动态制动比例阀或限压阀的车辆应在整个管路压力范围内进行静态控制力与管路压力关系试验来确定前后制动压力的关系，不必进行本试验。对装备动态制动比例阀或限压阀的车辆，以 50km/h 的车速在整个管路压力范围内进行 15 次紧急制动，确定前后制动压力的关系。为使质量分配和簧下质量与车辆的正常状态相同，最好在安装扭矩轮之前进行试验。

本试验规定车速为 100km/h，试验时，以高于试验车速 5km/h 的速度驾驶车辆，以 100~150N/s 线性速度作用制动踏板。在第一根车轴发生抱死（不论哪根车轴先发生抱死）或制动控制力达到 1kN 时解除制动。本试验需要预先进行一系列制动来确定制动操作速度，必要时可能需要安装机械式制动控制力促动装置，通过调整该装置提供需要的制动操作速度。所采用的管路压力范围足以达到 0.15~0.8 的制动强度。使车辆以最高 100km/h 的车速行驶，对制动器进行冷却，直至制动器温度处于规定范围。以 50km/h 的车速和 100~200N/s 的制动操作速度进行试验。

再分别按照上述要求，以 100km/h 和 50km/h 的试验车速交替进行试验，在 100km/h 和 50km/h 的车速下分别进行 5 次制动操作。各次制动之间进行制动器冷却行驶，确保每次制动时制动器温度处于限值范围内。

(2) 满载试验　参照空载试验，以满载车辆进行试验。

(3) 数据推导　在每个数据通道内用 5 点中央平移法对全部 20 次制动（两种载荷状态，两种试验车速下分别进行 5 次行驶制动）所获得的试验数据进行筛选。

对各次试验测定并筛选出的每个车轮的制动力矩和管路压力数据，通过最小二乘法进行处理，只采用车辆减速度在 $0.15g~0.8g$ 之间的数据，根据回归分析的结果确定斜率（制动器外部因数）和截距（制动器释放/保持压力）。

从所获得的完整试验结果（空载和满载）中选取前轴结果并进行平均，计算前轴各次制动的平均制动器外部因数和制动器释放压力。重复一次，选取后轴结果来计算后轴各次制动的制动器外部因数和制动器释放压力。

根据前轴的制动器外部因数和释放压力及车轮动态滚动半径，计算前轴在整个管路压力范围内对应给定前轴管路压力的制动力，满载和空载条件分别采用不同的数据。

对后轴重复上述操作，使用前后管路压力关系计算后轴在整个管路压力范围内对应给定前轴管路压力的制动强度，满载和空载条件分别采用不同的数据。

对空载和满载两种状态，分别计算车辆的制动强度与前管路压力的函数。

$$z = \frac{T_1 + T_2}{mg} \tag{4-13}$$

式中，T_1 为在正常的道路制动条件下，制动器作用于前轴的制动力；T_2 为在正常的道路制动条件下，制动器作用于后轴的制动力；m 为单车质量。

对空载和满载两种状态，分别按下面的公式计算各轴利用的附着系数与制动强度的关系：

$$f_1 = \frac{T_1}{P_1 + \dfrac{zhmg}{E}} \tag{4-14}$$

$$f_2 = \frac{T_2}{P_2 - \dfrac{zhmg}{E}} \tag{4-15}$$

式中，P_1 为路面对前轴的静态法向反力；P_2 为路面对后轴的静态法向反力；z 为制动强度；h 为重心高度；E 为轴距。

4.2.8　主观评价试验

1. 制动踏板感觉

制动踏板力：评价制动踏板力是否适中。

踏板力线性度：评价车辆制动效能、踏板行程随制动踏板力变化而变化的线性程度。

踏板行程分配：评价制动踏板自由行程和有效行程的行程分配是否合理。

制动系统控制性：评价是否可以精确控制踏板力，减速度与驾驶人预期是否一致。

2. 制动效能

轻微制动：在不同速度下，评价轻微制动时的制动效能和信心感。

中度制动：在不同速度下，评价中度制动时的制动效能和信心感。

紧急制动：在不同速度下，评价紧急制动时的制动效能和信心感。

3. 制动稳定性

直线制动：车辆在不同速度下进行轻微、中度及紧急制动，评价制动时车辆保持直行的能力、车身横摆稳定性、车身的俯仰状况。

弯道制动：车辆在不同速度下弯道内行驶，进行轻微、中度及紧急制动，评价制动时车身横摆稳定性、有无甩尾。

变线制动：车辆在中高速行驶时进行紧急制动并进行转向变线，评价车辆变线制动时车

身稳定性,有无车身较大晃动及甩尾。

4. ABS 性能

车轮抱死制动力:评价车轮抱死制动力大小是否适中,是否符合预期。

路径稳定性:评价车辆在低附着系数路面及对开路面进行制动时车身横摆稳定性、路径偏移量。

ABS 工作噪声及振动:评价 ABS 系统工作噪声大小、有无异常振动。

踏板反馈:评价车辆 ABS 工作时制动踏板的弹脚感是否强烈或偏弱。

5. 制动舒适性

恒定制动车辆俯仰:车辆在正常行驶时,评价车辆以恒定制动力进行制动时,车身的俯仰(纵倾)角是否保持稳定状态。

瞬态制动车身俯仰:车辆在正常行驶时,评价车辆以瞬态制动力进行紧急制动时,车身的俯仰角大小。

制动回馈舒适性:具备制动能量回收系统的车辆在正常行驶时,评价不同强度等级下制动能量回收系统的回馈舒适性。

6. 制动振动、噪声

制动振动:评价车辆制动时有无制动异常振动。

制动噪声:评价车辆制动时有无制动异常噪声。

7. 驻车制动

位置:评价驻车制动的位置是否利于操作,与周围零部件有无干涉。

操作力:评价驻车制动的操作力是否适中。

操作行程:评价机械式驻车制动机构的行程分配是否合理。

制动效能:在 20% 的坡道进行驻车,评价驻车制动效能优劣。

声品质:评价驻车制动系统工作噪声(尤其电子驻车系统)大小。

4.3 汽车环境保护特性试验

4.3.1 汽车排放性能试验

汽车排放的污染物是公认的城市公害之一,它污染了环境,影响了人们的身体健康,而且随着汽车保有量的迅速增加,这种危害越来越大,并发展成为严重的社会问题。降低汽车排放污染问题是推动经济社会发展绿色化、低碳化,实现高质量发展的关键环节。党的二十大报告指出,"必须牢固树立和践行绿水青山就是金山银山的理念,站在人与自然和谐共生的高度谋划发展。"为防治机动车污染排放,改善环境空气质量,我国制定了国家标准 GB 18352.6—2016。

排气污染物组成主要有 CO、HC、NO_x、SO_2、铅化合物、碳烟和油雾,主要来源于汽车发动机排出的燃烧产物、发动机曲轴箱通风污染(主要 HC)、燃油箱和化油器溢出的汽油蒸气。可变温蒸发污染物密闭室测试系统如图 4-17 所示,汽油蒸气压测试仪如图 4-18 所示,汽车排放性能测试系统如图 4-19 所示。

第4章 汽车法规类试验

图4-17 可变温蒸发污染物密闭室测试系统

图4-18 汽油蒸气压测试仪

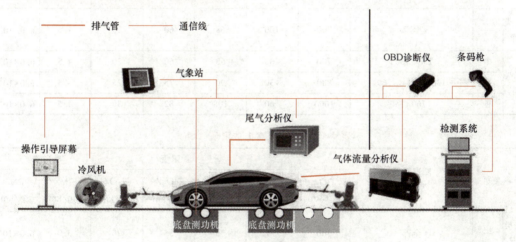

图4-19 汽车排放性能测试系统

不同类型汽车在型式检验时具有不同的试验项目，见表4-13。

表4-13 型式检验试验项目

型式检验试验类型	装用点燃式发动机的轻型汽车(包括HEV)			装用压燃式发动机的轻型汽车(包括HEV)
	汽油车	两用燃料车	单一气体燃料车	
Ⅰ型-气体污染物	进行	进行	进行	进行
Ⅰ型-颗粒物质量	进行(只试验汽油)	不进行	不进行	进行
Ⅰ型-粒子数量	进行(只试验汽油)	不进行	不进行	进行
Ⅱ型	进行(只试验汽油)	进行	进行	进行
Ⅲ型	进行(只试验汽油)	进行	进行	进行
Ⅳ型	进行(只试验汽油)	不进行	不进行	不进行
Ⅴ型	进行(只试验气体燃料)	进行	进行	进行
Ⅵ型	进行(只试验汽油)	进行	进行	进行
Ⅶ型	进行(只试验汽油)	不进行	不进行	不进行
OBD系统	进行	进行	进行	进行

注：1. Ⅰ型试验：常温下冷起动后排气污染物排放试验；Ⅱ型试验：实际行驶污染物排放试验；Ⅲ型试验：曲轴箱污染物排放试验；Ⅳ型试验：蒸发污染物排放试验；Ⅴ型试验：污染控制装置耐久性试验；Ⅵ型试验：低温下冷起动后排气中 CO、THC 和 NO_x 排放试验；Ⅶ型试验：加油过程蒸发污染物排放试验。

2. OBD 系统：车载自动诊断系统，On Board Diagnostics。

1. Ⅰ型试验

所有汽车均应进行此项试验。汽车放置在带有负荷和惯量模拟的底盘测功机上,按规定的测试循环、排气取样和分析方法、颗粒物取样和称量方法进行试验。记录表4-14和表4-15所要求的污染物排放结果和各速度段的 CO_2 排放结果。试验次数和结果判定应根据相应的规定确定。每一项试验结果应采用Ⅰ型试验劣化系数进行校正,对装有周期性再生系统的汽车,还应乘以测得的 k_i 系数。每次试验测得的排气污染物排放量,应不大于规定的限值。

表4-14 Ⅰ型试验排放限值(6a)

车辆类别		测试质量 TM/kg	限值						
			CO/ (mg/km)	THC/ (mg/km)	NMHC/ (mg/km)	NO_x/ (mg/km)	N_2O/ (mg/km)	PM/ (mg/km)	PN/ (个/km)
第一类汽车	—	全部	700	100	68	60	20	4.5	6.0×10^{11}
第二类汽车	Ⅰ	TM≤1305	700	100	68	60	20	4.5	6.0×10^{11}
	Ⅱ	1305<TM≤1760	880	130	90	75	25	4.5	6.0×10^{11}
	Ⅲ	1760<TM	1000	160	108	82	30	4.5	6.0×10^{11}

表4-15 Ⅰ型试验排放限值(6b)

车辆类别		测试质量 TM/kg	限值						
			CO/ (mg/km)	THC/ (mg/km)	NMHC/ (mg/km)	NO_x/ (mg/km)	N_2O/ (mg/km)	PM/ (mg/km)	PN/ (个/km)
第一类汽车	—	全部	500	50	35	35	20	3.0	6.0×10^{11}
第二类汽车	Ⅰ	TM≤1305	500	50	35	35	20	3.0	6.0×10^{11}
	Ⅱ	1305<TM≤1760	630	65	45	45	25	3.0	6.0×10^{11}
	Ⅲ	1760<TM	740	80	55	50	30	3.0	6.0×10^{11}

2. Ⅱ型试验

所有汽车均应进行此项试验。根据要求进行的实际行驶污染物排放试验(Real Drive Emission,RDE)结果,市区行程和总行程污染物排放均不得超过表4-15中规定的Ⅰ型试验排放限值与表4-16中规定的符合性因子的乘积,计算过程中不得采用四舍五入。

表4-16 符合性因子

发动机类别	NO_x	PN	CO[①]
点燃式	2.1	2.1	—
压燃式	2.1	2.1	—

① 在RDE测试中,应测量并记录CO试验结果。

3. Ⅲ型试验

所有汽车均应进行此项试验。对两用燃料车,仅对燃用汽油进行此项试验;对混合动力电动汽车，使用纯发动机模式进行此项试验。试验应按Ⅰ型试验规定的运转工况进行试验，进行试验时，发动机曲轴箱通风系统不允许有任何曲轴箱污染物排入大气，对没有曲轴箱强制通风的汽车，Ⅰ型排放试验过程中，应将曲轴箱污染物引入汽车排放气体定容采样（Constant Volume Sampler, CVS）系统，计入排气污染物总量。

4. Ⅳ型试验

除单一气体燃料车外，所有装用点燃式发动机的汽车均应进行此项试验。两用燃料车仅对汽油燃料进行此项试验，本试验同样适用于使用汽油机的混合动力电动汽车。试验前，生产企业还应单独提供两套相同的炭罐，选择一套进行Ⅳ型试验，另一套检测其有效容积和初始工作能力，测量结果应在生产企业信息公开值的0.9~1.1倍之间。进行试验时，蒸发排放试验结果应采用Ⅳ型试验劣化修正值进行相加校正，校正后的蒸发污染物排放量不得超过表4-17的限值要求。

表4-17 Ⅳ型试验排放限值

车辆类别		测试质量 TM/kg	排放限值/(g/test)
第一类汽车	—	全部	0.70
第二类汽车	Ⅰ	TM≤1305	0.70
	Ⅱ	1305<TM≤1760	0.90
	Ⅲ	1760<TM	1.20

5. Ⅴ型试验

生产企业应按以下方法确定劣化系数。两用燃料车仅对气体燃料进行此项试验。

Ⅰ型试验劣化系数（修正值）：生产企业应确定Ⅰ型试验劣化系数（修正值）。生产企业可以按规定的程序在底盘测功机上或试验场进行耐久性试验，其中6a阶段耐久性里程为10000km，6b阶段耐久性里程为200000km；生产企业也可按发动机台架老化试验方法进行耐久试验。生产企业还可以使用替代的老化试验方法进行耐久性试验，但应提供详细的书面说明，证明与前述实际耐久性试验的等效性。如有必要，试验前，生产企业应选择两套相同的催化转化器，一套进行耐久性试验；另一套按 HJ 509 的规定检测其载体体积及各种贵金属含量，测量结果与信息公开值的差异应不超过±10%。生产企业可以使用表4-18或表4-19中规定的劣化系数（修正值）。

Ⅳ型Ⅶ型试验劣化修正值：生产企业应确定Ⅳ型和Ⅶ型试验劣化修正值。生产企业可以在试验场进行耐久性试验，确定Ⅳ型和Ⅶ型试验劣化修正值。生产企业可以使用表4-20中规定的Ⅳ型和Ⅶ型试验劣化修正值。

表4-18 Ⅰ型试验劣化系数

| 发动机类别 | 劣化系数 | | | | | | |
	CO /(mg/km)	THC /(mg/km)	NMHC /(mg/km)	NO$_x$ /(mg/km)	N$_2$O /(mg/km)	PM /(mg/km)	PN /(个/km)
点燃式	1.8	1.5	1.5	1.8	1.0	1.0	1.0
压燃式	1.5	1.0	1.0	1.5	1.0	1.0	1.0

表4-19 Ⅰ型试验劣化修正值

发动机类别		劣化修正值						
		CO /(mg/km)	THC /(mg/km)	NMHC /(mg/km)	NO_x /(mg/km)	N_2O /(mg/km)	PM /(mg/km)	PN /(个/km)
点燃式	6a	150	30	20	25	0	0	0
	6b	110	16	10	15	0	0	0
压燃式	6a	150	0	0	25	0	0	0
	6b	110	0	0	15	0	0	0

表4-20 Ⅳ型Ⅶ型试验劣化修正值

类别	劣化修正值
Ⅳ型试验(热浸+昼夜换气排放)	0.06g/test
Ⅶ型试验(加油排放)	0.01g/L

6. Ⅵ型试验

所有汽车均应进行此项试验。两用燃料车仅对汽油进行此项试验。汽车放置在带有负荷和惯量模拟的底盘测功机上，按规定的测试循环（低速段和中速段）、排气取样和分析方法进行试验。试验由Ⅰ型试验的低速段和中速段两部分组成，试验期间不得中止，并在发动机起动时开始取样。试验应在（-7±3）℃的环境温度下进行。试验前，试验汽车应按规定进行预处理，以保证试验结果的重复性。试验期间排气被稀释，并按比例收集样气。试验汽车的排气按照规定的规程进行稀释、取样和分析，并测量稀释排气的总容积。分析稀释排气的CO、THC和NO_x，计算得到各种污染物的排放量。记录表4-21所要求的污染物排放结果。试验次数和结果判定应根据规定确定。对装有周期性再生系统的汽车，应在非再生条件下进行测试，每次试验测得的排气污染物排放量，应不大于表4-21限值。

表4-21 Ⅵ型试验的排放限值

第一类汽车		测试质量 TM/kg	CO/(g/km)	THC/(g/km)	NO_x/(g/km)
第一类汽车	—	全部	10.0	1.20	0.25
第二类汽车	Ⅰ	TM≤1305	10.0	1.20	0.25
	Ⅱ	1305<TM≤1760	16.0	1.80	0.50
	Ⅲ	1760<TM	20.0	2.10	0.80

7. Ⅶ型试验

除单一气体燃料车外，所有装用点燃式发动机的汽车均应进行此项试验。两用燃料车仅对汽油燃料进行此项试验，本试验同样适用于使用汽油机的混合动力电动汽车。按国家标准进行试验，加油过程蒸发排放试验结果应采用Ⅶ型试验劣化系数进行加和校正，校正后的加油过程蒸发污染物排放量不得超过0.05g/L。

4.3.2 汽车无线电干扰特性试验

为了使汽车上灵敏度较高的电子设备和通信设备，以及附近的移动或通信接收设备等能兼容工作，必须对汽车点火系统等产生的无线电干扰进行抑制，并限制其干扰场强在允许范围内。GB14023—2011《车辆、船和内燃机无线电骚扰特性用于保护车外接收机的限值和测量方法》规定了其限值与测量方法，规定的限值将为居住环境中使用的广播接收机在30～1000MHz频率范围内提供保护，但对距离车辆或装置10m内的居住环境中使用的新型无线电发射和接收机不提供足够的保护。图4-20所示为居住环境示意图。

1. 试验设备

测量仪器应符合GB/T 6113.101—2021《无线电骚扰和抗扰度测量设备和测量方法规范第1-1部分：无线电骚扰和抗扰度测量设备测量设备》的要求，手动或自动频率扫描方式均可使用，并应专门考虑过载、线性度、选择性和对脉冲的正常响应等特性。

频谱分析仪（图4-21）和扫频接收机（图4-22）适用于辐射干扰场强的测量。对于相同的带宽，频谱分析仪和扫频接收机的峰值检波器所显示的峰值均大于准峰值。由于峰值检波比准峰值检波扫描速度快，所以发射测量采用峰值检波更方便。在采用准峰值限值时，为了提高效率也可使用峰值检波器测量。任何测量的峰值等于或超过相应单个采样形式试验限值时，则使用准峰值检波器重新测量。测量仪器的最小扫描时间/频率（即最快扫描速率）见表4-22。

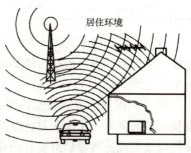

图4-20 居住环境示意图

图4-21 频谱分析仪

图4-22 扫频接收机

表4-22 最小扫描时间/频率

频段	频率范围	峰值检波器	准峰值检波器
A	9～150kHz	不采用	不采用
B	0.15～30MHz	100ms/MHz	200s/MHz
C、D	30～1000MHz	1ms/MHz	20s/MHz

注：频段定义根据GB/T 6113.101—2021。此试验不使用A频段和B频段。

测量仪器的带宽是一个重要的技术参数，选择带宽时，应使仪器的本底噪声值至少比限值低6dB。推荐的测量仪器带宽见表4-23。

表 4-23　推荐的测量仪器带宽（6dB）　　　　　　　　（单位：kHz）

频率范围/MHz	宽带		窄带	
	峰值	准峰值	峰值	平均值
0.15~30 （此试验不使用该频段）	9	9	9	9
30~1000	120	120	120	120

当测量仪器的带宽大于窄带信号带宽时，测得的信号幅值不受影响；当测量仪器带宽减小时，宽带脉冲噪声的指示值将减小。若用频谱分析仪进行峰值测量，其视频带宽至少为分辨率带宽的 3 倍。

10 米法电磁兼容试验室如图 4-23 所示，用于进行整车电磁兼容性检测，主要测试项目有整车辐射发射、整车辐射抗扰等，同时配备转鼓系统和 TLS 传输线系统，可进行道路负荷模拟及实现低频段辐射抗扰测试。具备传统汽车及新能源汽车的电磁兼容测试能力，能够满足目前 ISO、ECE、GB 最新的 EMC 法规标准要求。

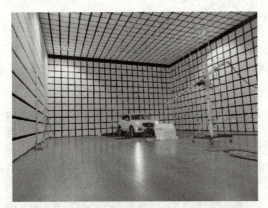

图 4-23　10 米法电磁兼容试验室

基准天线（0.15~30MHz 频率范围）为 1m 长垂直极化鞭天线。鞭天线的端电压与接地板（或地网）有关，接地板（或地网）的尺寸和形状要与天线设计相称，其尺寸和形状则由天线制造商来确定，鞭天线应通过一个有源或无源耦合单元（或耦合器）与测量仪器连接。耦合单元提供高阻抗到低阻抗的阻抗变换，它可安装在接地板（或地网）之下（优先）或之上，以便用 50Ω 同轴馈线将天线输出传送至测量仪器输入端；基准天线（30~1000MHz 频率范围）为平衡偶极子天线，采用自由空间天线系数。频率等于或高于 80MHz 时，天线长度应为谐振长度；频率低于 80MHz 时，天线长度应等于 80MHz 的谐振长度，并使用一个适当的变换装置，使天线与馈线匹配。还应配备一个平衡-不平衡变换器与测量仪器输入端连接。

宽带天线（30~1000MHz 频率范围）只要能归一化到基准天线，任何线性极化的接收天线均可采用。使用扫描测量仪自动接收系统进行测量时，须采用宽带天线。如果在测量场地的实际测试环境中宽带天线的输出能归一化到基准天线的输出，则这种宽带天线可用于辐射电平的测量。

抗扰喇叭天线如图 4-24 所示，低频段抗扰天线如图 4-25 所示。

图 4-24 抗扰喇叭天线

图 4-25 低频段抗扰天线

2. 试验准备

（1）测量场地

1）开阔试验场（Open Area Test Site，OATS）的要求。试验场应是一个没有电磁波反射物，以车辆或装置与天线之间的中点为圆心，最小半径为 30m 的圆形平面空旷场地，如图 4-26 所示。其测量设备、测量棚或装有测量设备的车辆可置于试验场内，但只能处在图 4-26 中阴影线标示的允许区域内。

为了保证没有足以影响测量值的外界噪声或信号，要在测试前后，车辆或装置没有运转的状态下测量环境噪声。这两次测量到的环境噪声电平（已知的无线电发射除外）应比规定的骚扰限值至少低 6dB。

2）装有吸波材料的屏蔽室（Absorber Lined Shielded Enclosure，ALSE）的要求。如果在电波暗室中的测量结果与开阔试验场（OATS）所测量的结果具有相关性，则可以使用电波暗室。这样的试验室，因为有稳定的电性能，可全天候试验，有环境可控和测量重复性好的优点。环境噪声电平应比规定的骚扰限值至少低 6dB，环境噪声电平必须定期验证或者在试验结果显示出有不合格的可能性时进行验证。

（2）天线位置

1）极化方向。在 30~1000MHz 频率范围内的每一个测量频率点上，应分别进行水平极化和垂直极化的测量，如图 4-27 和图 4-28 所示。在 0.15~30MHz 频率范围内的每一个测量频率点上，仅进行垂直极化的测量。天线安装应避免在天线单元与天线支架或升降系统之间、馈线与天线单元之间存在电耦合。耦极子天线高度为 3m 时，馈线下降至地平面，馈线形状应水平向后延伸 6m（或测量距离为 3m 时，向后延伸 1.8m）。

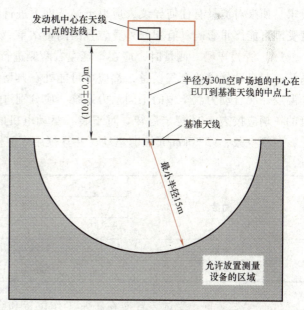
图 4-26 测量场地

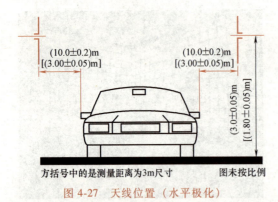
图 4-27 天线位置（水平极化）
方括号中的是测量距离为3m尺寸　图未按比例

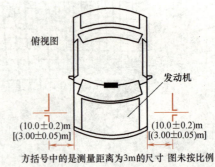
图 4-28 天线位置（垂直极化）
方括号中的是测量距离为3m的尺寸　图未按比例

2）天线的高度。在 30~1000MHz 频率范围内，测量距离为 10m 时，天线中心离地面或地板（或水平面）的高度为（3.00±0.05）m；测量距离为 3m 时高度为（1.80±0.05）m。在 0.15~30MHz 频率范围内，天线的平衡网络应尽可能地接近地面或地板，用最大长宽比为 7∶1 的导线搭接到地面或地板上。

3）天线的距离。天线到车辆或装置边缘的金属部分的水平距离优先选用（10.0±0.2）m。只要符合天线位置要求，也可选用（3.00±0.05）m 距离进行测量。

(3) 气候　试验分为干燥条件下测量和潮湿条件下测量。干燥条件下测量是指车辆或装置为干燥状态或雨停 10min 之后进行的测量。外置的发动机或装置，除通常与水接触的那些表面以外，其他表面都应是干燥的。潮湿条件下测量是指在下雨或雨停后 10min 之内进行的测量，若所测得的电平低于限值至少 10dB，则认为车辆符合国家标准 GB 14023—2011 的要求。如果对测量有任何异议，应以干燥条件下进行的测量为准。需要注意的是，露水或轻度受潮可能严重影响具有塑料外壳装置的测量结果。

(4) 受检车辆　测量时，应在车辆左右两侧进行测量（图 4-27、图 4-28），所有和动力系统一起自动接通的电气设备，都应尽可能处在典型的正常工作状态，发动机应处于正常工作温度。混合动力汽车中的不同动力系统，应分别进行测量。在每次测量时，装有内燃发动机的车辆应按表 4-24 规定运转。对于装有驱动电机的车辆，每次测量时均应在转鼓试验台上，车辆空载，以 20km/h 恒速运动，并且仅用峰值检波器进行测量。

表 4-24　内燃发动机运转速度

缸数	测量方法	
	准峰值	峰值
	发动机转速	
单缸	2500r/min	大于急速
多缸	1500r/min	大于急速

(5) 受试装置　受试装置应在正常工作位置和高度，急速空载的状态下，测量其最大骚扰辐射值。场地允许时，应在三个正交平面内进行测量。若装置的工作位置和高度可变动，受试装置火花塞的位置应高出地面（1.0±0.2）m。测量时，操作人员不应在测量场地内，必需时，可用非金属装置在尽可能远的地方操作，并且受试装置应保持正常的位置和规定的发动机转速。

3. 检测结果评价

(1) 骚扰限值

1) 适用限值电平的确定。如果不知道骚扰类型,可以用图 4-29 所示的流程图来确定应采用哪种限值。

2) 宽带发射。宽带发射的骚扰限值如图 4-30 所示。测量时,只需要选择图中的一种带宽。为了更准确地确定限值,应使用图中给出的限值计算公式计算。若测量距离为 3m,则限值应增加 10dB。采用不同的检波器模式和测量距离时,若测量结果发生矛盾,国家标准 GB 14023—2011 规定采用准峰值检波器及 10m 测量距离为准。

图 4-29 确定辐射骚扰的流程图

对应带宽、检波器和频率函数的限值 $L[dB(\mu V/m)] f(MHz)$

带宽	30~75 MHz	75~400 MHz	400~1000 MHz	测量仪类型
120kHz	$L=34$	$L=34+15.13\lg(f/75)$	$L=45$	准峰值
120kHz	$L=54$	$L=54+15.13\lg(f/75)$	$L=65$	峰值
1MHz	$L=72$	$L=72+15.13\lg(f/75)$	$L=83$	峰值

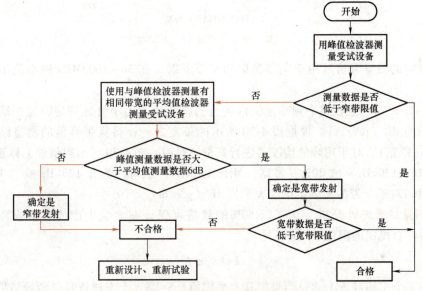

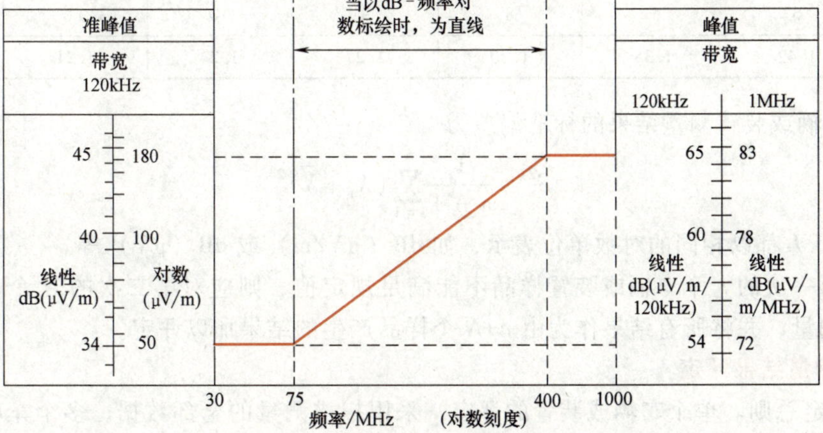

图 4-30 宽带骚扰限值(10m 处)

3）窄带发射。窄带发射的骚扰限值如图 4-31 所示。若测量距离为 3m，则限值应增加 10dB。采用不同的测量距离时，若测量结果发生矛盾，国家标准 GB 14023—2011 规定采用 10m 测量距离为准。

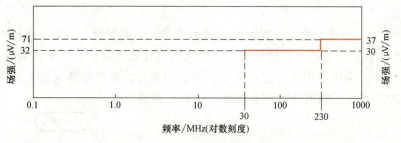

图 4-31 窄带骚扰限值（10m 处）

标准规定的测量限值适用于宽带发射和窄带发射，在 30~1000MHz 频率范围内评定骚扰特性。

（2）数据采集 应在整个频率范围内进行扫描测量，为了统计评定，宽带准峰值的测量结果表示为 dB（μV/m）。根据图 4-30 所示的带宽之一，将宽带峰值的测量结果表示为 dB（μV/m/带宽）。对于用峰值检波器进行宽带测量时，图 4-30 所示限值加上修正系数 20lg（带宽（kHz）/120kHz）或 20lg（带宽（MHz）/1MHz）就可作为非 120kHz 或非 1MHz 的带宽时的限值。对于窄带的测量结果应表示为 dB（μV/m）。

（3）测量结果统计分析 为了以 80% 的置信度保证在大量生产的车辆或装置中，有 80% 的产品符合规定的限值 L，应满足：

$$\overline{X} + kS_n \leq L \tag{4-16}$$

式中，$\overline{X}$ 是 n 个车辆装置上测量结果的算术平均值；S_n 是 n 个车辆或装置测量结果的标准偏差；k 是随 n 而定的统计系数，由表 4-25 给定；L 是规定的骚扰限值。

$$\overline{X} = \frac{1}{n}\left(\sum_{i=1}^{n} X_i\right) \tag{4-17}$$

式中，X_i 是单个车辆或装置的测量结果。

表 4-25 统计系数

n	6	7	8	9	10	11	12
k	1.42	1.35	1.30	1.27	1.24	1.21	1.20

n 个车辆或装置测量结果的标准偏差为

$$S_n^2 = \frac{1}{n-1}\sum_{i=1}^{n}(X_i - \overline{X})^2 \tag{4-18}$$

S_n、X_i、$\overline{X}$、L 都以相同的对数单位表示，如 dB（μV/m）或 dB（μV）等。

如果第一次的 n 个车辆或装置样品不能满足规定值，则应对第二次的 N 个车辆或装置样品进行测量，并将所有结果作为由 $n+N$ 个样品产生的结果加以评定。

（4）测量结果评定

1）评定总则。单个车辆或装置的评定，采用扫描测量的全部数据；多个车辆或装置的评定，采用上述的特性电平与对应的自频段内的典型频率的限值进行比较。

2）形式试验结果的评定。单个样品的试验，对于新产品系列的样车或装置，测量结果应比规定的限值至少低 2dB。多个样品的试验，应随机抽取 5 个或 5 个以上的样品进行测量，其测量结果要与单个样品的测量结果相结合，每一个子频段中的测量数据要按照上述统计方法统计评定，其结果应低于在该子频段典型频率上的限值。

3）成批生产的监督检验结果评定。单个样品的试验，测量结果应比规定的限值最多高 2dB。多个样品的试验，应随机抽取 5 个或 5 个以上的样品进行测量，其测量结果要与单个样品的测量结果相结合，在每一个子频段的测量数据要按照上述统计方法统计评定，其结果都应比在该子频段典型频率上的限值最多高 2dB。

4）研制试验用的快速样机检验（仅适用宽带发射）。可以任选一种测量方法来确定车辆或装置的发射电平，从而确定该骚扰电平是否有可能满足规定的限值。

4.3.3 汽车噪声试验

随着汽车工业的迅速发展，人们对汽车的舒适性和振动噪声控制的要求越来越严格。相关资料表明，城市噪声的 70% 来源于交通噪声，而交通噪声的 80% 是汽车噪声。汽车噪声主要来源于两大方面，一方面是与发动机运转有关的噪声，另一方面是与汽车行驶有关的噪声。前者包括燃烧噪声、机械噪声、进（排）气噪声和风扇噪声，后者包括底盘传动系统噪声、制动噪声和轮胎噪声。

汽车噪声分为影响车内乘员舒适性的车内噪声和以噪声公害的形式备受重视的车外噪声。另外，车内噪声又分为两种，一种是通过传动系、悬架系的固体而传至车体成为噪声的固体传播声；另一种是发动机噪声、进排气系噪声、风噪声等声源通过空气传递进入车室内的空气传播声。但测量这两种噪声所使用的检测仪器及测量方法基本没有区别。

本节根据 GB/T 18697—2002《声学 汽车车内噪声测量方法》、GB 1495—2002《汽车加速行驶车外噪声限值及测量方法》和 GB 16170—1996《汽车定置噪声限值》三项国家标准的主要技术内容，来介绍汽车车内噪声、汽车加速行驶车外噪声、定置噪声、压缩空气噪声的限值及测量方法。汽车噪声试验专业词汇定义见表 4-26。

表 4-26 汽车噪声试验专业词汇定义

专业词汇名称	定义
降噪系统（Noise Reduction System）	为控制汽车发动机（驱动电机）及进、排气系统向外辐射噪声所必需的整套部件。当系统中的降噪部件生产企业不同，或部件的尺寸和形状、材料特性、工作原理不同，或进气/排气消声器数量不同时，该系统应视为不同形式的降噪系统
降噪系统部件（Noise Reduction System Component）	构成降噪系统的单个部件之一，如排气管、膨胀室、消声器等。当空气滤清器是保证满足规定的噪声限值而必不可少时，才认为它是降噪系统的一个部件。排气歧管、催化器及排气后处理系统作为发动机的组成部分，不应视为降噪系统部件
排气系统模式（Exhaust System Modes）	通过自动或驾驶人手动选择，改变排气系统中气流方向和（或）消声结构等，产生不同降噪效果的方式
压缩空气系统（Compressed Air System）	为汽车制动等系统提供气动能源的整套部件。压缩空气排出时会产生压缩空气噪声
汽车整备质量[Kerb Mass of Vehicle(m_{kerb})]	装配有车身和牵引装置（对于牵引车）的空载质量，或者装配有驾驶室的底盘的质量，该质量应包括汽车生产企业声称的标准装置、冷却液、润滑剂、清洗液、至少 90% 的燃料、工具、备胎、标准部件、三角垫木、灭火器等，单位为 kg

（续）

专业词汇名称	定义
汽车测试质量[Test Mass of Vehicle(m_t)]	不同种类汽车根据不同载荷条件加载后,用于噪声测试时的汽车质量,单位为kg
汽车最大总质量(Gross Vehicle Mass,GVM)	本节中涉及的"汽车最大总质量"均指汽车"最大设计总质量",单位为kg
功率质量比系数(Power to Mass Ratio Index,PMR)	发动机额定功率与汽车测试质量比值相关的系数,用于计算M_1、M_2(GVM≤3500kg)及N_1类汽车的目标加速度、参考加速度等,单位为kW/t,定义如下: $$PMR = (P_n/m_t) \times 1000 \quad (4\text{-}19)$$ 式中,P_n为发动机额定功率,单位为kW;m_t为汽车测试质量,单位为kg
试验加速度[Test Acceleration($a_{\text{wot test}}$)]	采用试验档位进行加速噪声试验时各试验档位的加速度,适用于M_1、M_2(GVM≤3500kg)及N_1类汽车,能锁定传动比(可采用额外的装置或设备锁定传动比)的汽车档位i试验加速度为$a_{\text{wot test},i}$,档位$i+1$试验加速度为$a_{\text{wot test},i+1}$,不能锁定传动比的汽车试验加速度为$a_{\text{wot test,D}}$,单位为m/s²
目标加速度[Target Acceleration(a_{urban})]	在道路正常行驶工况下,节气门部分打开时,统计得到的汽车加速度,单位为m/s²
参考加速度[Reference Acceleration($a_{\text{wot ref}}$)]	在试验路面上,节气门全开时,统计得到的汽车加速度,单位为m/s²
试验加速度上限[Maximum Acceleration($a_{\text{wot max}}$)]	在试验路面上采用确定的试验档位进行加速噪声试验时不能超过的加速度,单位为m/s²,具体定义如下: $$a_{\text{wot max}} = a_{\text{wot ref}} + 0.5\text{m/s}^2 \text{ 且 } 1.7\text{m/s}^2 \leq a_{\text{wot max}} \leq 2.2\text{m/s}^2 \quad (4\text{-}20)$$
传动比加权系数[Gear Ratio Weighting Factor(k)]	分别用于加权合并M_1、M_2(GVM≤3500kg)和N_1类汽车两个档位加速噪声试验结果和两个档位匀速噪声试验结果的无量纲值
部分功率系数[Partial Power Factor(k_p)]	用于加权合并M_1、M_2(GVM≤3500kg)和N_1类汽车加速噪声试验结果和匀速噪声试验结果的无量纲值
预加速(Pre-acceleration)	为了在加速度计算区域内获得稳定的加速度,在汽车参考点进入加速始端线位置之前踩下加速踏板
锁定传动比(Locked Gearr Atios)	控制传动系统,使其在测试过程中传动比不发生变化
定置噪声参考值(Reference Value for Stationary Noise)	汽车在进行型式检验时获得的定置噪声值最终结果,单位为dB(A)
环保信息随车清单(Vehicle Environmental Identification Document,VEID)	生态环境主管部门规定的机动车环保信息随车清单(以下简称随车清单),包括企业对该车辆满足环保标准和阶段的声明、车辆基本信息、环保检验信息以及环保关键配置信息等内容

1. 汽车车内噪声测量试验

(1) 试验设备 声级计(图4-32)、防风罩、磁带机或电平记录仪、滤波器、声校准器(如活塞发生器)(图4-33)、双通道记录装置。

图 4-32 声级计

图 4-33 声校准器

(2) 试验准备

1) 声学环境、气象条件、背景噪声。测量地点必须具备如下条件,即从汽车辐射的声音只能通过道路表面的反射成为车内噪声的一部分,而不能通过建筑物、墙壁或汽车外的类似大型物体的反射成为车内噪声。在进行测量的过程中,汽车与这类大型物体之间的距离应该大于 20m。

汽车外面的气温必须在 $-5 \sim 35℃$ 范围内,沿着测量路线在约 1.2m 高度的风速不得超过 5m/s。其他的气象条件不得影响测量结果。风速和风向对于汽车行驶方向应加以说明。

对于所有 A 声级测量时,由背景噪声和仪器内部电噪声而确定的测量动态范围下限应该至少低于所测声级 10dB。在进行频率分析修正时,修正值 K_t 为

$$K_t = 10\lg(1 - 10^{-0.1\Delta L}) \tag{4-21}$$

式中,ΔL 是车内噪声与测量装置本身噪声加上背景噪声频带声压级的差 (dB)。如果 $K_t < -3$dB,即相当于 $\Delta L < 3$dB,则以上结果修正无效。

2) 试验道路的条件。汽车车内噪声一般受道路表面结构的粗糙度影响很大,平滑路面可以产生平稳的车内噪声。因此试验的路段应该是硬路面,必须尽可能平滑,不得有接缝、凸凹不平或类似的表面结构,否则将会增加汽车内部的声压级。道路表面必须干燥,不得有雪、污物、石块、树叶等杂物。

3) 车辆条件。

① 发动机和轮胎条件。在测量过程中,发动机的所有运行条件,如燃料、润滑油、点火正时或喷油时间等都应该符合制造厂家的规定。在测量开始前,发动机应该稳定在正常的工作温度范围内,或以中等速度行驶一段路程。所采用的轮胎应该与制造厂家规定的型号一致,而且型号应该是普遍采用的,轮胎的压力必须符合制造厂家的规定要求。如果车辆备有可选择非公路用特殊轮胎,则应该使用公路用轮胎。轮胎应较新,花纹无明显磨损(特别是不应有偏磨)。轮胎型号和充气压力应该在报告中加以说明。如果认为车轮不平衡可能影响汽车车内噪声,则需对汽车车轮进行静态和动态平衡调校。如果发动机冷却散热器装有挡风门,测量应在两种条件下进行(挡风门打开和关闭),每一组测量的挡风门位置应在试验报告中加以说明,发动机冷却风扇应正常运转。

② 车辆的载荷。汽车在测试噪声时必须是空载(除驾驶人、测量人员和测试装备外,不得有其他载荷)。只有汽车的标准装备、测试装备和必不可少的人员方可留在车内。在轿

车、货车、牵引车和类似汽车的驾驶室内,人员不得超过 2 人(驾驶人和测量人员)。在公共交通用车且座位在 8 个以上的汽车中,在车内的人员也不得超过 3 人。

③ 开口、窗户、辅助装置、可调节的座椅。开口,如天窗、所有的车窗、进风口及出风口,若有可能都必须关上,只有需要研究它们对汽车内部噪声的影响时才打开。辅助装置,如刮水器、暖风装置、风扇以及空调等,在测量试验过程中不得工作。如果研究通风系统或任意辅助装置的噪声对总噪声的影响时,则必须在辅助装置工作时重复测试噪声。如果某一辅助装置自动工作,则必须将工作条件在试验报告中加以说明。可调节的座椅应该调节到水平和垂直的中间位置,如果座椅的靠背也是可调的,则应尽可能使其处于垂直位置,可调节的头枕应该处于中间位置。

④ 传声器位置。由于汽车车内噪声级明显与测量位置有关,应该选择能够代表驾驶人和乘员耳旁的车内噪声分布的足够的测试点。一个测试点必须选在驾驶人座位,合适的座位和站立位置都应作为测试点,测试点的确切位置应该表示在简图中。在测试过程中,除驾驶人位置外,所选的测量位置上不得有人。传声器离车厢壁或座椅垫的距离必须大于 0.15m。传声器应以最大灵敏度的方向(具体方向按照制造厂规定)水平指向测量位置坐着或站立的乘员视线方向。如果不能定义这个方向,则应指向行驶方向。所采用的传声器在测试噪声过程中必须按一定形式安装,以使其不会受到汽车振动的影响。(传声器)安装应该能够防止其与汽车之间产生过大(振幅约为 20mm)的相对运动。只要声级计的制造厂家未做说明,则(传声器)最大灵敏度的方向应与其中心方向一致。

座位处的传声器位置:如图 4-34 所示,传声器的垂直坐标是(无人)座椅的表面与靠背表面的交线以上(0.7±0.05)m 处。水平坐标应在座椅的中心面(或对称面)上。在驾驶人座位上,水平横坐标向右(右置转向盘的汽车则向左)到座位中心面的距离为(0.2±0.02)m。

站立处的传声器位置:垂直坐标应在地板以上(1.6±0.1)m 处。水平坐标应在所选测试点站立的位置上。卧姿的传声器位置:卧姿指处于汽车或货车的卧铺和救护车的担架等状态。传声器须放在(无人)枕头的中部以上(0.15±0.02)m 处。

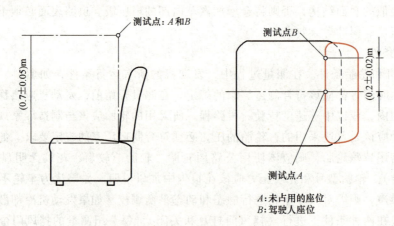

A:未占用的座位
B:驾驶人座位

图 4-34 传声器相对于座椅的位置

(3) 试验方法

1)匀速行驶。从 60km/h 或最高车速的 40%(取两者较小值)到 120km/h 或最高车速的80%（取两者较小值）范围内，至少以等间隔的5种车速进行A声级测量。

测量方法：汽车在上述规定的车速范围内做慢加速行驶（如 0.1m/s^2）。加速度应足够小，以测得与稳定车速行驶时的相同声级，在所选择的车速上读取A声级数值。或者汽车以所选择的车速匀速行驶，读取相应的声级数值，对于每一车速行驶时，测量时间至少5s。变速器档位应处于最高的档位，使得不必换档即可覆盖规定的速度范围。

2）节气门全开加速行驶。将车速或发动机转速调整到所规定的初始工作状况，当汽车达到稳定的初始工作状况时，须尽可能快地使节气门全开，同时启动记录装置开始记录，直到发动机转速达到（汽车制造厂规定）额定转速的90%或达到120km/h车速（取两者较小值），记录停止。应该防止车轮打滑，它会影响声级的最大值。

变速器应该处于最高的档位，使得噪声测试尽可能在不超过120km/h的车速下来完成。变速器档位在噪声测试过程中不得改动。如果当发动机转速为额定转速的90%时，最高档位的车速超过120km/h，则变速器应该降低一档。但是对4档或5档变速器来说不得低于第3档，而对于3档变速器来说，不得低于第2档。如果在这种降低档位情况下，车速仍然超过120km/h，则必须采用此档位在60~120km/h的速度范围内来测试汽车车内噪声。对于自动变速器的汽车，如果可能的话，应该使自动换低档的装置停止工作。

发动机应有一个最低的初始转速，这样可使发动机转速在测试噪声的过程中连续增加，但初始转速不应低于额定转速的45%。除非在最低允许档位下，在额定转速的90%时，车速仍超过120km/h，在这种情况下，开始时发动机的转速应对应于60km/h的车速。

对于带有自动变速器的汽车来说，发动机初始转速应该尽可能接近额定转速的45%，所对应的车速不超过60km/h，对于带有自动变速器的汽车来说，如果在加速终了之前发生换档（加速终了速度是指发动机额定转速的90%或120km/h车速），则初始速度应是换档时速度的50%。

3）车辆定置试验。对于定置汽车，变速器置于空档测试噪声。使发动机在低速空转，将节气门尽可能快地完全打开，使发动机加速到高速空转，并在此位置上保持至少5s。

2. 汽车加速行驶车外噪声测量试验

(1) 试验设备

1）声学测量。测量用声级计或其他等效的测量系统应满足GB/T 3785.1—2010《电声学 声级计 第1部分：规范》规定的1级声级计的要求（如果适用，还应包括推荐使用的防风罩）。噪声测量时，应使用声级计的"F"时间计权特性和"A"频率计权特性，详见GB/T 3785.1—2010。当使用的声级计或测量系统能自动采样测量"A"计权声级时，则其读数时间间隔不应超过30ms。

2）测量期间声学测量仪器的校准。测量前后，应选用符合GB/T 15173—2010《电声学 声校准器》规定的1级精度要求的声校准器对整个声学测量系统进行校准。在没有再做任何调整的条件下，如果后一次校准读数相对前一次校准读数的差值超过0.5dB，则认为前一次校准后的测量结果无效。

3）发动机转速、车速测量。应选用测量要求的发动机转速条件下，准确度优于±2%的发动机转速测量仪器进行转速测量。车速测量仪器准确度应优于±0.5%。

4）气象参数测量。气象参数测量仪器应包括如下设备，其准确度应满足如下限值：

① 温度计，±1℃。
② 风速仪，±1.0m/s。
③ 大气压力表，±5hPa。
④ 相对湿度计，±5%。

(2) 试验条件

1) 试验场地。测量场地应平整，试验路面应干燥，AA'线为加速始端线，BB'线为加速终端线，加速段长度为$2\times(10\pm0.05)$m，如图4-35所示。测量场地应达到的声场条件是：在该场地的中心（位于传声器连线PP'和试验行驶车道中心线CC'的交点）放置一个无指向性小声源时，半球面上各方向的声级偏差不超过±1dB。

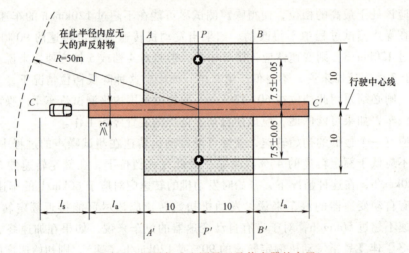

图4-35 测量场地和测量区及传声器的布置

l_s—加速连接线 l_a—最小标准试验行驶车道延伸长度

注：▨为最小标准试验行驶车道；▨为声传播区域；⊗为传声器。

如果满足下列条件，则可以认为该场地达到了这种声场条件。

① 以测量场地中心为基点、半径为50m的范围内，没有大的声反射物，如围栏、岩石、桥梁或建筑物等（测量场地半径50m以外的建筑物，如果其声反射点在测量驾驶车道上，也会对测量结果产生影响）。

② 试验路面和其余场地表面干燥，没有积雪、松土或炉渣之类的吸声材料。

③ 传声器附近没有任何影响声场的障碍物，并且声源与传声器之间没有任何人站留。进行测量的观察者也应站在不致影响仪器测量值的位置。

2) 气象条件。气象参数的测量仪器应放置在测量场地附近，距离地面高度为(1.2 ± 0.02)m。不能在恶劣的天气条件下进行测量，噪声测量期间，环境温度应在5~40℃的范围内（如果汽车生产企业允许，可进行试验的最低环境温度为0℃），传声器高度处的风速（包括阵风）不超过5m/s，应确保测量结果不受阵风的影响。噪声测量过程中，记录气温、风速和风向、相对湿度以及大气压值。

3) 背景噪声。噪声测量前后，应持续测量10s背景噪声。应采用测量过程中所用的同一传声器并置于与噪声测量时相同的位置，记录其最大"A"计权声级。

背景噪声（包括风噪）至少比被测汽车噪声低10dB（A）。当背景噪声与被测噪声相差

10~15dB（A）时，需从声级计读数中减去表4-27中对应的修正值作为测量结果。

表4-27 背景噪声修正值　　　　　　　　　　　[单位：dB（A）]

背景噪声与被测噪声差值	10	11	12	13	14	≥15
背景噪声修正值	0.5	0.4	0.3	0.2	0.1	0

4）汽车。测量开始之前，被测汽车的技术状况应符合该车型的技术条件（特别是该车的加速性能），并关闭所有车门、天窗、车外各种盖板、空调及车内音响。被测汽车应不带挂车（不可分解的汽车除外），测试质量 m_t 应按照表4-28的要求进行计算及相应加载，并可有±5%的偏差。

表4-28 汽车测试质量计算

汽车分类	测试质量 m_t/kg
M_1, N_1, M_2, M_3	$m_t = m_{kerb} + 75 kg$
N_2, N_3	$m_t = 50 kg/kW \times P_n$，加载质量 = $m_t - m_{kerb}$。如果汽车整备质量 m_{kerb} 已经超过汽车测试质量 m_t，则不需加载。如果加载质量与汽车整备质量 m_{kerb} 对应的后轴（后轴组）轴荷之和超过后轴（后轴组）最大设计轴荷的75%，则应降低加载质量，使加载质量与整备质量对应的后轴（后轴组）轴荷之和等于后轴（后轴组）最大设计轴荷的75%。加载质量的重心应尽可能靠近后轴（后轴组）中心线

被测汽车装用的轮胎应为该车型配置轮胎，且方便从市场购买。GB/T 6326—2014《轮胎术语及其定义》定义的工程机械轮胎等用于非铺装路面行驶的轮胎可不参与测量。轮胎冷态气压充至汽车测试质量状态下汽车生产企业规定的气压，轮胎花纹深度不应低于1.6mm。

测量开始之前，发动机（驱动电机）及动力系统应处于正常工作状态，并按照GB/T 12534—1990的有关规定对汽车发动机（驱动电机）、传动系统、轮胎及其他部分预热到汽车生产企业规定的温度状态。

如果汽车传动系统装有组合式变速器、多级减速器、分动器等装置，应将其置于道路正常行驶常用的位置，并避免慢速档、爬坡档、驻车档、制动档等非道路正常行驶档位在测量时使用。多轴驱动的汽车，测量时应采用道路正常行驶常用的驱动方式。

如果汽车装有带自动驱动机构的风扇，在测量期间应保持其自动工作状态。

如果汽车装有带自动控制的进气增压装置，在测量期间应保持其自动工作状态。

如果汽车装有其他自动控制的装置，并对汽车噪声有重要影响，在测量期间应保持其自动工作状态。

5）噪声限值。按照规定试验方法进行汽车加速行驶车外噪声试验，获得的试验结果应小于表4-29规定的噪声限值。

表4-29 汽车加速行驶车外噪声型式检验限值

汽车分类		噪声限值/dB(A)	
		第三阶段	第四阶段
M_1	GVM≤2500kg[①，②]	72	71
	GVM>2500kg[③，④]	73	72
M_2[⑤]	GVM≤3500kg	74	73
	GVM>3500kg	76	75

(续)

汽车分类		噪声限值/dB(A)	
		第三阶段	第四阶段
$M_3^{⑤}$	GVM≤7500kg	78	77
	7500kg<GVM≤12000kg	80	79
	GVM>12000kg	81	80
$N_1^{⑥}$	GVM≤2500kg	73	72
	GVM>2500kg	74	73
$N_2^{⑤}$	GVM≤7500kg	78	77
	GVM>7500kg	79	78
$N_3^{⑤}$	GVM≤17000kg	81	80
	GVM>17000kg^{⑦}	82	81

注：对特殊车型的限值宽松说明，详见以下①~⑦附加条款（可叠加）。

① GVM≤2500kg 的 M_1 类车型：如属于越野车（G类），或采用中置（后置）发动机且后轴参与驱动时，其限值增加 1dB（A）。其中，采用中置发动机仅后轴驱动的车型如果其驾驶人座椅"R"点离地高度≥800mm，其限值再增加 1dB（A）。

② GVM≤2500kg 的 M_1 类车型：如 PMR>120kW/t，其限值增加 1dB（A）。其中，如 PMR>160kW/t，其限值再增加 2dB（A）。

③ GVM>2500kg 的 M_1 类车型：如属于越野车（G类），或其驾驶人座椅"R"点离地高度≥850mm，其限值增加 1dB（A）。

④ GVM>2500kg 的 M_1 类车型：如 PMR>160kW/t，其限值增加 2dB（A）。

⑤ M_2、M_3、N_2、N_3 类车型：如试验时采用多于两轴行驶，其限值增加 1dB（A）；如试验时采用多轴驱动，其限值再增加 1dB（A）。

⑥ N_1 类车型：如属于越野车（G类），或试验时后轴参与驱动，其限值增加 1dB（A）。

⑦ GVM>17000kg 的 N_3 类车型：如属于越野车（G类），其限值增加 1dB（A）。

(3) 试验方法

1) 测试区和传声器的布置。如图 4-35 所示，AA' 线和 BB' 线平行于 PP' 线，并分别位于 PP' 线之前和之后 10m 处，应在测量场地标示出各测量线。

2) 测量条件。传声器的布置如图 4-35 所示，在离地面高（1.2±0.02）m，距行驶中心线 CC'（7.5±0.05）m 处，其参考轴线应水平并垂直指向行驶中心线 CC'。

① M_1、M_2（GVM≤3500kg）、N_1 类汽车。

从汽车接近 AA' 线到汽车后端通过 BB' 线的整个测量过程中，汽车行驶中心线应尽可能接近 CC' 线。汽车参考点到达 PP' 线时的车速（$v_{PP'}$）应在（50±1）km/h 范围内。

A) 试验加速度（$a_{\text{wot test}}$）的计算。

能锁定传动比（可采用额外的装置或设备锁定传动比）的汽车，其试验加速度 $a_{\text{wot test},i}$、$a_{\text{wot test},i+1}$，不能锁定传动比的汽车试验加速度 $a_{\text{wot test},D}$，是各相应试验档位 4 次加速噪声试验加速度 $a_{\text{wot test},i,j}$、$a_{\text{wot test},i+1,j}$、$a_{\text{wot test},D,j}$ 的均值。

能锁定传动比（可采用额外的装置或设备锁定传动比）的汽车，采用汽车各试验档位加速噪声试验时汽车参考点每次通过 AA' 线的车速 $v_{AA'}$ 和汽车最后端通过 BB' 线的车速 $v_{BB'}$，依据公式计算获取每次加速噪声试验时的试验加速度 $a_{\text{wot test},i,j}$（$a_{\text{wot test},i+1,j}$），以及相应的 $a_{\text{wot test},i}$（$a_{\text{wot test},i+1}$）。

不能锁定传动比的汽车,采用汽车加速噪声试验时汽车参考点每次通过 PP' 线的车速 $v_{PP'}$ 和汽车最后端通过 BB' 线的车速 $v_{BB'}$,依据公式计算获取每次加速噪声试验时的试验加速度 $a_{\text{wot test},D,j}$,以及相应的试验加速度 $a_{\text{wot test},D}$。根据汽车参考点定义,参考点在汽车最前端,则参与公式计算的汽车长度 $l=l_{\text{veh}}$;若参考点在汽车前后方向中心点,则 $l=l_{\text{veh}}/2$;若参考点在汽车最后端,则 $l=0$。式中,l_{veh} 为整车车长,单位为 m。

a. 对能锁定传动比(可采用额外的装置或设备锁定传动比)进行测量的汽车:

档位 i 每次试验加速度 $a_{\text{wot test},i,j}$ 通过下式计算获得,档位 $i+1$ 的每次试验加速度 $a_{\text{wot test},i+1,j}$ 计算过程与 $a_{\text{wot test},i,j}$ 计算过程相同。

$$a_{\text{wot test},i,j} = \frac{\left[\left(\frac{v_{BB'}}{3.6}\right)^2 - \left(\frac{v_{AA'}}{3.6}\right)^2\right]}{[2\times(20+l)]} \quad (4\text{-}22)$$

其中,速度 $v_{AA'}$ 与 $v_{BB'}$ 单位为 km/h;加速度 $a_{\text{wot test}}$ 单位为 m/s²。

将 4 次试验的试验加速度平均,获得档位 i 的试验加速度 $a_{\text{wot test},i}$,见式(4-23)。档位 $i+1$ 试验加速度 $a_{\text{wot test},i+1}$ 的计算过程与 $a_{\text{wot test},i}$ 计算过程相同。

$$a_{\text{wot test},i} = \frac{1}{4}\sum_{j=1}^{4} a_{\text{wot test},i,j} \quad (4\text{-}23)$$

各档位 4 次有效试验加速度 $a_{\text{wot test},i,j}$($a_{\text{wot test},i+1,j}$)与 $a_{\text{wot test},i}$($a_{\text{wot test},i+1}$)的差值均应控制在 $a_{\text{wot test},i}$($a_{\text{wot test},i+1}$)值±10% 范围内。可采用预加速,以确保汽车参考点通过 AA' 线至汽车最后端通过 BB' 线的加速度计算距离内,汽车获得较稳定的加速度。在 AA' 线之前踩下加速踏板的位置点应记录在测量数据中。

b. 对于不能锁定传动比进行测量的汽车:

$$a_{\text{wot test},D,j} = \frac{\left[\left(\frac{v_{BB'}}{3.6}\right)^2 - \left(\frac{v_{PP'}}{3.6}\right)^2\right]}{[2\times(20+l)]} \quad (4\text{-}24)$$

$$a_{\text{wot test},D} = \frac{1}{4}\sum_{j=1}^{4} a_{\text{wot test},D,j} \quad (4\text{-}25)$$

4 次有效测量值 $a_{\text{wot test},D,j}$ 与均值 $a_{\text{wot test},D}$ 的差值均应控制在 $a_{\text{wot test},D}$±10% 范围内。

汽车生产企业与检测机构根据汽车加速特征,可选择采用预加速,以确保汽车参考点通过 PP' 线至汽车最后端通过 BB' 线的加速度计算距离内,汽车获得较稳定的加速度。在 AA' 线之前踩下加速踏板的位置点应记录在测量数据中。

c. 目标加速度。目标加速度 a_{urban} 是道路正常行驶工况下,节气门部分打开时,统计得到的汽车加速度,其统计值与汽车功率质量比系数 PMR 值成函数关系,函数计算公式如下,单位为 m/s²。

$$a_{\text{urban}} = 0.63\lg(\text{PMR}) - 0.09 \quad (4\text{-}26)$$

d. 参考加速度。参考加速度 $a_{\text{wot ref}}$ 是在试验路面上,节气门全开时,统计得到的汽车加速度,其统计值与汽车功率质量比系数 PMR 值成函数关系,PMR 值不同的汽车,对应函数形式也不同。函数计算公式如下,单位为 m/s²。

$$a_{\text{wot ref}} = 1.59\lg(\text{PMR}) - 1.41, \quad \text{PMR} \geqslant 25 \quad (4\text{-}27)$$

$$a_{\text{wot ref}} = 0.63\lg(\text{PMR}) - 0.09, \quad \text{PMR} < 25 \quad (4\text{-}28)$$

B）档位选择。

测量档位依据节气门全开时所能达到的试验加速度 $a_{wot\,test}$ 和参考加速度 $a_{wot\,ref}$ 的关系来选择确定。

有些汽车可能装有不同的变速器软件程序或行驶模式（如运动模式、冬季模式和自适应模式等）。如果汽车采用不同的行驶模式都能达到有效的加速度值，则汽车生产企业应说明并验证，汽车在测量时所用行驶模式的加速度值最接近 $a_{wot\,ref}$。

a. 对于能锁定传动比（可采用额外的装置或设备锁定传动比）进行测量的汽车，档位选择时应满足下列条件：

如果档位 i 试验加速度值 $a_{wot\,test,i}$ 不超过试验加速度上限 $a_{wot\,max}$，且与参考加速度 $a_{wot\,ref}$ 的差值在 $a_{wot\,ref}$ 的 ±5% 范围内，则采用此档位进行测量。如果多于一个档位达到要求的加速度，则选择 $a_{wot\,test,i}$ 最接近 $a_{wot\,ref}$ 的档位进行测量；如果没有档位能达到要求的加速度，则选择一个大于 $a_{wot\,ref}$ 的档位 i 和小于 $a_{wot\,ref}$ 的档位 $i+1$。如果档位 i 的试验加速度值 $a_{wot\,test,i}$ 不超过 $a_{wot\,max}$，则采用这两个档位进行测量；如果档位 i 的加速度大于 $a_{wot\,max}$，则采用加速度小于 $a_{wot\,max}$ 的第一个档位 $i+1$ 进行测量，档位 $i+1$ 的加速度小于 a_{urban} 时除外。如档位 i 的加速度 $a_{wot\,test,i}$ 大于 $a_{wot\,max}$，同时档位 $i+1$ 的加速度 $a_{wot\,test,i+1}$ 小于 a_{urban}，则采用 i 和 $i+1$ 两个档位来进行测量，包括加速度大于 $a_{wot\,max}$ 的档位；如果汽车只有一个档位，则使用此档位 i 进行加速噪声测量，并获取该档位试验加速度 $a_{wot\,test,i}$；如果汽车采用档位 i 进行噪声测量过程中，最后端通过 BB' 线前，发动机转速超过最大净功率转速，则仅采用档位 $i+1$ 进行测量（对于只有一个档位的汽车，则应降低档位 i 的入线速度 $v_{AA'}$，直至汽车最后端通过 BB' 线前，发动机转速不超过最大净功率转速）。

b. 对于不能锁定传动比进行测量的汽车。

档位选择器置于全自动操纵位置。按照上文所述的方法计算试验加速度 $a_{wot\,test,D}$。测量过程中允许汽车换入更低、加速度更大的档位，但不允许换入更高、加速度更小的档位（汽车参考点通过 BB' 线后除外）。允许使用电子或机械装置，以防止在测量过程中，汽车降档至道路正常行驶不常用的档位。

c. 特殊情况的避免与说明。

允许汽车生产企业采取措施避免不能锁定传动比进行测量的汽车试验加速度 $a_{wot\,test,D}$（以及只有一个档位的汽车试验加速度 $a_{wot\,test,i}$ 小于目标加速度 a_{urban} 或大于试验加速度上限 $a_{wot\,max}$）。若未采取相应措施，且汽车试验加速度 $a_{wot\,test,D}$（以及只有一个档位的汽车试验加速度 $a_{wot\,test,i}$）小于目标加速度 a_{urban} 或大于试验加速度上限 $a_{wot\,max}$，应由汽车生产企业提供相应书面技术说明，并由检测机构将其备注在试验报告中。

C）加速噪声测量。

汽车生产企业应确定参考点接近 AA' 线之前踩下加速踏板的预加速位置点。当汽车参考点通过汽车生产企业确定的预加速位置点时，应尽可能迅速地将加速踏板踩到底（即节气门全开），并保持不变，直到汽车最后端通过 BB' 线时再尽快地松开踏板（即节气门关闭）。应在测量数据中记录预加速位置点。不可分解的汽车，汽车最后端通过 BB' 线时不考虑挂车。

D）匀速噪声测量。

匀速噪声测量时，应采用加速噪声测量时相同的档位，并在 AA' 线与 BB' 线之间稳定住加速踏板，以 (50±1) km/h 的速度匀速行驶。如果加速噪声测量时锁定了传动比，则也应锁定相同的传动比进行匀速噪声测量。功率质量比系数 PMR<25 的汽车，无需进行匀速噪声测量。

② M_2（GVM>3500kg）、M_3、N_2、N_3 类汽车。

从汽车接近 AA' 线到汽车后端通过 BB' 线的整个测量过程中，汽车行驶中心线应尽可能接近 CC' 线。不可分解的汽车，试验时不考虑挂车。如果汽车装备有混凝土搅拌机、压缩机等设备，则测量期间不应启动这些设备。

M_2（GVM>3500kg）、N_2 类汽车的目标条件：当汽车参考点通过 BB' 线时，发动机转速 n_{test} 应保持在最大净功率转速的 70%~74% 之间，车速 v_{test} 应在 (35±5) km/h 范围内。汽车在 AA' 线和 BB' 线之间应能稳定加速。

M_3、N_3 类汽车的目标条件：当汽车参考点通过 BB' 线时，发动机转速 n_{test} 应保持在最大净功率转速的 85%~89% 之间，车速 v_{test} 应在 (35±5) km/h 范围内。汽车在 AA' 线和 BB' 线之间应能稳定加速。

确定试验档位的发动机转速 n_{test} 和车速 v_{test} 应该以 4 次加速噪声测量时的转速 $n_{test,j}$ 均值与 $v_{test,j}$ 均值来最终确定。

A）档位选择。

a. 对于能锁定传动比（可采用额外的装置或设备锁定传动比）进行测量的汽车应保证汽车稳定加速，并依据目标条件选择适合的档位进行测量。

◆ 在确保满足发动机目标转速条件的情况下，如果仅一个档位 i 的 v_{test} 满足目标车速条件，则采用此档位 i 进行测量；如果多于一个档位（档位 i 和档位 $i+1$）的 v_{test} 满足目标车速条件，则采用车速最接近 35km/h 的一个档位进行测量；如果两个档位（档位 i 和档位 $i+1$）的 v_{test} 同时满足目标车速条件，且车速与 35km/h 差值相等，则同时采用此两档位进行测量。

◆ 在确保满足发动机目标转速条件的情况下，如果没有档位满足目标车速条件，则采用两个档位进行测量，一个 v_{test} 高于且最接近 40km/h 的档位 $i+1$ 和一个 v_{test} 低于且最接近 30km/h 的档位 i。采用 v_{test} 低于 30km/h 的档位 i 进行试验时，如果入线车速降至该档位最低稳定车速，转速 n_{test} 仍高于 70%~74% 发动机最大净功率转速（M_2、N_2 类汽车）或 85%~89% 发动机最大净功率转速（M_3、N_3 类汽车），则舍弃该档位，仅采用 v_{test} 高于 40km/h 的档位 $i+1$ 进行试验。

采用车速高于 40km/h 的档位 $i+1$ 测量时，如果该档位达到发动机目标转速条件时的车速高于 50km/h，则以 5% 最大净功率转速逐步降低其发动机目标转速条件，直到该档位车速 v_{test} 不高于 50km/h。

◆ 如果汽车只有一个档位 i，且无法同时满足发动机目标转速条件和目标车速条件，则采用该档位优先满足发动机转速条件，并确保车速 v_{test} 不高于 50km/h 进行测量；如果无法满足发动机转速条件（尤其是电动汽车，无发动机转速），则可仅满足 v_{test} 在目标车速条件 (35±5) km/h 范围内进行测量。

◆ 当采用选定档位 i 进行测量过程中，如果汽车发动机转速超过最大净功率转速，则舍弃该档位，仅采用档位 $i+1$ 位进行测量（对于只有一个档位的汽车，则应以 5% 发动机最大净功率转速逐步降低其目标转速条件，直至发动机转速不超过最大净功率转速），采用档位 $i+1$ 进行测量时，若达到发动机目标转速条件时的车速 v_{test} 高于 50km/h，则以 5% 最大净功率转速逐步降低其目标转速条件，直到档位 $i+1$ 车速 v_{test} 不高于 50km/h。

b. 对于不能锁定传动比进行测量的汽车。

档位选择器应该置于全自动操纵位置。测量过程中允许汽车换入更低、加速度更大的档位，但不允许换入更高、加速度更小的档位（汽车参考点通过 BB'线后除外）。允许使用电子或机械装置，以防止在测量过程中，汽车降档至道路行驶不常用的档位。若能满足发动机目标转速条件，则档位选择同上；若不能满足发动机目标转速条件，则测量时也仅考虑目标车速条件，v_{test} 在 (35±5)km/h 范围内。

如果测量过程中，能满足目标车速条件，则采用此速度进行测量；如果不能满足此目标车速条件，则进行两种情况的测量：一种是出线速度 $v_{test}=40\sim45$km/h，另一种是 $v_{test}=25\sim30$km/h，如果 $v_{test}=25\sim30$km/h 的速度条件仍不能达到，则只测量 $v_{test}=40\sim45$km/h 一种状态。记录汽车通过测量区的最大声级。

B）加速噪声测量。

当汽车参考点通过 AA'线时，应尽可能迅速地将加速踏板踩到底（汽车不能降档至道路正常行驶不常用的档位），并保持到汽车参考点通过 BB'线后 5m，然后按照汽车生产企业的要求松开加速踏板。

3）汽车噪声最终结果 L_{urban} 的确定。

记录汽车每次通过测量区的最大"A"计权声级，档位 i 加速噪声为 $L_{wot test,i,j}$，档位 $i+1$ 加速噪声为 $L_{wot test,i+1,j}$；档位 i 匀速噪声为 $L_{crs test,i,j}$，档位 $i+1$ 匀速噪声为 $L_{crs test,i+1,j}$，不能锁定传动比的汽车加速噪声为 $L_{wot test,D,j}$，匀速噪声为 $L_{crs test,D,j}$。汽车每一侧在各档位至少测量 4 次，左右两侧可同时或依次测量，如果某次测量结果与同一侧、同一档位其他次测量结果差值超过 2dB（A）或为不符合汽车一般声级特性的异常读数，均应予忽略，并增加测量次数，直至汽车同侧 4 次测量结果差值不大于 2dB（A）。分别计算汽车每一侧 4 次有效测量的算术平均值，取两侧算术平均值中较高侧的值并保留到小数点后一位有效数字，作为加速、匀速噪声中间结果 $L_{wot test}$、$L_{crs test}$，其中档位 i 的加速、匀速噪声中间结果为 $L_{wot test,i}$、$L_{crs test,i}$，档位 $i+1$ 的加速、匀速噪声中间结果为 $L_{wot test,i+1}$、$L_{crs test,i+1}$，不能锁定传动比的汽车加速、匀速噪声中间结果为 $L_{wot test,D}$、$L_{crs test,D}$。

对于 M_1、M_2（GVM≤3500kg）、N_1 类汽车，应记录下汽车每次加速噪声试验通过 AA'线、BB'线和 PP'线时的车速 $v_{AA'}$、$v_{PP'}$ 和 $v_{BB'}$ 并保留到小数点后一位有效数字，计算每次加速噪声测量的试验加速度 $a_{wot test,i,j}$（$a_{wot test,i+1,j}$、$a_{wot test,D,j}$）并保留到小数点后两位有效数字；对于 M_2（GVM>3500kg）、M_3、N_2、N_3 类汽车，应记录汽车每次加速噪声测量时汽车参考点通过 BB'线的发动机转速 $n_{test,j}$，并将记录的车速 $v_{test,j}$ 保留到小数点后一位有效数字。

3. 汽车定置噪声测量试验

(1) 试验设备

1）声学测量。测量用声级计或其他等效的测量系统应满足 GB/T 3785.1—2010 规定的 1 级声级计的要求（如果适用，还应包括推荐使用的防风罩）。噪声测量时，应使用声级计的"F"时间计权特性和"A"频率计权特性，详见 GB/T 3785.1—2010。当使用的声级计或测量系统能自动采样测量"A"计权声级时，则其读数时间间隔不应超过 30ms。

2）测量期间声学测量仪器的校准。测量前后，应选用符合 GB/T 15173—2010 规定的 1

级精度要求的声校准器对整个声学测量系统进行校准。在没有再做任何调整的条件下,如果后一次校准读数相对前一次校准读数的差值超过0.5dB,则认为前一次校准后的测量结果无效。

3)发动机转速、车速测量。应选用测量要求的发动机转速条件下,准确度优于±2%的发动机转速测量仪器进行转速测量。车速测量仪器准确度应优于±0.5%。

4)气象参数测量。气象参数测量仪器应包括如下设备,其准确度应满足以下限值:

① 温度计,±1℃。
② 风速仪,±1.0m/s。
③ 大气压力表,±5hPa。
④ 相对湿度计,±5%。

(2)试验条件

1)测试地点。测试地点应为由混凝土、密实型沥青或类似的其他硬质材料所构成的室外平坦开阔地面。避免在雪地、草地、稀松的土壤或其他具有吸声特性的地面上进行测试。待测汽车和传声器位置3m之内无较大声反射物,如车辆、建筑物、广告牌、树木、平行的墙、人等。

测试也可以在半消声室内进行。当试验在半消声室内进行时,应满足室外测量的声学需要。半消声室内应满足3m内无较大反射物要求,并且截止频率应低于以下两个频率中的较低者:

① 低于发动机在测试时噪声的最小基频的1/3倍频带中心频率。
② 100Hz。

注:半消声室声学性能依据半消声室的截止频率而定,在截止频率以上,半消声室可以视为半自由场空间。

2)天气条件。测试过程中,风速(包括阵风)不得超过5m/s。

3)背景噪声。背景噪声的声压级至少比被测汽车定置噪声测量结果低10dB(A),测量结果有效。在测试过程中,可以使用防风罩,并应考虑它对声级计灵敏度的影响。

4)噪声限值。噪声限值见表4-30。

表4-30 汽车定置噪声限值

车辆类型	燃料种类		噪声限值/dB(A)
轿车	汽油		85
微型客车、货车	汽油		88
轻型客车、货车、越野车	汽油	$n_r \leq 4300$r/min	92
		$n_r > 4300$r/min	95
	柴油		98
中型客车、货车、大型客车	汽油		95
	柴油		101
重型货车	$P \leq 147$kW		99
	$P > 147$kW		103

注:n_r为车辆转速;P为按生产厂家规定的额定功率。

(3) 试验方法

1) 概述。要求经过技术培训和对声测量技术有经验的人员选定仪器和进行测试。

传声器相对声源的朝向以及测试人员相对传声器的位置，都应按照仪器规定的要求布置。测试可使用手持式声级计，但是，声级计或传声器应固定在稳定的支架或设备上。在测试过程中，可以使用延长电缆，使测量和记录设备远离传声器。

注意：在进行中置或后置发动机汽车测试时，应注意发动机及冷却风扇噪声对排气噪声测量的影响。

2) 汽车准备。准备进行测试前，对于手动档汽车，在离合器接合的情况下，将档位置于空档；对于自动档汽车，将档位置于驻车档，开启驻车制动；对于有空调装置的汽车，应关闭车内空调。

如果汽车内安装有自动起动的风扇装置，应保证在测试过程中不会对声压级测量有影响。测试时，应合上发动机舱盖。在每次测试前，都应使发动机的工作温度处于汽车说明书要求的正常工作温度。

3) 传声器位置。测试时，将传声器置于距离排气管口参考点 (0.5 ± 0.01)m 的位置，与包含排气口末端轴线的竖直平面成 $(45 \pm 5)°$。传声器与排气管口参考点等高，但在任何情况下距地面不得小于 0.2m。传声器的参考轴应平行于地面，且朝向排气管口参考点。

当排气管的两侧测试位置都满足要求时，选择离汽车纵轴较远的一侧作为测量点。当排气管与车身纵向成 90° 时，选择距离发动机较远的一侧作为测量点。

如果汽车有两个以上的排气管口，相互距离低于 0.3m，并且连接同一消声器，只需进行一次测量。将传声器固定在离车身纵轴线较远的排气管一侧，如果排气管上下排列，将传声器置于靠上的排气管一侧。如果汽车的多个排气管口相距 0.3m 以上，或者使用了多个消声器，应对每个排气管口进行测量，并且注明多次测量中的最大值。

对于竖直排气系统的汽车（如商用车），传声器的位置应与排气管等高，并且传声器的轴线竖直向上。将传声器布置在距离排气管口参考点 (0.5 ± 0.01)m 的位置，但是测量点距排气管较近一侧的汽车侧面不能小于 0.2m。

对于那些排气管口参考点位置不宜接近或处于汽车车身下方时，可能由于某些车身设备（如备胎、油箱、电池组等）阻挡了测量点，传声器应安置在离阻挡部件（包括车体）至少 0.2m 处，使其轴线正对排气管口，且最大程度避开阻挡部件。

当存在多个可测量位置时，取离排气管口参考点距离较小的一个所在点作为测量位置。

为了路边检验时测量方便，排气管口参考点应该取在车身表面靠外的位置，如图 4-36 所示。

4) 发动机测量目标转速。如果汽车的发动机转速不能达到下述要求，发动机目标转速应比定置试验时能达到的发动机转速低 5%。

发动机目标转速：

① $n_s \leq 5000$r/min 时，发动机目标转速为发动机最大净功率转速的 75%。

② 5000r/min$< n_s < 7500$r/min 时，发动机目标转速为 3750r/min。

③ $n_s \geq 7500$r/min 时，发动机目标转速为发动机最大净功率转速的 50%。

允许偏差 ±5%。

5) 发动机运转状态。测试开始后，发动机转速从怠速起逐渐增加，增加到发动机目标

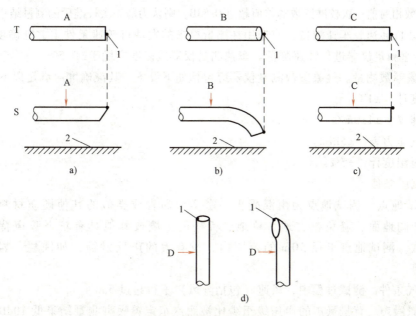

图 4-36 排气管口参考点

1—排气管口参考点 2—路面

a) 斜口排气管 b) 弯口排气管 c) 平口排气管 d) 垂直排气管

转速后保持不变。然后，迅速松开加速踏板，使发动机转速重新降为怠速时的速度。声压级的测量贯穿于整个减速阶段，测量时保证发动机目标转速稳定至少 1s，以最大 "A" 计权声级作为测量值。发动机转速保持在发动机目标转速的允许偏差范围内至少 1s，测量结果被认为有效。

6) 测量。测量应根据要求的传声器位置进行，记录测量的最大 "A" 计权声级，并保留到小数点后一位。对同一排气管口的测量应重复进行，直到连续三次测量数据的差异在 2.0dB（A）以内。

每一排气管口的最终结果是三次有效测量的算术平均值，最终结果 L_A 按下列公式计算，并保留到小数点后一位。

$$L_A = \frac{L_{A1}+L_{A2}+L_{A3}}{3} \tag{4-29}$$

对具有多个排气管口的汽车，最终结果 L_A 应为各排气管口的声压级平均值中的最大值。

4. 汽车压缩空气噪声测量试验

(1) 试验设备

1) 声学测量。测量用声级计或其他等效的测量系统应满足 GB/T 3785.1—2010 规定的 1 级声级计的要求（如果适用，还应包括推荐使用的防风罩）。噪声测量时，应使用声级计的 "F" 时间计权特性和 "A" 频率计权特性，详见 GB/T 3785.1—2010。当使用的声级计或测量系统能自动采样测量 "A" 计权声级时，则其读数时间间隔不应超过 30ms。

2) 测量期间声学测量仪器的校准。测量前后，应选用符合 GB/T 15173—2010 规定的 1 级精度要求的声校准器对整个声学测量系统进行校准。在没有再做任何调整的条件下，如果后一次校准读数相对前一次校准读数的差值超过 0.5dB，则认为前一次校准后的测量结果无效。

3）发动机转速、车速测量。应选用在测量要求的发动机转速条件下，准确度优于±2%的发动机转速测量仪器进行转速测量。车速测量仪器准确度应优于±0.5%。

4）气象参数测量。气象参数测量仪器应包括如下设备，其准确度应满足以下限值：

① 温度计，±1℃。

② 风速仪，±1.0m/s。

③ 大气压力表，±5hPa。

④ 相对湿度计，±5%。

(2) 试验条件

1）测试地点。测试地点为由混凝土、密实型沥青或类似的其他硬质材料所构成的室外平坦开阔地面。避免在雪地、草地、稀松的土壤或其他具有较强吸声特性的地面上进行测试。测试地点半径 50m 的范围内，没有大的声反射物，如围栏、岩石、桥梁或建筑物等。

2）天气条件。测试过程中，风速（包括阵风）不得超过 5m/s。

3）背景噪声。背景噪声的声压级至少比被测汽车定置噪声测量结果低 10dB（A），则测量结果有效。在测试过程中，可以使用防风罩，并应考虑它对声级计灵敏度的影响。

(3) 试验方法

1）汽车准备。准备进行测试前，对于手动档汽车，将档位置于空档并驻车；对于自动档汽车，将档位置于停车档并驻车。发动机处于正常工作状态，并合上发动机舱盖。对有空调装置的汽车，应关闭车内空调。如果汽车内安装有自动起动的风扇装置，应保证在测试过程中不会对声压级测量产生影响。

2）传声器位置。测试时，将传声器置于汽车中部、距离汽车两侧 7m 的位置，传声器参考轴应平行地面，且朝向汽车，距离地面高 1.2m。

3）测量。测量应根据要求的传声器位置进行。在压缩空气系统放气期间记录最大"A"计权声级，测量结果保留到小数点后一位。

测量以下三种放气工况的噪声：

① 发动机怠速工况下，测量压力调节器卸荷放气噪声。

② 操作行车制动时测量放气噪声。

③ 操作驻车制动时测量放气噪声。

每次行车或驻车制动放气噪声测量前，压缩空气系统应充气至卸荷（最大压力），并关闭发动机。

对所有传声器位置测量两次，如果在同一位置所测结果差值不超过 2dB（A），则视结果有效，最高的测量值作为测量结果。如果测试结果超过限值 1dB（A），在相应位置还要再测两次。这种情况下，在此位置所测的四个测量值中，三个值应满足噪声限值。

5. 主观评价试验

(1) 动力系统振动噪声

1）发动机起动/熄火：评价发动机起动/熄火（包含启停）时有无异常振动及噪声。

2）怠速发动机声音大小及品质：评价车辆怠速时（空调关/开两种状态，空调开的状态为温度适中，最小风量）发动机声音大小、音品质是否纯正（有无杂音），怠速有无明显振动。

3）怠速车辆内部件振动：车辆怠速状态下（空调关/开两种状态，空调开的状态为温度适中，最小风量），评价转向盘、座椅、变速杆、车门、地板有无振动。

4）正常加速时发动机/电机声音大小及品质：评价车辆正常加速时发动机声音大小、音品质是否纯正无杂音，加速有无明显振动，电动汽车电机高频噪声。

5）低频轰鸣声：评价车辆在怠速、加减速及匀速行驶状态下车厢内有无低频轰鸣声。

6）加减速车辆内部件振动：车辆正常加减速状态下，评价转向盘、座椅、变速杆、车门、地板有无振动。

7）匀速行驶发动机/电机声音大小及品质：评价车辆匀速行驶时发动机/电机声音大小、音品质是否纯正无杂音，有无明显振动。

8）匀速行驶车辆内部件振动：车辆正常匀速行驶状态下，评价转向盘、座椅、变速杆、车门、地板有无振动。

9）电机啸叫：在不同速度下松开加速踏板，D档滑行时，评价电机有无回馈啸叫噪声。

(2) 传动系统振动噪声

1）换档振动噪声：评价车辆加减档位时有无异常换档振动噪声。

2）变速器振动噪声：车辆在加减速、匀速行驶的不同工况下，评价变速器内部有无啸叫、敲击等异常振动噪声。

3）其他异常振动噪声：评价其他传动系统在运行工作中有无异常振动噪声。

(3) 车身系统振动噪声

1）风噪声：车辆在不同的车速下行驶，评价不同位置风噪声大小和风噪声出现的车速大小及随着车速的上升风噪声的变化。

2）整车隔声：评价车辆在光滑/粗沥青路面、混凝土接缝路面等不同路面上运行时整车隔声效果。

(4) 底盘系统振动噪声

1）转向系统：评价车辆转向系统在转向过程中有无异常振动噪声。

2）路噪声：车辆在光滑/粗沥青路面、混凝土路面行驶，评价道路噪声、轮胎噪声、轰鸣声及轮胎花纹噪声。

3）悬架系统：车辆在不同的路面上以不同的速度行驶，评价悬架系统总成及零部件有无异常振动噪声。

(5) 电器系统振动噪声

1）空调系统：评价空调开启是否引起多余的振动，空调压缩机工作噪声、风扇工作噪声是否与出风量相匹配。

2）其他电器系统：评价刮水器系统、玻璃升降器（含天窗）、电动真空泵、座椅电动机、外后视镜电动机工作时振动噪声大小。

(6) 其他异常振动及噪声

评价车辆在一般路面上行驶时车辆异常振动及噪声大小（如内饰件异响等）。

4.4 汽车主被动安全性试验

汽车安全性是汽车在行驶中避免事故,保障行人和乘员安全的性能。汽车的安全性主要分为两大类,一类是主动安全性,另一类是被动安全性。汽车的安全性是不可忽视的因素,汽车安全性好,往往可以避免事故的发生或降低伤亡的程度。汽车安全性试验一般分为主动安全性试验、被动安全性试验、行人保护安全试验。

4.4.1 汽车主动安全性试验

汽车主动安全性系统是指在车辆有撞击危险之前可以起到防患于未然的系统,其目的是提高汽车行驶的稳定性,减少操控的偏差。例如,常见的防抱制动系统(ABS)具有防滑、防锁死功能,能有效提高制动性能,防止甩尾、侧滑;电子制动力分配系统(EBD)能自动调节前、后轴的制动力分配比例,提高制动效能,在一定程度上可以缩短制动距离,并配合 ABS 提高制动稳定性。此外还有在车辆行驶中的稳定车辆的安全系统,如牵引力控制系统(TCS),能使汽车在各种行驶状况下获得最佳的牵引力,减少光滑路面上打滑现象的发生;汽车电子稳定控制系统(Electronic Stability Controller,ESC)是车辆新型的主动安全系统,是汽车防抱制动系统(ABS)和牵引力控制系统(TCS)功能的进一步扩展,并在此基础上,增加了车辆转向行驶时横摆率传感器、侧向加速度传感器和转向盘转角传感器,通过电控单元(ECU)控制前后左右车轮的驱动力和制动力,确保车辆行驶的侧向稳定性。这些主动安全装置已成为家庭轿车普遍装配的系统。

本节以 GB/T 13594—2003《机动车和挂车防抱制动性能和试验方法》和 GB/T 30677—2014《轻型汽车电子稳定性控制系统性能要求及试验方法》为例,来介绍汽车主动安全性试验的具体要求和试验方法。

1. 防抱制动系统(ABS)性能试验

目前的防抱系统由传感器、控制器和调节器组成。ABS 性能要求主要包括能量消耗、附着系数利用率和附加检查。其中,能量消耗指装备 ABS 的机动车辆必须在长时间全行程行车制动时保持其性能;附着系数利用率应小于或等于 0.75;附加检查分别考察车辆在满载和空载条件下紧急制动时,被控车轮的抱死情况和车辆的方向稳定性。

(1) 试验设备 试验设备见表 4-31。

表 4-31 试验设备

试验设备	具体要求
轮速/车速测量装置	精度不低于 1%
减速度测量仪器	精度不低于 5%
数据处理记录仪	精度不低于 5%
踏板力传感器(图 4-37)	精度不低于 2%
管路压力传感器	精度不低于 2%
压力调节装置	精度不低于 2%

(续)

试验设备	具体要求
温度计	精度不低于5%
监视车轮是否抱死及抱死时间的设备	精度不低于0.1s
可调压力的限压阀	测量k值时,在连接每个车轮的管路中,需要装用;精度不低于2%

(2) 试验准备

1) 试验场地。试验路面应为干燥、平整的混凝土或具有相同附着系数的其他路面,路面上不许有松散的杂物。在道路纵向任意50m长度上的坡度应小于1%。驻车试验坡度按有关条款规定,路拱坡度应小于2%。

2) 气候。风速应小于$5m/s^2$;气温不超过35℃。

(3) 试验方法

1) 空载、低附着系数路面上附着系数利用率的测定。接通防抱制动系统,踩下制动踏板,确认每个制动器都正常工作。以55km/h的初速度制动,测定速度从45km/h下降到15km/h的时间,制动过程中,保证防抱制动系统

图4-37 踏板力传感器

全循环。根据3次试验的平均值t_m,通过式(4-30)计算最大制动强度(Z_{AL}):

$$Z_{AL} = \frac{0.849}{t_m} \tag{4-30}$$

然后,脱开防抱制动系统或使其不工作,只对试验车辆的单根车轴(桥)进行制动,试验初速度为50km/h,制动力应在该车轴的车轮之间均匀分配,以达到最佳性能。通过逐次增加管路压力的方法进行多次试验来确定车辆的最大制动强度Z_{max}。每次试验时,应保持脚踏板力不变。制动强度Z应根据车速从40km/h降到20km/h所经历的时间t,用式(4-31)来计算。

$$Z = \frac{0.566}{t} \tag{4-31}$$

低于20km/h时车轮允许抱死。从t的最小测量值t_{min}开始,在t_{min}(包括t_{min}和$1.05t_{min}$之间选择3个t值),计算其算术平均值t_m,然后由式(4-32)计算制动强度:

$$Z_m = \frac{0.566}{t_m} \tag{4-32}$$

若实际证明,不能得到上述3个t值,可采用最短时间t_{min}。

根据测得的制动强度和未制动车轮的滚动阻力计算制动力及动态轴荷,如后轴驱动的两轴车。

用前轴制动时,制动力T_1、前轴动态载荷F_{fdyn}分别为

$$T_1 = Z_m mg - 0.015 F_r \tag{4-33}$$

$$F_{fdyn} = F_f + \frac{h}{L} Z_m mg \tag{4-34}$$

用后轴制动时,制动力T_2、后轴动态载荷F_{rdyn}分别为

$$T_2 = Z_m mg - 0.010 F_f \tag{4-35}$$

$$F_{rdyn} = F_r + \frac{h}{L} Z_m mg \tag{4-36}$$

式中，m 是整车质量；h 是质心高度；L 是轴距；F_f 是前轴的法向约束力；F_r 是后轴的法向约束力。

根据式（4-37）和式（4-38），前、后轴的附着系数分别为

$$k_f = \frac{Z_m mg - 0.015 F_r}{F_r + \dfrac{h}{L} Z_m mg} \tag{4-37}$$

$$k_r = \frac{Z_m mg - 0.010 F_f}{F_r - \dfrac{h}{L} Z_m mg} \tag{4-38}$$

可得整车附着系数为

$$k_M = \frac{k_f F_{fdyn} + k_r F_{rdyn}}{mg} \tag{4-39}$$

其中，

$$F_{fdyn} = F_f + \frac{h}{L} Z_{AL} mg \tag{4-40}$$

$$F_{rdyn} = F_r - \frac{h}{L} Z_{AL} mg \tag{4-41}$$

最后，根据式（4-42）可计算得到附着系数利用率为

$$\varepsilon = \frac{Z_{AL}}{k_M} \tag{4-42}$$

装备防抱制动系统时若满足 $\varepsilon \geq 0.75$，则可认为是符合要求的。

2）附加检查。试验时，脱开发动机，车轮允许短暂抱死；当车速低于 15km/h 时，车轮允许任意抱死。间接控制车轮在任何车速下都允许抱死，但不应影响车辆的行驶稳定性和转向性能。

① 单一路面试验。在附着系数小于或等于 0.3 和约为 0.8（干路面）的两种路面上，以 40km/h 和规定的初速度急促全力制动，试验过程中，由防抱制动系统直接控制车轮不应抱死。这些试验的目的是验证车轮未抱死且车辆稳定，因此不必完全制动使车辆停下。

② 对接路面试验。

a. 高附着系数路面到低附着系数路面。当某一车轴从高附着系数 k_H 路面驶向低附着系数路面 k_L 时，$k_H \geq 0.5$ 且 $k_H/k_L \geq 2$，急促全力制动，检查直接控制车轮未抱死。行驶速度和进行制动的时刻应这样确定，防抱制动系统能在高附着系数路面上全循环，并保证车辆以规定的高低两种速度从高附着系数路面驶入低附着系数路面。

b. 低附着系数路面到高附着系数路面。当车辆从低附着系数 k_L 路面驶向高附着系数 k_H 路面时，$k_H \geq 0.5$ 且 $k_H/k_L \geq 2$，急促全力制动，检查车辆的减速度在合适的时间内有明显的增加，同时车辆未偏离原来的行驶路线。行驶速度和制动时刻应这样确定：防抱制动系统能在低附着系数路面上全循环，车辆以约为 50km/h 的速度从低附着系数路面驶入高附着系

路面。

③ 对开路面试验。试验开始时，车辆的左右车轮分别位于两种不同附着系数（k_H 和 k_L）的路面上，$k_H \geq 0.5$ 且 $k_H/k_L \geq 2$，车辆的纵向中心平面通过高低附着系数路面的交界线，以 50km/h 的初速度急促全力制动，检查直接控制车轮未抱死，轮胎（外胎）的任何部分均未越过此交界线。试验时，可利用转向来修正行驶方向，但转向盘的转角在最初 2s 内不应超过 120°，总转角不应超过 240°。

2. 电子稳定控制系统（ESC）性能试验

电子稳定控制系统，是可以实时监控车辆运行状态，根据需要调节制动力和发动机转矩以改变车辆横摆力矩，使车辆按驾驶人意图行驶的主动安全系统。典型的 ESC 系统测试工况主要有正弦延迟试验、双移线试验、稳态回转试验。

(1) 正弦延迟试验

1) 试验设备。试验设备应能连续测定和记录车辆行驶车速、纵向加速度和侧向加速度，且误差为：车辆行驶车速为 ±0.50km/h；车辆纵向加速度为 ±0.15m/s^2；车辆侧向加速度为 ±0.15m/s^2。试验设备应能采集制动踏板力或位移、加速踏板位移及发动机转速。

2) 试验准备。试验条件见表 4-32。

表 4-32 试验条件

条件	具体要求
环境	环境温度为 0~45℃ 对静态稳定系数大于 1.25 的车辆，最大风速不大于 10m/s 对静态稳定系数不大于 1.25 的车辆，最大风速不大于 5m/s
路面	试验应在干燥、均匀、坚实的路面上进行 路面起伏、不平整（例如有下沉现象或有较大裂纹的），不适合进行试验。试验路面应为单一坡度且坡度不大于 1%
试验车辆	车辆处于整车整备质量状态，且内部装载总质量为 168kg，包括试验驾驶人、测试设备和必要的配重沙袋 配重沙袋根据试验驾驶人、测试设备的质量与规定的内部装载总质量（168kg）之差确定，通常应放置在前排乘员座椅后部的地板上，必要时，也可放置在前排乘员的脚部区域 所有的配重沙袋都应可靠放置，避免在试验过程中发生移动。为保证试验安全，可安装防翻架

3) 试验方法。

① 制动器预处理。在 56km/h 的初速度下，以 0.5g 的平均减速度将车辆制动至停车，共进行 10 次。在完成初速度为 56km/h 的系列制动后，立即在 72km/h 的初速度下全力制动使车辆停车，共进行 3 次。在进行规定的制动时，应在制动踏板上施加足够的制动力，使车辆的 ABS 在每次制动过程中的主要阶段都处于工作状态。在完成最后一次制动后，以 72km/h 的车速行驶 5min 对制动器进行冷却。

② 轮胎磨合。首先，对轮胎进行磨合，使表面粗化并达到规定的工作温度，然后驾驶试验车辆沿直径为 30m 的圆环顺时针方向行驶 3 圈，再按逆时针方向行驶 3 圈，行驶速度应使车辆产生约 0.5g~0.6g 的侧向加速度。采用频率为 1Hz 的正弦转向输入，以 56km/h 的车速进行试验，转向盘转角峰值时应使车辆产生 0.5g~0.6g 的侧向加速度。共进行 4 次试验，每次试验由 10 个正弦循环组成。在进行最后一次试验的最后一个正弦循环时，其转向盘转角幅值是其他循环的两倍。所有的试验之间允许的最长时间间隔为 5min。

③ 慢增量转向试验。试验车辆应沿逆时针方向和顺时针方向分别进行一组慢增量转向试验，每组试验由 3 次重复试验组成，各次试验之间允许的最长时间间隔为 5min。试验应在（80±2）km/h 的恒定车速下进行，以 13.5（°）/s 的角速度逐渐增加转向盘转角，直至侧向加速度达到大约 0.5g。将试验中车辆产生 3.0m/s² 的侧向加速度时的转向盘转角作为基准转向盘转角，记作 "A"。采用线性回归法计算每次慢增量转向试验的 A 值，并圆整至 0.1°，取 6 次慢增量转向试验 A 值绝对值的平均值并圆整至 0.1°，用于正弦停滞转向试验。

④ 正弦停滞转向试验。试验车辆以（80±2）km/h 的车速沿直线方向高档滑行，待车速稳定后试验驾驶人启动转向机器人工作程序，转向机器人以 0.7Hz 的频率和正弦延迟模式（延迟时间为 500ms）进行转向输入，转向盘转角输入模式如图 4-38 所示。初次正弦延迟试验的转向盘转角峰值为 1.5A，以 0.5A 峰值梯度逐次增加试验次数直至转向盘转角峰值为 6.5A 或 270°（取较大者），如果 6.5A>300°时，转向盘转角最大峰值取 300°。

4）检测结果评价。在正弦延迟试验过程中，记录转向盘转角、侧向加速度、横摆角速度等变量随时间变化的历程曲线。

根据试验记录的数据，将在转向盘转角方向开始改变后车辆的第一个峰值横摆角速度记为 ω_{peak}；将在正弦停滞转向试验开始 1.07s 时，车辆的侧向位置记为 Y_{disp}；将在正弦延迟试验中转向盘转向输入结束后 1s、测试开始 2.93s 时，车辆的横摆角速度记为 ω_1；将在正弦延迟试验中转向盘转向输入结束后 1.75s、测试开始 3.68s 时，车辆的横摆角

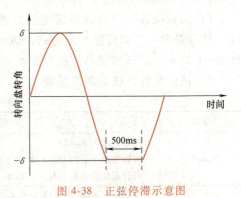

图 4-38 正弦停滞示意图

速度记为 ω_2，在每一次试验中，如果 $\delta>5A$，且 $Y_{disp}<1.83m$，则试验失败。反之，由式（4-43）和式（4-44）条件来判定。

$$\omega_1 < 0.35\omega_{peak} \tag{4-43}$$

$$\omega_2 < 0.2\omega_{peak} \tag{4-44}$$

如果条件满足，则继续试验；如果条件不满足，则试验失败。如果满足上述条件，且 $\delta>270°$，则试验成功，否则返回重复进行下一次试验。

简言之，评价 ESC 的侧向稳定性性能指标可定义为在正弦延迟试验中特定时刻的车辆横摆角速度与峰值横摆角速度之比。装配 ESC 系统的试验车辆应满足以下两个条件：

① 正弦延迟试验中转向盘转向输入结束后 1s 时对应的横摆角速度应不超过同一测试循环延迟时期横摆角速度峰值的 35%。

② 正弦延迟试验中转向盘转向输入结束后 1.75s 时对应的横摆角速度应不超过同一测试循环延迟时期横摆角速度峰值的 20%。

（2）双移线试验

1）试验设备。试验设备应能测量并记录车速，同时具有触发装置以记录某一瞬间的试验车速。车速测量误差不应超过±0.5km/h。

2）试验准备。双移线试验应在均匀、平坦的压实雪路或具有类似峰值制动力系数（Peak Braking Coefficient，PBC）的路面上进行，试验前后的路面峰值制动力系数（PBC）不应有明显变化。试验场地应足够宽阔，能够确保试验安全，试验通道应采用颜色醒目的标

志桩布置而成。其中，试验通道形状及各路段的尺寸应符合图 4-39 和表 4-33 的规定，标志桩应按图 4-40 所示，根据路段长度以不大于 5m 的间隔均匀布置。

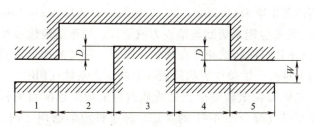

注：图中数字为路段编号，W 为路段宽度，D 为偏移量。

图 4-39　双移线试验通道示意图

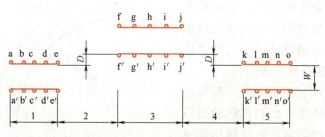

注：图中数字为路段编号，字母为标志桩编号，W 为路段宽度，D 为偏移量。

图 4-40　试验通道标志桩布置要求

表 4-33　试验通道尺寸要求

路段编号	长度 L/m	偏移量 D/m	路段宽度 W
1	15	—	$1.1w+1.25$m
2	30	—	—
3	25	1	$1.2w+1.25$m
4	25		
5	15		$1.3w+1.25$m

注：w 为车辆宽度（m）。

3）试验方法。试验应在 ESC 系统开启、关闭状态下分别进行。为保证试验安全，应从 30km/h 的起始车速开始，以不大于 5km/h 的幅度逐渐增加试验车速。每次试验时，应将车辆加速至规定试验车速并保持车速稳定，调整车辆状态，使车辆沿试验通道入口中心线驶入试验通道。在车辆进入图 4-39、图 4-40 所示路段 1 并经过标志桩 a、a′的时刻，触发记录该瞬间的车速，即入口车速。

车辆进入试验通道后，驾驶人应尽可能调整车辆转向装置，使车辆通过试验通道，但不应对车辆进行任何加速、减速操作。若车辆在通过试验通道的过程中，未接触任何标志桩，也未偏离试验通道，则认为试验有效；否则，认为试验失败，应重新进行一次试验。若车辆在某一车速，连续 5 次试验失败，则终止试验，取上次有效试验入口车速作为试验结果。在 ESC 系统开启、关闭状态下的试验完成后，对比分析两种状态下的最高入口车速，ESC 系统开启状态下的最高入口车速应明显高于 ESC 系统关闭状态。

(3) 稳态回转试验

1) 试验设备。试验设备应能连续测定和记录车辆行驶车速、纵向加速度和侧向加速度，且误差为：车辆行驶车速为 ± 0.50 km/h；车辆纵向加速度为 ± 0.15 m/s^2；车辆侧向加速度为 ± 0.15 m/s^2。试验设备应能采集制动踏板力或位移、加速踏板位移及发动机转速。

2) 试验准备。汽车稳态回转试验应在均匀、平坦、坚实的冰面或具有类似峰值制动力系数（PBC）的路面上进行，试验前后的路面峰值制动力系数（PBC）不应有明显变化。试验场地应足够宽阔，能够确保试验安全，试验通道应采用颜色醒目的标志桩布置而成。其中，试验通道宽度和半径应符合图4-41的规定，标志桩应沿圆周方向，以15°的间隔均匀布置。

3) 试验方法。试验应在ESC系统开启、关闭状态下分别沿顺时针、逆时针方向各进行3次。试验过程中，驾驶人应调整转向盘转角，使车辆以尽可能高的速度沿圆周试验通道稳定行驶至少两周。

在ESC系统关闭状态下，应以最低稳定车速开始（也可从零开始）沿试验通道行驶，缓慢连续且均匀地加速（纵向加速度不大于 0.25 m/s^2），直至车辆由于出现不稳定状态而冲出试验通道。在ESC系统开启状态下，应以最低稳定车速开始（也

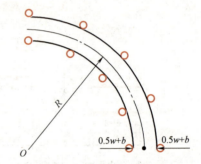

注：R 为圆周半径，不小于100m；w 为试验车辆宽度；b 等于1.5m。

图4-41 稳态回转试验通道示意图

可从零开始）沿试验通道行驶，缓慢连续且均匀地加速（纵向加速度不大于 0.25 m/s^2），直至加速踏板到达极限位置，待车速稳定后，在最高稳定车速试验过程中，若出现车辆不稳定而冲出试验通道的现象，则认为本次试验失败。在ESC系统开启、关闭状态下的试验完成后，对比分析两种状态下的最高稳定车速，ESC系统开启状态下的最高稳定车速应尽可能接近ESC系统关闭状态。

4.4.2 汽车被动安全性试验

汽车被动安全性系统是指在无法避免碰撞事故的情况下，只有依靠车辆本身抵挡撞击，将撞击伤害降到最低的系统。车辆的钢板、车身结构、安全带、安全气囊、头枕、可溃缩的转向盘及制动踏板等都是被动安全的重要组成部分。

汽车被动安全性试验主要是指碰撞试验，是以再现交通事故的方式来分析汽车在碰撞过程中车内乘员与车辆相对运动状态、乘员及车辆伤害状态等，通过分析结果可以改进车辆结构安全性设计和增设汽车乘员保护装置。

汽车被动安全性试验可以分为实车碰撞试验、滑车模拟碰撞试验和台架试验。实车碰撞试验与真实的汽车碰撞事故情形最接近，其试验结果说服力最强，是综合评价汽车碰撞安全性能最基本的试验方法。其他两类试验都是以实车碰撞的结果为基础，模拟碰撞环境的零部件试验，与实车碰撞试验相比，零部件试验费用低、试验条件稳定、试验过程易于控制，很适合于汽车安全零部件性能的考核及汽车开发过程中的阶段性验证试验。

汽车被动安全性的实车碰撞试验包括汽车正面碰撞、汽车侧面碰撞、汽车侧面柱碰撞、

追尾碰撞。

1. 正面碰撞

交通事故统计表明,现在的交通事故中正面碰撞事故是最常见且造成乘员伤害最多的事故形式。所以,各国对汽车正面碰撞试验都很重视,作为法规由政府强制实施。我国目前唯一施行的强制性检验项目便是100%重叠刚性固定壁障的碰撞试验,试验速度为48~52km/h,试验方法按国家标准 GB 11551—2014《汽车正面碰撞的乘员保护》。

(1) **试验设备** 加速度传感器、车速测量仪、摄像机、HybridⅢ假人(图4-42)。

(2) **试验准备**

1) 试验场地。试验场地应足够大,以容纳跑道、壁障和试验必需的技术设施。在壁障前至少5m的跑道应水平、平坦和光滑。

2) 壁障。壁障由钢筋混凝土制成,前部宽度不小于3m,高度不小于1.5m。壁障厚度应保证其质量不低于7×10^4kg。壁障前表面应铅垂,其法线应与车辆直线行驶方向成0°夹角,且壁障表面应覆以(20±1)mm厚、状态良好的胶合板(图4-43)。如果有必要,应使用辅助定位装置将壁障固定在地面上以限制其位移。壁障的方位应使碰撞角为0°。

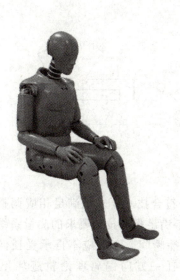

图4-42 HybridⅢ假人

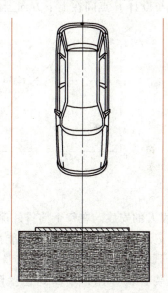

图4-43 带胶合板的0°壁障

3) 车辆质量。试验车质量为整备质量,燃油箱应注入水,水的质量为制造厂规定的燃油箱满容量时的燃油质量的90%,所有其他系统(制动系统、冷却系统等)应排空,排出液体的质量应予补偿。

4) 乘员舱调整。若转向盘可调,则应调节到制造厂规定的位置,如果制造厂没有规定,则应调节到可调范围的中间位置。在加速过程结束时,转向盘应处于自由状态,且处于制造厂规定的车辆直线行驶时的位置。

车辆上的活动玻璃应处于关闭位置。为便于试验测量,经制造厂同意,可以放下活动玻璃,只要此时操纵手柄的位置相当于玻璃关闭时所处的位置;变速杆应处于空档位置;踏板应处于正常的位置,若踏板可调,应放于中间位置,除非制造厂对该位置有特殊要求;车门应关闭但不锁止。

如果安装有活动车顶或可拆式车顶，它应处于应有位置并关闭，为便于试验测量，经制造厂同意可以打开；遮阳板应处于收起位置；内后视镜应处于正常的使用位置；前后座椅扶手若可移动，则应处于放下位置，除非受到车内假人的限制；高度可调节的头枕应处于最高位置。

5) 前排座椅位置。对于纵向可调节的座椅，应使 H 点位于行程的中间位置或最接近于中间位置的锁止位置，并处于制造厂规定的高度位置（假如高度可以单独调节）。对于长条座椅，应以驾驶人位置的 H 点为基准。当假人不能正确安放并且驾驶人座椅或前排乘员座椅的设计 H 点 (x_1, z_1) 符合式（4-45）（即该点落在图 4-44 直线 A 的左侧区域内）时，允许对该座椅进行适当的调节，直到假人可以正确安放为止，以便使该设计 H 点位于图 4-44 中平面坐标系直线 A 的右侧且尽可能地接近直线 A。

$$X < (1670 - Z)/1.94 \tag{4-45}$$

式中，X 是通过加速踏板表面中心并且垂直于车辆纵向中央平面的水平直线与设计 H 点间在前后方向上的水平距离（mm）；Z 是通过加速踏板表面中心并且垂直于车辆纵向中央平面的水平直线与设计 H 点间在上下方向上的垂直距离（mm）。

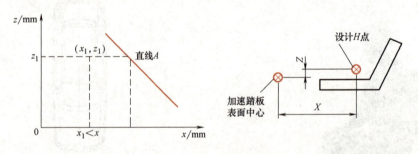

图 4-44 驾驶人位置的 H 点

6) 假人的安放。在每个前排外侧座椅上安放一个符合技术要求且满足相应调整要求的假人，为记录必要的数以便确定性能指标，假人应配备满足相应技术要求的测量系统。

（3）试验方法 车辆不应靠自身动力驱动。在碰撞瞬间，车辆应不再承受任何附加转向或驱动装置的作用，车辆到达壁障的路线在横向任一方向偏离理论轨迹均不应超过 150mm。在碰撞瞬间，车辆速度应为 50km/h。如果试验在更高的碰撞速度下进行并且车辆符合要求，也认为试验合格。

在试验过程中，车门不得开启，前门的锁止系统不得发生锁止。碰撞试验后，不使用工具，对于每排座位对应的门（若有门），至少有一个门能打开。必要时，改变座椅靠背位置使得所有乘员能够撤离。将假人从约束系统中解脱时，如果发生了锁止，通过在松脱位置上施加不超过 60N 的压力，该约束系统应能被打开，从车辆中完好地取出假人。

（4）检测结果评价 对于假人，头部性能指标（Head Performance Criterion，HPC）应不大于 1000，并且头部合成加速度大于 $80g$ 的时间，累积不应超过 3ms，但不包括头部反弹；颈部伤害指标（Neck Injury Criterion，NIC）应不大于图 4-45 和图 4-46 所示的限值曲线；颈部对 Y 轴弯矩在伸张方向应不大于 57N·m；胸部压缩指标 ThCC 应不大于 75mm；胸部黏性指标 V·C 应不大于 1.0m/s；大腿压缩力指标 FFC 应不高于图 4-47 所示的性能指标曲线。

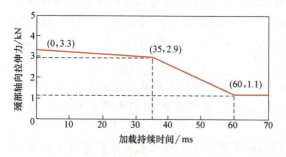

图 4-45　颈部伸张指示图

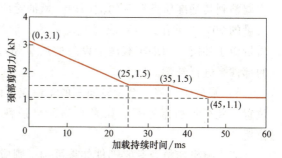

图 4-46　颈部剪切指标图

另外，在碰撞过程中，燃油供给系统不应发生泄漏。碰撞试验后，若燃油供给系统存在液体连续泄漏，则在碰撞后前 5min 平均泄漏速率不得大于 30g/min。如果来自燃油供给系统的液体与来自其他系统的液体混合，且不同的液体不容易分离和辨认，则在评定连续泄漏时，收集到的所有液体都应计入。

2. 侧面碰撞

十字路口是交通事故高发地段，而且发生的事故，不少是车辆正面与侧面碰撞。而汽车的侧面位置是整车中最薄弱的部分，其可以分散冲击力的部件极少，一旦发生碰撞，将给乘员生命安全

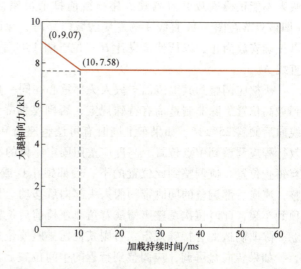

图 4-47　大腿压缩力指标图

造成极大的威胁，故进行侧面碰撞试验是十分有必要的，其试验方法按国家标准 GB 20071—2006《汽车侧面碰撞的乘员保护》。

（1）**试验设备**　加速度传感器、车速测量仪、摄像机、EuroSID Ⅰ 假人（图 4-48）。

（2）**试验准备**

1）试验场地。试验场地应足够大，以容纳移动变形壁障驱动系统、被撞车碰撞后的移动和试验设备。车辆发生碰撞和移动的场地地面应水平、平整、干燥和干净。

2）移动壁障。移动变形壁障上应装有适当装置，以避免与试验车发生二次碰撞。移动变形壁障的纵向中垂面轨迹应垂直于被撞车辆的纵向中垂面，移动变形壁障的纵向中垂面与试验车辆上通过碰撞侧前排座椅 R 点的横断垂面之间的距离应在 ±25mm 内。在碰撞瞬间，应确保由变形壁障前表面上边缘和下边缘限定的水平中间平面与试验前确定的位置的上下偏差在 ±25mm 内。

3）车辆质量。试验车辆质量应为规定的基准质量，其质量偏差

图 4-48　EuroSID Ⅰ 假人

应调整到其基准质量±1%的范围内。燃油箱应注入水,装入水的质量为制造商规定的装满油质量的90%。所有其他系统(制动系统、润滑系统、冷却系统等)可以排空,排除液体的质量应予补偿。如果车载测量设备的质量超过25kg,则应减少一些对试验结果无明显影响的部件来进行补偿。

4) 乘员舱调整。至少碰撞侧的车窗应关闭,车门应关闭但不锁止,变速杆应处于空档位置,驻车制动器松开。如果有座椅舒适性调整系统,则将其调整到车辆制造商给定的位置。

假人乘坐座椅及其零部件如果可调,则应调整到下述位置:座椅前后位置应调整并尽可能锁止在最接近中间的位置,如果此位置正好在两个锁止槽之间,则锁止在靠后的槽内。当假人不能正确安放并且驾驶人座椅或前排乘员座椅的设计H点(x_1,z_1)符合式(4-45)(即该点落在图4-44直线A的左侧区域内)时,允许对该座椅进行适当的调节,直到假人可以正确安放为止,以便使该设计H点位于图4-44平面坐标系直线A的右侧且尽可能地接近直线A。

头枕应调整到其上表面与假人头部重心在同一高度平面上,如果做不到,则将头枕调整到最高位置。除非制造商有特殊规定,否则座椅靠背应调整到使三维H点装置的躯干基准线向后倾斜25°±1°。如果车上同时有可调整座椅和固定座椅,则所有可调整座椅的前后有效行程应调整到中点位置,高度应按照固定座椅的高度位置调整,如果调整行程的中间点没有锁止位置,应调整到此位置的下、后部锁止点或使用其外侧中点。对于旋转(倾斜)调整,应向后部调整的同时带动假人头部向后移动。如果假人凸出于正常乘员乘坐空间,头部顶到车顶,此时再次调整座椅靠背角或座椅前后位置,以保证假人头部与车顶留有10mm间隙。除非制造商有特殊规定,否则其他前排座椅位置应调整到与假人乘坐座椅的相同位置。

如果转向盘可调,应调整到行程的中间位置。轮胎气压应调整到制造商规定的气压值。试验车辆放置应保证车轴处于水平,直到完成全部准备工作后安放上侧面碰撞假人。试验车辆应处于符合车辆质量规定的状态。带有可调整离地间隙的悬架系统的车辆应调整到制造商规定50km/h车速正常行驶时的离地间隙进行试验。如果需要可以加辅助支承来保证,但不得影响试验车辆碰撞性能。

5) 假人安放。按照侧碰撞试验程序的规定将假人放置在碰撞侧的前排外侧座椅上,侧碰撞时试验假人的温度应稳定在(22±4)℃之间,假人佩带该车型选用的安全带或其他约束系统。假人佩带的安全带或约束系统应按制造商的规定调整到适合假人佩戴,如果制造商没有规定,则高度方向上应调整到中间位置,若无法做到,应调整到最接近的中间偏下位置。

(3) 试验方法 在碰撞瞬间,移动变形壁障的速度应为(50±1)km/h,并且该速度至少在碰撞前0.5m内保持稳定。测量仪器的准确度为1%。如果试验在更高的碰撞速度下进行,且车辆符合本标准的技术要求,也认为合格。

(4) 检测结果评价 乘员损伤评价指标包括头部、胸部、腹部和腰部各损伤值,见表4-34。

另外,在碰撞试验后,如果燃油供给系统出现液体连续泄漏,其泄漏速度不得超过30g/min;如果燃油供给系统泄漏的液体与其他系统泄漏的液体混合,且不同的液体不容易分离和辨认,则在评定连续泄漏的泄漏速度时记入所有收集到的液体。

表 4-34 乘员损伤值指标

指标描述	标准要求
头部性能指标（HPC）	≤1000
胸部位移	肋骨变形指标（RDC）≤42
胸部软组织速度	黏性指数（VC）≤1m/s^2
肋骨冲击力	耻骨合成力峰值（PSPF）≤6000N
腹部性能指标	腹部力峰值（APF）≤2500N 内力（相当于 4500N 外力）

3. 侧面柱碰撞

侧面柱碰撞试验对车辆的要求比侧面碰撞试验更为严格。我国实际发生的交通事故中，单车事故侧滑而撞击大树、电线杆、指示牌、立柱等物体，属于侧面柱碰撞。据统计，在我国由于侧面碰撞事故而导致死亡的案例中有 38% 是因为乘员的头部撞到树或柱状物体而造成的。柱状物体通常是指信号交通标志杆、灯杆、电话杆、大树、消防栓、电线杆等圆柱形刚性物体。侧面柱碰撞试验方法按国家标准 GB/T 37337—2019《汽车侧面柱碰撞的乘员保护》。

（1）**试验设备** 加速度传感器、车速测量仪、摄像机、WordSID 50 假人（图 4-49）或 ES2-re 假人（图 4-50）。

图 4-49 WordSID 50 假人

图 4-50 ES2-re 假人

（2）**试验准备**

1）试验场地。试验场地应足够大，以容纳包括试验车辆搭载平台驱动系统在内的试验设备。车辆发生碰撞和移动的场地地面应水平、平整、干燥。

2）车辆姿态。试验姿态下车辆左侧和右侧纵倾角应分别处于整备姿态、基准姿态下相应侧车辆纵倾角范围之间。整备姿态、基准姿态和试验姿态下用来确定车辆左侧（或右侧）纵倾角的每条直线应采用同侧门槛上相同的基准点来连接。试验姿态下车辆前部和后部侧倾角应分别处于整备姿态、基准姿态下相应侧车辆侧倾角范围之间。整备姿态、基准姿态和试验姿态下用来确定车辆前部（或后部）侧倾角的每条直线应采用车身前部（或后部）相同的基准点来连接。

3）车辆质量。车辆质量为车辆整备质量加上侧碰撞假人的质量，再加上 136kg 的负重或额定货物和行李的质量（以较小者为准），其质量偏差应调整到-10~0kg的范围内。燃油箱可装入水，装入水的质量为制造商规定的装满油质量的90%。所有其他系统（制动系统、润滑系统、冷却系统等）可以排空，排除液体的质量应予补偿。

4）乘员舱调整。碰撞侧车窗关闭，天窗处于完全关闭的位置。对于可折叠车顶的车辆（包括敞篷式汽车），应将车顶放置在能够构成封闭乘员舱的位置。车门应关闭但不锁止，对于具有自动落锁系统的车辆，所有车门在碰撞前应处于锁止状态；对于自动落锁系统为选装或驾驶人可关闭式系统的车辆，至少非碰撞侧车门在碰撞前处于锁止状态。自动档车辆变速杆处于空档位置，手动档车辆处于第二档位置，驻车制动器处于制动状态。座椅舒适性调整系统应处于最低或未展开位置。如座椅腰部支承系统，应使其处于最低、缩回或者排空气体的调整位置；座垫长度可调系统及腿部支承系统，应调整到最后或缩回的调整位置；座椅扶手处于收缩位置。

调整座椅上下、前后方向位置，将座垫基准点调至最高、最后位置。确定座垫基准线角度范围，将座垫基准线角度调整至中间角度；调整座椅垂直方向位置，将座垫基准点调至最低位置。当放置 WordSID 50 假人时，将座垫基准点调整至其前后行程的中间偏后 20mm 位置；放置 ES2-re 假人时，将座垫基准点调整至其前后行程的中间位置。若不能调整到上述位置，则应调整至最接近的偏后位置。头枕应调整至制造商规定的 50 百分位成年男性乘员设计位置；否则，将头枕调至最高位置。除非制造商有特殊规定，对于 WordSID 50 假人，座椅靠背应调整到使三维 H 点装置的躯干基准线向后倾斜 $(23\pm1)°$；对于 ES2-re 假人，座椅靠背应调整到使三维 H 点装置的躯干基准线向后倾斜 $(25\pm1)°$。试验车辆放置应尽量保证车轴处于水平，直到完成全部准备工作后安放上侧碰撞假人。

5）碰撞角度。滑动或驱动车辆横向至刚性柱，当接触发生时，平行于车辆碰撞速度矢量的垂直面（图 4-51）与车辆纵向中心线之间应形成 $(75\pm3)°$ 的碰撞角度。

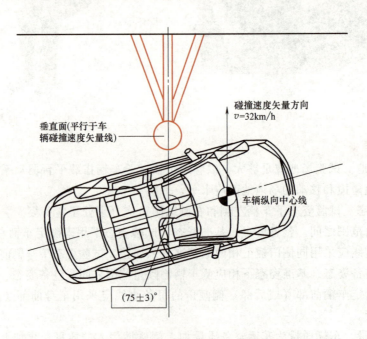

图 4-51 碰撞角度示意图（左侧为例）

6）假人安放。侧碰撞时 WordSID 50 假人温度应稳定在 20.6~22.2℃ 之间。ES2-re 假人温度应稳定在 18~26℃ 之间。侧碰撞假人应符合相应的规定，并按照规定安放在碰撞侧前排外侧座椅上。假人佩戴该车型选用的安全带或其他约束系统，安全带及安全带固定点应符合 GB 14166—2013《机动车乘员用安全带、约束系统、儿童约束系统 ISOFIX 儿童约束系统》和 GB 14167—2013《汽车安全带安装固定点、ISOFIX 固定点系统及上拉带固定点》的规定。假人佩戴的安全带或约束系统应按制造商规定调整到适合假人佩戴；如果制造商没有规定，则高度方向上应调整到中间位置，若无法做到，应调整到最接近的中间偏下位置。

（3）**试验方法** 从车辆运动方向上看，碰撞试验时碰撞基准线应对准刚性柱表面中心线。当车辆与刚性柱发生碰撞时，刚性柱表面中心线应控制在与碰撞基准线平行，且分别距离碰撞基准线 25mm 的两垂直平面形成的接触区域内。试验车辆驱动过程中，与刚性柱第一次接触前的加速阶段，其加速度不得超过 1.5m/s^2。

在碰撞瞬间，车辆的碰撞速度应为 32km/h（但对于车辆宽度不大于 1.5m 的车辆，可降低速度进行相应试验，其碰撞速度应为 26km/h），并且该速度至少在碰撞前 0.5m 内保持稳定，测量仪器的准确度为 1%。如果试验在更高的碰撞速度下进行且车辆符合相应的技术要求也认为合格。

（4）**检测结果评价**

1）WordSID 50 假人性能要求见表 4-35。

表 4-35　WordSID 50 假人性能要求

指标描述	标准要求
头部性能指标（HPC）	≤1000
肩部性能指标	肩部侧向力峰值≤3000N
胸部性能指标	胸部肋骨变形≤55mm
腹部性能指标	腹部肋骨变形不大于 65mm；下腰椎累计 3ms 合成加速度不大于 75g
骨盆性能指标	骨盆合力峰值不大于 3.36kN

2）ES2-re 假人性能要求见表 4-36。

表 4-36　ES2-re 假人性能要求

指标描述	标准要求
头部性能指标（HPC）	≤1000
胸部性能指标	肋骨变形指标（RDC）≤44mm
腹部性能指标	腹部合力峰值（APF）≤2500N 的内力（或 4500N 的外力）
骨盆性能指标	耻骨结合点力峰值（PSPF）≤6000N

4. 追尾碰撞

汽车在追尾碰撞事故中燃油箱及管路渗漏爆炸起火在事故车辆中仅占 1%，但此类事故一旦发生，后果十分严重。我国于 2006 年发布了汽车追尾碰撞的强制性试验标准 GB 20072—2006《乘用车后碰撞燃油系统安全要求》。

（1）**试验设备**　车速测量仪。

(2) 试验准备

1) 试验场地。试验场地应足够大,以容纳碰撞装置驱动系统、被撞车辆碰撞后移动及试验设备。车辆发生碰撞和移动的场地应水平、平整,路面摩擦系数不小于0.5。

2) 碰撞装置。碰撞装置应为一刚性的钢制结构,其表面应为平面,宽度不小于2500mm,高度不小于800mm,其棱边圆角半径为40~50mm,表面装有厚为20mm的胶合板。碰撞时应满足下述要求:碰撞表面应铅垂,并垂直于被撞车辆的纵向中心平面;碰撞装置移动方向应水平,并平行于被撞车辆的纵向中心平面;碰撞装置表面中垂线和被撞车辆的纵向中心平面间横向偏差不大于300mm,并且碰撞表面宽度应超过被撞车辆的宽度;碰撞表面下边缘离地高度应为(175±25)mm。

3) 碰撞装置的驱动方式。碰撞装置既可以固定在移动车上(移动壁障),也可以为摆锤的一部分。

① 使用移动壁障的要求。如果碰撞装置用约束元件固定于移动车(移动壁障)上,则约束元件一定是刚性的,且不应因碰撞而产生变形。在碰撞瞬间移动车应与牵引装置脱离而能自由移动。碰撞速度为(50±2)km/h,移动车和碰撞装置总质量为(1100±20)kg。

② 使用摆锤的要求。碰撞装置的碰撞表面中心与摆锤旋转轴间距离不应小于5m。碰撞装置应牢固地固定在刚性臂上并通过刚性臂自由悬挂,摆锤结构不能因碰撞而变形。摆锤应装有制动器,以防止摆锤二次碰撞试验车。摆锤撞击中心在碰撞瞬间速度为(50±2)km/h。

摆锤撞击中心的转换质量 m_r 与总质量 m、撞击中心与旋转轴间距离 a 和系统重心与旋转轴距离 l 之间关系如式(4-46):

$$m_r = m \frac{l}{a} \qquad (4-46)$$

其中 m_r 应为(1100±20)kg。

4) 受检车辆。试验车辆应装备计入车辆整备质量中的所有正常安装的部件和设备,并且应装备涉及防火性能的部件和设备。应向燃油箱加注至少满容量90%的燃料或其密度和黏度与正常使用燃油相近的非可燃液体,其他系统(如制动液罐、散热器等)可以排空。

变速器可不处于空档位置,驻车制动器可处于制动状态。若制造厂要求应允许下述偏离:负责进行该项试验的检验机构,可以使用已进行过其他(包括影响其结构的)试验的同一辆试验车进行本标准所规定的试验。允许车辆的质量适当增加,但不超过其整备质量的10%,附加的质量应牢固地固定在结构件上,试验中不应影响乘员舱结构性能。

(3) 检测结果评价 在碰撞过程中,燃油装置不应发生液体泄漏。碰撞试验后,燃油装置若有液体连续泄漏,则在碰撞后前5min平均泄漏速率不应大于30g/min;如果从燃油装置中泄漏的液体与从其他系统泄漏的液体混淆且这几种液体不容易分开和辨认,则应根据收集到的所有液体评价连续泄漏量,且不应引起燃料的燃烧。在碰撞过程中和碰撞试验后,蓄电池应由保护装置保持其位置。

4.4.3 行人保护安全试验

伴随着汽车保有量的不断增加,我国道路交通事故发生量和死亡人数也节节攀升,其中行人的安全状况尤为突出。行人处于道路交通使用者中的弱势地位，没有屏蔽体、安全带、安全气囊等汽车乘员所具有的保护措施，所以事故伤亡率很高。故进行行人保护安全试验具有重要的意义，行人保护安全试验方法按国家标准GB/T 24550—2009《汽车对行人的碰撞保护》。

1. 试验设备

下腿型冲击器、上腿型冲击器、儿童头型冲击器、成人头型冲击器（图4-52~图4-54）。

图 4-52 新型行人腿型冲击器

2. 试验准备

（1）**温度和湿度** 试验时，试验设备和车辆或其部件应在相对湿度为（40±30）%和（20±4）℃的温度环境下。

图 4-53 儿童头型冲击器

图 4-54 成人头型冲击器

（2）**试验场地** 冲击试验场地应由平坦、光滑、坚硬且不平度不大于1%的平面构成。

（3）**受检车辆** 驾驶人质量为75kg，由座椅上的模拟人体质量68kg和7kg行李质量组成。座椅上的模拟人体质量为68kg，对于M_1类车辆还包含7kg行李质量，对于不搭乘站立乘员的M_2类和M_3类车辆还包含3kg手提行李质量。

对于完整的车辆或切割的车身，应按下列条件调试后进行试验。车辆应处于正常行驶姿态，并且牢固地安放在支承架上或在驻车制动器制动状态下停在水平面上。在试验中，切割的车身应包括车辆前部结构的所有部分，所有发动机舱盖下面的部件和风窗玻璃后面的可能在正面碰撞中与行人等弱势道路使用者有关的所有部件，以体现车辆上所有参与其中部件的性能和相互作用。切割的车身应在车辆正常行驶姿态下牢固地固定。

在与车辆发生碰撞时，所有设计用于保护行人等弱势道路使用者的装置，在相关试验之前应正确启动并保证其在试验中起作用，制造厂应保证所有装置在行人碰撞事故中能按预期起作用。除了保护行人的主动装置外，对于可改变形状或者位置的车辆部件，以及有不止一种固定形状或位置的部件，则车辆在每种固定形状或位置的部件均应符合要求。

3. 试验方法

（1）**下腿型对保险杠的试验程序** 当冲击器从受控的贮存区取出用于试验时，每次试验应在2h内完成。选择的目标点应在保险杠试验区域内。冲击速度的矢量方向应在水平平面内，并平行于车辆纵向垂直平面。在第一接触时刻速度矢量的方向在水平平面和纵向平面的偏差为±2°。冲击器的轴应垂直于水平平面，在侧向平面和纵向平面的偏差为±2°。水平平面、纵向平面和侧向平面互相正交（图4-55）。在第一接触时刻冲击器的底部应在地面基准平面以上25mm（图4-56），偏差为±10mm。当设置推进系统的高度时，应考虑冲击器在自由飞行期间的重力影响。下腿型冲击器对保险杠的试验，在冲击瞬间应处于自由飞行状态。冲击器在离车辆一定的距离释放为自由飞行状态，这个距离的确定应保证在冲击器反弹时，推进系统与冲击器的接触不应影响试验结果。

冲击器可由空气、弹簧、液压枪或者能得到相同结果的其他方式推进。在第一接触时刻，为了其膝关节的正确操作，冲击器绕着垂直轴的定位偏差为±5°（图4-55）。在第一接触时刻，冲击器的中心线与已选定的冲击位置的偏差为±10mm。在冲击器和车辆接触过程中，冲击器不应接触地面或与车辆无关的任何物体。当撞击保险杠时冲击器的冲击速度为(11.1±0.2)m/s。在第一接触时刻前从测量仪器上获得冲击速度，应考虑重力的影响。

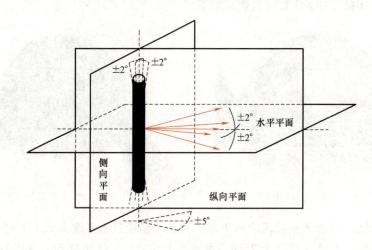

图4-55 在第一接触时刻下腿型冲击器允许的角度偏差

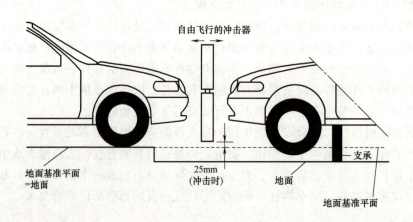

图4-56 正常行驶姿态的整车（左侧）和安装在支承上的切割车身（右侧）的下腿型对保险杠试验

（2）**上腿型对保险杠的试验程序** 当冲击器从受控的贮存区取出用于试验时，每次试验应在2h内完成。选择的目标点应过保险杠角的两个纵向垂直平面分别向内平行移动

66mm后，两个纵向垂直平面之间的保险杠的前表面。在第一接触时刻，冲击方向应平行于车辆纵向轴且上腿型的轴线应垂直，偏差为±2°。在第一接触时刻冲击器的水平中心线应位于保险杠上部基准线和保险杠下部基准线的中线上，纵向偏差为±10mm，并且冲击器的垂直中心线与已选定的冲击位置的横向偏差为±10mm。当撞击保险杠时上腿型冲击器的冲击速度应为（11.1±0.2）m/s。

(3) **儿童头型试验程序** 试验区域为：车辆前部结构的外表面区域，区域的界限是前面至儿童头型前基准线，后面至1700mm的包络线（Wrap Around Distance，WAD），两侧至侧面基准线。

对于在发动机舱盖上部的后面区域的试验，在冲击发动机舱盖上部前，头型冲击器不应接触到前风窗玻璃或A柱（从车辆地板延伸到顶部的最前、最外端的顶部支承）。冲击点不应定位于将导致在试验区域外发生更为严重的二次碰撞的试验区域。在第一接触时刻，在发动机舱盖上所选定的儿童头型冲击器的冲击点应符合：侧面基准线以内不小于82.5mm；WAD1700线的前向，或发动机舱盖后面基准线前向不小于82.5mm，测量点取最前点；WAD1000线的后向，或发动机舱盖前缘基准线后向不小于82.5mm，测量点取最后点（这些最小距离的设定是用一根软尺沿着车辆外表面拉紧确定）。

头型冲击器的第一接触点与已选定的冲击点的偏差应为±10mm，冲击时头型速度应为（9.7±0.2）m/s。冲击方向应在车辆纵向垂直平面内，相对于水平面的试验冲击角度为（50±2）°。试验冲击方向相对于前部结构应向下和向后。

(4) **成人头型试验程序** 试验区域为：车辆前部结构的外表面区域，该区域的界限是前面至1700mm的包络线（WAD），后面至成人头型的后面基准线，两侧至侧面基准线。

对于在发动机舱盖上部的后面区域的试验，在冲击发动机舱盖上部前，头型冲击器不应接触到前风窗玻璃或A柱。冲击点不应定位于将导致在试验区域外发生更为严重的二次碰撞的试验区域。在第一接触时刻，在发动机舱盖上所选定的成人头型冲击器的冲击点应符合：侧面基准线以内不小于82.5mm；WAD2100线的前向，或发动机舱盖后面基准线前向不小于82.5mm，测量点取最前点；WAD1700线的后向（这些最小距离的设定是用一根软尺沿着车辆外表面拉紧确定）。

头型冲击器的第一接触点与已选定的冲击点的偏差应为±10mm。冲击时头型速度应为（9.7±0.2）m/s。冲击方向应在车辆纵向垂直平面内，相对于水平面的试验冲击角度为（65±2）°。试验冲击方向相对于前部结构应向下和向后。

4. 检测结果评价

(1) **下腿型对保险杠的试验** 膝部最大动态弯曲角不大于19°，膝部最大动态剪切位移不大于6.0mm，小腿上端加速度应不大于170g。制造厂可指定宽度总计最大为264mm的保险杠试验区域，此区域的小腿上端加速度不大于250g。

(2) **上腿型对保险杠的试验** 任何时刻的瞬间冲击力总和不大于7.5kN，试验冲击器的弯矩不大于510N·m。

(3) **头型试验** 至少一半的儿童头型试验区域头部伤害指标（Head Injury Criterion，HIC）应不大于1000，三分之二以上的成人头型和儿童头型合计的试验区域HIC值应不大于1000，两个头型剩余区域的HIC值不大于1700。如果车辆只有儿童头型试验区域，三分之

二以上的试验区域 HIC 值不大于 1000，剩余区域的 HIC 值不大于 1700。

4.5 汽车电子电气系统安全性试验

新能源汽车是指采用非常规的车用燃料作为动力来源（或使用常规的车用燃料、采用新型车载动力装置），综合车辆的动力控制和驱动方面的先进技术，形成的技术原理先进，具有新技术、新结构的汽车。新能源汽车包括纯电动汽车、增程式电动汽车、混合动力电动汽车、燃料电池电动汽车、氢发动机汽车等。

2020 年 11 月，国务院办公厅印发《新能源汽车产业发展规划（2021—2035 年）》，要求深入实施发展新能源汽车国家战略，推动中国新能源汽车产业高质量可持续发展，加快建设汽车强国。

纯电动汽车（Battery Electric Vehicle，BEV）指的是驱动能量完全由电能提供的、由电机驱动的汽车，动力源可由可充电电池（如铅酸电池、镍镉电池、镍氢电池或锂离子电池）提供。其组成包括：电力驱动及控制系统、驱动力传动等机械系统、完成既定任务的工作装置等。电力驱动及控制系统是纯电动汽车的核心，也是区别于内燃机汽车的最大不同点。电力驱动及控制系统由驱动电机、电源和电机的调速控制装置等组成。纯电动汽车的其他装置基本与内燃机汽车相同。

燃料电池电动汽车（Fuel Cell Electric Vehicle，FCEV）指的是以燃料电池系统作为单一动力源或者是以燃料电池系统与可充电储能系统作为混合动力源的电动汽车。燃料电池电动汽车实质上是电动汽车的一种，在车身、动力传动系统、控制系统等方面，燃料电池电动汽车与普通电动汽车基本相同，主要区别在于动力电池的工作原理不同。燃料电池的反应机理是将燃料中的化学能不经过燃烧直接转化为电能，即通过电化学反应将化学能转化为电能，实际上就是电解水的逆过程，通过氢氧的化学反应生成水并释放电能。电化学反应所需的还原剂一般采用氢气，氧化剂则采用氧气，因此最早开发的燃料电池电动汽车多是直接采用氢燃料，氢气的储存可采用液化氢、压缩氢气或金属氢化物储氢等形式。

混合动力电动汽车（Hybrid Electric Vehicle，HEV）指的是拥有至少两种动力源，使用其中一种或多种动力源提供部分或者全部动力的汽车。而在目前实际生活中，混合动力电动汽车多采用传统的内燃机和电机作为动力源，通过混合使用热能和电力两套系统开动汽车。使用的内燃机既有柴油机又有汽油机，因此可以使用传统汽油或者柴油，也有的发动机经过改造使用其他替代燃料，例如压缩天然气、丙烷和乙醇燃料等。使用的电动力系统中包括高效强化的电机、发电机和蓄电池，蓄电池目前使用的有铅酸电池、镍锰氢电池和锂电池，将来应该还能使用氢燃料电池。

下文以纯电动汽车、混合动力电动汽车和燃料电池电动汽车为例，来介绍新能源汽车安全性能试验的具体要求。

4.5.1 纯电动汽车安全性能试验

本节根据 GB 18384—2020《电动汽车安全要求》，来介绍电动汽车的安全要求和试验方法，该标准是我国电动汽车安全性能测试的重要基础标准和电动汽车新车定型强制性检验以及进口机动车检验的重要技术依据之一，对保护车辆在正常使用情况下的人员安全具有重要意义，纯电动汽车安全性能试验专业词汇定义见表 4-37。

表 4-37 纯电动汽车安全性能试验专业词汇定义

专业词汇名称	定义
可充电储能系统 （Rechargeable Electrical Energy Storage System，REESS）	可充电的且可以提供电能的能量存储系统
维修断开装置 （Service Disconnect）	在检查或者维修电池包、燃料电池堆时用来断开高压电路的装置
传导连接 （Conductive Connection）	采用导体进行可导电连接
直接驾驶 （Direct Driving）	驾驶人通过转向盘、制动踏板、换档机构、加速踏板等实现对车辆的控制
IP 代码 （IP Code）	表明外壳对人接近危险部件、防止固体异物或水进入的防护等级，并且给出与这些防护有关的附加信息的代码系统

1. 直接接触防护试验

（1）**直接接触防护要求** 直接接触防护是通过绝缘材料、外壳或遮栏实现人体与 B 级电压带电部件的物理隔离，外壳或遮栏可以是导体也可以是绝缘体。

对于 M_2 类、M_3 类车型，如果在车顶布置有顶部充电装置，如图 4-57 所示。若从车辆入口最底部台阶处到顶部充电装置的外露 B 级电压带电部分的最短路径长度至少为 3m，则顶部充电装置的外露 B 级电压带电部分可不满足直接接触防护要求。

1）遮栏或外壳要求。如果通过遮栏或外壳提供触电防护，则 B 级带电部分应布置在外壳里或遮栏后，防止从任何方向上接近带电部分。

遮栏和外壳需要满足如下两点要求：

① 乘员舱内、货舱内的遮栏和外壳应满足 GB/T 4208—2017《外壳防护等级（IP 代码）》中 IP××D 的防护等级要求，乘员舱外、货舱外的遮栏和外壳应满足 IP××B 的防护等级要求。

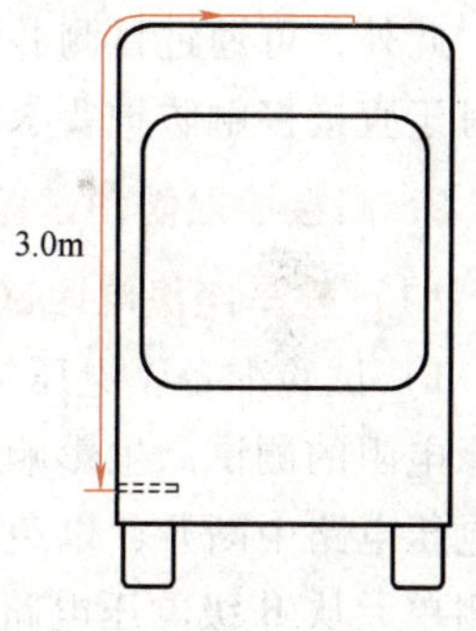

图 4-57 最短路径测量示意图

② 通常，遮栏和外壳只能通过工具才能打开或者去掉；若遮栏和外壳在不使用工具的情况下可以打开或者去掉，则要有某种方法使其中的 B 级电压带电部分在遮栏和外壳打开后 1s 内至少满足如下两种要求之一。

a. 交流电路电压应降到不超过 30V，直流电路电压应降到不超过 60V。

b. B 级电路存储总能量小于 0.2J。

2）插接器要求。高压插接器在不使用工具的情况下应无法打开，但以下三种情况除外：

① 高压插接器分开后，应满足 IP××B 的防护等级要求。

② 高压插接器至少需要两个不同的动作才能将其从相互的对接端分离，且高压插接器与其他某个机构有机械锁止关系，在高压插接器打开前，该锁止机构应要使用工具才能打开。

③ 在高压插接器分开之后，插接器中带电部分的电压能在1s内降低到不大于30V（交流电压）且不大于60V（直流电压）。

3）高压维修断开装置要求。对于装有高压维修断开装置的车辆，高压维修断开装置在不使用工具的情况下应无法打开或拔出，但以下两种情况除外：

① 高压维修断开装置打开或者拔出后，其中的B级电压带电部分满足IP××B的防护等级要求。

② 高压维修断开装置在分离后1s内其B级电压带电部分电压降低到不大于30V（交流电压）且不大于60V（直流电压）。

4）充电插座要求。车辆充电插座与车辆充电插头在断开时，车辆充电插座应至少满足以下一种要求：

① 在断开后1s内，充电插座B级电压带电部分电压降低到不大于30V（交流电压）且不大于60V（直流电压）或电路存储的总能量小于0.2J。

② 满足IP××B的防护等级要求并在1min的时间内，充电插座B级电压带电部分电压降低到不大于30V（交流电压）且不大于60V（直流电压）或电路存储的总能量小于0.2J。

（2）试验方法　在进行直接接触防护测试过程中，车辆应处于整车断电状态，且车辆所有遮栏和外壳应完好。测试过程中，检测人员在不使用其他工具的前提下，按照GB/T 4208—2017中IP××D和IP××B的测试方法，仅使用探针或试指对车外和车内的开口和插接器等进行IP等级测试。

此外，可通过目测并结合制造商说明，验证插接器、高压维修断开装置以及车辆充电插座对于直接接触防护要求的符合性。

2. 间接接触防护试验

（1）整车绝缘电阻试验

1）试验准备。电压检测工具的内阻不小于10MΩ。在测量时若绝缘监测功能会对整车绝缘电阻的测试产生影响，则应将车辆的绝缘监测功能关闭或者将绝缘电阻监测单元从B级电压电路中断开，以免影响测量值，否则制造商可选择是否关闭绝缘监测功能或者将绝缘监测单元从B级电压电路中断开。

2）对含有B级电压电源的电路的绝缘电阻测量方法。具体测量步骤如下：

① 使车辆上电，保证车辆上所有电力、电子开关处于激活状态。

② 用相同的两个电压检测工具同时测量REESS的两个端子和电平台之间的电压，如图4-58所示。待读数稳定，较高的一个为U_1，较低的一个为U_1'。

③ 添加一个已知电阻R_0，阻值宜选择1MΩ。如图4-59所示，并联在REESS的U_1侧端子与电平台之间。再用步骤②中的两个电压检测工具同时测量REESS的两个端子和电平台之间的电压，待读数稳定后，测量值为U_2和U_2'。

④ 计算绝缘电阻R_i，方法如下：

R_i可以使用R_0和四个电压值U_1、U_1'、U_2和U_2'以及电压检测设备内阻r代入式（4-47）或式（4-48）来计算。

$$\frac{R_i r}{R_i + r} = R_0 \left(\frac{U_2'}{U_2} - \frac{U_1'}{U_1} \right) \tag{4-47}$$

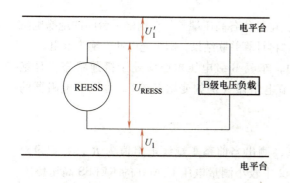

图 4-58 绝缘电阻测量步骤②

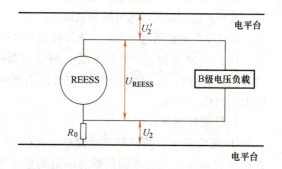

图 4-59 绝缘电阻测量步骤③

$$R_i = \cfrac{1}{\cfrac{1}{R_0\left(\cfrac{U_2'}{U_2}-\cfrac{U_1'}{U_1}\right)}-\cfrac{1}{r}} \tag{4-48}$$

3) 对不含电源的 B 级电压负载绝缘电阻测量方法。具体测量步骤如下:
① 将被测的 B 级电压负载的所有电源(包括 A 级电压电源)断开。
② 将 B 级电压负载的所有 B 级电压带电部分相互传导连接。
③ 将 B 级电压负载所有外露可导电部分、A 级电压部分与电平台传导连接。
④ 将绝缘电阻测试设备连接在带电部分和电平台之间,该设备可选用兆欧表。
⑤ 将绝缘电阻测试设备的测试电压设置为不低于 B 级电压电路的最高工作电压。
⑥ 读出 B 级电压负载的绝缘电阻值为 R_x。

如果系统中传导连接的电路中有多个电压等级(例如系统中有升压转换器),并且某些组件不能承受整个电路的最大工作电压,则可以断开这些组件,用它们各自的最大工作电压对绝缘电阻进行单独测量。

4) 整车绝缘电阻计算。对于所有 B 级电压负载均能同时工作的车辆,可按照 2) 的试验方法直接测量出整车绝缘电阻。

否则,还需要按照 3) 对 2) 中无法完成测试的 B 级电压负载的绝缘电阻进行测量。将2) 中的测量结果 R_i 与 3) 中测得的各 B 级电压负载的绝缘电阻 R_x 计算并联的结果,即为整车绝缘电阻。

如果整车有两个或以上相互隔离的 B 级电压电路,则可通过本条方法分别测量和计算出各个 B 级电压电路的绝缘电阻,并取其中最小值作为整车绝缘电阻。

(2) 充电插座绝缘电阻试验 在整车绝缘电阻试验后继续进行充电插座绝缘电阻测试,测试方法如下:
① 使车辆断电,保证车辆上所有电力、电子开关处于非激活状态。
② 将充电插座高压端子,即直流充电插座的正负极端子或者交流充电插座相线端子,用电导线进行短接。
③ 将绝缘电阻测试设备的两个探针分别连接充电插座高压端子及电平台,如图 4-60 所示。
④ 测试设备的检测电压应设置为大于最高充电电压。

⑤ 读出充电口绝缘电阻值 R_i。

此外,也可以用绝缘电阻测试设备分别测试充电插座各高压端子与车辆电平台间的绝缘电阻值,测试设备的检测电压要求大于最高充电电压,再计算并联结果,即为充电插座绝缘电阻。

(3) **绝缘监测功能验证试验** 测试过程中,车辆 B 级电压电路应处于接通状态,且绝缘监测功能或设备已启动。测试中将使用可调节电阻器(例如变阻箱等),可调节电阻器的最大电阻值≥10MΩ。

测量步骤如下:

① 在常温下,按照整车绝缘电阻试验方法,测出当前整车绝缘电阻值为 R_i,并记录对含有 B 级电压电源的电路的绝缘电阻测量步骤②中较小测量电压 U'_1 所在的 REESS 高压侧。

② 按照被测车辆的正常操作流程使车辆进入"可行驶模式"。

③ 若步骤①中 U'_1 在 REESS 的正极端,则如图 4-61 所示,将可调节电阻器并联在 REESS 正极端与车辆电平台之间。相反,若 U'_1 在 REESS 的负极端,则将可调节电阻器并联在 REESS 负极端与车辆电平台之间。开始测量时,可调节电阻器的阻值设置为最大值。

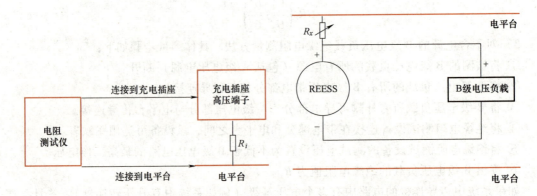

图 4-60 充电口插座绝缘电阻测量步骤③　　图 4-61 绝缘监测验证试验

④ 若最小绝缘电阻要求为 100Ω/V,则将可调节电阻器的阻值减小到目标值 R_x,有

$$1/\left[\frac{1}{95U_{\text{REESS}}}-\frac{1}{R_i}\right] \leq R_x < 1/\left[\frac{1}{100U_{\text{REESS}}}-\frac{1}{R_i}\right] \tag{4-49}$$

若最小绝缘电阻要求为 500Ω/V,则将可调节电阻器的阻值减小到目标值 R_x,有

$$1/\left[\frac{1}{475U_{\text{REESS}}}-\frac{1}{R_i}\right] \leq R_x < 1/\left[\frac{1}{500U_{\text{REESS}}}-\frac{1}{R_i}\right] \tag{4-50}$$

式中,U_{REESS} 为电池包当前总电压(V)。

⑤ 观察车辆是否有明显的声或光报警。

(4) **电位均衡** 电位均衡可用电阻测试仪直接测量,也可以采用独立直流电源配合电流和电压检测设备进行测量。其中电阻测试仪的测量电流可调,电阻测试分辨率高于 0.01Ω。独立直流电源电压也可调节。

两个外露的可导电外壳或遮栏之间的电阻,也可以通过外露的可导电外壳或遮栏与电平台之间的连接电阻值计算得出。

测试方法如下:

① 将电阻测试仪的两个探针分别连接外露的可导电外壳或者遮栏以及电平台,如图 4-62

所示。

② 增大测试电流，使测试电流至少达到 0.2A。

③ 将电阻测试仪的两个探针分别连接两个外露可导电外壳或者遮栏，如图 4-63 所示。

④ 重复步骤②。

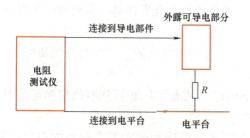

图 4-62　用电阻测试仪测试导电部件与电平台间电阻

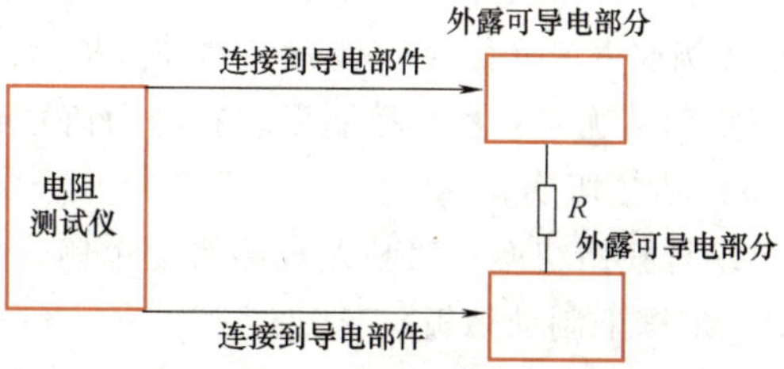

图 4-63　用电阻测试仪测试两个导电部件间电阻

（5）**电容耦合**　电容耦合测试是通过计算的方式得到整车所有 B 级电压电路中 Y 电容存储的最大能量。具体计算见式（4-51）。

$$Q = \sum_{x=1}^{n} \frac{C_x U_x^2}{2} \tag{4-51}$$

式中，n 为带有 Y 电容的 B 级电压单元个数；C_x 为某个 B 级电压单元的 Y 电容容值（F）；U_x 为该 B 级电压单元的 Y 电容最大工作电压（V）。

3. 整车防水试验

（1）**模拟清洗**　本试验测试范围为整车的边界线，如两个部件间的密封、玻璃密封圈、可打开部件的外沿、前立柱的边界和灯的密封圈。

本试验采用 IPX5 软管喷嘴。使用洁净的水，以流量为（12.5±0.5）L/min，（0.1±0.05）m/s 的速度，在所有可能的方向向所有的边界线喷水，喷嘴至边界线的距离为（3.0±0.5）m。

（2）**模拟涉水**　车辆应在 100mm 深的水池中，以（20±2）km/h 的速度行驶至少 500m，时间大约 1.5min。如果水池长度小于 500m，应重复试验使涉水距离累计不小于 500m，包括车辆在水池外的总试验时间应少于 10min。

4. 功能安全防护试验

（1）**功能安全防护要求**

1）驱动系统电源接通和断开程序。车辆从驱动系统电源切断状态到"可行驶模式"应至少经过两次有意识的不同动作，且至少有一个动作是踩下制动踏板。从"可行驶模式"到驱动系统电源切断状态只需要一个动作。应连续或间歇地向驾驶人指示，车辆已经处于"可行驶模式"。当驾驶人离开车辆时，如果驱动系统仍处于"可行驶模式"，则应通过一个明显的信号（例如声或光信号）装置提醒驾驶人。车辆停止时，驱动系统自动或手动关闭后，只能通过上述程序重新进入"可行驶模式"。

2）行驶。

① 功率降低提示：如果电驱动系统采取了自动限制和降低车辆驱动功率的措施，当驱

动功率的限制和降低影响了车辆的行驶时,应通过一个明显的信号(例如声或光信号)装置向驾驶人提示。

② REESS 低电量提示:如果 REESS 的低电量影响到车辆的行驶,应通过一个明显的信号(例如声或光信号)装置向驾驶人提示。

③ REESS 热事件报警:如果 REESS 将要发生热失控的安全事件时,应通过一个明显的信号(例如声或光信号)装置向驾驶人提示。

④ 制动优先:整车控制系统在制动信号和加速信号同时发生时,优先响应制动信号。

3) 档位切换。

① 行驶档切换:驾驶人直接驾驶车辆,在车辆静止状态下从非行驶档位切换至行驶档位时,应踩下制动踏板。

② 反向行驶:如果是通过改变电机旋转方向来实现前进和倒车两个行驶方向转换的,需满足以下两个要求之一。

a. 前进和倒车两个行驶方向的转换,应通过驾驶人两个不同的操作动作来完成。

b. 如果仅通过驾驶人的一个操作动作来完成,应使用一个安全措施使模式转换只能在车辆静止或低速时才能完成。车速判断以车内仪表显示为准。

如果前进和倒车两个行驶方向的转换不是通过改变电机的旋转方向来实现的,则反向行驶要求不适用。

4) 驻车:切断电源后,车辆应不能产生由自身电驱动系统造成的不期望的行驶。

5) 车辆与外部传导连接锁止:当车辆通过充电电缆连接到位置固定的外部电源或负载时,车辆应不能通过其自身的驱动系统移动。

动力蓄电池、车辆碰撞防护、车辆阻燃防护、车辆充电接口、车辆报警和提示、车辆事件数据记录和电磁兼容需要满足各自的标准要求。

(2) 试验方法 制造商根据规定的各项功能防护要求,应提供具体方案说明,包括防护动作的触发条件、操作说明、报警提示信号说明等,检测机构据此说明材料在实车上进行测试验证并按要求进行对比符合性判断。

4.5.2 混合动力电动汽车安全性能试验

本节根据 GB/T 19751—2005《混合动力电动汽车安全要求》,来介绍混合动力电动汽车特殊的安全要求。

1. 车辆结构安全要求

(1) 动力蓄电池 动力蓄电池的绝缘电阻、爬电距离的要求应符合 GB 18384—2020《电动汽车安全要求》的要求。

应保证车辆的任何地方不得有安装在车辆上的动力蓄电池产生的危险气体聚集。

动力蓄电池舱应尽可能与乘员舱隔开。动力蓄电池舱应确保均匀散热和通风,使车辆运行过程中或过程后,动力蓄电池处于安全允许的温度范围内,动力蓄电池排出的有害气体能安全地逸到大气中,不允许排到乘员舱中。

在发生意外事故或其他故障条件下,动力蓄电池可能会释放出较多的有害物质,此时应使其危险降到最低限度,尤其要注意乘员舱。

动力蓄电池和动力电路系统应通过断路器和熔断器进行保护。该装置应能在车辆制造厂规定的过流、与动力蓄电池连接的电路出现短路的情况下，自动断开与动力蓄电池的连接电路。该装置的响应时间应由车辆制造厂根据动力蓄电池参数、动力蓄电池和电路发生过流或短路的防护方式来确定。

应清晰可见地注明动力蓄电池的化学类型以便识别。

（2）**触电防护要求**　防止与动力电路系统中带电部件直接接触，非高电压动力电路系统本标准不做要求。高电压动力电路系统应满足下列要求：

车辆不得含有暴露的导线、接线端、连接单元。动力电路系统的带电部件，应通过绝缘或使用盖、防护栏、金属网板等来防止直接接触。这些防护装置应牢固可靠，并耐机械冲击。在不使用工具或无意识的情况下，它们不能被打开、分离或移开。

在乘员舱及行李舱中，带电部件在任何情况下都应由至少能提供 IP××D 防护等级的壳体来防护。

发动机舱中的带电部件应设计为只有在有意接近的情况下，才有可能接触到。

打开机盖后，与系统连接的部件应具有 IP××B 防护等级。

车辆其他地方的带电部件，应提供 IP××B 防护等级。

（3）**动力电路系统和燃料供给系统**　燃油系统设计的安装位置及管路应避开温度较高的热源以及动力电路系统等可能产生电弧的地方，尤其不能在一个密闭的空间内。

动力电路系统和燃油供给系统设计的安装位置及线路、管路走向应保证两个系统具有安全距离或保证有效隔离。

车辆在各种使用条件下，供油管路与其插头不允许有泄漏。一旦发生燃油泄漏时，设计上应保证绝不允许流到动力蓄电池和高电压电路系统。

对于使用汽/柴油之外燃料的车辆，燃料供给系统须满足其相应燃料车辆标准的安全要求。

（4）**车辆碰撞的特殊要求**

1）乘员保护。进行碰撞试验时应满足下列要求：

① 如果车载储能装置安装在乘员舱的外部，进行碰撞试验中和试验后，动力蓄电池包及其部件（动力蓄电池、蓄电池模块、电解液）不得穿入乘员舱内。

② 如果车载储能装置安装在乘员舱内，车载储能装置的任何移动应确保乘员的安全。

③ 进行碰撞试验中和试验后均不能有电解液进入乘员舱。

④ 进行碰撞试验中和试验后储能装置不能出现爆炸、着火。

2）第三方保护。进行碰撞试验时，动力蓄电池包及其部件（动力蓄电池、蓄电池模块、电解液）或超级电容器等储能装置不能由于碰撞而从车上甩出。

3）防止短路。进行碰撞试验时，应防止造成动力电路的短路。

4）绝缘电阻的测量。碰撞试验结束后，按照 GB/T 18384—2020 中的要求（不需进行准备阶段）进行绝缘电阻的测量，并满足绝缘电阻的要求。

5）其他要求。对于使用汽/柴油之外燃料的混合动力电动汽车，应满足相应燃料的相关安全标准要求。

2. 功能安全要求

（1）**起动程序**　应通过一个钥匙开关起动车辆。对于需要外接充电的车辆，当车辆与外部电路（如电网、外部充电器）连接时，不能通过其自身的驱动系统使车辆移动。防止车辆在钥匙开启状态和变速杆在"行驶"和"倒退"位置时开动车辆。而且，应提供必要的互锁装置：除非变速杆位置选择在"停车"或"空档"，在任何其他位置时控制器都不能向车辆传输移动的最初动力；起动钥匙只有点火开关在"关"的状态，变速杆在"停车"的状态时才能够拔掉。

（2）**行驶和停车**　车辆应通过一个明显的信号装置提示驾驶人车辆可以起步行驶，这个信号装置可以是"运行准备就绪"信号装置。车辆行驶时产生的氢气要符合规定。当车辆处于停车，发动机不工作时，如果车辆仍处于"可行驶"状态，或只通过一个操作动作就可使车辆处于"可行驶"状态时，则应通过一个信号（声学或光学信号）明显地提醒驾驶人。"可行驶"状态：在这种状态，当踩下加速踏板时，车辆可能行驶。如果车辆装有在紧急情况时（如某部件过热）可限制操作的装置，则应通过一个明显的信号通知车辆使用者。当车辆在停车状态以及钥匙开关在"关"位置时，车辆不得自动起动发动机给动力蓄电池充电。需要外部充电的车辆，车辆充电时氢气测量及要求应符合 GB/T 18384—2020 的规定。应配备一个手动开关来断开车载动力电源（如动力蓄电池）。当车辆因维修保养或故障，不能确保高压系统绝缘时，该开关能够切断高压动力电路系统。

（3）**故障防护**　本条规定了混合动力电动汽车特有的系统和部件出现故障引起危险的防护。其他系统和部件应同内燃机车辆一样处理。电气连接件任何不期望的断开都不应导致车辆产生危险。当电流过大时，应使用一个电路保护器、切断装置或熔断器断开动力电路，该装置可以是规定的断路器。

4.5.3　燃料电池电动汽车安全性能试验

本节根据 GB/T 24549—2020《燃料电池电动汽车　安全要求》，来介绍燃料电池电动汽车整车、关键系统等方面的安全要求。燃料电池电动汽车安全性能试验专业词汇定义见表 4-38。

表 4-38　燃料电池电动汽车安全性能试验专业词汇定义

专业词汇名称	定义
主关断阀 （Main Shut off Valve）	一种用来关断从压缩氢气储存系统向下游供应氢气的阀
安全泄压装置 （Pressure Relief Device，PRD）	在特定条件下动作，并能泄放压缩氢气储存系统中的氢气以防止系统发生失效的一种装置
温度驱动安全泄压装置 （Thermally-activated Pressure Relief Device，TPRD）	当温度达到设定值时开始动作，且不能自动复位的一种安全泄压装置
封闭空间或半封闭空间 （Enclosed or Semi-enclosed Spaces）	车辆内有可能暴露于压缩氢气储存系统的空间和可能聚集氢气的环境空间、区域，如乘员舱、行李舱、货舱或前舱盖下方的空间
公称工作压力 （Nominal Working Pressure，NWP）	在基准温度（15℃）下，压缩氢气储存系统内气体压力达到完全稳定时的限充压力

1. 整车安全要求

（1）**整车氢气排放**　按照 GB/T 37154—2018《燃料电池电动汽车　整车氢气排放测试

方法》中怠速热机状态氢气排放章节规定的试验方法进行测试,在进行正常操作(包括起动和停机)时,任意连续3s内的平均氢气体积浓度应不超过4%,且瞬时氢气体积浓度不超过8%。

(2) 整车氢气泄漏

1) 车内要求。氢系统泄漏或渗透的氢燃料,不应直接排到乘员舱、行李舱、货舱或者车辆中任何有潜在火源风险的封闭空间或半封闭空间。

在安装氢系统的封闭或半封闭的空间上方的适当位置,应至少安装一个氢气泄漏探测传感器,能实时检测氢气的浓度,并将信号传递给氢气泄漏报警装置。

在驾驶人容易识别的区域应安装氢气泄漏报警提醒装置,泄漏浓度与警告信号的级别由制造商根据车辆的使用环境和要求决定。

当封闭空间或半封闭空间中氢气体积浓度达到或超过(2.0±1.0)%时,应发出警告。当封闭空间或半封闭空间中氢气体积浓度达到或超过(3.0±1.0)%时,应立即自动关断氢气供应,如果车辆装有多个储氢气瓶,允许仅关断有氢泄漏部分的氢气供应。

当氢气泄漏探测传感器发生故障时,如信号中断、断路、短路等,应能向驾驶人发出故障警告信号。

2) 车外要求。对于M_1类车辆,在密闭空间内进行氢泄漏试验,应满足任意时刻测得的氢气体积浓度不超过1%。

(3) 氢气低剩余量提醒 指示储氢气瓶氢气压力或氢气剩余量的仪表应安装在驾驶人易于观察的区域,如果氢气的压力或剩余量影响到车辆的行驶,应通过一个明显的信号(如声或光信号)装置向驾驶人发出提示。

2. 系统安全要求

(1) 储氢气瓶和管路要求

1) 安装位置要求。管路插头不应位于完全密封的空间内。储氢气瓶和管路一般不应装在乘员舱、行李舱或其他通风不良的地方;但如果不可避免要安装在行李舱或其他通风不良的地方时,应采取相应措施,将可能泄漏的氢气及时排出。储氢气瓶应避免直接暴露在阳光下。

2) 热绝缘要求。对可能受排气管、消声器等热源影响的储氢气瓶、管路等应有热绝缘保护。

3) 防静电要求。高压管路及部件(含加氢口)应可靠接地。

(2) 泄压系统要求 泄压系统要求如下:

1) 在温度驱动安全泄压装置(TPRD)和安全泄压装置(PRD)释放管路的出口处应采取必要的保护措施(如防尘盖),防止在使用过程中被异物堵塞,影响气体释放。

2) 通过温度驱动安全泄压装置(TPRD)释放的氢气,不应:

① 流入封闭空间或半封闭空间。
② 流入或流向任一汽车轮罩。
③ 流向储氢气瓶。
④ 朝车辆前进方向释放。
⑤ 流向应急出口(若有)。

3）通过安全泄压装置（PRD）（如安全阀）释放的氢气，不应：

① 流向裸露的电气端子、电气开关或其他引火源。

② 流入封闭空间或半封闭空间。

③ 流向或流入任一汽车轮罩。

④ 流向储氢气瓶。

⑤ 流向应急出口（若有）。

(3) 加氢及加氢口要求 燃料加注时，车辆应不能通过其自身的驱动系统移动。加氢口应具有能够防止尘土、液体和污染物等进入的防尘盖。防尘盖旁边应注明加氢口的燃料类型、公称工作压力和储氢气瓶终止使用期限。

(4) 燃料管路氢气泄漏及检测 应采用规定的方法对燃料管路的可接近部分进行氢气泄漏检测，并对插头部位进行重点泄漏检测。对于储氢气瓶与燃料电池堆之间的管路，泄漏检测压力为实际工作压力。对于加氢口至储氢气瓶之间的管路进行检测，泄漏检测压力为1.25倍的公称工作压力。

使用泄漏检测液进行目测检查，3min 内不应出现气泡。

使用气体检测仪进行检测时，应尽可能接近测量部位，其氢气泄漏速率应满足不高于 0.005mg/s。

(5) 氢气泄漏报警装置功能要求 装置应通过声响报警、警告灯或文字显示对驾驶人发出警告。

① 坐在驾驶座位的驾驶人应能够看到警告，不应受天气和时间的影响。

② 报警装置故障时报警应为黄色；达到整车氢气泄漏条件时，警告应为红色。

③ 在车辆运行过程中或起动过程中，当氢气浓度达到规定时应发出警告。

④ 当氢气浓度达到规定时，只有在下次燃料电池系统启动时才能复位报警状态到正常状态。

(6) 燃料排出要求 为了对氢系统维修保养或其他目的，车辆应具有安全排出剩余燃料的功能。

3. 密闭空间内氢气泄漏试验规程

(1) 试验条件 试验前 7 日内，试验车辆应使用安装在试验车辆上的燃料电池系统行驶至少 300km，试验车辆应按照制造商要求加注氢气至公称工作压力状态，试验在（25±5）℃下进行。试验条件见表 4-39。

表 4-39 试验条件

条件	具体要求
密闭空间的尺寸要求	内部长度不应超过车辆长度1m；内部宽度不应超过车辆宽度1m；内部高度不应超过车辆高度0.5m
密闭空间的空气交换速率要求	对于车辆停车状态下的氢气泄漏试验，每小时的空气交换率不应大于0.03
密闭空间的机械通风装置位置要求	机械通风装置的进出风口与各氢气浓度传感器的距离大于或等于1m
密闭空间内氢气浓度传感器位置要求	在密闭空间顶面两侧各均匀布置至少3个传感器，顶部几何中心布置1个传感器，总共不少于7个传感器

(2) 试验步骤 该试验是为了检验车辆停放在无机械通风的密闭空间（每小时空气交

换率不大于 0.03)内的氢气泄漏情况。试验过程中，若任一位置的氢气体积浓度超过 1%，应立即停止试验，并开启通风。

试验持续至少 8h，采样频率至少为 1Hz，试验步骤如下：

1) 车辆在密闭空间外完成一次完整的起动、停机过程。
2) 车辆进入密闭空间后停机，并在规定的环境条件下浸车 12h。
3) 浸车完成后，检查环境和试验舱内的氢气浓度，当仪器显示氢气浓度为 $0mL/m^3$ 时，关闭密闭空间，并开始记录氢气浓度传感器数据。

4. 氢气泄漏报警装置功能验证

(1) 试验条件

1) 试验车辆：启动车辆燃料电池系统，预热至车辆正常运行时的温度，车辆处于静止状态。
2) 试验气体：依据车辆制造商的要求，选择合适的氢气浓度，其浓度不大于 4%。

(2) 试验步骤 试验过程中应不受风的影响。为把试验气体吹入氢气泄漏探测传感器，如有必要应采取下列措施：

1) 把试验气体的释放软管连接到氢气泄漏探测传感器。
2) 用罩子罩住氢气泄漏探测传感器，使气体保持在氢气泄漏探测传感器周围。

氢气泄漏报警功能验证试验如下：

1) 对氢气泄漏探测传感器吹入试验气体。
2) 当达到车辆制造商要求的发出警告浓度时，报警装置应发出警告信号。
3) 当达到车辆制造商要求的关断氢供应浓度时，主关断阀应实施关闭动作，可对主关断阀的供电和其动作时的声音进行监测，以确认阀门已经关闭。

思考与习题

1. 何谓汽车的燃料经济性？简述汽车燃料消耗量的测量方法。
2. 何谓能量消耗率和续驶里程？确定能量消耗率和续驶里程分为哪几个步骤？
3. 简述制动性试验中 0 型试验和 Ⅰ 型试验的试验方法。
4. 汽车排气污染物包括哪些主要成分？
5. 汽油车排气污染物的测量方法有哪几种？简述其基本测量原理。
6. 简述汽车车内噪声测量试验的试验方法。
7. 简述汽车被动安全性试验的分类及其试验方法。
8. 何谓新能源汽车？新能源汽车是如何分类的？
9. 何谓纯电动汽车？什么是燃料电池电动汽车？何谓混合动力电动汽车？它们各自有什么优点？
10. 简述进行汽车电子电气系统安全性能试验的意义。

第5章 汽车通用类试验

推荐性试验标准无强制性，企业自愿采用，但一经采用就应严格执行，不得随意改动。在我国，凡标准代号带"T"的，均为推荐性试验标准，如 GB/T 12678—2021《汽车可靠性行驶试验方法》等。推荐性试验标准还可细分为通用性试验标准和定型试验标准。通用性试验标准是车辆单项性能试验标准，一般不分车辆类型，即不管何种车辆，均可用此标准规定的方法进行某一性能的试验。定型试验是车辆定型时进行的试验，定型试验标准因车辆类型的不同而不同，如载货汽车定型试验规程、越野汽车定型试验规程等。

汽车通用类试验是指汽车推荐性试验标准所涉及的部分试验，主要包括汽车动力性试验、操纵稳定性试验、通过性试验、舒适性试验、平顺性试验、可靠性试验等。汽车通用类试验是相对传统的汽车试验，尽管出现较早，但在汽车试验中仍然发挥着非常重要的作用，而且还在不断发展，如汽车可靠性试验在 2021 年刚刚更新了试验标准。

传统的不等于过时，只要是精华，仍然要坚持，并且要在坚持的基础上不断发展，正所谓守正出新。中华民族几千年发展的历史，留下了许多经典的优秀传统文化，留下了诸如爱国主义、团结统一、爱好和平、勤劳勇敢、自强不息、敢为天下先等民族精神，为我们今天凝聚起文化自信，为我国发展和人类文明进步提供了强大的精神动力。

5.1 汽车动力性试验

汽车动力性是指汽车在良好路面上直线行驶时由汽车受到的纵向外力决定的、所能达到的平均行驶速度。动力性是汽车各种性能中最基本、最重要的性能。汽车动力性主要由三个方面指标来评定，即汽车的最高车速、汽车的加速时间、汽车的最大爬坡度。汽车的动力性试验主要包括三部分：最高车速试验、加速试验、爬坡试验。其中加速试验分为起步加速试验和超车加速试验；爬坡试验分为爬陡坡试验和长坡路试验。

下文以传统汽车、纯电动汽车、混合动力电动汽车和燃料电池电动汽车为例，来介绍动力性试验的具体要求和试验方法（表5-1）。

5.1.1 传统汽车动力性试验

汽车的动力性是汽车最基本、最重要的性能之一。汽车的动力性试验主要包括三部分：

最高车速试验、加速性能试验、爬陡坡试验。通过动力性各项评价指标的测定,可以考察汽车是否符合设计要求,是否满足用户的使用要求,为改进设计提供依据。此外,动力性评价指标还用于两种车型优劣的比较,以及生产质量的检查和科学研究等方面。试验方法按国家标准 GB/T 12544—2012《汽车最高车速试验方法》、GB/T 12543—2009《汽车加速性能试验方法》和 GB/T 12539—2018《汽车爬陡坡试验方法》。

表 5-1 动力性试验

车型	传统汽车	纯电动汽车	混合动力电动汽车	燃料电池电动汽车
国家标准	GB/T 12544—2012《汽车最高车速试验方法》 GB/T 12543—2009《汽车加速性能试验方法》 GB/T 12539—2018《汽车爬陡坡试验方法》	GB/T 18385—2005《电动汽车 动力性能 试验方法》	GB/T 19752—2005《混合动力电动汽车动力性能 试验方法》	GB/T 26991—2011《燃料电池电动汽车最高车速试验方法》
试验方法	最高车速试验	最高车速试验 30min 最高车速试验	最高车速试验	最高车速试验
	加速性能试验	加速性能试验	加速性能试验	
	爬陡坡试验	爬坡车速试验	爬坡车速试验	

1. 最高车速试验

最高车速是指按规定的试验方法,车辆能够保持的最高稳定车速。

(1) 试验条件 车辆应清洁,车窗和乘员舱内通风装置应关闭,除非试验车辆有特殊要求。除试验必需的设备和车辆日常操纵部件外,应关闭车上的照明装置及辅助装置。

测量参数及其单位、精确度要求见表 5-2。

表 5-2 测量参数、单位及精确度

参数	单位	精确度
时间	s	±0.1s
长度	m	±0.1%
大气温度	℃	±1℃
大气压力	kPa	±1kPa
速度	km/h	±1% 或 ±0.1km/h(选取较大值)
质量	kg	±0.5%

试验应在直线道路或环形道路上进行,试验路面应坚硬、平整、干净、干燥并具有良好的附着系数。

直线道路的要求:道路测量区长度应至少为 200m,并用标杆等做好标记。道路加速区应与测量区具有相同特性,且足够长,以保证车辆在到达测量区前,能够稳定保持在最高车速。加速区和测量区的纵向坡度应不超过 0.5%,单方向试验中直线道路纵向坡度应不超过 0.1%,测量区的横向坡度应不超过 3%。如果环形道路的一部分能满足上述要求,且其离心惯性反作用力小于汽车试验重力的 20%,并可以通过道路横向坡度得到补偿,则此环形道路的这一部分可以作为测量区。

环形道路的要求：环形道路总长度应不小于2000m。为了计算最高车速，行驶里程应为汽车实际行驶的距离。环形道路与完整的圆形不同，它由直线的部分和近似环形的部分相接而成。环形部分的曲线半径应不小于200m，这样离心力通过曲线横向面补偿，不对转向盘进行任何操作，车辆可以正常行驶。

（2）试验方法 即将进行试验前，对试验结果会产生影响的汽车零部件应进行预热以达到制造厂指定的稳定温度条件。调整档位使汽车能够达到其最高稳定车速。

1）直线道路上的最高车速试验。

① 标准试验规程（双方向试验）。为了减少道路坡度和风向（风速）等因素造成的影响，依次从试验道路的两个方向进行试验，并尽量使用道路的相同路径。

测量试验单程所用的时间为 t_i，试验中车辆行驶速度变化不应超过2%，每个方向上的试验不少于1次，所用时间 t_i 的变化不超过3%。

试验速度计算公式：

$$V = \frac{3.6L}{t} \tag{5-1}$$

式中，V 为速度（km/h）；t 为往返方向试验所用时间 t_i 的算术平均值（s）；L 为测量道路长度（m）。

② 单方向试验。由于试验道路的自身特性，汽车不能从两个方向达到其最高车速，则允许只从一个方向进行试验。本试验中，道路特性要满足相应要求，需连续5次重复进行行驶试验，风速在车辆行驶方向的水平分量不超过±2m/s。

考虑到风速，最高车速应按下式修正：

$$V_{vi} = 3.6|v_i| \tag{5-2}$$

$$V_{ri} = \frac{3.6L}{t} \tag{5-3}$$

$$V_i = V_{ri} \pm V_{vi} f \tag{5-4}$$

式中，如果风的水平分量与汽车行驶方向相反，则选择"+"号，否则选择"-"号；V_{ri} 为每次行驶的最高车速（km/h）；t 为汽车行驶 L 长的距离所用的时间（s）；V_{vi} 为风速水平分量（km/h）；v_i 为所测量的风速行驶方向水平分量（m/s）；f 为修正因数，取值为0.6。去掉 V_i 的两个极值，由下列公式计算得出最高车速 V：

$$V = \frac{1}{3}\sum_{i=1}^{3} V_i \tag{5-5}$$

2）环形道路上的最高车速试验。记录汽车行驶一圈所用时间 t_i。汽车以最高车速在道路上至少行驶三次，且不对转向盘施加任何动作以修正行驶方向。每次的测量时间差异不超过3%。

时间 $\bar{t}$ 的计算公式：

$$\bar{t} = \frac{1}{3}\sum_{i=1}^{3} t_i \tag{5-6}$$

最高车速计算公式：

$$V_a = \frac{3.6L}{\bar{t}} \tag{5-7}$$

式中，V_a 为最高车速（km/h）；$\bar{t}$ 为时间（s）；L 为汽车实际行驶的环形道路的长度（m）。

用环形道路测量最高车速，需采用经验因数修正速度 V_a，尤其要考虑环形道路离心力的影响以及随之发生的汽车方向的变化：

$$V = V_a k \tag{5-8}$$

式中，k 的取值范围为 $1.00 \leqslant k \leqslant 1.05$。

2. 加速性能试验

(1) **试验条件** 试验应在大气温度为 0~40℃ 时进行，不应有雾、雨或雹，风速不大于 3m/s。

路面应是清洁、干燥、平直的混凝土或沥青（或相类似的）路面，其纵向坡度不应大于 0.1%。

试验汽车使用的燃料、润滑油（脂）牌号和规格，应符合该车技术条件，同一次试验的各项性能测试应使用同一批燃料、润滑油（脂）。

应对车辆进行磨合，磨合里程不少于该车技术条件的规定，车轮胎面应留有至少 75% 的花纹，且胎面良好。试验前，所有的轮胎均应经过至少 100km 的磨合。

车辆应按制造厂的技术要求进行检查及必要的调整。测试仪器安装后，不应妨碍车辆的操作和改变车辆的行驶特性。试验开始前，车辆应经过预热行驶。

(2) **试验方法**

1) 节气门全开起步加速性能试验。车辆由静止状态节气门全开加速到 100km/h（如果最高车速的 90% 达不到 100km/h，应取最高车速的 90% 向下圆整到 5 的整数倍的车速作为试验终了车速）。车辆由静止状态节气门全开加速通过 400m 的距离。记录以上项目的行驶时间。

2) 节气门全开超越加速性能试验。车辆由 60km/h 节气门全开加速到 100km/h（如果最高车速的 90% 达不到 100km/h，应取最高车速的 90% 向下圆整到 5 的整数倍的车速作为试验终了车速），记录行驶时间。

3) 变速器操作程序。

① 手动变速器。

a. 节气门全开起步加速性能试验。车辆起步加速，应在车轮滑转最小的情况下使车辆达到最大加速性能。离合器的操纵及换档时刻的选择应使加速性能发挥最大但不应超过发动机的额定转速。当车辆运动时触发记录装置。

b. 节气门全开超越加速性能试验。加速前，车速应控制在 58~60km/h 内保持匀速行驶至少 2s，当车速达到 60km/h 时触发记录装置。变速器在试验过程中不应换档。

M_1 类车辆和最大设计总质量小于 2t 的 N_1 类车辆的档位选择：对于 4 档或 5 档的手动变速器，档位应置于最高档和次高档；对于 6 档的手动变速器，档位应置于第 4 档和第 5 档；对于 3 档的手动变速器，仅使用最高档位。

M_2、M_3 类汽车和最大设计总质量不小于 2t 的 N 类车辆的档位选择：档位应置于最高档和次高档。

② 自动变速器。

a. 节气门全开起步加速性能试验。在发动机怠速情况下（若有必要可踩下制动器），将变速杆置于"D"档，车辆起步加速，应在车轮滑转最小的情况下使车辆达到最大加速性能，当车辆运动时触发记录装置。

b. 节气门全开超越加速性能试验。变速杆置于"D"档,允许在汽车变速控制器的控制下换档。试验前,车辆加速到 58~60km/h 内保持匀速行驶至少 2s。当车速达到 60km/h 时触发记录装置。

③ 手自一体变速器。分别进行自动模式和手动模式下的加速性能试验。

4)试验数据。试验应往返进行,每个方向至少进行 3 次。若一次试验发生问题,则该往返试验均应重做。

5)附件的操作。试验时应关闭前照灯,若汽车装有隐藏式车灯,则灯架应位于隐藏车灯的位置。为满足汽车行驶安全的需要可打开车灯,其他电器设备应置于关的位置,试验过程中要关闭所有车窗。

(3) **数据处理** 计算所有有效试验数据的算术平均值,标准偏差和变化系数(标准偏差/算术平均值):

$$\mu = \frac{\sum_{i=1}^{n} T_i}{n} \tag{5-9}$$

$$SD = \sqrt{\frac{\sum_{i=1}^{n} (\mu - T_i)^2}{n-1}} \tag{5-10}$$

$$k = \frac{SD}{\mu} \tag{5-11}$$

式中,μ 为算术平均值;i 为第 i 次试验;T_i 为第 i 次试验数据;n 为试验总次数;SD 为标准偏差;k 为变化系数。

节气门全开起步加速性能试验,变化系数不应大于 3%;节气门全开超越加速性能试验,变化系数不应大于 6%。

3. 爬陡坡试验

最大爬坡度是指汽车在良好路面上,满载状态下所能通过的极限坡道,采用坡道垂直高度与水平距离的百分比表示。

爬坡成功是指汽车爬坡过程中,车速不断升高或趋于稳定通过测试路段的状态。

(1) **试验条件** 道路如图 5-1 所示,测试路段坡道长不小于 20m,测试路段的前后设有

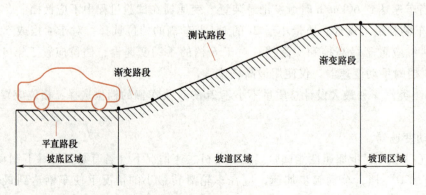

图 5-1 爬坡道路示意图

渐变路段，坡前平直路段长不小于8m，应为表面平整、坚实、干燥、坡度均匀的自然坡道（沥青路面或混凝土路面）。

测试路段的纵向坡度变化率不大于0.1%，横向变化率不大于3%。

测量参数及其单位、精确度要求见表5-3。

表5-3 测量参数及其单位、精确度

参数	单位	精确度
时间	s	±0.1
长度	m	±0.1
大气温度	℃	±1
大气压力	kPa	±1
速度	km/h	±0.1
质量（≤3500kg）	kg	±5
质量（>3500kg）	kg	±10
转速	r/min	±50
坡度	%	±0.1

1) 轮胎。轮胎气压为厂定轮胎在冷状态的充气压力下再增加20kPa。

2) 装载质量。装载质量按厂定形式确定，载荷分布宜均匀，固定牢靠。

3) 车辆准备。车辆应干净，车窗和乘员舱内通风装置应关闭，除非试验车辆有特殊要求。除试验必需的设备和车辆日常操纵部件外，应关闭车上的照明装置及辅助装置。试验开始前，应采用适当的方式使车辆达到正常运行温度。

4) 其他条件。大于40%的纵坡应设置安全保险装置。

(2) 试验方法

1) 规定坡道爬坡。汽车档位置于最低档，若有副变速器也置于最低档，自动档汽车置于D档（或按制造商要求），全驱车使用全轮驱动。

将汽车停于接近坡道区域的平直路段上。

起步后将节气门全开，在测试路段采集汽车的车速及发动机转速变化数据，爬坡中车速不断升高或趋于稳定通过测试路段，则爬坡成功并记录平均车速。

爬坡过程中监视各仪表（如冷却液温度、机油压力）的工作情况；爬至坡顶后，停车检查各部位有无异常现象发生，并做详细记录。

第一次爬坡失败时，分析爬坡失败的原因。如果爬坡过程中发动机转速未达到最大转矩点，可放宽车辆前端距坡道区域的距离，使车辆进入测试路段前发动机转速提升至最大转矩点，进行第二次爬坡，但总共不允许超过两次，第二次爬坡要在记录报告中特别说明。

越野车起步后，将节气门全开进行爬坡；当汽车处于测试路段时，靠自身制动系统停住，变速杆放入空档，发动机熄火2min，再起步爬坡，记录发动机转速。

牵引车做爬坡试验时，应在制造商规定的牵引条件和坡道上进行。

2) 最大爬坡度。若没有制造商规定坡度的坡道，可增减装载质量或采用变速器较高一档（如2档）进行试验，按式（5-12）折算为最大设计总质量下，变速器使用最低档时的爬坡度：

$$\tan\alpha_m \times 100\% = \tan\left\{\arcsin\left[\frac{\sin\alpha_1 G_{a_1}\frac{i_1}{i_2} + \left(G_{a_1}\frac{i_1}{i_2} - G_a\right)f}{G_a}\right]\right\} \times 100\% \qquad (5-12)$$

式中，$\tan\alpha_m \times 100\%$ 为最大爬坡度；α_1 为试验时的实际坡度角（°）；G_{a_1} 为汽车实际总质量（kg）；G_a 为汽车最大设计总质量（kg）；i_1 为最低档总速比；i_2 为实际总速比；f 为滚动阻力系数，一般取 0.01。

4. 主观评价试验

（1）**起步加速** 小节气门开度起步加速：车辆在不同驾驶模式下小节气门开度进行起步加速，评价加速过程中发动机转矩大小、动力响应是否及时、起步是否吃力、加速线性度及加速连续性。

节气门中度开启起步加速：车辆在不同驾驶模式下节气门中度开启进行起步加速，评价加速过程中发动机转矩大小、动力响应是否及时、加速感/推背感、加速线性度及加速连续性。

节气门全开起步加速：车辆在不同驾驶模式下节气门全开进行起步加速，评价加速过程中发动机转矩大小、动力响应是否及时、加速感/推背感、加速线性度及加速连续性。

（2）**超越加速** 节气门中度开启超越加速：车辆节气门中度开启进行不同速度下超越加速，选用相应合适档位在车辆的不同模式下进行超越加速，评价加速过程中动力响应是否及时、加速感/推背感、加速线性度及加速连续性。

节气门全开超越加速：车辆节气门全开进行不同速度下超越加速，选用相应合适档位在车辆的不同模式下进行超越加速，评价加速过程中动力响应是否及时、加速感/推背感、加速线性度及加速连续性。

（3）**爬坡性能** 在 20% 的坡道进行，选用相应合适档位评价车辆的爬坡性能及坡道起步能力。

5. 动力性实测分析

试验样车为传统能源汽车，一款为某热门中型车，一款为某热门 SUV，对两车分别进行 0~100km/h 加速测试，结合具体的试验数据，使读者对传统汽车的动力性能有更直观的认识。

传统能源中型车的 0~100km/h 加速成绩为 9.09s，如图 5-2 所示。

传统能源 SUV 的 0~100km/h 加速成绩为 8.43s，如图 5-3 所示。

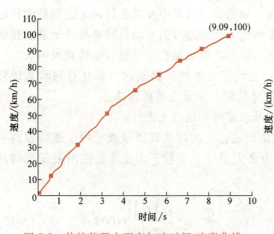

图 5-2 传统能源中型车加速时间-速度曲线

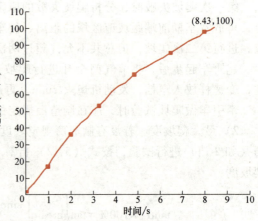

图 5-3 传统能源 SUV 加速时间-速度曲线

5.1.2 纯电动汽车动力性试验

本节根据 GB/T 18385—2005《电动汽车 动力性能 试验方法》,来介绍纯电动汽车的加速特性、最高车速及爬坡能力等的试验方法。电动汽车动力性试验专业词汇定义见表 5-4。

表 5-4 电动汽车动力性试验专业词汇定义

专业词汇名称	定义
电动汽车整车整备质量 (Complete Electric Vehicle Kerb Mass)	包括车载储能装置在内的整车整备质量
电动汽车试验质量 (Test Mass of Electric Vehicle)	电动汽车整车整备质量与试验所需附加质量的和。附加质量分别为: 如果最大允许装载质量小于或等于 180kg,该质量为最大允许装载质量 如果最大允许装载质量大于 180kg,但小于 360kg,该质量为 180kg 如果最大允许装载质量大于 360kg,该质量为最大允许装载质量的一半 最大允许装载质量包括驾驶人质量
最高车速(1km)(Maximum Speed)	电动汽车能够往返各持续行驶 1km 以上距离的最高车速的平均值
30 分钟最高车速(Maximum 30 Minutes Speed)	电动汽车能够持续行驶 30min 以上的最高平均车速
加速能力(V_1 到 V_2)(Acceleration Ability)	电动汽车从速度 V_1 加速到速度 V_2 所需的最短时间
爬坡车速(Speed Uphill)	电动汽车在给定坡度的坡道上能够持续行驶 1km 以上的最高平均车速
坡道起步能力(Hill Starting Ability)	电动汽车在坡道上能够起动且 1min 内向上行驶至少 10m 的最大坡度

1. 试验条件

试验条件见表 5-5。

表 5-5 试验条件

条件	具体要求
试验车辆	试验车辆应依据每项试验的技术要求加载 在环境温度下,车辆轮胎气压应符合车辆制造厂的规定 机械运动部件用润滑油黏度应符合制造厂的规定 车上的照明、信号装置以及辅助设备应该关闭,除非试验和车辆白天运行对这些装置有要求 除驱动用途外,所有的储能系统应充到制造厂规定的最大值(电能、液压、气压等) 车辆应清洁,对于车辆和驱动系统的正常运行不是必需的车窗和通风口应该通过正常的操作关闭 试验驾驶人应按车辆制造厂推荐的操作程序使蓄电池在正常运行温度下工作 试验前 7 天内,试验车辆应至少用安装在试验车辆上的蓄电池行驶 300km;蓄电池应处于各项试验要求的充电状态
温度	室外试验大气温度为 5~32℃ 室内试验温度为 20~30℃
气压	大气压力为 91~104kPa
风速	高于路面 0.7m 处的平均风速小于 3m/s,阵风风速小于 5m/s
湿度	相对湿度小于 95%
其他	试验不能在雨天和雾天进行 试验应该在干燥的直线跑道或环形跑道上进行 路面应坚硬、平整、干净且要有良好的附着系数

2. 30分钟最高车速试验

30分钟最高车速试验可以在环形跑道上进行,也可以在底盘测功机上进行。将试验车辆加载到试验质量,增加的载荷应合理分布。使试验车辆以该车30分钟最高车速估计值±5%的车速行驶30min。试验中车速若有变化,可以通过踩加速踏板来补偿,从而使车速符合30分钟最高车速估计值±5%的要求。如果试验中车速达不到30分钟最高车速估计值的95%,试验应重做,车速可以是上述30分钟最高车速估计值或者是制造厂重新估计的30分钟最高车速。

测量车辆驶过的里程 S_1,单位为 m,并按下式计算平均30分钟最高车速 V_{30},单位为 km/h。

$$V_{30} = S_1/500 \tag{5-13}$$

3. 最高车速试验

将试验车辆加载到试验质量,增加的载荷应合理分布。在直线跑道或环形跑道上将试验车辆加速,使汽车在驶入测量区之前能够达到最高稳定车速,并且保持这个车速持续行驶1km(测量区的长度)。记录车辆持续行驶1km的时间 t_1,随即做一次反方向的试验,并记录通过的时间 t_2,按下式计算试验结果:

$$V = 3600/t \tag{5-14}$$

式中,V 是实际最高车速(km/h);t 是持续行驶1km两次试验所测时间的算术平均值(s),$t = (t_1 + t_2)/2$。

4. 加速性能试验

(1) M_1、N_1 类纯电动汽车加速性能试验

1) 0~50km/h 加速性能试验。将试验车辆加载到试验质量,增加的载荷应合理分布。将试验车辆停放在试验道路的起始位置并起动车辆,将加速踏板快速踩到底,使车辆加速到(50±1)km/h。如果装有离合器和变速器的话,将变速器置入该车的起步档位,迅速起步,将加速踏板快速踩到底,换入适当档位,使车辆加速到(50±1)km/h,记录从踩下加速踏板到车速达到(50±1)km/h 的时间。以相反方向行驶,再做一次相同的试验。0~50km/h 加速性能是两次测得时间的算术平均值。

2) 50~80km/h 加速性能试验。将试验车辆加载到试验质量,增加的载荷应合理分布。将试验车辆停放在试验道路的起始位置,将试验车辆加速到(50±1)km/h,并保持这个车速行驶0.5km以上。将加速踏板踩到底,或使用离合器和变速杆(如果装有的话)将车辆加速到(80±1)km/h,记录从踩下加速踏板到车速达到(80±1)km/h 的时间,或如果最高车速小于89km/h,应达到最高车速的90%,并应在报告中记录下最后的车速。以相反方向行驶,再做一次相同的试验。50~80km/h 加速性能是两次测得时间的算术平均值。

(2) M_2、M_3 类纯电动汽车加速性能试验

1) 0~30km/h 加速性能试验。将试验车辆加载到试验质量,增加的载荷应均匀分布。将试验车辆停放在试验道路的起始位置并起动车辆,将加速踏板快速踩到底,使车辆加速到(30±1)km/h。如果装有离合器和变速器的话,将变速器置入该车的起步档位,迅速起步,将加速踏板快速踩到底,换入适当档位,使车辆加速到(30±1)km/h。记录从踩下加速踏板到车速达到(30±1)km/h 的时间。以相反方向行驶,再做一次相同的试验。0~30km/h 加

速性能是两次测得时间的算术平均值,单位为 s。

2)30~50km/h 加速性能试验。将试验车辆加载到试验质量,增加的载荷应合理分布。将试验车辆停放在试验道路的起始位置,将试验车辆加速到(30±1)km/h,并保持这个车速行驶 0.5km 以上。将加速踏板踩到底,或使用离合器和变速杆(如果装有的话)将车辆加速到(50±1)km/h。记录从踩下加速踏板到车速达到(50±1)km/h 的时间,或如果最高车速小于 56km/h,应达到最高车速的 90%,并应在报告中记录下最后的车速。以相反方向行驶,再做一次相同的试验。30~50km/h 加速性能是两次测得时间的算术平均值,单位为 s。

5. 爬坡车速试验

M_1、M_2、N_1 类纯电动汽车爬坡车速试验:

将试验车辆加载到最大设计总质量,增加的载荷应合理分布。将试验车辆置于测功机上,并对测功机进行必要的调整使其适合试验车辆最大设计总质量值。调整测功机使其增加一个相当于 4% 坡度的附加载荷。将加速踏板踩到底使试验车辆加速或使用适当变速档位使车辆加速。确定试验车辆能够达到并能持续行驶 1km 的最高稳定车速,同时,记录持续行驶 1km 的时间 t。调整测功机使其增加一个相当于 12% 坡度的附加载荷,再重复上述试验。试验完成后,停车检查各部位有无异常现象发生,并详细记录,按下式计算试验结果:

$$V = 3600/t \tag{5-15}$$

式中,V 是实际爬坡最高车速(km/h);t 是持续行驶 1km 所测时间(s)。

6. 动力性实测分析

试验样车为纯电动汽车,一款为某热门中型车,一款为某热门 SUV,对两车分别进行 0~100km/h 加速测试,结合具体的试验数据,使读者对纯电动汽车的动力性能有更直观的认识。

纯电动中型车的 0~100km/h 加速成绩为 6.63s,如图 5-4 所示,动力性优于上文提到的传统中型车。

纯电动 SUV 的 0~100km/h 加速成绩为 5.06s,如图 5-5 所示,动力性优于上文提到的传统 SUV。

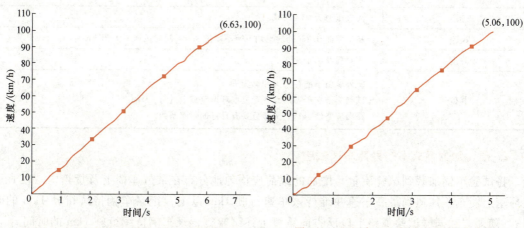

图 5-4 纯电动中型车加速时间-速度曲线　　图 5-5 纯电动 SUV 加速时间-速度曲线

5.1.3 混合动力电动汽车动力性试验

本节根据 GB/T 19752—2005《混合动力电动汽车 动力性能 试验方法》,来介绍混合动力电动汽车的加速特性、最高车速及爬坡能力等的试验方法。混合动力电动汽车动力性试验专业词汇定义见表 5-6。

表 5-6 混合动力电动汽车动力性试验专业词汇定义

专业词汇名称	定义
混合动力模式(Hybrid Mode)	车辆由内燃机(或其他热机)和电机等所有的车载动力系统根据管理逻辑(整车控制策略)参与车辆驱动的一种工作模式
热机模式(Pure Thermal Mode)	车辆仅由内燃机(或其他热机)驱动汽车行驶的一种工作模式
纯电动模式(Pure Electric Mode)	车辆仅由电机驱动汽车行驶的一种工作模式

1. 试验条件

试验条件见表 5-7。

表 5-7 试验条件

条件	具体要求
试验车辆	试验车辆必须按照每项试验的技术要求加载 在环境温度下,车辆轮胎气压应符合车辆制造厂的规定 润滑油的黏度应符合车辆制造厂的规定 除了试验必需的和日常行驶需要的设备和部件外,应当关闭照明设备、信号指示灯及辅助装置 除了牵引用途以外,所有的储能系统应该充到制造厂规定的最大值(电能、液压、气压等) 车辆应保持清洁,不是车辆运转时必须将开启的窗户和进气口关闭 在进行试验前 7 天内,将动力蓄电池装在试验车辆上,试验车辆至少行驶 300km 动力蓄电池应达到满足各项试验要求的充电状态 应满足各项试验具体的前提要求
温度	室外试验温度为 5~32℃ 室内试验温度为 20~30℃
气压	大气压力为 94~104kPa
风速	高于路面 0.7m 处的平均风速不超过 3m/s,瞬时风速不大于 5m/s
湿度	相对湿度小于 95%
其他	室外试验不能在雨天和雾天进行 试验应该在干燥的直线跑道或环形跑道上进行 路面应坚硬、平整、干净且要有良好的附着系数

2. 混合动力模式下的最高车速试验

将试验车辆加载到试验质量,增加的载荷应均匀地分布在乘员座椅上及货箱内。在直道或环道上使车辆加速到最高车速并维持该车速行驶 1km 以上,记录车辆持续行驶 1km 的时间 t。随即,在同样试验道路上以反方向重复上述试验,记录车辆持续行驶 1km 的时间 t_1。最高车速为上述两次试验结果的算术平均值。如果仅能进行单向试验,最高车速由以下公式修正后获得：

$$V_i = V_r \pm V_w f \quad (5\text{-}16)$$

$$V_r = 3.6L/t \quad (5\text{-}17)$$

式中，V_i 是第 i 次最高车速（km/h），($i=1,2$)；V_r 是试验中实际测得的最高车速（km/h）；V_w 是风速在试验道路方向上的分量（m/s）。如果风的水平分量与车辆行驶方向相反，选"+"，如果风的水平分量与车辆行驶方向相同，选"-"；f 是修正因子，$f=0.6$；t 是测量的时间（s）；L 是测量的距离（m）；

最高车速 V 即为 V_1 与 V_2 的算术平均值。

3. 0~100km/h 加速性能试验

将试验车辆加载到试验质量，增加的载荷应均匀地分布在乘员座椅上及货箱内。将试验车辆停放在试验道路的起始位置并起动车辆，将加速踏板踩到底使车辆加速行驶；如果该车是手动变速系统，需要适时切换档位。记录从踩下踏板至车速达到 100km/h 所经历的时间。在同样试验道路上以反方向重复上述试验。加速时间为上述两次试验结果的算术平均值。对于最高车速在 110km/h 以下的混合动力电动汽车，可测试 0~50km/h 的加速性能，测试方法相同。

4. 混合动力模式下的爬坡车速试验

将试验车辆加载到最大设计总质量，增加的载荷应均匀地分布在乘员座椅上及货箱内。把车辆放置在底盘测功机上，并对测功机进行必要的调整使其适合试验车辆最大设计总质量值，调整测功机使其增加一个相当于 4% 坡度的附加载荷。将加速踏板踩到底使试验车辆加速或使用适当变速档位使车辆加速到最高爬坡车速。以 ±1km/h 的速度公差维持该爬坡车速行驶 1km，同时，记录持续行驶 1km 的时间 t。调整测功机使其增加一个相当于 12% 坡度的附加载荷，重复上述试验，用下列公式计算试验结果：

$$V = 3600/t \quad (5\text{-}18)$$

式中，V 是实际爬坡最高车速（km/h）；t 是持续行驶 1km 所测时间（s）。

5. 动力性实测分析

试验样车为混合动力电动汽车，选取两款热门中型车和两款热门SUV，对四车分别进行 0~100km/h 加速测试，结合具体的试验数据，使读者对混合动力电动汽车的动力性能有更直观的认识。

如图 5-6 所示，这两款中型混合动力电动汽车的动力性比传统汽车的动力性强，比纯电动汽车的动力性弱。

如图 5-7 所示，这两款混合动力电动SUV的动力性与传统汽车的动力性接近，比纯电动汽车的动力性弱。

5.1.4 燃料电池电动汽车动力性试验

本节根据 GB/T 26991—2011《燃料电池电动汽车 最高车速试验方法》，来介绍燃料电池电动汽车最高车速的试验方法。燃料电池电动汽车动力性试验专业词汇定义见表 5-8。

1. 试验条件

试验条件见表 5-9。

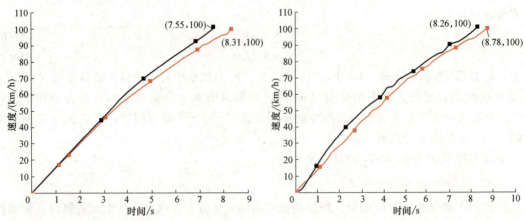

图 5-6　混合动力电动中型车加速时间-速度曲线　　图 5-7　混合动力电动 SUV 加速时间-速度曲线

表 5-8　燃料电池电动汽车动力性试验专业词汇定义

专业词汇名称	定义
可再充电能量存储系统（Rechargeable Energy Storage System, RESS）	为传输电能而存储能量的部件或系统，且该部件或系统可再充电，例如：动力蓄电池、超级电容器
燃料电池混合动力电动汽车工作模式（FCHEV Operating Mode）	燃料电池系统和 RESS 可以同时也可分开提供电能驱动车辆行驶的模式，包括可由驾驶人手动选择的工作模式。如果 FCHEV 没有可供驾驶人手动选择的工作模式，它就仅有一个 FCHEV 模式
试验质量（Test Mass）	车辆整车整备质量与试验所需附加质量的和。附加质量分别为： M 类和最大设计总质量小于 2t 的 N 类车辆：最大允许装载质量小于等于 180kg 时，附加质量为最大允许装载质量；最大允许装载质量的 50% 小于等于 180kg 时，附加质量为 180kg；最大允许装载质量的 50% 大于 180kg 时，附加质量为最大允许装载质量的 50% 其他 N 类车辆：附加质量为最大允许装载质量 最大允许装载质量包括驾驶人质量和必要的测试设备质量

表 5-9　试验条件

条件	具体要求
试验车辆	保持车辆出厂时的外形结构和技术参数 车辆应清洁、车窗和进气口关闭，除非本试验有特殊要求 除试验必需的设备和车辆日常操纵件外，应关闭车上的照明装置及辅助装置 除了驱动用途外，其他的储能系统应充到车辆制造厂规定的最大值（电能、液压、气压等） 机械运动零部件润滑油的黏度和轮胎压力（车辆满载状态）应符合车辆制造厂的规定 根据车辆制造厂说明书的要求对传动系统和轮胎进行磨合 车辆应使用符合试验要求的氢燃料，如果出现争议，燃料要求应符合 ISO/TS 14687-2 规定
试验路面	试验应在直线跑道或环形跑道上进行 跑道路面应坚硬、平整、干净、干燥并具有良好的附着系数
直线跑道	选择合适精度的设备和适当的方法测量道路长度 L 及行驶时间 t，要求计算车速与实际车速相差不超过 ±1%。跑道测量区长度至少为 1000m，并用标杆做好标志。报告中需记录测量的实际道路长度 跑道加速区应与测量区具有相同特性，且平直，以保证车辆在到达测量区前，能够稳定保持在最高车速 加速区和测量区的纵向坡度应不超过 0.5% 测量区的横向坡度应不超过 3%

(续)

条件	具体要求
环形跑道	环形跑道测量区长度应至少 1000m。为了计算最高车速，行驶里程应为车辆实际行驶的距离 环形跑道由直线的部分和近似环形的部分相接而成。如果试验的测量采样区包含跑道的环形部分，则环形部分的曲线半径应不小于 200m，这样离心力通过道路横向坡度补偿，不做任何转向操作，车辆也可以保持正常行驶
其他	在距离地面 1.2m 高处测量风速，平均风速应小于 3m/s，阵风小于 5m/s 相对湿度应该小于 95%，跑道应保持干燥

2. 直线跑道上的最高车速试验

为了减少道路坡度和风向（风速）等因素造成的影响，分别从试验跑道的两个方向进行试验，并尽量使用跑道的相同路径。测量试验单程所用的时间 t_i，试验中车辆行驶速度变化不应超过 3%，每个方向上的试验不少于两次，所用时间四个"t_i"的变化不超过 3%。

时间计算公式：
$$t = \frac{1}{4} \sum_{i=1}^{4} t_i \tag{5-19}$$

试验速度计算公式：
$$V = \frac{3.6L}{t} \tag{5-20}$$

式中，V 是速度（km/h）；t 是时间（s）；L 是测量地段跑道长度（m）。

3. 环形跑道上的最高车速试验

记录汽车行驶一圈所用时间"t_i"。汽车以最高车速在跑道上至少行驶三次，且不对转向盘施加任何动作以修正行驶方向。每次的测量时间相差不超过 3%。

时间计算公式：
$$t = \frac{1}{3} \sum_{i=1}^{3} t_i \tag{5-21}$$

试验速度计算公式：
$$V_m = \frac{3.6L}{t} \tag{5-22}$$

式中，V_m 是最高速度（km/h）；t 是时间（s）；L 是汽车实际行驶的环形跑道的长度（m）。

5.2 汽车操纵稳定性试验

汽车操纵稳定性是指驾驶人在不感到过分紧张、疲劳的条件下，汽车遵循驾驶人通过转向系及转向车轮给定的方向行驶，在遇到外界干扰时，能够抵抗干扰而保持稳定行驶的能力。

根据国家标准 GB/T 6323—2014《汽车操纵稳定性试验方法》，试验包括：汽车操纵稳定性蛇行试验方法、转向瞬态响应试验方法（转向盘转角阶跃输入、转向盘转角脉冲输入）、转向回正性能试验方法、转向轻便性试验方法、稳态回转试验方法、转向盘中心区操纵稳定性试验方法。

汽车操纵稳定性蛇行试验方法、转向瞬态响应试验方法（转向盘转角阶跃输入、转向盘转角脉冲输入）、转向回正性能试验方法、转向轻便性试验方法适用于 M 类、N 类、G 类车辆，稳态回转试验方法适用于二轴的 M 类、N 类、G 类车辆，转向盘中心区操纵稳定性

试验方法适用于 M_1、N_1 类车辆，其他类型汽车可参照执行。

1) 试验汽车要求：

试验前，测定车轮定位参数。对转向系、悬架系进行检查、调整和紧固，按规定进行润滑。只有认定试验汽车已符合厂方规定的技术条件，方可进行试验。测定及检查的有关参数的数值记入相关数据表中。采用新轮胎试验，试验前至少应经过 200km 正常行驶的磨合；若用旧轮胎，试验终了时残留轮胎胎冠花纹深度不小于 1.6mm，轮胎气压应符合汽车出厂技术要求。

试验前，以试验车速直线行驶 10km，或者沿半径为 15m 的圆周、以侧向加速度达 $3m/s^2$ 的相应车速行驶 500m（左转与右转各进行一次）使轮胎升温。蛇形试验汽车载荷状态为汽车最大设计总质量，转向瞬态响应试验（转向盘转角阶跃输入、转向盘转角脉冲输入）、转向回正性能试验、转向轻便性试验、稳态回转试验及转向盘中心区操纵稳定性试验汽车载荷状态为最大设计总质量和轻载两种状态。轻载状态是指汽车整备质量状态除驾驶人、试验员及仪器外，没有其他加载物的状态。对于承载能力小的汽车，如果轻载质量已超过最大总质量的 70%，则不必进行轻载状态的试验。N 类车辆的装载物（推荐用砂袋）均匀分布于货箱内；M 类车辆的装载物（或假人）分布于座椅和地板上，其比例应符合汽车出厂技术要求。轴载质量必须符合厂方规定。

2) 试验场地与环境要求：

试验场地应为干燥、平整且清洁的沥青路面或混凝土路面，任意方向的坡度不应大于 2%；对于转向盘中心区操纵稳定性试验，坡度应不大于 1%。风速应不大于 $5m/s^2$，大气温度在 0~40℃ 范围内。

5.2.1 蛇行试验

1. 试验设备

转向盘力矩（使汽车转向或保持汽车转向时施加在转向盘上的力矩）、转向盘转角测量仪（图 5-8），汽车操纵稳定性测试仪，秒表，多通道数据采集系统。操纵稳定性测试设备连接如图 5-9 所示。

2. 测量参数

转向盘转角（以汽车直行时转向盘的位置为基准测定的转向盘角位移）、横摆角速度（汽车质量绕汽车坐标系 Z 轴旋转的角速度）、车身侧倾角（汽车 y 轴与 X-Y 平面间所夹的角）、通过有效标桩区时间、侧向加速度（汽车质心或簧载质心加速度矢量沿 y 轴方向的分量）。

图 5-8 转向参数测量仪

3. 试验方法

在试验场地上按图 5-10 及表 5-10 的规定，布置标桩 10 根。接通仪器电源，使之预热到正常工作温度。试验驾驶人应具有较丰富的驾驶经验。在正式试验前，按图 5-10 所示路线，练习五个往返。

首次试验时，试验车速为表 5-10 所规定的基准车速二分之一并四舍五入为 10 的整数倍，以该车速稳定直线行驶，在进入试验区段之前，记录各测量变量的零线，然后按图 5-10

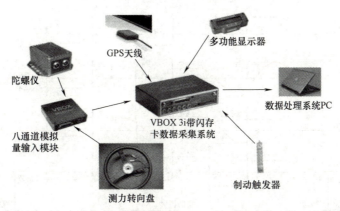

图 5-9 操纵稳定性测试设备连接图

所示路线蛇行通过试验路段,同时记录各测量变量的时间历程曲线及通过有效标桩区的时间。逐步提高试验车速(车速间隔自行选择),重复首次试验过程,共进行 10 次(撞倒标桩的次数不计在内)。最高车速不超过 80km/h。

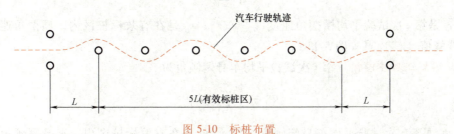

图 5-10 标桩布置

表 5-10 标桩间距及基准车速

汽车类型	标桩间距 L/m	基准车速/(km/h)
M_1 类、N_1 类和 M_1G、N_1G 类车辆	30	65
M_2 类、N_2 类和 M_2G、N_2G 类车辆		50
M_3 类及最大总质量小于或等于 15t 的 N_3 类和 M_3G、N_3G 类车辆	50	60
M_3 类(铰接客车)及最大总质量大于 15t 的 N_3 类和 M_3G、N_2G 类车辆		50

4. 试验数据处理

(1) 试验车速 第 i 次试验的蛇行车速为

$$v_i = 18L/t_i \tag{5-23}$$

式中,v_i 是第 i 次试验的蛇行车速(km/h);L 是标桩间距(m);t_i 是第 i 次试验通过有效标桩区时间(s)。

(2) 平均转向盘转角 第 i 次试验平均转向盘转角为

$$\bar{\delta}_{swi} = \frac{1}{4} \sum_{j=1}^{4} |\delta_{swij}| \tag{5-24}$$

式中,$\bar{\delta}_{swi}$ 是第 i 次试验平均转向盘转角(°);δ_{swij} 是在有效标桩区内,转向盘角时间历程曲线峰值(°)(图 5-11)。

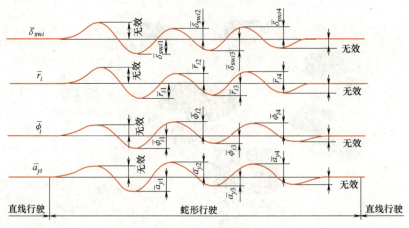

图 5-11 试验数据处理

(3) 平均横摆角速度 第 i 次试验平均摆角速度为

$$\bar{r}_i = \frac{1}{4} \sum_{j=1}^{4} |r_{ij}| \tag{5-25}$$

式中，$\bar{r}_i$ 是第 i 次试验平均横摆角速度 [(°)/s]；r_{ij} 是在有效标桩区内，横摆角速度时间历程曲线峰值 [(°)/s]（图 5-11）。

(4) 平均车身侧倾角 第 i 次试验平均车身侧倾角为

$$\bar{\Phi}_i = \frac{1}{4} \sum_{j=1}^{4} |\Phi_{ij}| \tag{5-26}$$

式中，$\bar{\Phi}_i$ 是第 i 次试验平均车身侧倾角（°）；Φ_{ij} 是在有效标桩区内，车身侧倾角时间历程曲线峰值（°），如图 5-11 所示。

(5) 平均侧向加速度 按下述两种方法之一确定侧向加速度真实值。

1) 侧向加速度测量，其输出轴应与 Y 轴对正或平行，如加速度传感器随车身一起侧倾时应加以修正，即

$$a_y = \frac{a_y' - g\sin\Phi}{\cos\Phi} \tag{5-27}$$

式中，a_y 是真实的侧向加速度值（m/s²）；a_y' 是加速度传感器指示的侧向加速度值（m/s²）；g 是重力加速度，取 9.81m/s²；Φ 是车身侧倾角（°）。

2) 瞬时横摆角速度（单位为 rad/s）乘以汽车前进瞬时速度（单位为 m/s）。第 i 次试验平均侧向加速度为

$$\bar{a}_{yi} = \frac{1}{4} \sum_{j=1}^{4} |a_{yij}| \tag{5-28}$$

式中，$\bar{a}_{yi}$ 是第 i 次试验平均侧向加速度（m/s²）；a_{yij} 是在有效标桩区内，侧向加速度真实值时间历程曲线峰值（m/s²），如图 5-11 所示。

5. 试验实测分析

实测一：试验样车为某越野车。综合考虑本车实际情况和测试标准中关于该试验的规定：标桩间距 $L=30$m，起始车速为 40km/h，选取间隔为 10km/h，采用渐进方式，直至达

到 70km/h。由于汽车速度升高，车辆的侧倾程度加剧，这会导致车辆的稳定性变差。为了确保试验人员的安全以及车辆的稳定性，该试验时的速度上限值为 70km/h。相关结果见表 5-11。

表 5-11 蛇形试验结果

试验测量参数	试验结果			
车速/(km/h)	40	50	60	70
平均转向盘转角/(°)	69.87	77.95	92.25	120.50
平均横摆角速度/[(°)/s]	10.99	12.72	15.34	18.32
平均车身侧倾角/(°)	1.55	2.50	3.32	4.88
平均侧向加速度/(m/s²)	2.12	3.08	4.42	6.06

实测二：在汽车试验场综合性能路及圆广场上对试验样车进行蛇形试验。综合性能路长 2437m，宽 60m，纵向任意 50m 上的坡度小于 1%，是干燥、平坦的沥青铺装路面，如图 5-12 所示；圆广场直径为 100m，沥青铺装，从圆心向外有 1% 的坡度，如图 5-13 所示。

图 5-12 综合性能路

图 5-13 圆广场

拟合画出平均横摆角速度与车速的关系，如图 5-14 所示。

拟合画出平均转向盘转角与车速的关系，如图 5-15 所示。

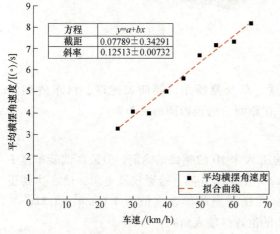

图 5-14 平均横摆角速度与车速的关系

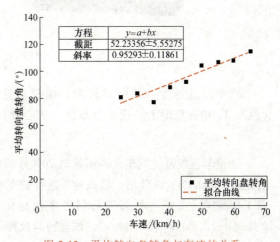

图 5-15 平均转向盘转角与车速的关系

拟合画出平均车身侧倾角与车速的关系，如图 5-16 所示。

拟合画出平均侧向加速度与车速的关系，如图 5-17 所示。

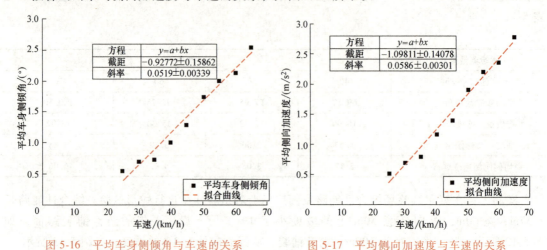

图 5-16 平均车身侧倾角与车速的关系　　　图 5-17 平均侧向加速度与车速的关系

5.2.2 转向瞬态响应试验（转向盘转角阶跃输入）

1. 试验设备

车速仪，转向盘力矩、转向盘转角测量仪，汽车操纵稳定性测试仪（图 5-18），数据采集仪（图 5-19），多通道数据采集系统。

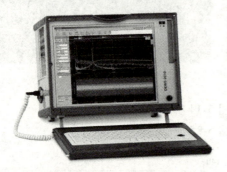

图 5-18 汽车操纵稳定性测试仪　　　图 5-19 数据采集仪

2. 测量参数

汽车前进速度、转向盘转角、横摆角速度、车身侧倾角、侧向加速度、汽车侧偏角（汽车 X_0 轴在路面上的投影与车速（质心处）在路面上的投影间的夹角）。

3. 试验方法

试验车速按被试汽车最高车速的 70% 并四舍五入为 10 的整数倍确定，但最高试验车速不宜超过 120km/h。试验前，以试验车速行驶 10km，使轮胎升温。接通仪器电源，使之达到正常工作温度。在停车状态进行信号零位标定。按稳态侧向加速度值为 1.0m/s²、1.5m/s²、2.0m/s²、2.5m/s² 和 3.0m/s²，预选转向盘转角的位置（输入角）。

汽车以试验车速直线行驶，先按输入方向轻轻靠紧转向盘，消除转向盘自由行程并开始记录各测量变量的零线，经过 0.2~0.5s，以尽量快的速度（起跃时间不大于 0.2s 或起跃速度不低于 200(°)/s）转动转向盘，使其达到预先选好的位置并固定数秒钟（直至测量变量过渡到新稳态值），停止记录。记录过程中保持车速不变。试验按向左转与向右转两个方向进行，可两个方向交替进行，也可连续进行一个方向试验，然后再进行另一个方向试验。

4. 试验数据处理

各测量变量的稳态值，采用进入稳态后的均值。若汽车前进速度的变化率大于 5% 或转向盘转角的变化超出平均值的 10%，则本次试验无效。采用平均侧向加速度中规定的方法，获取侧向加速度时间

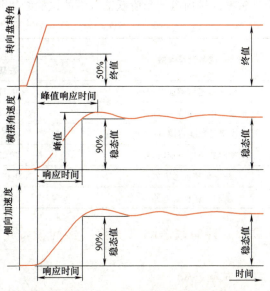

图 5-20　横摆角速度与侧向加速度响应时间

历程，确定稳态加速度值。按图 5-20 所示确定横摆角速度、侧向加速度的响应时间。

横摆角速度超调量为

$$\sigma = \frac{r_{\max} - r_0}{r_0} \times 100\% \tag{5-29}$$

式中，σ 是横摆角速度超调量（%）；r_0 是横摆角速度响应稳态值 [(°)/s]，如图 5-20 所示；$r_{\max}$ 是横摆角速度响应峰值 [(°)/s]，如图 5-20 所示。

横摆角速度总方差为

$$E_r = \Delta t \sum_{k=0}^{n} \left(\frac{\delta_{swk}}{\delta_{sw0}} - \frac{r_k}{r_0} \right)^2 \tag{5-30}$$

式中，E_r 是摆角角速度总方差（s）；δ_{swk} 是转向盘转角输入的瞬时值（°）；r_k 是汽车横摆角速度输出的瞬时值 [(°)/s]；δ_{sw0} 是转向盘转角输入终值（°）；r_0 是汽车横摆角速度响应稳态值 [(°)/s]；n 是采样点数，取至汽车横摆角速度响应达新稳态值为止；Δt 是采样时间间隔（s），不应大于 0.2s。

侧向加速度总方差为

$$E_{ay} = \Delta t \sum_{k=0}^{n} \left(\frac{\delta_{swk}}{\delta_{sw0}} - \frac{a_{yk}}{a_{y0}} \right)^2 \tag{5-31}$$

式中，E_{ay} 是侧向加速度总方差（s）；a_{yk} 是侧向加速度响应的瞬时值（m/s^2）；a_{y0} 是侧向加速度响应的稳态值（m/s^2）。

"汽车因素"（TB）由横摆角速度峰值响应时间乘以稳态汽车侧偏角求得。

5. 试验实测分析

取试验车速为 173.2km/h×0.7＝120km/h，给予转向盘一个输入，使得车辆的侧向加速度分别达到 1.0m/s^2、1.5m/s^2、2.0m/s^2、2.5m/s^2、3.0m/s^2，从而获取横摆角速度以及横向加速度相应的反应时间。通过对比不同工况的反应时间，可以确定汽车在转向输入下的相

应灵敏度。转向盘转角阶跃输入下的试验结果见表 5-12。

表 5-12　转向盘转角阶跃输入下的试验结果

试验测量参数	试验结果	
	左转	右转
横摆角速度响应时间/s	0.11	0.12
横摆角速度峰值响应时间/s	0.18	0.16
横摆角速度超调量(%)	25	27
侧向加速度响应时间/s	0.23	0.25
横摆角速度总方差/s	0.011	0.013
横向加速度总方差/s	0.021	0.024

5.2.3　转向瞬态响应试验（转向盘转角脉冲输入）

1. 试验设备

车速仪，转向盘力矩、转向盘转角测量仪，汽车操纵稳定性测试仪，多通道数据采集系统。

2. 测量参数

汽车前进车速、转向盘转角、汽车侧向加速度、汽车横摆角速度。

3. 试验方法

试验车速应为试验汽车最高设计车速70%并四舍五入为10的整数倍。试验前以试验车速行驶10km，使轮胎升温。接通仪器电源，使之达到正常工作温度。汽车以试验车速直线行驶，使其横摆角速度为（0±0.5）(°)/s。作一标记，记下转向盘中间位置（直线行驶位置）。然后给转向盘一个三角脉冲转角输入（图5-21）。试验

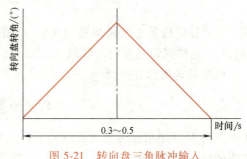

图 5-21　转向盘三角脉冲输入

时向左（或向右）转动转向盘，并迅速转回原处（允许及时修正）保持不动，记录全部过程，直至汽车恢复到直线行驶状态。

转向盘转角输入脉宽为 0.3~0.5s，其最大转角应使本试验过渡过程中最大侧向加速度为 $4m/s^2$。转动转向盘时应尽量使其转角的超调量达到最小。记录时间内，保持加速踏板位置不变。试验时至少按图5-21所示三角脉冲曲线左、右方向转动转向盘（转角脉冲输入）三次，每次输入的时间间隔不得少于5s。

4. 试验数据处理

试验中记录的汽车车速和转向盘转角时间历程（v-t 和 θ-t 曲线）应在计算机上显示，实际车速变化不应超过规定车速的±5%。转向盘转角的零线在转动转向盘进行脉冲输入的前后应一致。当其差别不大于转向盘转角最大值的±10%时，应将转向盘脉冲输入的起点和终点的连线作为参考零线；若车速变化超过10%，则本次试验记录无效。在专门的信号处理设备上或按式（5-32）在通用计算机上计算分析转向盘转角脉冲输入和横摆角速度响应的幅频

特性和相频特性。

$$G(jk\omega_0 t) = \frac{\int_0^T r(t)\cos(k\omega_0 t)\,\mathrm{d}t - j\int_0^T r(t)\sin(k\omega_0 t)\,\mathrm{d}t}{\int_0^T \delta_{sw}(t)\cos(k\omega_0 t)\,\mathrm{d}t - j\int_0^T \delta_{sw}(t)\sin(k\omega_0 t)\,\mathrm{d}t} \tag{5-32}$$

式中，$r(t)$ 是横摆角速度时间历程；$\delta_{sw}(t)$ 是转向盘转角时间历程；ω_0 是计算时选用的最小圆频率，一般取为 0.2π；$k=1,2,3,\cdots,n$，$n\omega_0/(2\pi)=3\mathrm{Hz}$。

5. 试验实测分析

转向角输入下的脉冲试验主要用于评价失真度以及转向灵敏度，转向盘转角脉冲输入试验结果见表 5-13。

表 5-13　转向盘转角脉冲输入试验结果

试验测量参数		试验结果					
频率/Hz		0.5	1.0	1.5	2.0	2.5	3.0
向左	$r/\theta/(°)\cdot s^{-1}/(°)$	0.35	0.39	0.34	0.30	0.25	0.20
	$\alpha/(°)$	-20.42	-39.13	-59.74	-79.10	—	—
向右	$r/\theta/(°)\cdot s^{-1}/(°)$	0.28	0.31	0.26	0.23	0.19	0.15
	$\alpha/(°)$	-19.07	-35.38	-54.41	-67.88	—	—

注：r/θ 为横摆角速度增益，α 为横摆角速度对应转向盘转角的迟滞。

5.2.4　转向回正性能试验

1. 试验设备

车速仪，转向盘力矩、转向盘转角测量仪，汽车操纵稳定性测试仪，多通道数据采集系统。

2. 测量参数

汽车前进速度、横摆角速度、侧向加速度。

3. 试验方法

（1）**低速回正性能试验**　在试验场地上用醒目的颜色画出半径不小于 15m 的圆周。接通仪器电源，使其达到正常工作温度。试验汽车直线行驶，记录各测量变量零线，然后调整转向盘转角，使汽车沿半径为 15m 的圆周行驶，调整车速，使侧向加速度达到 $(4\pm0.2)\mathrm{m/s}^2$，固定转向盘转角，稳定车速并开始记录，待 3s 后，迅速松开转向盘并做一标记（建议用一微动开关和一个信号通道同时记录），至少记录松手后 4s 的汽车运动过程，记录时间内加速踏板位置保持不变。对于侧向加速度达不到 $(4\pm0.2)\mathrm{m/s}^2$ 的汽车，按试验汽车所能达到的最高侧向加速度进行试验，并在试验报告中加以说明。试验按向左转与向右转两个方向进行，每个方向试验三次。

（2）**高速回正性能试验**　最高车速超过 100km/h 的汽车应进行本项试验。试验车速应为被试汽车最高车速的 70% 并四舍五入为 10 的整数倍。接通仪器电源，使其达到正常的工作温度。试验汽车沿试验路段以试验车速直线行驶，记录各测量变量的零线。随后转动转向盘使侧向加速度达到 $(2\pm0.2)\mathrm{m/s}^2$，待稳定并开始记录后，迅速松开转向盘并做一标记（建议用一个微动开关和一个信号通道同时记录），至少记录松手后 4s 内的汽车运动过程，记录时间内加速踏板位置保持不变。试验按向左转与向右转两个方向进行,每个方向试验三次。

4. 试验数据处理

横摆角速度时间历程曲线分两大类:收敛型(图 5-22 中曲线 1~4 所示)与发散型(图 5-22 曲线 5~6 所示)。对于发散型,不进行数据处理;对于收敛型,按向左转与向右转分别确定下述指标。

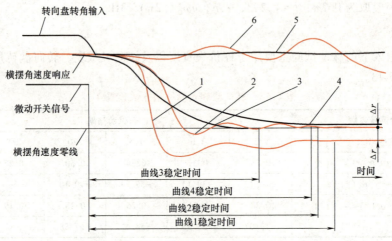

图 5-22 横摆角速度时间历程

(1) **时间坐标原点** 在微动开关时间历程曲线上,松开转向盘时微动开关所做的标记。

(2) **稳定时间** 从时间坐标原点开始,至横摆角速度达到新稳态值(包括零值)为止的一段时间间隔。其均值为

$$\bar{t}_s = \frac{1}{3}\sum_{i=1}^{3} t_{si} \tag{5-33}$$

式中,$\bar{t}_s$ 是稳定时间均值(s);t_{si} 是第 i 次试验的稳定时间(s)。

(3) **残留横摆角速度** 在横摆角速度时间历程曲线上,松开转向盘 3s 时的横摆角速度值(包括零值),计算式为

$$\Delta\bar{r} = \frac{1}{3}\sum_{i=1}^{3} \Delta r_i \tag{5-34}$$

式中,$\Delta\bar{r}$ 是残留横摆角速度均值[(°)/s];Δr_i 是第 i 次试验的残留横摆角速度值[(°)/s]。

(4) **横摆角速度超调量** 在横摆角速度时间历程曲线上,横摆角速度响应第一个峰值超过新稳态值的部分与初始值之比(图 5-23),横摆角速度超调量均值按式(5-35)确定:

$$\bar{\sigma} = \frac{1}{3}\sum_{i=1}^{3} \sigma_i \tag{5-35}$$

式中,$\bar{\sigma}$ 是横摆角速度超调量均值(%);σ_i 是第 i 次试验摆角速度超调量(%)。

(5) **横摆角速度自然频率** 第 i 次试验横摆角速度自然频率 f_{oi} 按式(5-36)确定:

$$f_{oi} = \frac{\sum_{j=1}^{m} A_{ij}}{2\sum_{j=1}^{m} A_{ij}\Delta t_{ij}} \tag{5-36}$$

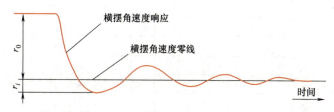

图 5-23 横摆角速度响应

式中，f_{oi} 是第 i 次试验横摆角速度自然频率（Hz）；A_{ij} 是横摆角速度响应时间历程曲线的峰值 [(°)/s]，如图 5-24 所示；Δt_{ij} 是横摆角速度响应时间历程曲线上，两相邻波峰的时间间隔（s），如图 5-24 所示；m 是横摆角速度响应时间历程曲线的波峰数。

横摆角速度自然频率均值按式（5-37）确定：

$$\bar{f}_o = \frac{1}{3}\sum_{i=1}^{3} f_{oi} \tag{5-37}$$

式中，$\bar{f}_o$ 是横摆角速度自然频率均值（Hz）。

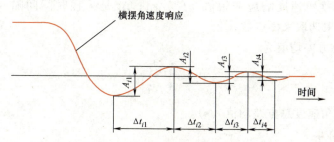

图 5-24 横摆角速度自然频率

（6）相对阻尼系数与相对阻尼系数均值 由式（5-38）计算得出衰减率：

$$D'_i = \frac{A_{i1}}{\sum_{j=1}^{m} A_{ij}} \tag{5-38}$$

式中，D'_i 是衰减率；A_{i1} 是横摆角速度第一个波峰值（图 5-24）。

按式（5-39）计算或按图 5-25 查得相对阻尼系数：

$$\zeta_i = \frac{1}{\sqrt{\left[\dfrac{\pi}{\ln(1-D'_i)}\right]^2 + 1}} \tag{5-39}$$

式中，ζ_i 是第 i 次试验相对阻尼系数。

按式（5-40）确定相对阻尼系数均值：

$$\bar{\zeta} = \frac{1}{3}\sum_{i=1}^{3} \zeta_i \tag{5-40}$$

式中，$\bar{\zeta}$ 是相对阻尼系数均值。

（7）横摆角速度总方差 第 i 次试验横摆角速度总方差按式（5-41）确定：

$$E_{ri} = \left[\sum_{k=0}^{m}\left(\frac{r_{ik}}{r_{oi}}\right)^2 - 0.5\right]\Delta t \tag{5-41}$$

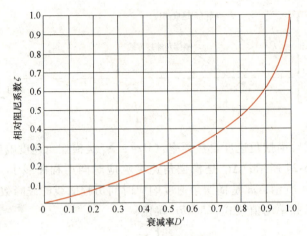

图 5-25 相对阻尼系数

式中，E_{ri} 是第 i 次试验横摆角速度总方差（s）；r_{ik} 是横摆角速度响应时间历程曲线瞬时值 [(°)/s]；r_{oi} 是横摆角速度响应初始值 [(°)/s]；Δt 是采样时间间隔（s），一般不大于 0.2s，按 $n\Delta t = 3$s 来选取采样点数 n。

横摆角速度总方差均值为

$$\overline{E}_r = \frac{1}{3}\sum_{i=1}^{3} E_{ri} \tag{5-42}$$

式中，$\overline{E}_r$ 是横摆角速度总方差均值（s）。

5. 试验实测分析

回正性能测试主要分为低速回正测试以及高速回正测试，其中高速回正试验针对车速大于 100km/h 的车辆。转向回正性能是评价车辆瞬态响应极为重要的指标，本次测试针对低速转向回正工况，该项试验测试的是车辆恢复到直线状态各个参数，如时间、侧向加速度和频率等，反映车辆从曲线行驶过渡到直线行驶的能力和两者间转换的稳定程度。转向回正试验结果见表 5-14。

表 5-14 转向回正试验结果

试验测量参数	试验结果	
	左回正	右回正
回正时间/s	1.61	1.65
残留横摆角速度/[(°)/s]	1.55	1.23
横摆角速度总方差/s	0.17	0.20
初始横摆角速度/[(°)/s]	28.5	26.8
初始侧向加速度/(m/s²)	4.03	4.06

5.2.5 转向轻便性能试验

1. 试验设备

车速仪，转向盘力矩、转向盘转角测量仪，钢卷尺，标桩，多通道数据采集系统。

2. 测量参数

转向盘力矩、转向盘转角、汽车前进车速、转向盘直径。

3. 试验方法

在试验场地上,以醒目的颜色画出双纽线路径(图 5-26)。双纽线的最小曲率半径(单位:m)应按试验汽车前外轮的最小转弯半径(单位:m)乘以 1.1 倍,并据此画出双纽线,在双纽线最宽处、顶点和中点(即结点)的路径两侧各放置两个标桩,共计放置 16 个标桩(图 5-26)。标桩与试验路径中心线的距离,为车宽一半加 50cm,或按转弯通道圆宽二分之一加 50cm。

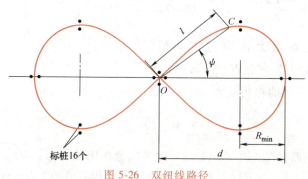

图 5-26 双纽线路径

接通仪器电源,使之预热到正常工作温度。试验开始之前可操纵汽车沿双纽线路径行驶若干周以熟悉路径和相应操作。随后,使汽车沿双纽线中点"O"处的切线方向做直线滑行,并停车于"O"点处,停车后注意观察车轮是否处于直行位置,必要时应调整转向盘使车轮处于直行位置。然后双手松开转向盘,记录转向盘中间位置和作用力矩的零线。试验时,驾驶人操纵转向盘,使汽车以 (10 ± 2)km/h 的车速沿双纽线行驶;待车速稳定后,开始记录转向盘转角和作用力矩,并记录行驶车速作为监控参数。汽车沿双纽线绕行一周至记录起始位置,即完成一次试验;全部试验应进行三次。在测量记录的过程中,应保持车速稳定,平稳地、不停顿地连续转动转向盘;不应同时松开双手或来回转动转向盘修正行驶方向,也不应撞倒标桩。

双纽线轨迹的极坐标方程为

$$l = d\sqrt{\cos(2\psi)} \tag{5-43}$$

式中,d 为双纽线中点 O 到一端顶点的距离;ψ 为双纽线最大极角。

轨迹上任意点的曲率半径 R 为

$$R = \frac{d}{3\sqrt{\cos(2\psi)}} \tag{5-44}$$

当 $\psi=0°$ 时,双纽线顶点的曲率半径为最小值,即

$$R_{\min} = d/3 \tag{5-45}$$

4. 试验数据处理

根据记录的转向盘转角和作用力矩,按每一周双纽线路径整理成图 5-27 所示的 M_{sw}-δ_{sw} 曲线,或者直接采用计算机采样所得的上述参数,确定出汽车转向轻便性的各项参数。

转向盘最大作用力矩的均值为

$$\overline{M}_{\text{swmax}} = \frac{\sum_{i=1}^{3} |M_{\text{swmax}i}|}{3} \qquad (5\text{-}46)$$

式中，$\overline{M}_{\text{swmax}}$ 是转向盘最大作用力力矩的均值（N·m）；$M_{\text{swmax}i}$ 是绕双纽线路径第 i 周（$i=1\sim3$）的转向盘最大作用力矩（N·m）。

转向盘最大作用力均值为

$$\overline{F}_{\max} = \frac{2M_{\text{swmax}}}{D} \qquad (5\text{-}47)$$

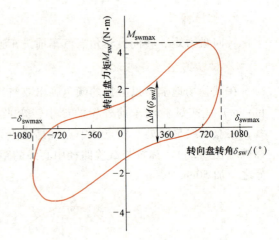

图 5-27 转向盘转角与力矩

式中，$\overline{F}_{\max}$ 是转向盘最大作用力矩均值（N）；D 是试验汽车原有转向盘直径（m）。

绕双纽线路径每一周的作用功为

$$W_i = \frac{1}{57.8} \sum_{j=1}^{n_i-1} M_{\text{sw}ij}(\delta_{\text{sw}i(j+1)} - \delta_{\text{sw}ij}) \qquad (5\text{-}48)$$

式中，W_i 是绕双纽线路径第 i 周（$i=1\sim3$）的转向盘作用功（J）；$M_{\text{sw}ij}$ 是绕双纽线路径第 i 周（$i=1\sim3$）的第 $j[j=1\sim(n_i-1)]$ 个采样点处转向盘作用力矩（N·m）；n_i 是绕双纽线路径第 i 周采样点数；$\delta_{\text{sw}i(j+1)}$ 是绕双纽线路径第 i 周（$i=1\sim3$）的第 $j+1[j=1\sim(n_i-1)]$ 个采样点处转向盘转角（°）；$\delta_{\text{sw}ij}$ 是绕双纽线路径第 i 周（$i=1\sim3$）的第 $j[j=1\sim(n_i-1)]$ 个采样点处转向盘转角（°）。

转向盘的作用功均值为

$$\overline{W} = \frac{\sum_{i=1}^{3} W_i}{3} \qquad (5\text{-}49)$$

式中 $\overline{W}$ 是转向盘作用功的均值（J）。

绕双纽线路径每一周的转向盘平均摩擦力矩为

$$\overline{M}_{\text{swf}i} = \frac{57.3 W_i}{2(|-\delta_{\text{swmax}}| + |\delta_{\text{swmax}}|)} \qquad (5\text{-}50)$$

式中，$\overline{M}_{\text{swf}i}$ 是绕双纽线路径第 i 周（$i=1\sim3$）的转向盘平均作用摩擦力矩（N·m）。

对应的转向盘平均摩擦力为

$$\overline{F}_{\text{swf}i} = \frac{2\overline{M}_{\text{swf}i}}{D} \qquad (5\text{-}51)$$

式中，$\overline{F}_{\text{swf}i}$ 是绕双纽线路径第 i 周（$i=1\sim3$）转向盘平均摩擦作用力（N）。

转向盘平均摩擦力矩均值为

$$\overline{M}_{\text{swf}} = \frac{\sum_{i=1}^{3} \overline{M}_{\text{swf}i}}{3} \qquad (5\text{-}52)$$

转向盘平均摩擦力均值为

$$\overline{F}_{swf} = \frac{2\overline{M}_{swf}}{D} \tag{5-53}$$

5. 试验实测分析

驾驶人通过操纵转向盘来控制汽车的行驶方向。通常使用转向盘最大转矩、转向盘最大作用力及转向盘作用功来评价转向轻便性,转向转便性试验结果见表 5-15。

表 5-15 转向轻便性试验结果

试验测量参数		试验结果
转向盘最大转角/(°)	左转	581
	右转	436
转向盘最大作用力/N		25.28
转向盘最大力矩/N·m		4.85
转向盘平均作用力/N		8.81
转向盘平均力矩/N·m		1.70
转向盘作用功/J		58.3

5.2.6 稳态回转试验

1. 试验设备

车速仪,转向盘力矩、转向盘转角测量仪,汽车操纵稳定性测试仪,多通道数据采集系统。

2. 测量参数

必须测量变量包括:汽车横摆角速度、汽车前进车速、车身侧倾角。

希望测量变量包括:汽车侧偏角、汽车纵向加速度、汽车侧向加速度。

3. 试验方法

在试验场地上,以醒目的颜色画出半径不小于 15m 的圆周。接通仪器电源,使之预热到正常工作温度。试验开始之前,汽车应以侧向加速度为 $3m/s^2$ 的相应车速沿画定的圆周行驶五圈以使轮胎升温。操纵汽车以最低稳定速度沿所画圆周行驶,待安装于汽车纵向对称面上的车速传感器在半圈内都能对准地面所画圆周时,固定转向盘不动,停车并开始记录,记录各变量的零线。然后,汽车起步,缓慢而均匀地加速(纵向加速度不超过 $0.25m/s^2$),直至汽车的侧向加速度达到 $6.5m/s^2$(或受发动机功率限制而所能达到的最大侧向加速度或汽车出现不稳定状态)为止。记录整个过程。试验按向左转和向右转两个方向进行,每个方向试验三次。每次试验开始时,应保证车身纵向对称面处于所画圆周线正中位置。

4. 试验数据处理

各点的侧向加速度值由瞬时横摆角速度(单位:rad/s)乘以汽车前进瞬时速度(单位:m/s)的方法确定。

根据记录的横摆角速度及汽车前进速度,各点的转弯半径为

$$R_k = \frac{57.3 v_k}{r_k} \tag{5-54}$$

式中,R_k 是第 k 点转弯半径(m);v_k 是第 k 点车速瞬时值(m/s);r_k 是第 k 点横摆角速度

瞬时值 [(°)/s]。

进而计算出各点的转弯半径比 R_k/R_0，其中 R_0 为初始半径，即侧向加速度与转弯半径拟合曲线侧向加速度为零处的值，单位为 m。

根据计算出的各点转弯半径 R_k 计算出汽车前后轴侧偏角差值 $\delta_1-\delta_2$，即

$$\delta_1-\delta_2 = 57.3L\left(\frac{1}{R_0}-\frac{1}{R_k}\right) \tag{5-55}$$

式中，δ_1 是前轴侧偏角（°）；δ_2 是后轴侧偏角（°）；L 是汽车轴距（m）。

5. 试验实测分析

稳态回转试验结果见表 5-16。

表 5-16　稳态回转试验结果

试验测量参数			试验结果	
			左转	右转
侧向加速度	2m/s²	前后轴侧偏角差 $\delta_1-\delta_2/(°)$	1.73	2.74
		转弯半径比 R_k/R_0	1.075	1.126
		车身侧倾角/(°)	2.73	2.61
	4m/s²	前后轴侧偏角差 $\delta_1-\delta_2/(°)$	4.74	6.08
		转弯半径比 R_k/R_0	1.237	1.331
		车身侧倾角/(°)	5.19	4.99
试验中所达到的最大侧向加速度/(m/s²)			4.51	
不足转向度[(°)/(m·s⁻²)]			1.04	
车身侧倾度[(°)/(m·s⁻²)]			1.24	

分别绘出转弯半径比、前后轴侧偏角差、车身侧倾角与侧向加速度的关系曲线，如图 5-28~图 5-30 所示。

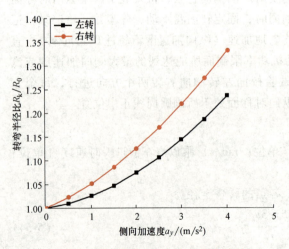

图 5-28　转弯半径比与侧向加速度关系

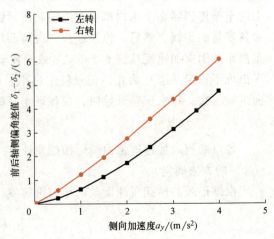

图 5-29　前后轴侧偏角差与侧向加速度关系

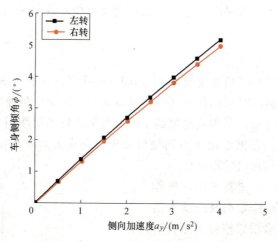

图 5-30　车身侧倾角与侧向加速度关系

5.2.7　转向盘中心区操纵稳定性试验

1. 试验设备

车速仪，转向盘力矩、转向盘转角测量仪，汽车操纵稳定性测试仪，多通道数据采集系统。

2. 测量参数

必须测量变量包括：汽车前进车速、转向盘转角、转向盘力矩、汽车横摆角速度。

希望测量变量包括：汽车侧向加速度、转向盘角速度。

3. 试验方法

接通仪器电源，使之达到正常工作温度。试验的初始状态为等速直线行驶，试验标准车速为 100km/h，也可以 100km/h 车速为基准，提高或降低试验车速（车速间隔为 20km/h）。试验时转向盘输入为振荡型转角输入，首选输入形式为正弦波，也可采用其他输入（如三角波输入）。转向盘输入频率的基准值为 0.2Hz，频率偏差不应超过 ±10%。输入转角的幅值应足以使车辆的侧向加速度峰值达到基准值，允许的峰值偏差为 ±10%。为在侧向加速度 $1m/s^2$ 时获取良好的试验数据，并保证车辆及其子系统运行范围超出迟滞区，侧向加速度峰值的基准值为 $2m/s^2$，也可采用较小的值或不超过 $4m/s^2$ 的其他值。整个试验过程中，转向盘转角幅度和通过中心区时的角速度应尽量保持一致。在确保车辆的纵向速度在处于规定范围的前提下，加速踏板位置的变动应尽可能小。用于数据分析的数据段内纵向车速变动量不应当超过试验车速的 ±3%。

在整个试验过程当中记录所有测量参数，包括初始驾驶状态下的各测量变量。为保证试验不受仪器使用的影响，数据记录应在全部试验结束之后持续 1s 以上。试验过程中的转向输入可通过人工或转向机器人来实现。当采用人工输入转向信号时，试验应当至少持续 40s，以保证至少获取 8 个输入周期的数据。当受试验场地的限制不能获得足够长的一致性良好连续数据时，允许把一系列短数据进行组合用于试验分析。在这种情况下，至少应当保证有 20 个周期的数据并采用适当的数理统计方法处理试验数据，并将统计方法记入试验报告中。当采用转向机器人输入转向信号时,试验应当至少持续 20s,以保证至少获取 4 个输入周期的数据。

4. 试验数据处理

侧向加速度值由瞬时横摆角速度(单位:rad/s)乘以汽车前进瞬时速度(单位:m/s)的方法确定。对测量参数的时间历程尤其是转向盘转角、转向盘角速度、车辆纵向速度和车辆侧向加速度进行仔细分析,至少应选出四个控制指标良好的周期用于数据分析。如图 5-31 所示,将按要求筛选出的数据绘制于直角坐标系中,图形为多条迟滞回线叠加形成的回线组,回线的数量等同于筛选出的循环数。

回线组应以适当的方式进行平均,推荐的方法是在图 5-31 所示区间 A 内的试验曲线上下两部分分别进行多项式拟合,拟合阶次值为 3。数据处理时,首先确定数据横坐标区间,在该区间内按一定比例选取区间 A,选取时应确保区间 A 足够大以覆盖所关心的数据区域,但应避免两端的滞回效应的影响,其所占横坐标区间的比例推荐值为 50%~70%。

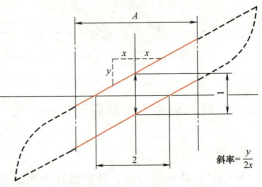

图 5-31 迟滞回线示意图

1—纵坐标迟滞区　2—横坐标迟滞区　A—多项式拟合区

推荐在关心的数据区域对上述拟合多项式进行线性拟合以进行斜率估计。其中,平均斜率应按规定的区域进行拟合,对于瞬态斜率应在关注点附近较小区域内进行。典型的区域值为对应侧向加速度变化 $\pm 0.1 \text{m/s}^2$ 的范围。每条迟滞回线可单独分析,将各回线的特征参数进行平均以获取最终结果,也可采用其他数据处理方法,但应在试验报告中加以说明。通过迟滞回线组的多项式拟合,可获取以下参数:纵坐标迟滞区、横坐标迟滞区、斜率。

5.2.8 主观评价试验

1. 驻车/低速转向

转向力:评价驻车、低速(≤10km/h)转向时左右两侧转向力大小,是否有转向力突变、抖动及摩擦感。

回正性能:评价车辆低速(≤10km/h)时转向盘回正能力,回正是否连续均匀无卡滞,转向角残留大小,回正速度是否适中。

机动性:评价车辆在低速时转向盘转角的大小是否符合驾驶人预期。

2. 直线行驶控制

转向响应:不同车速下直线行驶,评价小角度转向输入时的车身横摆,转角死区的大小是否适中,横摆角和侧向加速度与转角变化的响应线性程度。

力矩反馈:不同车速下直线行驶,评价转向系统在转向中心位置区域的力矩反馈,包括力矩死区的大小,力矩建立是否过强或过弱,力矩线性度(力矩变化与转向角变化的线性关系),转向摩擦感及阻尼感,总体转向力大小是否随车速变化。

转向控制:不同车速下直线行驶,评价转向力矩、转向盘角度与车辆响应在转向中心区域是否一致。

3. 弯道行驶控制

转向响应：不同车速下弯道行驶，评价车辆在入弯、弯中和出弯过程中横摆和侧向加速度的响应关系，响应是否线性及是否存在响应延时。

力矩反馈：不同车速下弯道行驶，评价车辆在入弯、弯中和出弯过程中的力矩反馈，包括进入弯道后的力矩建立情况，总体转向力是否清晰且随车速和侧向加速度增加而比例增加。

回正性能：评价车辆出弯后转向盘回到中间位置的能力，转向盘的回正速度是否适中及转向盘转角是否存在超调和超调量大小、超调是否快速衰减。

转向控制：不同车速下弯道行驶，评价转向力矩、转向盘角度与车辆响应在弯道内是否一致。

4. 转向干扰

转矩转向：评价起步加速和低速急加速时发动机/电机转矩增加导致车辆的路径偏移量和转向力变化。

路面冲击：评价不平整路面冲击引起的转向盘转动及转向力矩变化。

助力不足：评价左右快速转动转向盘导致的转向力矩增加程度。

5. 直线行驶稳定性

直线行驶：不同的车速下，评价车辆在无转向输入的情况下在平坦路面跑偏程度，是否有车身横摆现象及飘忽感，抗侧风稳定性，有无横摆、偏移等。

直线加速：评价起步及低速加速时车身的俯仰情况及加速过程中纵倾角的变化情况，有无加速跑偏现象。

直线减速：评价减速时车身的俯仰情况及俯仰衰减程度，有无跑偏现象。

6. 弯道行驶稳定性

转向特性：评价车辆是否有适度的不足转向，感受不足转向度的变化与转向盘的修正量是否一致，不足转向度的变化程度是否可以预知。

侧倾控制：车辆以较高的侧向加速度行驶，车辆侧倾角大小、侧倾速度及左右对称性，前后轴的侧倾是否一致。

7. 瞬态操纵稳定性

变线稳定性：车辆紧急变线时，评价车辆紧急变线的车身稳定性、有无侧滑、甩尾及整体稳定性水平。

可控性：车辆在变线过程中，评价车辆在极限状态下的转向盘修正量及修正速度，车辆的响应及可预知性，车辆失稳时车辆控制的难易程度。

车身稳定控制系统：评价车身稳定控制系统的灵敏度和干预程度是否突兀，车辆失稳时车身电子稳定系统是否有效控制车辆。

5.3 汽车通过性试验

汽车的通过性是指汽车能以足够高的平均车速通过各种坏路和无路地带以及各种障碍的

能力。根据地面影响汽车通过性的原因，又分为支承通过性和几何通过性。支承通过性主要取决于地面的物理性质和汽车的牵引能力；几何通过性主要取决于汽车本身的结构参数和几何参数。

汽车通过性的几何参数是与防止间隙失效有关的汽车本身的几何参数，它们主要包括最小离地间隙、接近角、离去角、纵向通过角等。另外，汽车的最小转弯直径、最小转弯通道圆直径及外摆值也是汽车通过性的重要轮廓参数。

5.3.1　汽车地形通过性试验

本节以 GB/T 12541—1990《汽车地形通过性试验方法》为例，来介绍汽车地形通过性试验的具体要求和试验方法。

1. 试验设备

远程温度计、皮尺（或钢卷尺）、秒表、照相机、录像设备。

2. 试验准备

试验的地形设施有垂直障碍物、凸岭、水平壕沟、路沟、弹坑、涉水池共六种。根据试验要求，对试验车辆进行磨合。除另有规定外，磨合规范按该车使用说明书的规定。试验前，试验车辆必须进行预热行驶，使汽车发动机、传动系统及其他部分预热到规定的温度状态。

3. 试验方法

根据使用说明书的规定，选择地形设施的特性参数，并记录。变速器置于1档，分动器置于低档（涉水试验除外），汽车全轮驱动。观察并记录在该过程中汽车的运动状况及其部件与地形设施有无接触、碰撞或其部件间有无干涉等现象。

(1) **通过垂直障碍物试验**　如图 5-32 所示，选择三种不同高度的垂直障碍物，高度 $h=(2/3 \sim 4/3)r_k$（r_k 为车轮滚动半径），宽度不小于 4m，长度 L 不小于被试车辆的轴距，试验也可按各试验场的固定设施进行。

按所规定档位低速驶近垂直障碍物，节气门全开，爬越垂直障碍物。试验后，检查汽车各部件和连接有无损坏或松动，判断各总成工作情况有无异常。

(2) **通过凸岭试验**　如图 5-33 所示，选择凸岭尺寸 L 为 6m，h 分别为 0.6m、1.3m、2.0m。按所规定档位，从坡度小的凸岭开始，低速驶过凸岭。

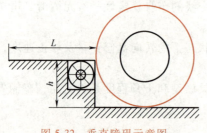

图 5-32　垂直障碍示意图

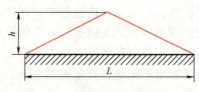

图 5-33　凸岭示意图

(3) **通过水平壕沟试验**　如图 5-34 所示，选择水平壕沟不同宽度 $B=(1\sim4/3)r_k$，一般取三个不同宽度，长度不小于 3m，深度比 r_k 稍大，沟的前、后均为平整地面。该试验也可按各试验场的固定设施进行。按所规定档位,低速驶近壕沟,节气门全开,驶过壕沟。

(4) **通过路沟试验** 如图 5-35 所示,选择路沟的深度为:$H_1 = 0.30m$、$0.50m$、$0.75m$;$H_2 = 1.0m$、$1.5m$、$2.0m$。按所规定档位,低速行驶。通过路沟时,试验车辆以与路沟成 $45°$ 和 $90°$ 角两个方向行驶。试验后,检查汽车各部件和连接件有无松动,判断各总成工作情况有无异常。

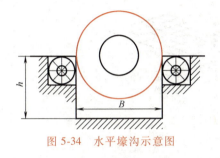

图 5-34 水平壕沟示意图

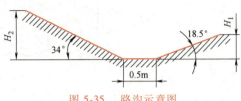

图 5-35 路沟示意图

(5) **通过弹坑试验** 如图 5-36 所示,选择弹坑长度:$L = 4m$、$10m$、$14m$;弹坑深度 $h = 1.75m$、$2m$、$3m$。按所规定档位,低速驶过弹坑。

(6) **通过涉水池试验** 如图 5-37 所示,人工涉水池总长 L 不小于 $80m$,总深度 h 不小于 $1.5m$,总宽度不小于 $5m$,出、入池坡度为 $10\% \sim 15\%$(具体尺寸按各试验场的规定)。

按对该车涉水的技术要求,检查调整车辆的技术状况。在人工涉水池中,汽车全轮驱动,低速通过符合设计任务书要求的水深的水池。测定通过时间和发动机出水温度、机油温度,观察驾驶室等处进水及密封情况,试验往返各一次,用摄像机拍摄通过情况。

试验结束后,立即停车熄火,检查涉水后的密封状况,$5 \sim 15min$ 后,再起动车辆观察各部件工作是否正常。

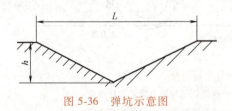

图 5-36 弹坑示意图　　　　图 5-37 涉水池示意图

5.3.2 汽车通过性几何参数测量试验

本节以 GB/T 12673—2019《汽车主要尺寸测量方法》和 GB/T 12540—2009《汽车最小转弯直径、最小转弯通道圆直径和外摆值测量方法》为例,来介绍汽车通过性几何参数测量试验的具体要求和试验方法。

车辆坐标系(Vehicle Coordinate System)由相互关联的三个垂直正交平面组成,用于确定平面、轴、点的位置关系,如图 5-38 所示。

1. 接近角

接近角是指汽车满载、静止时,前端突出点向前轮所引切线与地面间的夹角。接近角越大,越不易发生因车辆前端触及地面而不能通过的情况。反之,接近角越小,越容易发生因车辆前端触及地面而不能通过的情况。

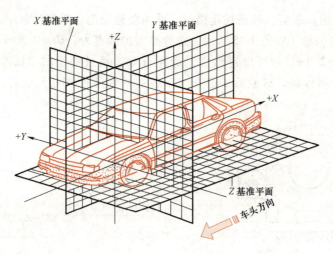

图 5-38 车辆坐标系

测量方法：测量切于静载荷前轮轮胎外缘且垂直于 Y 平面的平面与 Z 平面之间所夹的最大锐角。前轴前方任何固定在车辆上的刚性部件均在此平面的上方，如图 5-39 所示。

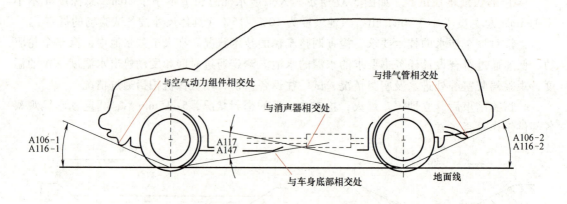

图 5-39 接近角、离去角、纵向通过角

A106-1—载荷状况为整备质量的接近角　A116-1—载荷状况为最大质量的接近角
A106-2—载荷状况为整备质量的离去角　A116-2—载荷状况为最大质量的离去角
A117—载荷状况为整备质量的纵向通过角　A147—载荷状况为最大质量的纵向通过角

2. 离去角

离去角是指汽车满载、静止时，后端突出点向后轮所引切线与地面间的夹角。离去角越大，越不易发生因车辆尾部触及地面而不能通过的情况。反之，离去角越小，越容易发生因车辆尾部触及地面而不能通过的情况。

测量方法：测量切于静载荷车辆最后车轮轮胎外缘且垂直于 Y 平面的平面与 Z 平面之间所夹的最大锐角。位于最后车轴后方的任何固定在车辆上的刚性部件均在此平面的上方，如图 5-39 所示。

3. 纵向通过角

纵向通过角是指在汽车满载、静止时，分别通过前、后车轮外缘作垂直于汽车纵向对称平面的切平面，当两切平面交于车体下部较低部位时所夹的最小锐角。它表征汽车可无碰撞地通过小丘、拱桥等障碍物的轮廓尺寸。纵向通过角越大，汽车的通过性越好。

测量方法：当分别切于静载车轮前后轮胎外缘且垂直于 Y 平面的两平面交于车体下部较低部位时，测量车轮外缘两切平面之间所夹的最小锐角。该角为车辆可以超越的最大角度，如图 5-39 所示。

4. 最小离地间隙

最小离地间隙是指满载、静止时，汽车除车轮之外的最低点与支承平面之间的距离，用于表征汽车无碰撞地越过石块、树桩等障碍物的能力。最小离地间隙越大，车辆通过有障碍物或凹凸不平的地面的能力就越强，但重心偏高，降低了稳定性；最小离地间隙越小，车辆通过有障碍物或凹凸不平的地面的能力就越弱，但重心低，可增加稳定性。

测量方法：测量地面与车辆中间部分最低点的距离且指明最低点部件（车辆中间部分指与车辆 Y 基准平面等距离且平行的两个平面之间部分，两平面间距离为同一轴上两端车轮内缘间最小距离 b 的 80%），如图 5-40 所示。

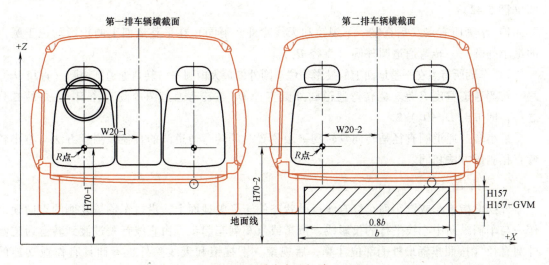

图 5-40 最小离地间隙

H157—载荷状况为整备质量的最小离地间隙 　　H157-GVM—载荷状况为最大质量的最小离地间隙
W20-1—车辆 Y 基准平面到第一排座椅基准点（R 点）的距离
W20-2—车辆 Y 基准平面到第二排座椅基准点（R 点）的距离
H70-1—车辆 Z 基准平面到第一排座椅基准点（R 点）的距离
H70-2—车辆 Z 基准平面到第二排座椅基准点（R 点）的距离

5. 最小转弯直径

转弯直径（d_i）是转向盘转到极限位置时，车辆内外侧各车轮胎面中心（若为双胎，则为双胎中心）在平整地面上的轨迹圆直径（图 5-41）。

最小转弯直径是转向盘转到极限位置时，车辆外侧转向轮胎面中心在平整地面上的轨迹圆直径中的较大者。

测量方法：根据需要，选择车身上离转向中心最远点、最近点和车轮胎面中心上方安装行驶轨迹显示装置。汽车处于最低前进档并以较低的车速行驶，转向盘转到极限位置并保持不变,稳定后起动轨迹显示装置,车辆行驶一周,使各测点分别在地面上显示出封闭的运动轨迹,然后将车开出测量区域。用钢卷尺测量各测点在地面上形成的轨迹圆直径,应在相互垂直的两个方向测量,测量时应向左向右移动,读取最大值;取两个方向的测量值的算术平均值作为试验结果。汽车向左转和向右转各测量一次,记录试验结果。如果左、右转方向测得的试验结果之差在 0.1m 以内,则取左、右转试验结果的平均值作为该车的最终结果,否则以左、右转方向测得的试验结果的较大值作为最终结果。

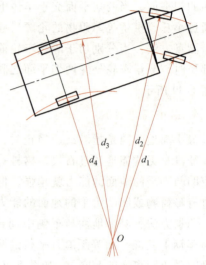

图 5-41 转弯直径示意图

6. 最小转弯通道圆直径

车辆转弯行驶时,下述两圆为车辆转弯通道圆(图 5-42):

1)车辆所有点(后视镜、下视镜和天线除外,下同)在平整地面上的投影均位于圆内的最小外圆——转弯通道圆外圆(直径 D_1)。

2)车辆所有点在平整地面上的投影均位于圆外的最大内圆——转弯通道圆内圆(直径 D_2)。转弯通道宽度 B 是车辆转弯通道圆外圆直径 D_1 与转弯通道圆内圆直径 D_2 之差的二分之一,即 $B=(D_1-D_2)/2$。

最小转弯通道圆直径是转向盘转到极限位置时的转弯通道圆的直径。测量方法与最小转弯直径测量方法相同。

7. 外摆值

外摆值指汽车或汽车列车以直线行驶状态停于平整地面上,沿过车辆最外侧的点向地面作一与车辆纵向中心线平行的投影线,汽车或汽车列车起步,由直线行驶过渡到转弯通道圆外圆直径(按照车辆最外侧部位计算,后视镜、下视镜和天线除外,不计具有作业功能的专用装置的突出部分)为 25m 的圆上行驶,直到车尾完全进入该圆,在此过程中车辆外侧任何部位在地面上的投影形成一组外摆轨迹,这组轨迹与车辆静止时车辆最外侧部位在地面形成的投影线的距离即为外摆值(图 5-43)。

测量方法:在平整地面上画一直径为 25m 的圆周;在车辆尾部最外点和车体离转向中心最远点安装轨迹显示装置。汽车或汽车列车处于最低前进档并以较低的车速进入该圆周内行驶,调整转向盘转角,起动车体离转向中心最远点轨迹显示装置,使轨迹落在该圆周上,记下这时的转向盘转角位置。

汽车或汽车列车以直线行驶状态停于平整地面上,沿车辆最外侧向地面作一与车辆纵向中心线平行的投影线,转动转向盘到预定转角位置并保持,起动车辆尾部最外点轨迹显示装置,汽车或汽车列车起步前行,直至车辆尾部最外点轨迹与已作好的车辆最外侧投影线相交为止。

测量车辆尾部最外点在地面上形成的轨迹与车辆静止时车辆外侧部位在地面形成的投影线的最大距离。左右转方向各进行一次试验,记录试验结果,其中较大者为该车的外摆值。

8. 汽车通过性几何参数实测

试验样车为某 SUV，其安全涉水深度为 500mm，最小离地间隙为 255mm，接近角为 22°，离去角为 26°，轮胎直径为 747.6mm，爬坡转速为 1500r/min，三滑轮组脱困时间为 3.83s。

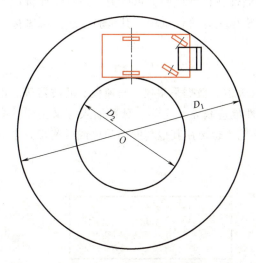

图 5-42　转弯通道圆示意图

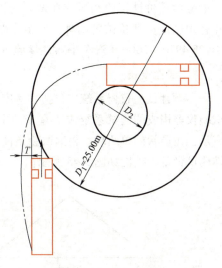

图 5-43　外摆值示意图

5.4　汽车舒适性试验

汽车舒适性是指为乘员提供舒适、愉快的乘坐环境，货物的安全运输和方便安全的操作条件的性能。汽车舒适性包括汽车平顺性、汽车噪声、汽车空气调节性能、汽车乘坐环境及驾驶操作性能等，它是现代高速、高效率汽车的一个主要性能。

汽车平顺性就是保持汽车在行驶过程中乘员所处的振动环境具有一定舒适度的性能，对于载货汽车还包括保持货物完好的性能，汽车行驶时，由于路面不平等因素激起汽车的振动。振动影响人的舒适、工作效率和身体健康，并影响所运货物的完好；振动还在汽车上产生动载荷，加速零件磨损，导致疲劳失效。因此，减少汽车振动是汽车平顺性研究的主要问题。

汽车空气调节性能是指对车内空气的温度、湿度和粉尘浓度实现控制调节，使车室内空气经常保持使乘员舒适的状态。汽车空调是改善工作条件、提高工作效率的重要手段，直接影响着汽车的乘坐舒适性。

汽车乘坐环境及驾驶操作性能是指乘坐空间大小、座椅及操纵件的布置、车内装饰、仪表信号设备的易辨认性等，直接影响着汽车的行驶舒适性。

随着现代文明进程，汽车越来越多地介入了社会的各个方面，成为与人们工作和生活紧密相关的、大众化的产品，汽车作为"活动房间"的功能日趋完善。与汽车其他性能不同，汽车舒适性各方面的评价都与人体主观感觉直接相关。为提高汽车的舒适性，本节主要从汽车平顺性、行驶舒适性（驾乘操控）、乘坐舒适性（温度调节）三个方面出发，针对每一方面都提出了具体的试验要求、评价指标及试验方法。

5.4.1 汽车平顺性试验

汽车的平顺性主要指避免汽车在行驶过程中所产生的振动和冲击使人感到不舒服、疲劳甚至损害健康，或使货物损坏的性能，它是现代高速汽车的主要性能之一。汽车平顺性试验一般分为评价性试验和研究性试验两种。汽车平顺性评价性试验又可分为主观感觉评价试验和客观物理量评价试验两种。本节主要讨论客观物理量评价性试验，其试验方法按国家标准 GB/T 4970—2009《汽车平顺性试验方法》。

1. 试验设备

平顺性试验仪器系统应包括加速度传感器、放大器、数据采集仪、车速仪、滤波器等。由试验仪器构成的测试系统应适宜于冲击测量，其性能应稳定、可靠。脉冲输入应采用图 5-44 所示三角形状的单凸块。根据试验条件不同，脉冲输入也可用其他高度的凸块或减速带。平顺性测试设备连接图如图 5-45 所示。

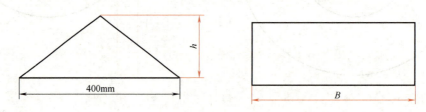

图 5-44 三角形凸块

注：$h = 40$mm；B 是按需要而定，但必须大于轮宽。

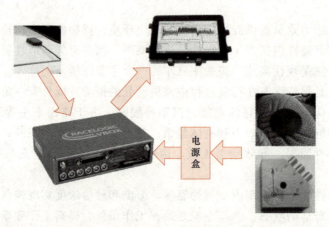

图 5-45 平顺性测试设备连接图

2. 试验准备

（1）道路　试验道路应平直，纵坡不大于1%，路面干燥，不平度应均匀无突变，累计的试验路面总长度不应小于试验样本个数要求的最短路面长度，并且两端应有 30~50m 的稳速段。

脉冲输入行驶的试验道路为沥青路面或水泥路面，路面等级按照 GB/T 7031—2005《机械振动　道路路面谱测量数据报告》规定的 A 级路面。随机输入行驶的试验道路为沥青路面或水泥路面,具体试验路面等级根据需要确定。

(2) **风速** 风速不大于5m/s。

(3) **受检车辆** 汽车各总成、部件、附件及附属装置(包括随车工具与备胎)应按规定装备齐全,并装在规定的位置上。调整状况应符合该车设计技术条件的规定。轮胎充气压力应符合汽车设计技术条件的规定,误差不超过规定充气压力的±3%。

汽车的载荷为额定最大装载质量,根据需要可增做其他载荷工况的试验。载荷物均匀分布且固定牢靠,试验过程中不应晃动和颠离,也不应因潮湿、散失等情况而改变质量。

(4) **测试乘员** 测试部位的载荷应为身高(1.70±0.05)m、体重为(65±5)kg的测试乘员。非测试部位的载荷应符合GB/T 12534—1990中的有关规定。测试部位的乘员应全身放松,佩戴安全带,双手自然地放在大腿上,其中驾驶人的双手自然地置于转向盘上,在试验过程中应保持坐姿不变。一般情况下,乘员应自然地靠在靠背上,否则应注明。

(5) **试验车速** 试验车速应由车速仪监控,试验时,应根据车速选用适当的档位,车速偏差为试验车速的±4%。

脉冲输入行驶:试验车速为10km/h、20km/h、30km/h、40km/h、50km/h、60km/h。

随机输入行驶:针对特定车的设计原则确定试验用良好路面或一般路面。

良好路面试验车速:40km/h~最高设计车速(不应超过试验路面要求的最高车速),每隔10km/h或20km/h选取一种车速为试验车速。

一般路面试验车速:
1) M类车辆:40km/h、50km/h、60km/h、70km/h。
2) N类车辆:30km/h、40km/h、50km/h、60km/h。

3. 试验方法

M类车辆的加速度传感器应安装在驾驶人及同侧最后排座椅椅垫上方、座椅靠背、脚部地板上;N类车辆的加速度传感器应安装在驾驶人座椅椅垫上方、座椅靠背、脚部地板、车厢地板中心以及与驾驶人同侧距车厢边板、车厢后板各300mm处的车厢地板上。

座椅椅垫上方、座椅靠背、脚部地板上需测量三个方向的振动,加速度时间历程包括垂直(Z轴向)振动、横向(Y轴向)振动和纵向(X轴向)振动。车厢地板处的加速度传感器只需测量垂直振动。座椅靠背上的传感器布置如图5-46所示;脚部地板上的传感器布置在驾驶人(或乘员)两脚中间位置。安装在座椅座垫上方、座椅靠背上的传感器应与人体紧密接触,可根据需要适当增加测点。

(1) **脉冲输入行驶试验方法** 将凸块放置在试验道路中间,并按汽车轮距调整好两个凸块间的距离。为保证汽车左右车轮同时驶过凸块,应将两个凸块放在与汽车行驶方向垂直的一条直线上。试验时,汽车以规定的车速匀速驶过凸块。在汽车通过凸块前50m应稳住车速。当汽车前轮接近凸块时开始记录,待汽车驶过凸块且冲击响应消失后,停止记录。每种车速的有效试验次数应不少于5次。

(2) **随机输入行驶试验方法** 试验时,汽车应在稳速段内稳住车速,然后以规定的车速匀速驶过试验路段,测量各测试部位的加速度时间历程。样本记录长度应满足数据处理的最少数据量要求。

4. 检测结果评价

(1) **脉冲输入行驶评价方法** 峰值系数是加权加速度时间历程$a_w(t)$的峰值(绝对值

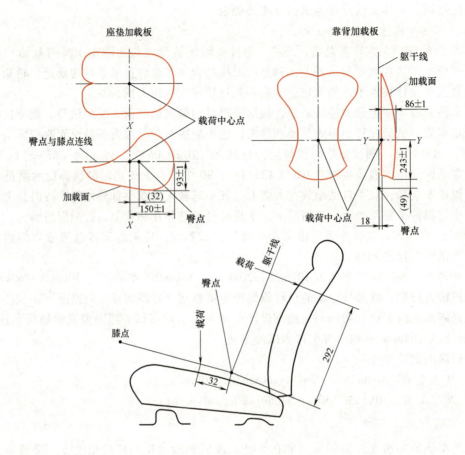

图 5-46 座椅传感器布置

最大)与加权加速度均方根值 $\bar{a}_w$ 比值的绝对值。当振动波形峰值系数小于 9 时,脉冲输入行驶试验用座椅座垫上方、座椅靠背、乘员(或驾驶人)脚部地板和车厢地板最大(绝对值)加速度响应 $\ddot{Z}_{max}$ 与车速 v 的关系评价。

最大(绝对值)加速度响应 $\ddot{Z}_{max}$ 为

$$\ddot{Z}_{max} = \frac{1}{n}\sum_{j=1}^{n}\ddot{Z}_{maxj} \tag{5-56}$$

式中,n 是脉冲试验有效试验次数,$n \geq 5$;$\ddot{Z}_{max}$ 是最大(绝对值)加速度响应(m/s²);$\ddot{Z}_{maxj}$ 是第 j 次试验结果的最大(绝对值)加速度响应(m/s²)。

当峰值系数大于 9 时,用基本评价方法不能完全描述振动对人体的影响,还应采用辅助评价方法即振动剂量值来评价。振动剂量值(Vibration Dose Value,VDV),单位为 m/s$^{1.75}$。

$$VDV = \left[\int_0^T a_w^4(t)dt\right]^{\frac{1}{4}} \tag{5-57}$$

式中,$a_w(t)$ 是加权加速度时间历程(m/s²);T 是作用时间,从汽车前轮接触凸块到汽车驶过凸块且冲击响应消失时间段(s)。

(2)随机输入行驶评价方法 加权加速度均方根值是按振动方向并根据人体对振动频

率的敏感程度而进行加权计算的，是人体振动评价指标。对乘员（或驾驶人）人体及脚部地板处的振动用加权加速度均方根值 $\bar{a}_w$ 评价，并分别用 $\bar{a}_{wx}$、$\bar{a}_{wy}$、$\bar{a}_{wz}$ 表示前后方向、左右方向和垂直方向振动的加权加速度均方根值。人体及脚部地板处振动也可用综合总加权加速度均方根值 $\bar{a}_v$ 来表示。货车车厢的振动用加速度均方根值评价。汽车随机输入行驶平顺性以评价指标与车速的关系曲线作为基本评价方法。根据需要，随机输入行驶平顺性也可只用常用车速的评价指标来评价。

1) 单轴向加权加速度均方根值 $\bar{a}_w$ 的计算。

① 由等带宽频率分析得到的加速度自功率谱密度函数 $G_a(f)$ 计算 $\bar{a}_w$。先计算 1/3 倍频带加速度均方根值，有

$$\bar{a}_j = \left[\int_{f_{uj}}^{f_{lj}} G_a(f) \, df \right]^{\frac{1}{2}} \tag{5-58}$$

式中，$\bar{a}_j$ 是中心频率为 f_j 的第 j ($j=1, 2, 3, \cdots, 23$) 个 1/3 倍频带加速度均方根值（m/s^2）；f_{lj}、f_{uj} 是分别是 1/3 倍频带的中心频率为 f_j 的上、下限频率（Hz）；$G_a(f)$ 是加速度自功率谱密度函数（m^2/s^3）。

然后，再计算 $\bar{a}_w$，有

$$\bar{a}_w = \left[\sum_{j=1}^{23} (\omega_j a_j)^2 \right]^{\frac{1}{2}} \tag{5-59}$$

式中，$\bar{a}_w$ 是单轴向加权加速度均方根值（m/s^2）；ω_j 是第 j 个 1/3 倍频带的加权系数，根据测点的位置和方向不同分别取 ω_k、ω_d、ω_c。

② 对于记录的加速度时间历程，通过符合规定的频率加权滤波网络得到加权加速度时间历程 $a_w(t)$ 为

$$\bar{a}_w = \left[\frac{1}{T} \int_0^T a_w^2(t) \, dt \right]^{\frac{1}{2}} \tag{5-60}$$

式中，$a_w(t)$ 是加权加速度时间历程（m/s^2）；T 是作用时间（s）。

2) 总加权加速度均方根值 $\bar{a}_v$。

① 座椅座垫上方、座椅靠背及驾驶室地板处各点的总加权加速度均方根值为

$$\bar{a}_{vj} = (k_x^2 \bar{a}_{wx}^2 + k_y^2 \bar{a}_{wy}^2 + k_z^2 \bar{a}_{wz}^2)^{\frac{1}{2}} \tag{5-61}$$

式中，$\bar{a}_{wx}$ 是前后方向（即 x 轴向）加权加速度均方根值（m/s^2）；$\bar{a}_{wy}$ 是左右方向（即 y 轴向）加权加速度均方根值（m/s^2）；$\bar{a}_{wz}$ 是垂直方向（即 z 轴向）加权加速度均方根值（m/s^2）；k_x、k_y、k_z 为各轴加权系数；$j=1, 2, 3$ 分别代表座椅上方、座椅靠背及驾驶室地板三个位置；$\bar{a}_{vj}$ 是某点总加权加速度均方根值（m/s^2）。

② 综合总加权加速度均方根值 $\bar{a}_v$，计算参照表 5-17。

研究振动对人体舒适性感觉的影响时，建议用座椅座垫上方、座椅靠背处和脚支承面处综合总加权加速度均方根值来评价。

$$\bar{a}_v = \left(\sum \bar{a}_{vj}^2 \right)^{\frac{1}{2}} \tag{5-62}$$

总加权加速度均方根值 $\bar{a}_v$ 与人的主观感觉之间的关系见表 5-18。

表 5-17 不同研究情况采用的频率加权函数和轴加权系数

位置	坐标轴名称	轴加权系数
座椅座垫上方	纵向	$k_x = 1.00$
	横向	$k_y = 1.00$
	垂向	$k_z = 1.00$
靠背	纵向	$k_x = 0.80$
	横向	$k_y = 0.50$
	垂向	$k_z = 0.40$
脚	纵向	$k_x = 0.25$
	横向	$k_y = 0.25$
	垂向	$k_z = 0.40$

表 5-18 总加权加速度均方根值与人的主观感觉之间的关系

总加权加速度均方根值 $\bar{a}_v / (m/s^2)$	人的主观感觉
<0.315	没有不舒服
0.315~0.63	有些不舒服
0.5~1	比较不舒服
0.8~1.6	不舒服
1.25~2.5	很不舒服
>2	极不舒服

5. 主观评价试验

(1) 座椅舒适性

1) 座椅尺寸：评价车辆座椅座垫及靠背尺寸大小是否合适，乘员乘坐是否舒适。

2) 座垫舒适性：评价车辆座椅座垫填充物/面料硬度、乘坐有无异物感、座垫对臀部和腿部的支承包裹性、座垫角度是否合适。

3) 靠背舒适性：评价车辆座椅靠背填充物硬度、靠背对背部的支承包裹性、靠背角度调节是否合适。

4) 腰部支承：评价车辆座椅腰部支承的位置是否合适、腰部支承可调节程度是否舒适。

5) 进出舒适性：评价车辆座椅在乘员进出时座垫及靠背的边缘是否对乘员臀部、腿部及背部造成不适感（座垫及背部边缘要有一定的支承，过软或过硬都不舒适）。

6) 座椅透气性：评价车辆织物座椅或皮革座椅的面料透气性，长时间驾乘乘员臀部、腿部、腰部和背部是否有闷热潮湿感。

7) 座椅配置：评价车辆座椅的调节功能是否丰富、方便，座椅是否具备电动调节、座椅记忆、座椅加热、通风、座椅按摩等功能。

(2) 头枕舒适性

1) 头枕尺寸：评价车辆头枕尺寸大小是否合适。

2) 头枕支承：评价车辆头枕支承是否柔软舒适。

3) 距离感：评价头枕与乘员头部的距离是否合适，乘员自然坐姿状态下头部轻微后仰是否能接触头枕。

（3）座椅操作性

1）座椅前后调节：评价车辆座椅前后位置调节是否利于操作。

2）座椅上下调节：评价车辆座椅上下位置调节是否利于操作。

3）靠背调节：评价车辆座椅靠背位置调节是否利于操作。

4）头枕调节：评价车辆头枕上下、前后位置调节是否利于操作。

5）后排座椅调节：评价车辆后排座椅前后调节、后排放倒等是否利于操作（尤其是SUV、MPV车型）。

6）功能键操作性：评价车辆座椅电动调节、座椅加热、座椅记忆、通风、按摩等功能按键的操作性。

（4）安全带舒适性

1）操作性：评价车辆安全带拉出及卷收过程中，拉出力是否适中，安全带拉出是否顺畅无卡滞；卷收速度是否适中，卷收是否顺畅无卡滞；安全带上下调节是否便利；评价安全带使用过程中是否便利，安全带插入时与周边部件有无干涉；后排安全带带扣锁是否硌臀，后排安全带是否良好固定。

2）舒适性：评价安全带的佩戴舒适性，肩部、颈部、胸腹部有无压迫感。

（5）外观品质

1）造型美观性：评价车辆座椅的造型、纹理是否新颖美观，是否与整车定位和内饰造型风格协调。

2）面料质感：评价车辆织物座椅或皮革座椅面料触感是否舒适、有质感。

（6）动态性能

1）动态舒适性：评价车辆在动态行驶过程中，座椅对乘员的支承性、包裹性、隔振性等是否舒适。

2）动态包裹性：评价车辆座椅在车辆转弯、变线等动态行驶过程中，座椅的包裹性，座椅是否在动态行驶过程中提供足够强度的支承和包裹。

6. 平顺性实测分析

（1）脉冲输入试验　实测一：按照 GB/T 4970—2009 的要求，脉冲输入试验时汽车左右车轮同时驶过凸块，凸块放置在与汽车行驶方向垂直的直线上，每个车速下试验需要进行5次，取垂向加速度平均值，脉冲试验处理结果如图 5-47 所示。

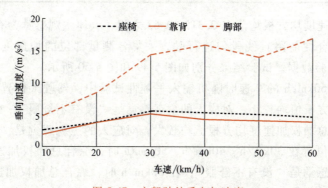

图 5-47　主驾驶处垂向加速度

从图中可以看出，低速行驶时，随着车速增加各个测点的垂向加速度增大，在车速达到 40km/h 后，垂向加速度出现波动，并有一定程度的下降。由于没有座椅的缓冲作用，地板处振动最大，达到 $16.9m/s^2$。在脉冲输入下，样车舒适性符合要求，不会损害人体健康。

实测二：按照 GB/T 4970—2009 的要求，车辆匀速驶过标准的三角凸块，采集车辆驶过凸块时的加速度信号，根据标准处理试验数据，试验结果如图 5-48 所示。

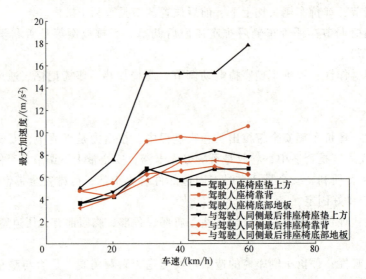

图 5-48 脉冲输入平顺性试验中各位置最大加速度值随车速变化曲线

该车在脉冲输入平顺性试验时，驾驶人地板位置加速度较大。

（2）随机输入试验 实测一：样车分别以标准规定的各车速通过长直水泥路面，得到各测点振动加速度，经过后处理软件计算得到加权加速度均方根值，见表 5-19。

表 5-19 随机输入试验结果

车速/(km/h)		a_w/(m/s^2)	a_v/(m/s^2)	车速/(km/h)		a_w/(m/s^2)	a_v/(m/s^2)
40	地板	0.183	0.411	60	地板	0.205	0.441
	座垫	0.302			座垫	0.325	
	靠背	0.209			靠背	0.215	
50	地板	0.185	0.393	70	地板	0.201	0.396
	座垫	0.286			座垫	0.272	
	靠背	0.194			靠背	0.206	

样车的加权加速度均方根均落在 0.315~0.63 之间，人体主观感觉为有些不舒适。

实测二：在综合性能路直线段匀速行驶，采集各测量部位的加速度信号，按照 GB/T 4970—2009 处理试验数据，试验结果分别如图 5-49 和图 5-50 所示。

本车辆在 30~60km/h 的车速时随机输入平顺性试验中，驾驶人位置在 30km/h 时，综合总加权加速度均方根值均较小，对应人的主观感觉是"没有不舒服"；在 40km/h、50km/h、60km/h 时综合总加权加速度均方根值均较大，对应人的主观感觉是"有些不舒服"。与驾驶人同侧最后排位置在 30km/h、40km/h、50km/h 时，综合总加权加速度均方根值均较小，对应人的主观感觉是"没有不舒服"；在 60km/h 时，综合总加权加速度均方根值均较大，对应人的主观感觉是"有些不舒服"。

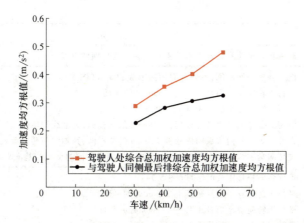

图 5-49　驾驶人位置及驾驶人同侧最后排座椅位置综合加权加速度均方根值随车速变化曲线

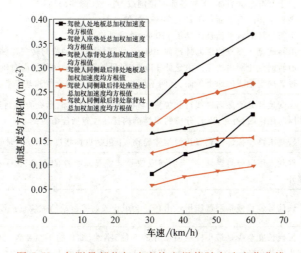

图 5-50　各测量部位加速度均方根值随车速变化曲线

5.4.2　行驶舒适性试验

本节根据 GB/T 17867—1999《轿车手操纵件、指示器及信号装置的位置》，来介绍有关行驶舒适性的相关要求。该标准规定了轿车操纵件的位置，把驾驶人手能伸到的地方细分成若干区域，并指定在该区域安置对车辆安全操作有关的某个操纵件，并规定了多功能操纵件某些功能的组合和必要的指示器、信号装置的可见程度。

行驶舒适性试验专业词汇定义见表 5-20。

表 5-20　行驶舒适性试验专业词汇定义

专业词汇名称	定　义
基准平面	与轿车的纵轴平行，并处于距驾驶人座椅设计 R 点左侧 50mm 区域内的铅垂平面
操纵件操作区域	操纵件手动部分扫过的区域，而其可能的活动模式或位置是按设计者意图设定的（图 5-51）
指示器或信号装置显示区域	该区域包括所显示的量的读出区及仪表有效容量范围内任意点上所要求确定其水准的那些部分，但不包括诸如仪表框或制造厂型号字码（图 5-52）
转向盘平面	由车辆制造厂设定且车轮处于向前直线位置的设计状态下，通过转向盘轮圈上表面的平面

(续)

专业词汇名称	定义
转向盘轴线	通过转向盘轮圈旋转中心并垂直于转向盘平面的直线
区域1	位于基准平面左侧,下列各面相接围成的区域(图5-53): 平行于转向盘平面且距其上20mm处的平面 平行于转向盘平面且距其下170mm处的平面 沿转向盘轮圈外边缘向外延伸100mm的圆柱面,其轴线与转向盘轴线重合 沿转向盘轮圈内边缘向内延伸130mm的圆柱面,其轴线与转向盘轴线重合 过转向盘轴线的两个平面,且两平面与转向盘平面的交线和基准平面成40°和130°
区域2	下列各面相接围成的区域(图5-53): 平行于转向盘平面且距其上20mm处的平面 平行于转向盘平面且距其下170mm处的平面 其轴线与转向盘轴线重合、半径为50mm的圆柱面
区域3	位于基准平面右侧,下列各面相接围成的区域(图5-53): 平行于转向盘平面且距其上20mm处的平面 平行于转向盘平面且距其下170mm处的平面 沿转向盘轮圈外边缘向外延伸100mm的圆柱面,其轴线与转向盘轴线重合 沿转向盘轮圈内边缘向内延伸130mm的圆柱面,其轴线与转向盘轴线重合 过转向盘轴线的两个平面,且两平面与转向盘平面的交线和基准平面成40°和130°
可见性	在变速杆处于最高档或行驶位置(自动变速器)且转向盘在直线行驶位置时,仅用一只眼,不必同时用两眼,在第95百分位的眼椭圆内任何位置所能看见的
头部移动	按要求移动头部以克服几何学障碍物(不包括目标超过视线30°时的移动)
标识	驾驶人用以分辨操纵件、指示器或信号装置显示特性的符号、文字标记或指针和刻度的一些部分
被动约束装置状态指示器	该信号装置或指示器能指示出存在会阻止或妨碍被动约束装置按设计方式工作的故障
操纵杆	可视长度至少是最小横截面尺寸的5倍,刚性、细长的操纵装置。该装置可以以固定或活动方式安装在转向柱或仪表板上,其操作区域设置在驾驶人手控作业区范围内
接触式操纵件	要求最小操作位移的操纵件
接近式操纵件	要求没有位移操作的操纵件
操作面	使操纵装置(旋钮、手柄、按钮等)动作的界面
二级操作面	安装在另一操作面外露的操作面,该面不包括操纵杆末端的按钮(图5-54)

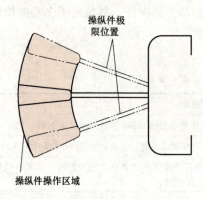

图5-51 操纵件操作区域示例

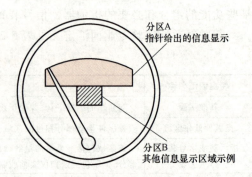

图5-52 指示器显示区域示例

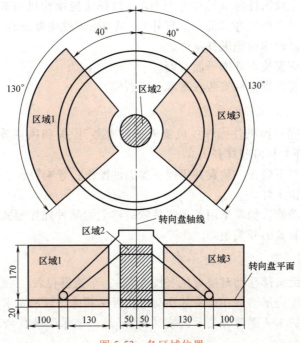

图 5-53 各区域位置

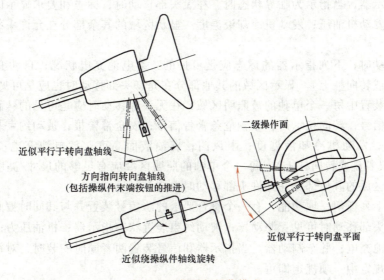

图 5-54 操纵杆操作模式

1. 操纵杆安装位置要求

全部操纵件应设置在驾驶人手控作业区范围内。

下列装置的操纵件的操作区域应设置在区域1：前照灯、前照灯光警告、转向指示灯。

下列装置的操纵件的操作区域应设置在基准平面的左侧：灯光总开关。

音响警告（喇叭）操纵件的部分操作区域可设置在区域1或区域2。辅助音响警告操纵件可以设置在他处或者可将其操作区域延伸至这些区域以外。

下列装置的操纵件的操作区域应设置在基准平面的右侧：手操纵驻车制动器。

当区域3只有一个操纵杆时（除变速杆外），该杆应能操作风窗玻璃洗涤器和刮水器。假如区域3有两个或多个操纵杆（除变速杆外），风窗玻璃洗涤器或刮水器（手操作）应由操作区域最接近转向盘轮圈的操纵杆操作。

点火开关操纵件应安装在基准平面右侧。

全部或部分危急警告操纵件安装在基准平面右侧。

2. 多功能操纵件功能组合的要求

下列成对功能由同一操纵件操作：风窗玻璃刮水器开/关和风窗玻璃洗涤器开/关（如果电动式）、光警告开关和前照灯开关。

灯光总开关不可与下列任一装置共用同一操纵件操作：音响警告、风窗玻璃刮水器、风窗玻璃洗涤器、转向指示灯。

对于灯光总开关功能，如果采用了上述装置应避免的某种操作模式（见表5-21），则允许灯光总开关与上述装置的开关组合。

3. 显示可见性的要求

下列显示区域在无头部移动时应可见（图5-52）：车速里程表。

对于燃油液面高度指示器，在无头部移动时应可见其标志以及要求指示的燃油储油量等于或小于最大储油量的1/4那部分显示区域（图5-52）。显示区域其余部分在允许头部移动时也应是可见的。

对下列指示器，当指示为临界状态时，在无头部移动时，标志和要求显示区域的相应部分是可见的：发动机油压；发动机冷却液温度。显示区域的其余部分在允许头部移动时也应是可见的。

无头部移动时，下列指示器的标志应是可见的：蓄电池充电状况；自动变速器（如果安装在仪表板或转向柱上）。显示区域的其他部分在允许头部移动时也应是可见的。

下列信号装置中每一个单独的被照明区域，在无头部移动时应是可见的：制动器；驻车制动器；远光信号；转向指示灯；车辆危急警告信号；安全带警报；被动约束装置状态指示器；机油压力；发动机冷却液温度；阻风门；燃油液面高度；蓄电池充电；自动变速器（如果安装在仪表盘或转向柱上）。每一个单独的照明区域应有足够的尺寸/亮度以引起操作者注意。显示区域的其他部分在允许头部移动时也应是可见的。

假如对于下列任何一项功能，有一个符合要求的总信号装置并与其同时被照明，其专用的信号装置在头部移动时可见：制动器；被动约束装置状态指示器；机油压力；发动机冷却液温度；蓄电池充电；驻车制动器。当指示器和信号装置两者同时安装时，对每一项功能仅需要符合上述规定中一项规定即可。

4. 对操纵杆操作模式的要求

当安装在转向柱或转向柱附近的操纵杆操作各项功能时（图5-54），操作的优选模式及应避免的模式在表5-21中给出。

表5-21 对操纵杆操作模式的要求

功能	优选模式	应避免的模式	应避免的辅助操纵面
灯光总开关	无	无	对无意操作不加预防的辅助接触或接近操作面（即防护罩、凹陷表面、程序化表面）

（续）

功能	优选模式	应避免的模式	应避免的辅助操纵面
前照灯开关	近似平行于转向盘轴线	指向转向盘轴线 近似绕操纵件轴线旋转	全部
音响警告	无	近似平行于转向盘轴线 近似绕操纵件轴线旋转	全部
风窗玻璃刮水器	无	近似平行于转向盘轴线指向转向盘轴线 注：当洗涤器动作时，不排除刮水器自动运行	对无意操作不加预防的辅助接触或接近操作面（即防护罩、凹陷表面、程序化表面）
风窗玻璃洗涤器	指向转向盘轴线或近似平行于转向盘轴线（仅适用于在参考平面右侧）	无	全部
转向指示灯	近似平行于转向盘平面	所有其他	全部
光警告	近似平行于转向盘轴线	指向转向盘轴线 近似绕操纵件轴线旋转	全部

5. 眼椭圆的确定

（1）**定义** 眼椭圆是"眼睛"和"椭圆"两词的缩合词，用来描述呈椭圆状的驾驶人视力范围，示于侧视图及俯视图上（图5-55）。

眼椭圆定位线——可调式座椅用水平方向可调节且靠背角在5°~40°内的座椅，决定其眼椭圆在侧视图中位置的线。

前座椅靠背角指与汽车纵向对称平面成直角的铅垂直平面与通过前座椅 R 点的三维 H 点装置躯干中心线之间的夹角。

（2）**眼椭圆的确定** 根据前座椅 H 点的前后水平移动的6种行程102~165mm，眼椭圆尺寸分别为90、95、99百分位三种。

眼椭圆基线：由画在眼椭圆上的纵向、横向及铅垂方向三条基线（X-X）（Y-Y）（Z-Z）（图5-55）来确定眼椭圆在车内的位置。

眼椭圆中心的定位见表5-22。

表5-22 右眼和左眼的眼椭圆中心 （单位：mm）

前座椅H点行程	X平均	Z平均	Y平均	
			右眼	左眼
102	+1.8	-5.6	-6.4	+58.0
114	-4.6	-6.4	-5.6	+58.9
127	-10.7	-7.1	-5.1	+59.0
140	-17.0	-7.6	-4.3	+59.7
152	-20.3	-8.4	-4.1	+60.2
165	-22.9	-8.4	-4.1	+60.5

眼椭圆轴线长度见表5-23、表5-24。

表5-23 眼椭圆长轴长度（侧视图及俯视图上长轴几乎相等） （单位：mm）

前座椅H点行程	90百分点	95百分点	99百分点
102	109	147	216
114	122	160	229
127	135	173	241
140	147	185	254
152	155	193	262
165	160	198	267

表5-24 眼椭圆短轴长度 （单位：mm）

视图	90百分点	95百分点	99百分点
侧视图	77	86	122
俯视图	82	105	149

方位角：椭圆在侧视图和俯视图上都是倾斜的。在侧视图上其倾角为-6.4°（前视时下倾）；在俯视图上其倾角为5.4°（前视时椭圆前部向里倾斜）。

眼椭圆定位线：眼椭圆定位线可根据表5-25中的数据作出。

表5-25 眼椭圆定位线（可调节式座椅用）靠背角5°~40°时，眼椭圆基线X-X、Z-Z相对于R点上方635mm的点的水平位移X及铅垂位移Z （单位：mm）

前座椅靠背角/(°)	水平位移X	垂直位移Z	前座椅靠背角/(°)	水平位移X	垂直位移Z
5.0	-186.4	27.6	23.0	-17.5	4.9
6.0	-176.5	27.3	24.0	-8.7	2.5
7.0	-166.6	27.0	25.0	0.0	0.0
8.0	-156.8	26.5	26.0	8.6	-2.6
9.0	-147.1	25.9	27.0	17.2	-5.4
10.0	-137.4	25.1	28.0	25.8	-8.2
11.0	-127.8	24.3	29.0	34.2	-11.2
12.0	-118.3	23.3	30.0	42.6	-14.3
13.0	-108.8	22.2	31.0	50.9	-17.5
14.0	-99.4	21.0	32.0	59.2	-20.8
15.0	-90.0	19.7	33.0	67.4	-24.3
16.0	-80.7	18.5	34.0	75.6	-27.9
17.0	-71.5	16.7	35.0	83.6	-31.5
18.0	-62.3	15.0	36.0	91.6	-35.4
19.0	-53.2	13.2	37.0	99.6	-39.3
20.0	-44.2	11.3	38.0	107.5	-43.3
21.0	-35.2	9.3	39.0	115.3	-47.5
22.0	-26.3	7.2	40.0	123.0	-51.8

以 H 点行程 140mm 为例所做的眼椭圆，如图 5-55 所示。

6. 主观评价试验

(1) 操作便利性

1) 仪表关键信息：评价组合仪表总体布局及位置合理性，车速表、里程表、转速表、油量表、电动汽车 READY/OK 信号显示及剩余电量显示等车内仪表关键信息是否便于查看、有无遮挡，显示内容是否清晰，有无炫目反光。

2) 开关、按键操作性：评价车辆中控区域（点火开关、空调开关、紧急报警开关、仪表亮度调节开关等）、转向盘区域（灯光开关、刮水器开关、巡航开关、转向盘多功能按键、喇叭等）、车门座椅区域（电动车窗开关、外后视镜调节开关、中控

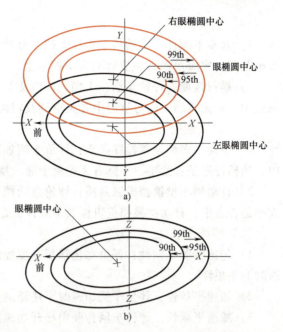

图 5-55 H 点行程为 140mm 的眼椭圆

锁开关、电动座椅调节按键等）、天窗控制区域（顶灯开关、眼镜盒开关、天窗开关等）、换档区域（电子驻车制动系统（Electrical Park Brake，EPB）开关、驾驶模式选择开关、驾驶辅助开关、娱乐系统操作开关等）开关按键的标识视认性、位置便利性、开关按键操作空间。

3) 遮阳板（帘）操作性：评价车内遮阳板（帘）操作便利性及遮阳效果。

4) 转向盘操作性：评价车辆转向盘上下及前后位置是否适合、转向盘是否可多向调节（是否有电动调节），是否易于驾驶人操作。

5) 四门两盖、油箱盖/充电口盖操作性：评价车辆四门两盖、油箱盖/充电口盖板开启方式是否利于操作，开闭力大小是否适中。

6) 维修保养便利性：评价车辆是否便于日常玻璃水及各种油液添加维修保养，蓄电池位置、备胎及维修工具使用和查看便利性。

充电便利性：评价电动汽车快慢充电口位置合理性及充电操作便利程度。

(2) 踏板系统操作性

1) 离合器踏板：评价离合器踏板力是否适中，自由行程、踏板总行程及行程分配是否合理，离合器结合是否容易，结合点是否清晰，油离配合是否易于控制。

2) 加速踏板：评价加速踏板力是否适中，自由行程、踏板总行程及行程分配是否合理，加速踏板开度大小与加速度的线性程度。

(3) 发动机起动和怠速（电动汽车无此项目）

1) 起动性能：冷机/热机状态下，评价发动机起动时间长短及发动机起动过程中是否平顺、困难，有无较大的振动。

2) 怠速品质：冷机/热机状态下，评价发动机起动后转速回落到怠速的时间长短及发动机怠速运转稳定性及怠速转速高低。

(4) 起步性能

1) 起步平顺性：手动档车型挂 1 档，自动档车型挂 D 档，评价车辆起步时起步加速度大小及起步响应快慢（主要针对自动档车型），车辆起步过程中加速度平顺性。

2) 蠕行性能：评价车辆在 1 档、D 档及 R 档位行驶，不踩加速踏板，蠕行车速是否平稳适中，有无抖动，蠕行过程中开关空调及转向时是否有冲击感。

(5) 换档性能

1) 手动档车型换档操纵品质：评价车辆加减速换档、倒车换档时，换档力大小是否适中、换档行程是否紧凑、手感有无生涩卡滞、换档是否精确顺畅。

2) 自动档车型换档操纵品质：评价自动档车型换档力大小是否适中、各档位之间行程大小是否适中、自动档换档逻辑性及平顺性，是否存在冲击、顿挫。

(6) 行驶平顺性

1) 匀速行驶平顺性：评价加速踏板开度控制车速稳定在某一数值的难易程度，车辆巡航时的平顺性。

2) 加速平顺性：评价车辆加速时车速随加速踏板开度变化而变化的线性程度。

3) 减速平顺性：评价车辆行驶中松开加速踏板后不踩制动踏板减速时车辆的减速平顺性，有无速度突变。

(7) tip-in/tip-out 在不同车速下，快速踩/松加速踏板，评价加速度大小及加速响应时间、动力系统转矩变化是否引起车身振荡及顿挫。

注：tip-in/tip-out 指的是快踩、快松加速踏板。

5.4.3 乘坐舒适性试验

本节根据 GB/T 12782—2007《汽车采暖性能要求和试验方法》、GB/T 12546—2007《汽车隔热通风试验方法》和 QC/T 658—2009《汽车空调制冷系统性能道路试验方法》三项标准的主要技术内容，来介绍汽车乘坐舒适性试验中有关温度调节方面的相关要求和试验方法。

1. 汽车采暖性能要求和试验

(1) 试验条件 试验条件见表 5-26。

表 5-26 试验条件

条件	具体要求
性能要求	在环境温度(-25±3)℃下试验进行到 40min 或在环境温度(-15±2)℃下试验进行到 35min 时，汽车采暖性能应达到以下要求： a) 驾驶人、副驾驶人足部温度不低于 15℃ b) 乘员足部温度不低于 12℃ c) 驾驶人、副驾驶人头部温度比足部温度低(2~5)℃
试验仪器	多点温度计，测量范围:-50~100℃，精度为 0.5℃ 风速风向仪，测量范围:1~10m/s，精度为 0.5m/s
试验环境	试验应在无雨雪的天气进行 环境温度:(-25±3)℃ 或(-15±2)℃ 风速不大于 3m/s

(续)

条件	具体要求
试验车辆	试验车辆应处于整车整备质量状态,车上乘员 2~3 人 试验开始前,起动发动机至发动机冷却液温度处于稳定状态 安装独立燃烧式暖风装置的汽车,在试验开始前 10 min 点燃暖风装置,进行预热

(2) 试验方法

1)测温点的确定。测温点位置见表 5-27。

表 5-27 测温点位置

测温点	位置
驾驶人头部的测温点	驾驶人左耳外侧 20mm 处
驾驶人足部的测温点	距客厢内壁 100mm、地板上表面 20mm,前后方向距驾驶人头部测温点 500mm 处
副驾驶人头部的测温点	副驾驶人右耳外侧 20mm 处
副驾驶人足部的测温点	距客厢内壁 100mm、地板上表面 20mm,前后方向距副驾驶人头部测温点 500mm 处
紧靠车门的乘员乘坐位置足部的测温点(或者为紧靠车门前、后座椅的乘员足部的测温点)	距客厢内壁 100mm、地板上表面 20mm,前后方向距乘员右耳 500mm 处
最后一排座椅的最外侧两个乘坐位置的乘员足部的测温点	距客厢内壁 100mm、地板上表面 20mm,前后方向距乘员右耳 500mm 处
车外温度测温点	右后视镜中心距镜面 20mm 处

注:其他测温点可自行确定。

2)试验程序。试验人员安装好试验仪器,清洁汽车风窗玻璃内外表面,驾驶人起动汽车进行预热。当发动机冷却液温度处于稳定状态时(独立燃烧式暖风装置预热 10min),打开全部车门及车窗,15min 后全部试验人员进入车内,关闭车门、车窗及通风孔。

汽车用直接档(无直接档,用速比最接近 1 的档位,自动变速器采用 D 档)以 40km/h (乘用车以 60km/h)的稳定车速行驶,驾驶人起动全部采暖装置,并调到最大采暖位置(为保证风窗玻璃视线清楚和采暖效果,暖风出风位置可以根据实际情况进行调整,但不能调整出风量),同时试验人员开始记录各测温点的温度。

试验开始后,每隔 5min 测量、记录一次各测温点的温度。试验开始和结束后,各测量一次环境温度、风速及风向。试验总时间为 40min。

3)试验结果。绘制各测温点的温度-时间变化曲线,并将试验结果记入表 5-28。

2. 汽车隔热通风试验

本试验介绍了汽车在炎热气候条件下使用时,汽车驾驶室、乘员室的隔热通风道路试验方法。

(1) 试验条件 试验条件见表 5-29。

(2) 试验方法

1)测量点位置的确定。温度测量点如图 5-56 所示。

表 5-28　汽车采暖性能试验记录表

汽车型号＿＿＿＿＿＿＿＿＿＿＿＿＿＿＿　　出厂日期＿＿＿＿＿＿＿＿＿＿＿＿＿＿＿
VIN＿＿＿＿＿＿＿＿＿＿＿＿＿＿＿＿＿＿　　里程表读数＿＿＿＿＿＿＿＿＿＿＿＿＿
试验地点＿＿＿＿＿＿＿＿＿＿＿＿＿＿＿　　试验日期＿＿＿＿＿＿＿＿＿＿＿＿＿＿
暖风装置型号＿＿＿＿＿＿＿＿＿＿＿＿＿　　天气＿＿＿＿＿＿＿＿＿＿＿＿＿＿＿＿
路面状况＿＿＿＿＿＿＿＿＿＿＿＿＿＿＿　　环境温度＿＿＿＿＿＿＿＿＿＿＿＿＿℃
气压＿＿＿＿＿＿＿＿＿＿＿＿＿＿＿kPa　　相对湿度＿＿＿＿＿＿＿＿＿＿＿＿＿％
风向（试验前/试验后）＿＿＿＿＿＿＿＿＿　　风速（试验前/试验后）＿＿＿＿＿＿＿
驾驶人＿＿＿＿＿＿＿＿＿＿＿＿＿＿＿＿　　试验人员＿＿＿＿＿＿＿＿＿＿＿＿＿＿
试验时车速＿＿＿＿＿＿＿＿＿＿＿＿＿＿

测温点		试验时间/min								
		0	5	10	15	20	25	30	35	40
驾驶人	头									
	足									
副驾驶人	头									
	足									
乘员足部	测点 1									
	测点 2									
	测点 3									
	测点 4									
	测点 5									
其他测温点										
车外温度										

表 5-29　试验条件

条件	具体要求
车辆状况	驾驶室或乘员室的密封和隔热层、车身油漆、通风装置和门窗状况应符合车辆出厂条件 温度测量的线路应整齐,不影响驾驶和试验的操作 试验前应做好车内的清洁吸尘工作
气象条件	天气:晴 气温:环境温度在 35℃ 以上,指汽车试验行驶时周围环境阴影下通风处的空气温度,测量点的温度计离地面的高度为 1.5m 湿度:相对湿度在 30%~95% 风速:不大于 3m/s
试验仪器	远程温度计,精度为 0.5℃ 多点温度计,精度为 0.5℃ 风速计
试验道路	平整硬实的沥青或水泥路面,坡度不大于 5%
评价人员	根据测点的多少确定评价人员的数量为 3~7 人 评价人员应尽可能由不同性别、年龄、身高的人员组成 评价时,评价人员的身体状况应良好 评价人员应是熟悉车辆且经过相关培训的人员 驾驶人员要有熟练的驾驶技能

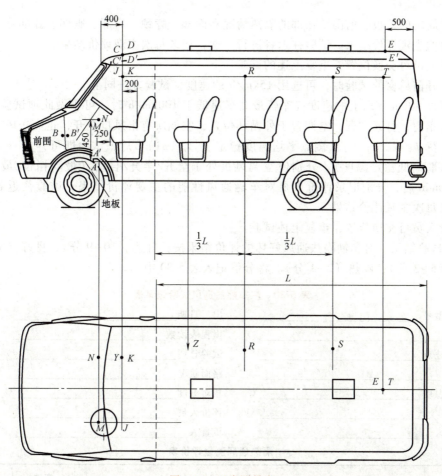

图 5-56 温度测量点

A—驾驶室或乘员室与发动机舱之间地板外表面上,接近发动机热源,温度最高的一点 A'—驾驶室或乘员室地板内表面上,对应于点 A 位置的一点 B—驾驶室前围下部外表面上,接近发动机热源,温度最高的一点 B'—驾驶室前围下部内表面上,对应于点 B 位置的一点 C—驾驶室驾驶人一侧顶盖外表面上的一点 C'—驾驶室顶盖内表面上对应于点 C 位置的一点 D—驾驶室副驾驶人一侧顶盖外表面上的一点 D'—驾驶室顶盖内表面上对应于点 D 位置的一点 E—乘员室后端中央顶盖外表面上的一点 E'—乘员室后端中央顶盖内表面上对应于点 E 位置的一点 J—驾驶人位置 K—副驾驶人位置 R—厢式车通道内,乘员室 1/3 处靠窗乘员位置 S—厢式车通道内,乘员室 2/3 处靠窗乘员位置 T—厢式车后座中部,乘坐人员位置

根据车辆的用途和内部布置情况,如多排座后座、客车的售票员位置、发动机舱盖在驾驶室内部、后置发动机等不同情况,可增减部分测量点。测量点选定后,试验过程中不能随意变动。

J、K、R、S、T 测点位于评价人员头部正侧面 20cm 处,见图 5-56。

各温度测量点热电偶的安装:应把热电偶牢固地固定在被测点车身内外的表面上;不固定的热电偶在汽车行驶时不允许移动或不稳。

2)试验程序。车辆先以最高速度的 40%(超过 60km/h 时,按 60km/h)行驶,监测汽车顶盖外表面测点 C、D 的直射温度,在该温度达到稳定后,试验即可开始。

打开全部车窗(前风窗除外),分别使所有通风装置处于全开/半开/自动(最高档位/最低档位)位置,温度达到稳定后,按测量点顺序测定记录各点温度值,分别记录评价人员对脚部周围的地板、前围、顶部的隔热情况和面部、脖颈、肩部、腹部、膝部感受到的风量和风速的主观评价结果。试验往返各进行一次，记录每次主观评价结果。

评价人员可交换位置，重复上述的试验。

做打开前风窗的试验时，可选用15km/h的速度，试验方法同上。

车辆以80km/h以上的速度（车辆最高车速低于100km/h时，可不做此项试验）行驶，关闭所有车窗，打开空调，空调置于外循环位置，空调所有出风口全开，正面送风，调节制冷强度，待J、K、R、S、T测点平均温度稳定于（23±1）℃后，试验即可开始（若温度达不到，可取最低稳定温度）。分别使空调风机处于全开/半开/自动（最高档位/最低档位）位置，10min后，分别记录评价人员对车辆通风性能的主观评价结果。试验往返各进行一次，记录每次主观评价结果。

评价人员可交换位置，重复上述试验。

3）试验结果。对车辆隔热通风好坏的评价结果按：舒适（10~9分）；良好（8~6分）；较闷热（5~3分）；闷热（2~1分）。将分值记入表5-30中。

表5-30 汽车隔热通风试验记录表

汽车型号_____   出厂日期_____
VIN_____   里程表读数_____
试验地点_____   试验日期_____
天气_____   路面状况_____
环境温度_____℃   相对湿度_____%
气压_____kPa   评价人员_____
驾驶人_____   负责人_____

隔热通风测量评价表

项目	测点	结果		车速/(km/h)	备注
		往（全开/半开/自动）	返（全开/半开/自动）		
隔热测量	A	℃	℃		
	A'	℃	℃		
	A-A'	℃	℃		
	B	℃	℃		
	B'	℃	℃		
	B-B'	℃	℃		
	C	℃	℃		
	C'	℃	℃		
	C-C'	℃	℃		
	D	℃	℃		
	D'	℃	℃		
	D-D'	℃	℃		
	E	℃	℃		
	E'	℃	℃		
	E-E'	℃	℃		

(续)

项目	测点	结果		车速 /(km/h)	备注
		往(全开/半开/自动)	返(全开/半开/自动)		
隔热评价	评价人员1				
	评价人员2				
	评价人员3				
车窗通风评价	评价人员1				
	评价人员2				
	评价人员3				
空调通风评价	评价人员1				
	评价人员2				
	评价人员3				

3. 汽车空调制冷系统性能道路试验

汽车空调制冷系统性能道路试验专业词汇定义见表5-31。

表5-31 汽车空调制冷系统性能道路试验专业词汇定义

专业词汇名称	定义
汽车空调制冷系统（Air-conditioning Refrigeration System）	由制冷装置、通风装置、空气净化装置和加湿装置中的一个或多个部件以及必要的控制部件等构成，用于调节乘员舱内空气的温度、湿度、洁净度，并使其以一定速度在乘员舱内定向流动和分配，从而给驾驶人和乘员提供舒适环境的空气系统
制冷装置（Refrigerated Installation）	由压缩机、冷凝器、贮液干燥器或液气分离器、节流元件、蒸发器、制冷剂管路等构成，将车室内的热量传递给室外环境的装置
太阳辐射强度（Intensity of Solar Radiation）	表示太阳辐射强弱的物理量，即在单位时间内垂直投射到单位面积上的太阳辐射能量
冷气全开（Maximum Refrigeration）	温度调节开关置于最大冷却模式，循环调节开关置于内循环，出风模式调节开关置于面部位置，风量调节开关置于最大，A/C开关接通

(1) 试验条件

1) 试验仪器。试验用仪器明细见表5-32。

表5-32 试验仪器

序号	仪器名称	准确度	序号	仪器名称	准确度
1	多点温度计	±0.1℃	5	发动机转速表	±1r/min
2	相对湿度计	±2%	6	压力计	±0.1%
3	便携式太阳辐射强度仪	±2%	7	声级计	±0.1dB
4	风速仪	±0.1m/s	8	微风测速仪	±0.05m/s

2) 试验设施。"十"字挡风墙：具有挡风作用的长4m、高2.5m的"十"字挡风墙，结构示意如图5-57所示。试验道路：高速跑道或平坦硬实的公路，有足够长度能保证车辆按规定车速行驶。

3) 环境条件。环境条件见表5-33。

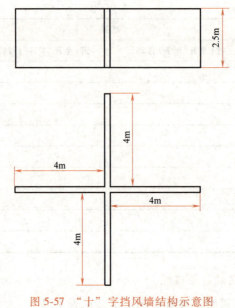

图 5-57 "十"字挡风墙结构示意图

表 5-33 环境条件

试验名称	环境条件
空调制冷系统结霜试验	环境温度为小于或等于22℃,相对湿度为大于或等于70%,风速为小于或等于 5 m/s,无日照
其余试验	环境温度为大于或等于35℃,太阳辐射强度为大于或等于800W/m²,相对湿度为40%~75%,风速为小于或等于5m/s

(2) 试验方法

1) 汽车空调制冷系统稳定工况降温性能和舒适性试验方法。

① 降温性能试验。

试验预热升温阶段,汽车停在试验地点,门窗全关,在其余试验环境条件下暴晒90min;试验人员进入车内,起动发动机,起步行车,至车速稳定在40km/h时记录各测点的初始读数,冷气全开。汽车按表5-34的规定顺序进行试验,每个工况行驶试验过程不得换档,每个工况行驶试验结束时尽快加速到下一个规定的车速,行驶试验结束时将车迅速开到"十"字挡风墙,冷凝器迎风面正对风向,且尽可能靠近挡风墙,进行怠速试验。

表 5-34 试验顺序

试验序号		1	2	3	4
试验车速/(km/h)		40	60	100	0(怠速)
试验时间/min		45	30	30	30
推荐档位	手动变速器	直接档或合理档位	直接档或合理档位	直接档或合理档位	空档
	自动变速器	D	D	D	P

在试验开始后的前10min内,每隔2min记录1次各测点的读数,自第10min开始每隔

5min 记录 1 次，直至试验结束。

如果在进行急速试验时出现"高压保护""冷却液沸腾"时，则停止试验并记录发生时的时间。

若被试车辆的最高车速达不到 100km/h，允许以比其最大车速低 8~10 km/h 的车速进行表 5-34 中序号 3 的试验。

② 舒适性试验。

车内风速的测定：当车辆稳定在表 5-34 中规定的各试验工况时，按表 5-35 中规定的测点分别测量风速 2 次，取其平均值作为该测点风速。

表 5-35　车内风速测量位置

序号	测量参数	测量位置
1	蒸发器出风口风速	与表 5-38 蒸发器各出风口温度测点相同
2	蒸发器回风口风速	与表 5-38 蒸发器回风口温度测点相同
3	乘员席面部风速	与表 5-38 乘员座温度测点的 A 点相同

车内噪声的测定：当车辆稳定在表 5-34 中规定的各试验工况时，按表 5-36 中规定的测点分别测量噪声 2 次，声级计用"慢"档 A 计权网络，取其平均值作为该测点噪声值。

表 5-36　车内噪声测量位置

序号	测量参数	测量位置
1	乘员席噪声	M_1、N 类汽车，每排座椅位置均测 M_2、M_3 类汽车，驾驶人座，乘员区最前排、中排和最后排座椅位置必测

车内相对湿度的测定：与汽车空调制冷系统降温性能试验同时进行；按表 5-37 中规定的测点，在试验开始后的前 10min 内，每隔 2min 记录 1 次各测点的读数，自第 10min 开始每隔 5min 记录 1 次，直至试验结束。

表 5-37　车内相对湿度测量位置

序号	测量参数	测量位置
1	车内相对湿度	与表 5-38 蒸发器回风口温度测点相同

表 5-38　乘员舱内测量点位置

序号	测量参数	测量位置
1	蒸发器回风口温度	蒸发器回风口中心距表面(100±10)mm 处
2	蒸发器各出风口温度	M_1、N 类汽车，每个出风口均测 M_2、M_3 类汽车，驾驶人座，乘员区距最前排、中排和最后排座椅最近的出风口必测 测点为出风口表面中心处
3	乘员座温度	M_1、N 类汽车，每个乘员座均测 M_2、M_3 类汽车，驾驶人座，乘员区最前排、中排和最后排座椅每个乘员座必测 测点如图 5-58 所示，单位：mm

2) 空调制冷系统变工况降温性能试验方法。试验预热升温阶段，汽车停在试验地点，

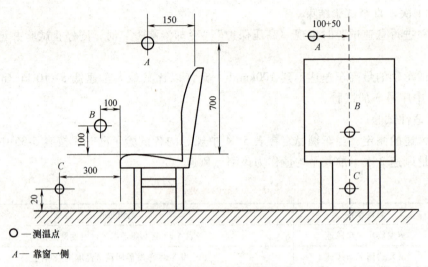

○—测温点
A—靠窗一侧

图5-58 测量点位置

门窗全关,在其余试验环境条件下暴晒90min。试验人员进入车内,起动发动机,记录各测点的初始读数,冷气全开。

该工况应包括起步、加速、换档、制动、减速、停车、急速等,可参照GB 18352.3—2013《轻型汽车污染物排放限值及测量方法(中国Ⅲ、Ⅳ阶段)》中市区运行循环单元工况运行,试验时间为45min;在试验开始后的前10min内,每隔2min记录1次各测点的读数,自第10min开始每隔5min记录1次,直至试验结束。

3)空调制冷系统结霜试验方法。试验人员(至少2人)进入车内,将温度调节开关置于最大冷却模式位置,空气循环开关置于外循环位置,风量调节开关置于最高档,汽车以100km/h车速(若被试车辆的最高车速达不到100km/h,允许以比其最大车速低8~10km/h的车速进行)连续行驶30min后,将风量调节开关换于最低档,再行驶30min,迅速停车,检查蒸发器与低压管路是否结霜,试验进行2次。

整个试验过程中,随时观察出风口温度是否有温度回升现象,如果回升,迅速停车,检查蒸发器与低压管路是否结霜。

4)空调制冷系统压力试验方法。试验车辆进行预热行驶。车辆停放在试验地点,冷气全开,发动机转速从急速开始至额定转速,以最大500r/min的转速间隔进行测量(至少有5个测点)。对于每一测点在转速稳定10min后按照表5-39中规定测量采集压缩机吸、排气压力数据,并绘制吸、排气压力曲线。

表5-39 压力测量位置

序号	测量参数	安装位置
1	压缩机吸气压力	压缩机吸气管
2	压缩机排气压力	压缩机排气管

4. 主观评价试验

(1) 驾乘坐姿

1)乘坐舒适性:评价乘员在车内正常乘坐时的乘坐位置是否合适,正常坐姿下是否感到疲劳。

2）调节范围：综合评价车辆转向盘、座椅的调节范围和踏板、换档机构的操作行程是否符合驾乘人员舒适性的需求，是否容易获得良好的驾乘姿势。

3）驾乘支承性：评价车辆座椅、车门内板、踏板、地板、中央副仪表台等对乘员驾乘的支承性是否舒适，是否利于乘员舒适的驾乘坐姿。

4）踏板系统：评价离合器踏板、制动踏板、加速踏板的高度及角度位置合理性、踏板尺寸大小、踏板表面防滑处理及有无松旷感、是否利于操作，制动踏板和加速踏板的相互位置关系是否利于驾驶人在两踏板之间切换。

5）换档机构：正常驾驶坐姿，评价变速杆位置的合理性及在档刚性感（车辆在档时变速杆的晃动情况），是否利于操作。

(2) 空调面板人机

1）空调面板显示：评价车辆空调面板位置是否合适，较大显示屏有无炫目反光，空调面板显示内容是否清晰易懂。

2）出风口布局：评价空调出风口位置是否合适，结合车厢内部空间出风口布局是否合理。

3）旋钮按键：评价车辆空调面板旋钮按键尺寸大小及是否利于操作、位置是否合理，旋钮按键指示标识是否清晰。

(3) 空调面板操作性

1）操作便利性：评价车辆空调系统使用操作难易程度，无物理按键空调系统，评价中控显示屏查找空调模块难易程度，触屏灵敏度等。

2）操作力：评价车辆空调系统各旋钮按键的操作力大小是否合适，是否有阻尼限位感。

3）操作空间：评价车辆空调系统各旋钮按键的操作空间是否合适，与周边零部件有无干涉。

4）风口叶片操作：评价车辆空调出风口叶片操作力是否适中，有无摩擦异响，叶片位置固定牢固不松旷，风口调节范围是否满足乘员使用需求。

(4) 空调舒适性

1）风量分配：评价车辆空调系统风量分布是否均匀合理，各级别风量区分是否线性递增/减。

2）噪声：评价车辆空调系统运行时空调压缩机声音大小是否合适，出风口风噪大小是否适中。

3）空气清新度：评价车辆空调系统出风口的空气清新度，有无异味。

4）自动空调：评价自动空调对车内空气温度、湿度、风量和风向等进行调节控制的能力。

(5) 空调性能

1）制冷效果：夏季高温环境，起动发动机后空调设置最大制冷模式、最大风量、内循环、吹面模式，评价车辆空调系统的快速降温能力和不同的驾驶工况下空调温度的保持能力。

2）制热效果：冬季低温环境，起动发动机后空调设置最大制热模式、最大风量、内循环、吹脚模式，评价车辆空调系统的快速升温能力和不同的驾驶工况下空调温度的保持能力。

3）除霜除雾效果：冬季低温环境，起动发动机后空调设置最大制热模式、最大风量、内循环，评价车辆空调系统除霜除雾的速度和面积区域，以及保持无霜雾的能力。

(6) 车身舒适性

1）垂直方向舒适性：评价车身随路面上下低频起伏程度的大小，以及车身上下运动时驾乘人员的感觉是否舒适。

2）俯仰舒适性：评价车辆通过不同路面时的车身俯仰表现，是否有明显的车身俯仰，车辆前后轴的运动是否协调。

3）侧倾舒适性：评价车辆通过不平路面时的车身的侧倾程度以及乘员头部左右摆动的表现。

(7) 振动舒适性

1）普通路面舒适性：评价车辆通过普通路面时悬架的隔振能力和平滑感，以及传递到转向盘、座椅、地板的振动大小。

2）粗糙路面舒适性：评价车辆通过粗糙路面时悬架的隔振能力和平滑感，以及传递到转向盘、座椅、地板的振动大小。

(8) 冲击舒适性

1）冲击感（大输入）：评价车辆以较低车速经过大路障时候的冲击感、突然感、车身车轮运动控制、是否存在余振。

2）冲击感（小输入）：评价车辆以较高速度经过小路障时候的冲击感、突然感、车身车轮运动控制、是否存在余振。

3）冲击声音品质：评价车辆在各种路面障碍冲击下，冲击的声音音量大小及声品质。

5.5 汽车可靠性试验

汽车可靠性是指汽车在规定的时间内和规定使用条件下完成规定功能的能力，是一个比较复杂的综合性能，从广义上讲包括汽车无故障性（耐久性）、维修性和保存性。无故障性是其重要方面，其主要评定指标是无故障概率（可靠度）、累积故障概率和故障率等。汽车耐久性用一系列寿命指标评定，这些指标主要有平均寿命（或平均无故障工作里程或时间）、额定寿命、特征寿命、可靠寿命、有效寿命等。维修性的评定除用可维修度、维修率、平均维修时间等指标外，还可用一系列能表明汽车易于维护以及发生故障后易于检修诊断、拆装、修复等方面的指标，如维护周期、维护工作量、维修费用（元/1000 km）等。

评定汽车可靠性水平必须确定指标的具体数值，即首先选定一批汽车（或系统总成、零件）通过实验室或道路试验，也可通过实际使用条件下的跟踪试验，记录有关不可靠现象（故障）及其他有关可靠性数据，并对样本数据进行统计和分析，从而确定可靠性评定的指标数值。汽车可靠性技术在第二次世界大战后，特别是20世纪60年代中期得到了迅速发展，至今已贯穿于汽车产品的研制、设计、制造、试验、使用及维修等各个环节，在这些循环中使汽车可靠性水平得到不断提高。

汽车可靠性试验是为了提高或确认产品、装置及零件的可靠性进行的试验的总称。其目的是：

1) 对汽车及其零部件可靠性水平的评估和考核。
2) 对批量产品或外加工产品进行验收。
3) 对试验结果进行失效机理分析。
4) 储备设计所需资料，探索发展方向，为新产品的开发积累经验。

本节以 GB/T 12678—2021《汽车可靠性行驶试验方法》为例，来介绍汽车可靠性行驶试验的具体要求和试验方法。汽车可靠性试验专业词汇定义见表 5-40。

表 5-40 汽车可靠性试验专业词汇定义

专业词汇名称	定义
汽车可靠性（Vehicle Reliability）	汽车在规定的条件和规定的时间内，完成规定功能的能力
用户关联（Customer Usage Correlation）	将目标用户的使用载荷在试验场或试验台架进行复现
常规可靠性行驶试验（General Reliability Running Test）	在非试验场道路上，按一定规范进行的可靠性试验
加速可靠性行驶试验（Accelerated Reliability Running Test）	在试验场道路上，进行的具有一定加速系数的可靠性试验 注：加速系数指在累计损伤一致的情况下，实际用户道路行驶里程与试验场试验里程比值
当量故障数（Equivalent Number of Failures）	按故障类别以一定系数折算成一般故障的数目

5.5.1 常规可靠性行驶试验

1. 试验设备

行驶工况记录仪、气象仪、秒表、半导体温度计、发动机转速表、坡度计（图 5-59）、路面计等。

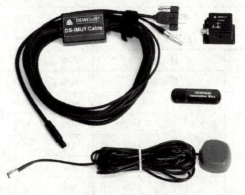

图 5-59 坡度计

2. 试验准备

（1）试验道路

1) 常规可靠性试验道路。试验道路要求见表 5-41。

表 5-41 试验道路要求

试验道路	具体要求
平原公路	路面平整度为 C 级或 C 级以上的平原微丘公路，最大坡度小于 5%，路面宽阔平直，视野良好，汽车能持续以较高车速行驶距离大于 50km
坏路	路基坚实，路面凸凹不平的道路。有明显的搓板波、分布均匀的鱼鳞坑等。路面不平度为 E 级或 E 级以下，试验车在这种路面上行驶时，应受到较强的振动和扭曲负荷，但不应有太大的冲击
山路	平均坡度大于 4%，最大坡度为 15%，连续坡长大于 3km，路面平整度为 C 级以上
城市道路	大、中城市交通干线街道，路面平整度为 C 级以上
无路地段	很少有车辆行驶的荒野地区，例如：沙漠、草地、泥泞地、灌木丛、冰雪地及水滩等

2) 试车场可靠性试验道路。试车场可靠性试验道路一般应包括：具有固定路形的特殊

可靠性道路（如石块路、卵石路、鱼鳞坑路、搓板路、扭曲路、凸块路、沙槽、水池、盐水池等），高速跑道，坡道，砂土路等。

(2) **气象** 一般应选择多种气象条件进行试验，特殊地区使用的汽车或特殊用途的汽车应在相应的特殊气象条件下（如严寒、湿热等）试验。

(3) **受检车辆** 接车检查，记录试验样车的生产厂名、牌号、型号、发动机号、底盘号、各主要总成号和出厂日期等。检查车辆装备完整性及装配调整情况，使之符合该车装配调整技术条件及 GB 7258 的有关规定；行驶检查，行驶里程不大于100km；车辆磨合，根据试验要求，对试验车辆进行磨合，除另有规定外，磨合规范按该车使用说明书的规定；预热行驶试验前，试验车辆必须进行预热行驶，使汽车发动机、传动系及其他部分预热到规定的温度状态。

3. 试验方法

可靠性行驶试验主要是车辆在各种路面上行驶，以全面考查其性能。试验用的各种道路及在每种路面上行驶的里程数，针对车型不同，要求有所不同。根据用户调查或车载记录数据，确定试验车辆在城市道路、高速公路、一般公路、山路、非铺装路上的行驶里程分配比例（见表5-42）。

表 5-42 汽车可靠性试验里程分配和配载

车辆类型			路面类型比例					配载比例		
			城市道路	高速公路	一般公路	山区公路	非铺装路	空载	半载①	满载
乘用车			55%	20%	10%	10%	5%	20%	50%	30%
越野车			15%	30%	20%	25%	10%	—	—	100%
客车	城市客车		50%	10%	30%	5%	5%	10%	50%	40%
	长途客车		10%	50%	30%	5%	5%	10%	10%	80%
货车	载货车②	≤7.5t	40%	15%	40%	5%	—	30%	30%	40%
		7.5~18t	10%	30%	50%	10%	—	20%	40%	40%
		>18t	5%	65%	20%	10%	—	10%	10%	80%
	牵引车		5%	70%	15%	10%	—	10%	10%	80%
	自卸车②	≤18t	30%	—	50%	10%	10%	50%		50%
		>18t	20%	—	50%	10%	20%	50%		50%

注：以上比例仅供参考，检测机构或制造商可自行调整。
① 乘用车5座车半载按3人执行，7座车半载按4人执行；货车半载按载货质量一半执行。
② 按照最大允许总质量进行划分。

(1) **可靠性行驶的驾驶操作** 试验过程中按照设计工况选择档位；应在保证安全的前提下，按照设计工况车速行驶。

每行驶 100km，至少有两次由静止状态节气门全开加速行驶；累计倒档行驶不小于 200m；至少制动 2 次，制动前后的车速变化率应不小于 30%。

山路行驶时，每行驶 100km 至少做 1 次上坡停车和起步，在不小于 6% 的坡道上用行车制动停车，变速器置于空档，再用驻车制动停稳，然后按正常操作进行坡道起步。

夜间行驶里程比例应不少于试验总行驶里程的 10%。

(2) **故障的发现和判断** 产品在规定的条件下和规定的时间内,丧失规定功能的事件称为故障(也称失效)。对于已经发生但尚未被发现的,或者是维修、拆检过程中发现的故障称为潜在故障。

汽车出现的故障模式多种多样,而各种故障对汽车的危害程度又有很大差别,因而对汽车故障进行定量评价时,应首先进行故障危害度的分析,并按其对整车的危害程度进行分类。而故障的危害度主要从其对人身安全的危害、对完成功能的影响及造成经济损失等方面进行衡量。

我国《汽车产品质量检验评定办法》中对故障的分类是按其造成整车致命损伤(人身重大伤亡及汽车严重损坏)的可能性(概率)进行总体分类的。致命损伤概率接近1的故障称为致命故障,接近0.5的故障称为严重故障,接近0.1的故障称为一般故障,接近0的故障称为轻微故障或安全故障,具体故障分类见表5-43。

表5-43 汽车可靠性试验故障分类

故障类别		分类原则
1	致命故障	危及行驶安全,导致人身伤亡,引起主要总成报废,造成重大经济损失,或对周围环境造成严重危害
2	严重故障	影响行驶安全,导致主要总成、零部件损坏或性能显著下降,且不能用随车工具和易损备件在短时间(约30min)内修复
3	一般故障	造成停驶或性能下降,但一般不会导致主要总成、零部件损坏,并可用随车工具和易损备件或价值很低的零件在短时间(约30min)内修复
4	轻微故障	一般不会导致停驶或性能下降,不需更换零件,用随车工具在短时间(5min)内能轻易排除

故障一般凭感官判断,对于不易判断的故障,也可通过测量确定。发现故障的途径有:
1) 接车检查:按照车辆日常操作进行检查。
2) 停车检查:每行驶100km左右停车检查一次,主要检查各部位的松脱、渗漏、损坏等。
3) 行驶中检查:由试验员和驾驶人注意汽车工作状况,如有异常,需停车排查。
4) 定期保养检查:在保养作业中,除按规定逐项保养外,还要注意检查有无异常现象,如零部件的磨损、裂纹、变形等。
5) 性能测试与汽车拆检。
6) 拆车检查。

(3) **故障的处理** 汽车发生故障应立即停车,经过检查判断明确原因后,原则上要及时排除。若发生的故障不影响行驶安全及基本功能,且不会诱发故障,也可以继续试验观察,直至需要修理时为止,故障级别和里程按最严重时计,里程按照发生最严重故障时的里程进行记录。

(4) **汽车的维修**
1) 故障后的维修。仅限于与故障有直接关系部分,根据具体情况,采取最快、最经济的维修方法,包括更换零部件,但所更换的零部件应是同一批合格品。

2)预防维修。从准备工作开始到全部工作结束为止的时间,保养人数定额为每车两人,不足或超过定额人数时,维修时间折算到标准人时数。包括紧固、调整、润滑、清洗及更换易损件等。

试验中要进行故障维修记录,包括总成名称、故障里程、故障现象描述、故障原因分析、故障后果、处理措施、故障停车时间、维修用时、费用等。

(5)汽车性能测试 在可靠性行驶试验初期和结束后各进行一次汽车性能测试,确定是否达到设计要求或国家规定的限值及其稳定程度。

检测内容包括动力性,如最高车速、最低稳定车速、加速性能;燃料消耗量,如等速行驶燃料消耗量、多工况燃料消耗量及限定条件下行驶燃料消耗量;制动性,如制动距离、制动速度、制动稳定性及驻车制动;噪声、排放物浓度;操纵稳定性;平顺性及车身密封性等。

(6)汽车的拆检 汽车试验结束后,为检查各总成内部结构的磨损及其他异常现象,应按相应试验规程的规定对主要总成(包括发动机、离合器、变速器、转向器、驱动桥等)进行部分或全部拆检。检测方法一般为感官评价,根据实际需要进行有关测量。拆检中发现的潜在故障,不计入指标统计,检验时间不计入维修时间。

4. 试验数据处理

(1)行驶工况统计 定期统计各种试验道路情况:实际行驶里程、平均技术车速、变速器各排档使用次数及里程或时间的百分率、制动次数和时间等。

(2)故障统计 所有故障均按单车,依发现故障的里程顺序,统计于故障统计表。故障统计只考虑本质故障,误用故障不计入故障数。未排除故障,只统计一次,故障类别按最严重情况划分,其对应里程数为该故障里程。同一里程不同零件发生故障应分别统计,同一零件出现不同模式故障也应分别统计。如果同一个零件发生几处模式相同的故障,则只统计一次,故障类别按最严重的划分。

(3)汽车可靠性评价指标及其计算方法

1)平均首次故障里程(Mean Time To First Failure,MTTFF),当试验车辆数小于5时,按下式估算:

$$\text{MTTFF} = \frac{S'}{n'} \tag{5-63}$$

式中,MTTFF 是平均首次故障里程点估计值(km);n' 是发生首次故障车辆数;S' 是无故障行驶总里程(km)。

$$S' = \sum_{j=1}^{n'} S'_j + (n - n') S_e \tag{5-64}$$

式中,S'_j 是第 j 辆车首次故障里程,只记 1、2、3 类故障(km);n 是试验车辆数;S_e 是定时截尾里程数(km)。

当试验车辆大于或等于5时,用威布尔分布求可靠度为50%的估计值。

2)平均故障间隔里程(Mean Time Between Failure,MTBF),按指数分布进行计算,其点估计值为

$$\text{MTBF} = \frac{S}{r} \tag{5-65}$$

式中,MTBF 是平均故障间隔里程点估计值(km);r 是总试验里程内发生的 1、2、3 类故障总数;S 是总试验里程(km)。

$$S = \sum_{j=1}^{k} S_j + (n-k)S_e \tag{5-66}$$

式中，k 是中止试验车辆数；S_j 是第 j 辆车中止试验里程（km）。

平均故障间隔里程置信下限值为

$$(MTBF)_L = \frac{2S}{\chi^2[2(r+1),a]} \tag{5-67}$$

式中，$(MTBF)_L$ 是平均故障间隔里程置信下限值（km）；$\chi^2[2(r+1),a]$ 是自由度为 $2(r+1)$、置信水平为 a 的 χ^2 的分布值，推荐值取 0.1 或 0.3。

也可以查表 5-44 得出系数 δ，得

$$(MTBF)_L = \delta \cdot MTBF \tag{5-68}$$

表 5-44 定时截尾求置信下限值 MTBF 应乘的系数 δ

故障数 r	置信度（单侧）				故障数 r	置信度（单侧）			
	70%	80%	90%	95%		70%	80%	90%	95%
1	0.410	0.334	0.257	0.211	19	0.860	0.804	0.734	0.682
2	0.553	0.467	0.376	0.318	20	0.864	0.809	0.740	0.688
3	0.630	0.544	0.499	0.387	21	0.868	0.813	0.745	0.694
4	0.679	0.595	0.500	0.437	22	0.871	0.818	0.750	0.700
5	0.714	0.632	0.539	0.476	23	0.874	0.822	0.755	0.706
6	0.740	0.661	0.570	0.507	24	0.877	0.825	0.760	0.711
7	0.760	0.684	0.595	0.532	25	0.880	0.829	0.764	0.716
8	0.777	0.703	0.616	0.554	30	0.891	0.844	0.783	0.737
9	0.790	0.719	0.634	0.573	40	0.907	0.865	0.810	0.768
10	0.802	0.733	0.649	0.590	50	0.918	0.879	0.829	0.790
11	0.812	0.744	0.663	0.604	60	0.925	0.889	0.843	0.807
12	0.821	0.755	0.675	0.617	70	0.931	0.898	0.854	0.820
13	0.828	0.764	0.686	0.629	80	0.936	0.904	0.863	0.830
14	0.835	0.772	0.696	0.640	90	0.940	0.910	0.870	0.839
15	0.841	0.780	0.704	0.649	100	0.943	0.915	0.877	0.847
16	0.847	0.787	0.713	0.658	200	0.961	0.940	0.912	0.889
17	0.852	0.793	0.720	0.667	500	0.976	0.962	0.944	0.929
18	0.856	0.799	0.727	0.674					

3) 当量故障数 r_D 为

$$r_D = \sum_{i=1}^{4} \varepsilon_i r_i \tag{5-69}$$

式中，r_D 是当量故障数；ε_i 是第 i 类故障系数，其值分别为 $\varepsilon_1 = 100$，$\varepsilon_2 = 10$，$\varepsilon_3 = 1$，$\varepsilon_4 = 0.2$；r_i 是第 i 类故障数。

4) 当量故障率 λ_D 为

$$\lambda_D = 1000 \frac{\sum_{j=1}^{n} r_{Dj}}{S} \tag{5-70}$$

式中，λ_D 是当量故障率（次/1000km）；r_{Dj} 是第 j 辆车当量故障数。

5) 千公里维修时间 T_m 为

$$T_m = 1000 \frac{T_{RM} + T_{PM}}{S} \tag{5-71}$$

式中，T_m 是千公里维修时间（h/1000km）；T_{RM} 是总试验里程内修理时间总和（h）；T_{PM} 是总试验里程内维护时间总和（h）；S 是总试验里程（km）。

6) 千公里维修费用 M_C 为

$$M_C = 1000 \frac{C}{S} \tag{5-72}$$

式中，M_C 是千公里维修费（元/1000km）；C 是总试验里程内维修费，包括材料、设备及工时费（元）。

7) 有效度 A 为

$$A = \frac{S}{S + S_D} \tag{5-73}$$

式中，A 是有效度（%）；S_D 是维修停驶里程（km）。

$$S_D = \frac{1}{1000} v_a T_m S \tag{5-74}$$

式中，v_a 是平均技术车速（km/h）。

5.5.2 加速可靠性行驶试验

加速可靠性行驶试验与常规可靠性行驶试验的试验设备、试验准备和试验数据处理方法基本相同，主要区别在于试验方法中的试验里程分配和驾驶操作内容。

加速可靠性行驶试验的试验里程分配，需根据用户关联或试验场规范，从而确定试验车辆在试验场不同类型道路的行驶里程和工况分配。

加速可靠性行驶试验的驾驶操作，需根据用户关联或试验场规范，从而确定试验场不同道路的驾驶操作，复现不同道路的驾驶工况。

1. 用户关联加速可靠性行驶试验的意义

应用疲劳损伤、摩擦损耗等理论，通过进行典型用户关联研究，制订代表百分位值是 90 以上目标车型典型用户使用工况的试验场可靠性试验方案，使在设计开发阶段能够得到与典型用户相对一致的行驶工况，避免出现"过设计"和"设计不足"的情况，提高设计开发效率，缩短设计开发周期，降低设计开发成本。

2. 用户关联加速可靠性行驶试验规范设计流程

根据用户关联进行加速可靠性行驶试验规范设计，应包含以下内容：

1) 根据设计开发目标，确定车型的目标里程。

2) 识别整车可靠性影响因素，通过用户调查、用户车辆数据采集等形式，获取道路类型及其里程占比、配载情况和驾驶操作等用户特征信息。

3) 根据用户关联特征，进行实车社会道路载荷谱数据采集并确定基准载荷。

4) 进行试验场道路载荷谱数据采集，用于试验场特征道路、车速、配载及驾驶操作的编排、组合和优化。

5) 根据试验场实际情况，进行试验场道路行驶试验规范设计。

用户关联加速可靠性行驶试验规范设计流程如图5-60所示。

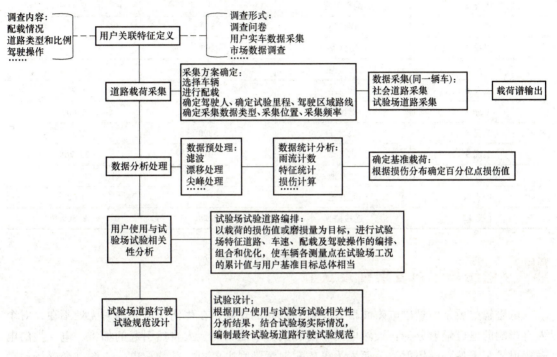

图5-60　用户关联加速可靠性行驶试验规范设计流程

3. 示例

某车型在某试验场强化可靠性试验工况分配示例参见表5-45，试验场综合可靠性试验里程和工况分配示例参见表5-46。特定总成/系统的可靠性试验可进行抽取特定工况分配进行试验。表5-45、表5-46以某汽车试验场等效用户24万公里为例，其他等效用户里程可以进行折算。

表5-45　试验场强化可靠性试验工况分配

工况	试验设施	循环次数	工况	试验设施	循环次数
工况1	卵石路	1000	工况11	比利时路	250
工况2	振动路1	625	工况12	路缘石冲击	125
工况3	振动路2	625	工况13	铁轨交叉	250
工况4	振动路3	625	工况14	正弦波冲击	500
工况5	扭曲路	1000	工况15	住宅路入口	1000
工况6	18″坑洼	1000	工况16	城市广场8字区	500
工况7	26″坑洼	1000	工况17	砂石路	250
工况8	颠簸路	500	工况18	起动互锁检查区	500
工况9	沟渠路	500	工况19	转向检查区	1000
工况10	破损混凝土	500			

表 5-46　试验场综合可靠性试验里程和工况分配

工况	试验设施	总里程/km	比例
工况 1	强化耐久路	8850	32.16%
工况 2	倒车工况	31	0.11%
工况 3	评价路	550	2.00%
工况 4	山区路	295	1.07%
工况 5	灰尘路	125	0.45%
工况 6	砂石路	525	1.91%
工况 7	操稳路	1100	4.00%
工况 8	高环 1	5890	21.4%
工况 9	高环 2	7913	28.76%
工况 10	盐水池	5	0.02%
工况 11	泥浆池	5	0.02%
工况 12	连接路面	2228	8.10%

5.6　电磁场辐射发射强度试验

电磁辐射就是能量以电磁波形式发射到空间的现象。在生活中电磁辐射无处不在，对个人有影响的电磁辐射分为：天然电磁辐射和人为电磁辐射。大自然引起的如雷、电一类的电磁辐射属于天然电磁辐射类，而人为电磁辐射污染则主要包括脉冲放电、工频交变磁场、微波、射频电磁辐射等。

因为人体所能承受的电磁辐射必须在一定的限度内，当电磁辐射强度超过安全卫生标准限制后，会对人体产生刺激，造成各种不适症状。电动汽车完全依靠电能驱动车辆，在使用过程中，会产生微小的电磁辐射，为保障使用者的安全，必须对将上市销售的电动汽车进行检测，确保使用者的安全。

5.6.1　电磁场发射强度测量试验

本节根据 GB/T 18387—2017《电动车辆的电磁场发射强度的限值和测量方法》，来介绍纯电动汽车、混合动力电动汽车、燃料电池电动汽车等类型的电动车辆的电场、磁场辐射发射强度的限值和试验方法，试验频率范围为 150kHz~30MHz。电磁场发射强度测量试验专业词汇定义见表 5-47。

表 5-47　电磁场发射强度测量试验专业词汇定义

专业词汇名称	定义
车辆电磁环境（Vehicle Electromagnetic Environmmet）	存在于车辆内外所有电磁现象的总和
车辆电磁兼容性（Vehicle Electromagnetic Compatibility，VEC）	车辆、电气电子系统/部件在车辆电磁环境中能正常工作且不影响其他车辆、系统/部件正常工作的能力
电磁骚扰（Electromagnetic Disturbance）	任何可能引起装置、设备或系统性能降低或者对生物或非生物产生不良影响的电磁现象

(续)

专业词汇名称	定义
电磁干扰（Electromagnetic Interference, EMI）	电磁骚扰引起的设备、传输通道或系统性能的下降
骚扰限值（Limit of Disturbance）	对应于规定测量方法的最大允许电磁骚扰电平
骚扰电压（Disturbance Voltage）	在规定条件下测得的由电磁骚扰引起的导体上两点间的电压
骚扰抑制（Disturbance Suppression）	削弱或消除电磁骚扰的措施

1. 试验设备

(1) **扫描接收机参数** 扫描接收机带宽、步长和驻留时间参数设置见表5-48。

表5-48 扫描接收机参数

检波器	带宽/kHz	最大步长/kHz	驻留时间（最小）/ms
峰值	9	5	10

注：对某些信号（如低重复率或间歇信号）可能需要更低的扫描速率或多次扫描以确保测得最大值。

(2) **天线** 天线应满足GB/T 6113.104—2021《无线电骚扰和抗扰度测量设备和测量方法规范 第1-4部分：无线电骚扰和抗扰度测量设备 辐射骚扰测量用天线和试验场地》的要求。下列天线适用：

1）电场天线：1m长的单极天线，垂直地面安装，配有天线匹配单元。

2）磁场天线：直径60cm静电屏蔽环天线。

(3) **天线匹配单元** 1m单极天线的匹配单元应根据GB/T 6113.104—2021进行校准。应注意输入电压不超过匹配单元的额定脉冲输入或可能发生的过载。

(4) **测功机** 测试场地配备的测功机应能保证所有驱动轮转速一致，转鼓最大速度应满足最大试验车速的要求，并且其能够提供典型持续的道路负载转矩。测功机的转鼓应为金属材质，轴承支承结构应和暗室地板接地。

2. 试验准备

(1) **电场天线接地** 匹配单元应安装在地平面上，以使接地电感最小。如果使用户外试验场地，制造商推荐的地网应放置于地面上并连接到长度至少为2m的接地棒以确保电感最小。不允许使用通过天线电缆在接收机端接地的浮动地网。

(2) **电场天线位置** 单极天线置于地面上，距车辆的最近部分（3±0.03）m。如图5-61所示，测量时天线的四个位置如下：

车前和车后位置，并位于车辆的中心线上。

车辆左、右两侧位置，并位于前、后轴之间的中线上。

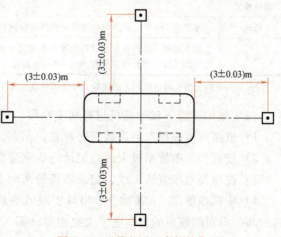

图5-61 天线相对于车辆的位置

(3) **磁场天线位置** 环天线中心距地面 (1.3±0.05)m，距车辆的最近部分 (3±0.03)m。环天线支架应能实现环天线的两个极化方向。用垂直于环平面的磁场矢量方向来表示极化方向（也是环天线最大响应的方向），如图 5-62 所示，环天线的方向为：

径向：环天线的最大磁场响应方向是垂直指向车辆的方向。

横向：环天线的最大磁场响应方向是水平的并垂直于径向方向。

天线与车辆的相对位置为：车前和车后位置，并位于车辆的中心线上；车辆左、右两侧位置，并位于前、后轴之间的中线上。

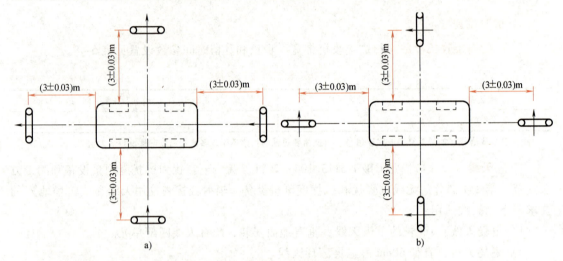

图 5-62 径向和横向环天线的方向和位置
a) 环天线径向方向 b) 环天线横向方向

3. 试验方法

(1) **默认工作条件** 车辆运行模式见表 5-49。所有的运行模式中电驱动系统应处于驱动模式，与运行模式的偏离应在试验报告中详细记录。

表 5-49 车辆运行模式

运行模式	说明
低速	车速为 16km/h，道路负荷按照车辆满载情况设置
高速	踩下加速器或设置巡航控制系统产生额定车速 70km/h，道路负荷按照车辆满载情况设置。如果车辆在电驱动系统工作情况下无法达到 70km/h 的速度要求，车辆应工作于最大车速

注：如果车辆无法在测功机上完成试验，可使用轮轴支架支起车辆进行试验。

(2) **试验步骤** 试验前可进行初步观察，试验步骤为：

1) 道路负荷按照车辆满载情况设置，车速为 40km/h 的稳定条件运行车辆。
2) 按照要求布置单极天线，记录电场测量数据。
3) 按照要求布置环天线，记录磁场的两个方向的测量数据。
4) 依据步骤 2) 和步骤 3) 相对于限值的最大测量结果，确定最大发射方向。如果车辆的两个不同的侧面的最高电平大致相等，那么可以选择其中一个侧面作为最大辐射方向。
5) 按照表 5-49 中的运行模式运行车辆。

6)在车辆最大发射侧面进行电场峰值扫描和磁场峰值扫描。

(3) 试验报告 试验报告应记录仪器设置、车辆最大发射侧面测量结果、车辆运行模式等。

5.6.2 电磁兼容试验

本节根据 GB/T 36282—2018《电动汽车用驱动电机系统电磁兼容性要求和试验方法》,来介绍电动汽车用驱动电机系统电磁兼容性要求和试验方法。该标准对于电磁辐射发射的频率范围为 30MHz~1GHz,对电磁辐射抗扰度试验的频率范围为 20~2000MHz,适用于纯电动汽车、混合动力电动汽车和燃料电池电动汽车等电动汽车的驱动电机系统。电磁兼容试验专业词汇定义见表 5-50。

表 5-50 电磁兼容试验专业词汇定义

专业词汇名称	定义
受试设备(Equipment Under Test,EUT)	这里指电动汽车用驱动电机系统
低电压(Low Voltage,LV)	60V 以下的直流工作电压,例如标称电压 12V、24V、48V
高电压(High Voltage,HV)	60~1000V 的工作电压
HV^+	HV 正极终端线子
HV^-	HV 负极终端线子
人工网络(Artificial Network,AN)	人工网络
高压人工网络(HV AN)	高压人工网络串联在被测装置高压直流电源线上,在给定频率范围内为测量骚扰电压提供规定负载阻抗并使被测装置与电源相互隔离的装置

1. EUT 宽带电磁辐射发射试验

(1) 试验方法 本方法用于测试来自 EUT 的宽带电磁辐射发射。若无其他规定,在 30~1000MHz 范围内,应按 GB/T 18655—2018《车辆、船和内燃机 无线电骚扰特性 用于保护车载接收机的限值和测量方法》标准中规定的方法进行,如电压法、电流探头法、暗室(Absorber Lined Shielded Enclosure,ALSE)法、TEM 小室法,又称为横电磁波传播小室(Transverse Electromagnetic Transmission Cell)、带状线法。

(2) EUT 试验状态 EUT 应处于正常工作状态,且转速为额定转速的 50%,转矩为额定转矩的 50%,机械输出负载至少达到持续功率的 25%。当转速或转矩达不到 EUT 试验状态时,可调整转矩以达到持续功率的 25%,并在试验报告中注明。

(3) 试验布置 按照图 5-63 所示的试验布置进行试验。

屏蔽配置应按照车辆的系列配置。通常所有屏蔽的 HV 部件应低阻抗正常接地(例如 AN、电缆、插接器等)。EUT 和负载应接地。室外的 HV 电源应经由直通滤波连接。

LV 负载模拟器按照 GB/T 18655—2018 规定进行布置和接地连接。

除非另外指定,否则与接地平面前端平行的 LV 线束、HV 线束的长度应为 (1500±75)mm。LV 线束和 HV 线束的长度(包括插接器)应为 1700^{+300}_{0}mm。HV 试验线束应与 LV 试验线束距离 100^{+100}_{0}mm。

所有线束应放置在无导电性、低相对介电常数材料($\varepsilon_r \leq 1.4$)上,距接地平面上方

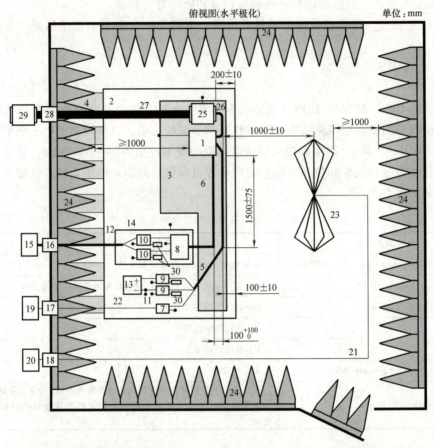

图 5-63 辐射发射-电机及电机控制系统使用双锥天线测量的试验布置示例

1—EUT 2—接地平面（与暗室屏蔽体搭接） 3—低相对介电常数材料支撑（$\varepsilon_r \leqslant 1.4$）厚度 50mm
（电机可以使用非导电支撑） 4—接地带 5—LV 线束 6—HV 线束（HV^+、HV^-） 7—LV 负载模拟器
8—阻抗匹配网络（可选） 9—LV AN 10—HV AN 11—LV 电源线 12—HV 电源线 13—LV 电源 12V/24V/48V
（位置可以选择） 14—附加屏蔽盒 15—HV 电源（置于 ALSE 内的应屏蔽） 16—电源线滤波器
17—光纤馈通 18—壁板连接器 19—激励和监测系统 20—测量设备 21—优质同轴电缆（50Ω），例如双层屏蔽
22—光纤 23—双锥天线 24—RF 吸波材料 25—电机 26—电机三相电源线 27—机械连接（例如非导体连接）
28—过滤的机械轴承 29—制动或驱动电机 30—50Ω 负载

（50±5）mm 的位置。

HV^+ 和 HV^- 以及三相线的屏蔽电源线可以是同轴电缆线，或在一个共用的屏蔽内，这取决于使用的插电系统。车辆使用的原装 HV 线束可以选择使用。

除非另有规定，否则 EUT 壳体应直接连接到接地平面上。当通过指定阻抗连接到接地平面上时，应在试验报告中注明。

为避免环境噪声的影响，应在试验之前或之后进行环境测试。除有意的窄带发射外，环境噪声或信号比干扰限值应至少低 6dB。

(4) 试验要求 测量应在半电波暗室中进行，频率范围为 30~1000MHz；测量应该分别在垂直和水平极化中进行；测量可以使用准峰值检波或峰值检波器。如果使用峰值检波器，那么限值应增加修正系数 20dB。测量可以使用频谱分析仪或扫描接收机，参数分别见表 5-51 和表 5-52。

表 5-51　频谱分析仪参数

频率范围/MHz	峰值检波		准峰值检波		平均值检波	
	-3dB 带宽	最小扫描时间	-6dB 带宽	最小扫描时间	-3dB 带宽	最小扫描时间
30~1000	100kHz 或 120kHz	100ms/MHz	120kHz	20s/MHz	100kHz 或 120kHz	100ms/MHz

表 5-52　扫描接收机参数

频率范围/MHz	峰值检波			准峰值检波			平均值检波		
	-6dB 带宽	最大步长	最小测量时间	-6dB 带宽	最大步长	最小测量时间	-6dB 带宽	最大步长	最小测量时间
30~1000	120kHz	50kHz	5ms	120kHz	50kHz	1s	120kHz	50kHz	5ms

2. EUT 窄带电磁辐射发射试验

(1) **试验方法**　本方法用于测试 EUT（例如以微处理器为核心的系统）产生的窄带电磁辐射发射。若无其他说明，在 30~1000MHz 全频段范围内，应按 GB/T 18655—2018 中规定的方法进行，如电压法、电流探头法、ALSE 法、TEM 小室法、带状线法。

(2) **EUT 试验状态**　HV 和 LV 正常供电，EUT 驱动模块处于待机状态，无输出功率。

(3) **试验布置**　与 EUT 宽带电磁辐射发射试验布置要求相同。

(4) **试验要求**　测量应在半电波暗室中进行，频率范围为 30~1000MHz；测量应该分别在天线垂直极化和水平极化中进行；测量可以使用频谱分析仪或扫描接收机。

思考与习题

1. 简述汽车最高车速试验和加速性能试验的试验方法。
2. 汽车操纵稳定性试验的主要试验项目有哪几项？主要用到哪些仪器设备？
3. 简述稳态回转试验的试验方法。
4. 简述转向回正性能试验的评价指标。
5. 简述转向轻便性能试验的试验方法。
6. 简述蛇行试验的试验方法。
7. 汽车平顺性随机输入行驶试验的评价指标是什么？
8. 简述汽车的接近角、离去角及纵向通过角的定义和测量方法。
9. 汽车通过性试验通常包括哪些试验项目？
10. 何谓汽车的最小转弯直径？简述其测量方法。
11. 何谓汽车的外摆值？简述其测量方法。
12. 为什么要进行电磁辐射试验？

第6章　汽车新技术试验

随着汽车电动化、智能化、网联化以及轻量化的发展，汽车功能越来越丰富，汽车结构和材料越来越多样化，汽车试验也从传统结构部件向电子电气、软件功能等方面扩展，同时随着各种新结构、新材料、新技术在汽车上的应用，必然要求增加新的试验内容和试验项目，即汽车新技术试验，如智能网联汽车和自动驾驶汽车试验。

放眼世界现代化道路，科技始终都是撬动现代化的内生动力和有力杠杆，每一次科技革命都极大推动了人类的现代化进程。构建开放创新的科技生态，打造科技强国的创新人才队伍，擘画出高水平科技自立自强的中国方案。发展汽车新技术试验就是汽车领域实现高水平科技自立自强的生动实践之一。

智能网联汽车是指搭载先进的车载传感器、控制器、执行器等装置，并融合现代通信与网络技术，实现车与X（车、路、行人、云端等）智能信息交换、共享，具备复杂环境感知、智能决策、协同控制等功能，可实现车辆"安全、高效、舒适、节能"行驶，并最终可实现替代人来操作的新一代汽车。

自动驾驶汽车是指汽车至少在某些具有关键安全性的控制功能方面（如转向、加速或制动）无须驾驶人直接操作即可自动完成控制动作的车辆。自动驾驶汽车一般使用车载传感器、GPS和其他通信设备获得信息，针对安全状况进行决策规划，在某种程度上恰当地实施控制。

无人驾驶汽车是通过车载环境感知系统感知道路环境，自动规划和识别行车路线并控制车辆到达预定目标的智能汽车。它是利用环境感知系统来感知车辆周围环境，并根据感知所获得的道路状况、车辆位置和障碍物信息等，控制车辆的行驶方向和速度，从而使车辆能够安全、可靠地在道路上行驶。

智能车辆是一个集环境感知、规划决策、多等级辅助驾驶等功能于一体的综合系统，它集中运用了计算机、现代传感、信息融合、通信、人工智能及自动控制等技术，是典型的高新技术综合体。目前对智能车辆的研究主要致力于提高汽车的安全性、舒适性，以及提供优良的人车交互界面。近年来，智能车辆已经成为世界车辆工程领域研究的热点和汽车工业增长的新动力，很多发达国家都将其纳入到各自重点发展的智能交通系统当中。

智能驾驶与一般所说的自动驾驶有所不同，它指的是利用多种传感器和智能公路技术实现的汽车自动驾驶。智能汽车首先有一套导航信息资料库，存有全国高速公路、普通公路、城市道路以及各种服务设施（餐饮、旅馆、加油站、景点、停车场）的信息资料；其次是

GPS 定位系统，利用这个系统精确定位车辆所在的位置，与道路资料库中的数据相比较，确定以后的行驶方向；道路状况信息系统，由交通管理中心提供实时的前方道路状况信息，如堵车、事故等，必要时及时改变行驶路线；车辆防碰系统，包括探测雷达、信息处理系统、驾驶控制系统，控制与其他车辆的距离，在探测到障碍物时及时减速或制动，并把信息传给指挥中心和其他车辆；紧急报警系统，如果出了事故，自动报告指挥中心进行救援；无线通信系统，用于汽车与指挥中心的联络；自动驾驶系统，用于控制汽车的点火、改变速度和转向等。

通常，对车辆的操作实质上可视为对一个多输入、多输出、输入输出关系复杂多变、不确定多干扰源的复杂非线性系统的控制过程。驾驶人既要接受环境（如道路、拥挤、方向、行人等）信息，还要感受汽车（如车速、侧向偏移、横摆角速度等）信息，然后经过判断、分析和决策，并与自己的驾驶经验相比较，确定出应该做的操纵动作，最后由身体、手、脚等来完成操纵车辆的动作。因此在整个驾驶过程中，驾驶人的人为因素占了很大比重。一旦出现驾驶人长时间驾车、疲劳驾车、判断失误的情况，很容易造成交通事故。

通过对车辆智能化技术的研究和开发，可以提高车辆的控制与驾驶水平，保障车辆行驶的安全畅通、高效。对智能化的车辆控制系统的不断研究完善，相当于延伸扩展了驾驶人的控制、视觉和感官功能，能极大地促进道路交通的安全性。智能车辆的主要特点是以技术弥补人为因素的缺陷，使得即便在很复杂的道路情况下，也能自动地操纵和驾驶车辆绕开障碍物，沿着预定的道路轨迹行驶。

6.1 乘用车车道保持辅助系统试验

本节以 GB/T 39323—2020《乘用车车道保持辅助（LKA）系统性能要求及试验方法》为例，来介绍乘用车车道保持辅助系统的具体要求和试验方法。乘用车车道保持辅助系统试验专业词汇定义见表 6-1。

表 6-1 乘用车车道保持辅助系统试验专业词汇定义

专业词汇名称	定义
先进驾驶辅助系统（Advanced Driver Assistance System, ADAS）	利用安装在车辆上的传感、通信、决策及执行等装置，监测驾驶人、车辆及其行驶环境，并通过影像、灯光、声音、触觉提示/警告或控制等方式辅助驾驶人执行驾驶任务或主动避免/减轻碰撞危害的各类系统的总称
自动紧急制动（Advanced Emergency Braking, AEB）	实时监测车辆前方行驶环境，在可能发生碰撞危险时自动启动车辆制动系统使车辆减速，以避免碰撞或减轻碰撞后果
自动紧急转向（Automatic Emergency Steering, AES）	实时监测车辆前方和侧方行驶环境，在可能发生碰撞危险时自动控制车辆转向，以避免碰撞或减轻碰撞后果
紧急转向辅助（Emergency Steering Assist, ESA）	实时监测车辆前方和侧方行驶环境，在可能发生碰撞危险且驾驶人有明确的转向意图时辅助驾驶人进行转向操作
智能限速控制（Intelligent Speed Limit Control, ISLC）	自动获取车辆当前条件下所应遵守的限速信息并实时监测车辆行驶速度，辅助驾驶人控制车辆行驶速度，以使其保持在限速范围之内
车道保持辅助（Lane Keeping Assist, LKA）	实时监测车辆与车道边线的相对位置，持续或在必要情况下控制车辆横向运动，使车辆保持在原车道内行驶
车道居中控制（Lane Centering Control, LCC）	在车辆行驶过程中，实时监测车辆与车道边线的相对位置，持续自动控制车辆横向运动，使车辆始终介入在车道中央区域内行驶
车道偏离抑制（Lane Departure Prevention, LDP）	实时监测车辆与车道边线的相对位置，在其将要超出车道线时控制车辆横向运动，以辅助驾驶人将车辆保持在原车道内行驶

(续)

专业词汇名称	定义
智能泊车辅助（Intelligent Parking Assist, IPA）	在车辆泊车时，自动检测泊车空间并为驾驶人提供泊车指示/方向控制等辅助功能
自适应巡航控制（Adaptive Cruise Control, ACC）	实时监测车辆前方行驶环境，在设定的速度范围内自动调整行驶速度，以适应前方车辆/道路条件等引起的驾驶环境变化
全速自适应巡航控制（Full Speed Range Adaptive Cruise Control, FSRA）	实时监测车辆前方行驶环境，在设定的速度范围内自动调整行驶速度并具有减速至停止及从停止状态起步的功能，以适应前方车辆/道路条件等引起的驾驶环境变化
交通拥堵辅助（Traffic Jam Assist, TJA）	在车辆低速通过交通拥堵路段时，实时监测车辆前方及相邻车道行驶环境，经驾驶人确认后自动对车辆进行横向和纵向控制
加速踏板防误踩（Antimaloperation for Accelerator Pedal, AMAP）	在车辆起步或低速行驶时，因驾驶人误踩加速踏板产生紧急加速而可能与周边障碍物发生碰撞时，自动抑制车辆加速
酒精闭锁（Alcohol Interlock, AIL）	在车辆起动前测试驾驶人体内酒精含量，并在酒精含量超标时锁闭车辆动力系统开关
自适应远光灯（Adaptive Driving Beam, ADB）	能够自适应地调整车辆远光灯的投射范围，以减少对前方或对向其他车辆驾驶人的炫目干扰
自适应前照灯（Adaptive Front Light, AFS）	能够自动进行近光灯或远光灯控制或切换，从而为适应车辆各种使用环境提供不同类型的光束

1. 试验环境要求

除特殊规定外，试验环境要求见表 6-2。

表 6-2 试验环境要求

条件	具体要求	条件	具体要求
能见度	能见度大于 1km	环境照度	应在 500lx 以上并分布均匀
风速	平均风速不大于 3m/s，最大风速不大于 5m/s	阳光直射方向	应避免与车辆行驶方向平行
气温	在 -20~45℃ 之间		

2. 试验道路要求

试验道路应满足以下条件：

1) 道路表面应干燥，表面本身应由沥青或混凝土铺设，并且没有凹陷、凸起和开裂等导致车辆过分颠簸的缺陷，道路应平坦并铺设状态良好；当使用标准参考试验轮胎时，路面峰值摩擦系数应为 0.8 以上。

2) 试验车道应有足够长度以满足试验车速的需要；车道宽度应遵守 JTG B01 的要求。

3) 试验车道应有高对比度的车道边线，除非特别说明，车道边线应状态良好，无破损、遮蔽等影响车道保持辅助系统感应的缺陷存在；车道边线的设置应遵守 GB 5768.3—2009 的要求，除特别说明，车道边线颜色应为白色或黄色，车道边线线型应为实线或虚线。

3. 试验车辆要求

试验车辆的质量应处于整车整备质量加上驾驶人和测试设备的总质量（驾驶人和测试设备的总质量不超过 150kg）与最大允许总质量之间，试验开始后不允许改变试验车辆的条件。

4. 仪器测试参数

试验仪器应记录必要的测试参数,包括但不限于以下内容:
1) 试验车辆在整个测试过程中的车速。
2) 试验车辆在整个测试过程中的偏离速度。
3) 试验车辆在整个测试过程中的横向加速度。
4) 试验车辆在整个测试过程中相对于车道边线的距离。

5. 仪器测量精度要求

试验车辆数据采集及记录仪器应至少满足表 6-3 的精度要求。

表 6-3 仪器测量精度要求

测量数据	精度要求	测量数据	精度要求
车速	0.1km/h	与车道边线相对距离	不大于 0.02m
偏离速度	0.01m/s	所有动态数据的采样和记录频率	不低于 100Hz
横向加速度	0.1m/s^2		

6. 试验类型

共有以下三种类型试验:
1) 直道车道偏离抑制试验。
2) 弯道车道偏离抑制试验。
3) 车道居中控制试验。

具备车道偏离抑制功能的系统应进行直道车道偏离抑制试验和弯道车道偏离抑制试验,具备车道居中控制功能的车辆应通过车道居中控制试验。

6.1.1 直道车道偏离抑制试验

试验道路为一段长直道,该长直道应有足够长度以满足试验车速的需要。

试验中,车辆在车道内沿直线行驶,车速为 (70 ± 2)km/h,当车辆速度稳定后使得车辆以 (0.4 ± 0.2)m/s 的偏离速度向左或右进行偏离,试验过程中车辆前轮外缘不得超过车道边线外侧 0.4m,如图 6-1 所示。

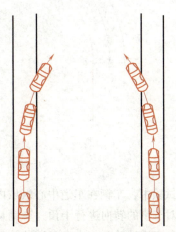

图 6-1 直道车道偏离抑制试验操作

6.1.2 弯道车道偏离抑制试验

试验道路为一段直道连接一段弯道,其中弯道的长度要保证车辆能够行驶 5s 以上。此弯道分为定曲率部分和变曲率部分,定曲率部分的曲率为 $2\times10^{-3}\text{m}^{-1}$(半径≤500m),变曲率部分为直道和定曲率部分弯道的连接段,其曲率随弯道长度呈线性变化,从 0m^{-1} 逐步增加到 0.002m^{-1},曲率变化率 dc/ds 不超过 $4\times10^{-5}\text{m}^{-2}$,如图 6-2 所示。

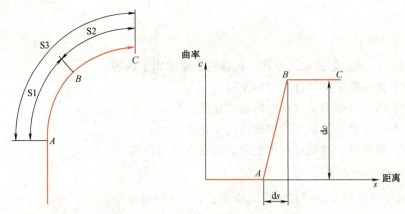

图 6-2　弯道车道偏离抑制试验道路图示

S1—变曲率部分　S2—定曲率部分　S3—弯道部分

试验中，车辆在车道中心区域内沿直线行驶，车速为（70±2）km/h，当车辆速度稳定后驾驶人不对车辆的转向进行干预，车辆从直道进入弯道并在弯道内行驶至少 5s 的时间。试验包括一次左弯道试验和一次右弯道试验，试验过程中车辆前轮外缘不得超过车道边线外侧 0.4m。

6.1.3　车道居中控制试验

试验道路为一段直道连接一段半径≤500m 的弯道，其中弯道的长度要保证车辆能够行驶 5s 以上，如图 6-3 所示。

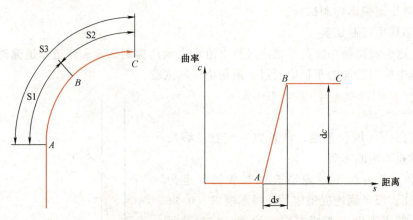

图 6-3　车道居中控制试验道路图示

S1—变曲率部分　S2—定曲率部分　S3—弯道部分

试验中，车辆在车道中心区域内沿直线行驶，车速（70±2）km/h，当车辆速度稳定后驾驶人不对车辆的转向进行干预，车辆从直道进入弯道并在弯道内行驶至少 5s 的时间。试验包括一次左弯道试验和一次右弯道试验，试验过程中车辆前轮外缘不得超过车道边线外侧。

6.1.4　主观评价试验

1. 评价场景

评价车速为车辆车道偏离预警系统激活的最低车速至 120km/h。

评价道路为清洁、干燥、平直的混凝土、沥青或相类似的路面,具备直道和弯道车道线(包括实车道线和虚车道线),车道线符合 GB 5768.3—2009《道路交通标志和标线 第 3 部分:道路交通标线》的要求,如图 6-4 所示。

图 6-4 车道辅助系统评价场景

2. 人机交互

信号装置视认性:评价车道辅助系统图标指示器开关在车内位置是否便于操作,或信号装置在仪表内、中控屏内易于辨认的程度,在车道辅助系统不可用、待激活、已激活、退出时功能状态是否清晰易懂。

便利性:评价车道辅助系统功能设置或调节操作逻辑性是否便利,车道控制信息在仪表内是否清晰醒目,功能状态是否清晰易懂。

3. 车道保持辅助

纠偏时刻:评价车道保持辅助系统纠正转向盘的时机是否及时。

舒适性:评价车道保持辅助系统纠偏力矩大小、纠偏速率是否适中,纠偏过程中是否会引起转向盘较大幅度的摆动,导致车身轻微或小幅度晃动。

4. 车道居中保持

信息提示:评价车辆居中保持功能进入/退出提示是否清晰,脱手提示清晰易懂且及时,是否能正确检测驾驶人脱手情况。

车道控制:评价车道居中保持系统开启后能否保证车辆在车道内居中平稳行驶,车道居中保持系统对车辆施加转向是否自然平顺,不突兀。

6.2 自适应巡航控制系统试验

本节以 GB/T 20608—2006《智能运输系统 自适应巡航控制系统 性能要求与检测方法》为例,来介绍自适应巡航控制系统的具体要求和试验方法。本节介绍了自适应巡航控制(ACC)系统的基本控制策略、最低的功能要求、基本的人机交互界面、故障诊断及处理的最低要求以及性能检测规程,适用于 ACC 系统的性能检测。

自适应巡航控制系统的主要功能是基于特定的信息控制车速与前方车辆运动状况相适应,这些信息包括:与前车间的距离;本车(配备 ACC)的运动状态;驾驶人的操作指令。基于上述信息,控制器发送控制指令给执行器以执行纵向控制,同时将状态信息提供给驾驶人。

ACC 的目的是通过对车辆纵向运动进行自动控制,以减轻驾驶人的劳动强度,保障行车安全,并通过方便的方式为驾驶人提供辅助支持。自适应巡航控制系统试验专业词汇定义见表 6-4。

表 6-4 自适应巡航控制系统试验专业词汇定义

专业词汇名称	定义
主动制动控制(Active Brake Control)	由 ACC 系统而不是驾驶人施加的制动控制动作
自适应巡航控制(Adaptive Cruise Control, ACC)	常规巡航控制系统的提升和扩展,它可以通过控制本车发动机、传动系统或制动器实现与前车保持适当距离的目的
制动(Brake)	产生阻碍车辆运动或运动趋势的力(制动力)的过程,分为以下种类: 摩擦制动:由车辆上相对运动的两部分产生的摩擦力 电磁制动:由车辆上相对运动但不接触的两部分基于电磁作用产生的电磁力 液力制动:由车辆上相对运动的两部分间的液体运动产生的阻尼力 发动机制动:由发动机的制动作用产生的传递到车轮的制动力
车间距(Clearance, c)	前车尾部与本车头部之间的距离
常规巡航控制(Conventional Cruise Control)	按照驾驶人的设定控制车辆行驶速度的系统
前车(Forward Vehicle)	与本车同向、同路,并在本车前方行驶的车辆
自由流交通(Free-flowing Traffic)	车流量大但比较流畅的交通,不包括频繁起步停车和紧急制动的情况
车间时距(Time Gap, τ)	本车驶过连续车辆的车间距所需的时间间隔。车间时距 τ 与车速 v 和车间距 c 相关,计算公式是 $\tau = c/v$,如图 6-5 所示
本车(Subject Vehicle)	特指配备有 ACC 系统的车辆

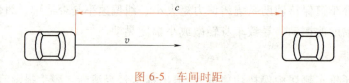

图 6-5 车间时距

ACC 系统根据纵向控制执行器结构的不同分为 4 种类型,见表 6-5。

表 6-5 ACC 系统类型

类型	是否需要人工操纵离合器	是否有主动制动控制
ACC1a	是	无
ACC1b	否	无
ACC2a	是	有
ACC2b	否	有

ACC 系统的减速能力应在车辆用户使用手册中明确指出。

当配备离合器的车辆进行主动制动控制时(如 ACC2a 型),如果离合器无法自动分离,应将制动和发动机怠速控制间的潜在冲突及早提示给驾驶人,并为驾驶人提供一种明确而切实可行的切换方案。

ACC 系统根据对弯道行驶的适应能力分为 4 种类型,见表 6-6。

表 6-6 基于弯道行驶能力的 ACC 系统分类 (单位: m)

类型	对弯道半径的适应能力	类型	对弯道半径的适应能力
ACC Ⅰ	没有要求	ACC Ⅲ	≥250
ACC Ⅱ	≥500	ACC Ⅳ	≥125

6.2.1 探测距离测试试验

1. 测试环境要求

测试环境要求见表 6-7。

表 6-7 测试环境要求

条件	具体要求	条件	具体要求
测试场地	平坦干燥的沥青或混凝土路面	水平能见度	大于 1km
温度	0~40℃		

2. 试验目标参数

采用红外激光雷达测试时：红外线的测试目标是由一个测试目标的红外线系数 CTT（Coefficient for Test Target for Infrared Reflectors，描述测试目标的红外反射能力的参数）和测试目标的横截面定义；测试目标 A 与 B 的最小反射横截面为 $20cm^2$；测试目标 A 属于漫反射体，其 $CTT=(2±0.2)m^2/sr$；测试目标 B 属于漫反射体，其 $CTT=(1±0.1)m^2/sr$。

采用毫米波雷达测试时：测试目标由雷达信号的散射横截面（Radar Cross Section，RCS）定义；频率范围为 50~95GHz；测试目标 A 的 RCS 应为 $10m^2$；测试目标 B 的 RCS 应为 $3m^2$；对于明显不同的频率范围，RCS 应重新确定和定义。

3. 探测距离测试

车辆参考平面为一矩形，宽度与本车宽度相当，高 0.9m，离地 0.2m，它是在综合考虑车体不同位置的横截面以及轿车高度限制的基础上确定的。测试时，至少应保证使位于距离 d_{max} 的车辆参考平面内并且具有一定的横向位置偏移的反射体被探测到（图 6-6）。

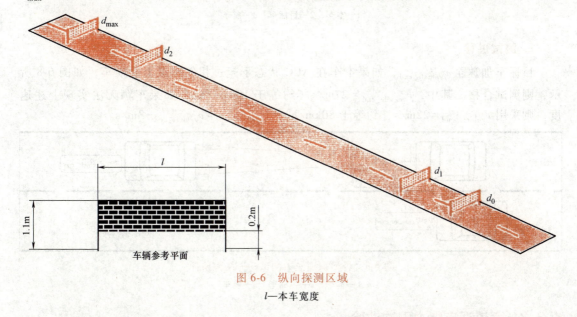

图 6-6 纵向探测区域

l—本车宽度

在直道上的最大探测范围 d_{max} 距离处采用测试目标 A；在判断是否有必要探测目标车辆的临界距离 d_0，判断是否有必要测量距离或相对速度的临界距离 d_1 和需要测量操作的距离

d_2 处采用测试目标 B；d_2 特指本车前方 75m 的距离；探测距离测试应在动态条件下进行，静态测试也可作为补充选择。

相同距离的测试应重复 20 次，测试的持续时间最长不应超过测试目标设置后 3s，至少有 18 次可以探测到测试目标（即 90% 的成功率）。

6.2.2 目标识别能力测试试验

1. 初始条件

两辆同型号的车辆在本车的前方以速度 $v_{vehicle\_start}$ 同向行驶，两车纵向中心线间的距离为 $(3.5±0.25)\mathrm{m}$，车宽在 $1.4~2\mathrm{m}$ 之间。

本车在车间时距控制模式下稳定跟随其中一辆前车行驶（该车即为目标车），车间时距为 $\tau_{max}(v_{vehicle\_start})$，设定车速大于 $v_{vehicle\_end}$，本车与目标车纵向中心线间的横向偏差小于 $0.5\mathrm{m}$（图6-7）。

注：$v_{vehicle\_start}$ 为测试开始时的车速，$v_{vehicle\_end}$ 为测试结束时的车速。

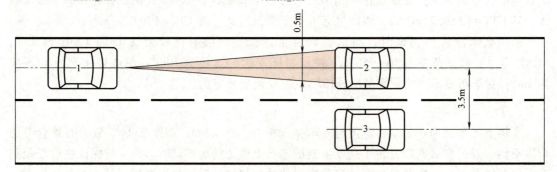

图 6-7　目标识别能力测试——初始条件

1—本车　2—目标车　3—前车

2. 测试过程

目标车加速至 $v_{vehicle\_end}$，如果本车在 ACC 状态下超过相邻车道上的前车，如图6-8所示，则测试合格。其中，$v_{vehicle\_end} = 27\mathrm{m/s}$（约等于 100km/h）；如果车辆无法实现上述速度，则采用 $v_{vehicle\_end} = 22\mathrm{m/s}$（约等于 80km/h）；$v_{vehicle\_start} = v_{vehicle\_end} - 3\mathrm{m/s}$。

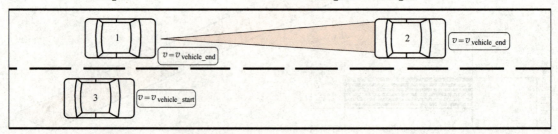

图 6-8　目标识别能力测试——结束条件

1—本车　2—目标车　3—前车

6.2.3 弯道适应能力测试试验

本测试应考虑对道路几何结构参数进行预测，同时兼顾 ACC 系统传感器的视野范围。

由于道路几何结构参数预测方法和前方车辆探测方法不同,故需要设计一驾驶场景以便进行弯道适应能力测试。

1. 测试场地

测试场地适用于 ACC Ⅱ、ACC Ⅲ、ACC Ⅳ型系统。

测试车道由某一半径的圆或一段足够长的曲线构成,弯道半径的取值范围为(80%~100%)R_{min},R_{min}为弯道最小半径。测试车道为双向车道,即可沿顺时针和逆时针方向行驶。对车道标线、护栏等设施没有限制要求(图6-9)。

对于Ⅱ型系统 $R_{min,Ⅱ} = 500m$;对于Ⅲ型系统 $R_{min,Ⅲ} = 250m$;对于Ⅳ型系统 $R_{min,Ⅳ} = 125m$。

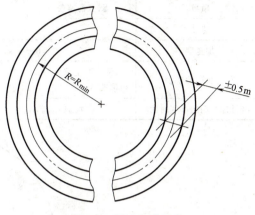

图 6-9 测试车道示意

2. 用于弯道适应能力测试的目标车

在目标车尾部安装测试目标 A,其余未被遮盖的表面按如下原则进行隐藏处理:使车辆尾部的雷达散射截面 RCS 不大于 $2m^2$(移去测试目标 A 以后)或使其反射率不大于测试目标的20%。

3. 驾驶场景

本车以车间时距控制模式跟随同一车道上的目标车(二者纵向中心线间的横向偏差为 ±0.5m)。测试之前,本车和目标车应满足图 6-7 给定的初始条件,测试过程的具体细节见表 6-8、表 6-9 和图 6-10。

目标车的初始速度如下:

$$v_{circle\_start} = \min\left[(a_{lateral\_max}R)^{\frac{1}{2}}, v_{vehicle\_max}\right] \pm 1m/s \tag{6-1}$$

式中,R 为弯道半径;v_{circle_start} 为车辆进入半径为 R 的弯道时的初始速度;$v_{vehicle\_max}$ 为车辆的最高行驶速度;$a_{lateral\_max}$ 为弯道上的最大设计横向加速度。

$a_{lateral\_max}$ 的值取决于弯道半径:当 $R = R_{min,Ⅱ} = 500m$ 时,$a_{lateral\_max} = 2.0m/s^2$;当 $R = R_{min,Ⅲ} = 250m$ 时,$a_{lateral\_max} = 2.3m/s^2$;当 $R = R_{min,Ⅳ} = 125m$ 时,$a_{lateral\_max} = 2.3m/s^2$。

选择适当时机,使目标车减速,观察本车的反应。正常情况下,在车间时距减小至 $\frac{2}{3}\tau_{max}$ 之前,本车就会因与目标车车距减小而开始减速(图6-11)。

表 6-8 弯道适应能力测试条件——目标车

项目	测试前准备	初始条件	第一测试环节	第二测试环节
速度	$v_{vehicle\_start}$ = 常量		使车速降低 (3.5±0.5)m/s	v_{circle} = 常量 = $v_{vehicle\_start}$-(3.5±1)m/s
时间	至少 10s	时间触发 0s	2s	—
行驶轨迹的半径	不少于定义值 R;可能改变	R = 常量		

表 6-9 弯道适应能力测试条件——本车

项目	测试前准备	初始条件	第一测试环节	第二测试环节
速度	由 ACC 系统控制			
加速度		≤0.5m/s²	观测本车减速度	
行驶轨迹的半径	不少于定义值 R；可能改变	R=常量		
至目标车辆的车间时距	$\tau_{max}(v_{circle\_start}) \times (1\pm 25\%)$	由 ACC 控制；观测车间时距		

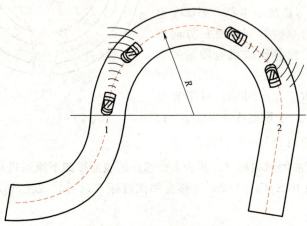

图 6-10 测试车道设置举例

1—测试开始时，本车位于具有恒定半径的测试车道上，且满足其他初始条件　2—当本车开始减速（正确反应）或车头时距降至 $\frac{2}{3}\tau_{max}$ 时，测试结束　R—约为一常量

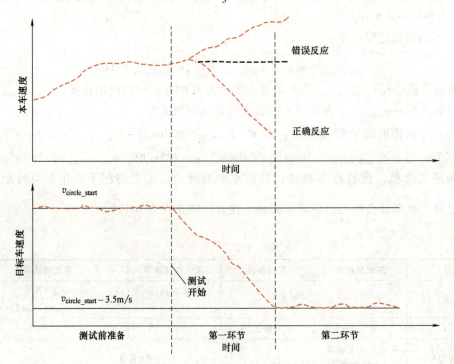

图 6-11 弯道适应能力测试的时间曲线

6.2.4 主观评价试验

1. 评价场景

评价车速为 0~120km/h；评价道路为清洁、干燥、平直的混凝土、沥青或相类似的路面，包括直道和弯道；评价场景如图 6-12~图 6-16 所示。

图 6-12 巡航跟车

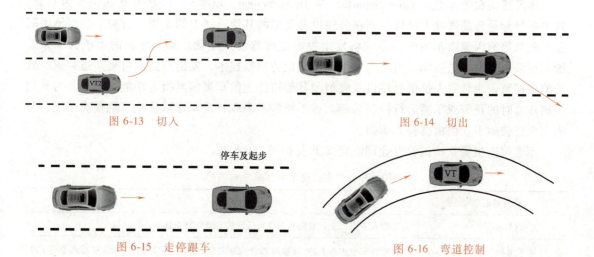

图 6-13 切入　　　　　　　　　图 6-14 切出

图 6-15 走停跟车　　　　　　　图 6-16 弯道控制

2. 人机交互

信号装置视认性：评价自适应巡航控制图标指示器在车内或信号装置在仪表（包括抬头显示）和中控屏内易于辨认的程度，是否便于驾驶人查看。

便利性：评价自适应巡航控制系统操作便利性，操作逻辑是否清晰易懂，是否为全速自适应巡航控制。

退出/恢复：评价自适应巡航控制系统退出功能和恢复功能的操作便利性，逻辑设置是否便于驾驶人操作，车辆由驾驶人实施制动时，自适应巡航控制系统是否及时退出。

速度调节：评价自适应巡航控制系统速度调节设置是否精准、易于调节，是否有微调（例如±1km/h）设置及较大调节范围设置（例如±5km/h 或 10km/h）。

跟车距离调节：评价自适应巡航控制系统跟车距离设置是否合理，是否有多档位调节，各档位之间差值设置是否合理。

3. 跟车控制

响应时间：评价自适应巡航控制系统识别/释放前方目标车的响应时间是否和驾驶人心理预期一致。

舒适性：评价自适应巡航控制系统在不同跟车场景下，基于目标车车速变化的加减速度

是否突兀，跟车过程是否舒适平顺。

加/减速度：评价自适应巡航控制系统加/减速度大小与驾驶人心理预期差异。

跟车时距：评价自适应巡航控制系统在不同车速下跟车距离是否和驾驶人心理预期一致。

6.3 车道偏离报警系统试验

本节以 GB/T 26773—2011《智能运输系统 车道偏离报警系统 性能要求与检测方法》为例，来介绍车道偏离报警系统的具体要求和试验方法，具体介绍了车道偏离报警系统的定义、分类、功能、人机界面（Human Machine Interface，HMI）以及检测方法等。

车道偏离报警系统（Lane Departure Warning System，LDWS）以基本交通法规为基础，其主要目标是帮助驾驶人保持车辆在公路以及类似的其他道路上的车道内行驶。当车辆因驾驶人疏忽等原因偏离车道时，系统将发出报警提醒驾驶人注意。本节涉及的系统为车载系统，可采用光学、电磁学、卫星定位系统或其他传感器技术，发出与路面可见车道标识一致的偏离报警，为驾驶人提供公路以及类似的其他道路上的车道偏离报警功能，不涉及与其他车辆碰撞时的预警或车辆运行控制功能。该系统将不采取自动操作以防止车辆偏离车道，车辆安全行驶的责任仍由驾驶人承担。

车道偏离报警系统试验专业词汇定义见表 6-10 ~ 表 6-12。

表 6-10 车道偏离报警系统试验专业词汇定义 1

专业词汇名称	定义
车道（Lane）	驾驶人不需改变行驶路径的没有任何固定障碍物干扰的行驶区域
可见车道标识（Visible Lane Marking）	设置在车道边界上的、能够被驾驶人在驾驶过程中直接看见（如未被雪覆盖等）的标识
提示性的道路特征（Incidental Visible Road Feature）	不是用来准确描述车道边界线，而是用来指示车道位置的路面上的可见道路特征，道路特征包括人行道边界、路缘石、车辙等特征
车道边界（Lane Boundary）	由可见车道标识确定，在无可见车道标识的情况下由其他提示性的可见道路特征或者由其他方式如 GPS、磁道钉等确定的车道边界线，如图 6-17 和图 6-18 所示
默认车道宽度（Default Lane Width）	当仅在车道的其中一侧存在可见车道标识，并且系统没有探测到其他车道边界时，为车道预先设定的宽度
偏离（Departure）	车辆或铰接式车辆的牵引车其中一个前轮的外缘正在越过指定标线的情况，就三轮车而言，前轮的外缘是指轮距最宽的车轴上的其中一个车轮外缘
车道偏离（Lane Departure）	越过车道边界的偏离如图 6-18 所示
偏离速度（Rate of Departure, v）	报警被触发时车辆接近车道边界的速度的垂直分量
越界时间（Time to Line Crossing, TTLC）	计算得到的发生车道偏离所需要的时间

注：越界时间（TTLC）的最简单的计算公式为 $TTLC = \dfrac{D}{v}$，其中 D 为车辆特定部位与车道边界之间的横向距离，v 为车辆偏离速度。

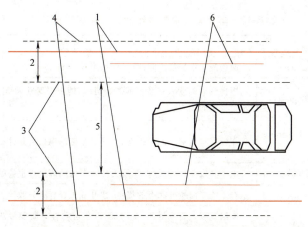

图 6-17 报警临界线及其设置区域的概念示意图

1—车道边界　2—报警临界线设置区域　3—最早报警线　4—最迟报警线　5—非报警区域　6—报警临界线

表 6-11　车道偏离报警系统试验专业词汇定义 2

专业词汇名称	定义
报警触发点（Warning Issue Point）	发出报警时的位置和时刻
报警临界线（Warning Threshold）	发出报警时车辆在道路上的位置，对应于系统内部设置的报警触发点。在给定 TTLC 的情况下，此报警临界线将根据偏离速度的不同而变化。报警临界线应位于报警临界线设置区域内，如图 6-17 和图 6-18 所示
报警临界线设置区域（Warning Threshold Placement Zone）	最早报警线与最迟报警线之间的区域，报警临界线设置于该区域内。在左右车道边界的附近各有一个报警临界线设置区域，如图 6-17 所示
报警条件（Warning Condition）	车辆越过报警临界线时的条件，如图 6-18 所示
可重复性（Repeatability）	在给定的相同条件范围内，系统能重复发出报警的能力，可重复性以百分比衡量
虚警（False Alarm）	不满足报警条件时系统发出的报警
最早报警线（Earliest Warning Line）	报警临界线变化范围的最内侧界线，如图 6-17 和图 6-18 所示
最迟报警线（Latest Warning Line）	报警临界线变化范围的最外侧界线，如图 6-17 和图 6-18 所示

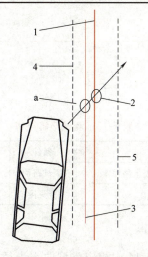

图 6-18　车道偏离报警概念示意图

1—车道边界　2—车道偏离　3—报警临界线　4—最早报警线　5—最迟报警线
a—当满足报警条件且没有抑制请求时，则发出车道偏离报警

表 6-12　车道偏离报警系统试验专业词汇定义 3

专业词汇名称	定义
非报警区域（No Warning Zone）	两条最早报警线之间的区域，如图 6-17 所示
抑制请求（Suppression Request）	当探测到驾驶人有意要偏离车道时，能根据驾驶人请求或系统功能而禁止系统发出报警的能力
车道偏离报警（Lane Departure Warning）	在没有抑制请求的前提下，因满足车道偏离报警条件而向驾驶人发出的报警
系统失效（System Incapable）	由于突发条件的影响，系统无法对车道偏离进行报警的状态
状态提示（Status Indication）	对系统当前所处状态的提示，如开或关、故障、失效等
触觉报警（Haptic Warning）	能给驾驶人带来触动、振动、压力和运动等方面刺激的警告，如转向盘运动、转向盘振动、座椅及脚踏板振动等
弯道切入（Curve Cutting）	可导致故意性的车道偏离的驶向弯道内侧的驾驶行为
能见度（Visibility）	气象光学视程（Meteorological Optical Range），色温为 2700K 的白炽灯发出的平行光束的光通量在大气中衰减至初始值的 5% 所通过的距离

车道偏离报警系统至少应具有下列功能：

1) 监测系统状态，包括系统故障、系统失效，系统的开/关状态（如果有开关）。
2) 向驾驶人提示系统当前的状态。
3) 探测车辆相对于车道边界的横向位置。
4) 判断是否满足报警条件。
5) 发出报警。

车道偏离报警系统试验应完成以下三种测试：

1) 在弯道（根据弯道分类）上进行的报警产生测试。
2) 在直道上进行的可重复性测试。
3) 虚警测试。

6.3.1　报警产生测试试验

1. 测试环境要求

测试环境要求见表 6-13。

表 6-13　测试环境要求

条件	具体要求	条件	具体要求
测试地点	干燥平坦的沥青或混凝土路面	测试路面	测试路面上的可见车道标识应状态良好
测试温度	-20~40℃	能见度	大于 1km

2. 测试车道条件

测试车道的曲率半径应在表 6-14 中相应类型曲率半径最小值的 ±10% 范围内。测试车道应有足够长度以满足最小运行速度的需要（即类型 I 为 17m/s，类型 II 为 20m/s），这样车辆才能以 0m/s<v≤0.8m/s 的偏离速度离开车道。

表 6-14 车道偏离报警系统分类

参数	分类	
	I	II
曲率半径/m	≥500	≥250
行驶速度/(m/s)	≥20	≥17

3. 测试车辆条件

测试车辆的质量应处于整车整备质量加上驾驶人和测试设备的总质量（驾驶人和测试设备的总质量不超过150kg）与最大允许总质量之间，质量的描述应符合相应要求，测试开始后不允许改变测试车辆的条件。

4. 测试系统安装与设置

车道偏离报警系统的安装与设置应根据制造商提供的设备使用说明进行。对于具有用户可调报警临界线的车道偏离报警系统的测试，每项测试应进行两次，即一次是将报警临界线设置在最早报警线，另一次是将报警临界线设置在最迟报警线。测试开始后不允许改变系统设置。

需要从数据记录中获取的参数：报警触发点（时间/空间的）、偏离速度、车速。

测试设备记录测试过程中的所有报警信息，并从中获取所需参数。数据应由测试设备记录而不应由系统本身记录。测试报告中应指明测试设备自身的精度。

5. 测试方法

测试开始时车辆应基本处于车道中央。

当车辆进入测试车道跟踪行驶并达到稳定状态后，车辆可向弯道内侧和外侧逐渐偏离。车辆的弯道行驶速度根据表6-14中的系统分类选取，即I型取20~22m/s，II型取17~19m/s。车辆应在右转弯和左转弯两种情况下，在两种偏离速度范围（0~0.4m/s 和 0.4~0.8m/s）内，分别向左侧和右侧各偏离一次。可组合得到八种偏离情况，如表6-15和图6-19所示。

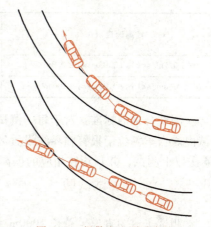

图 6-19 报警产生测试方法

表 6-15 报警产生测试

偏离速度	右转弯		左转弯	
	向左偏离	向右偏离	向左偏离	向右偏离
0~0.4m/s	测试一次	测试一次	测试一次	测试一次
0.4~0.8m/s	测试一次	测试一次	测试一次	测试一次

测试合格的标准：在每次测试中，系统应保证车辆在越过最早报警线之后，未越过最迟报警线之前发出报警。

6.3.2 可重复性测试试验

可重复性测试应在一段直线路段进行。车辆行驶速度根据表6-14中的系统分类选取，对于 I 型系统选 20~22m/s，II 型系统选 17~19m/s。车辆可沿着车道中央行驶，或者靠近与车辆即将偏离越过车道标识相对的另一侧车道标识行驶。例如，如果将要向车道右侧偏离，则车辆可以沿左侧的车道标识行驶，反之亦然，如图 6-20 所示。当车辆按照指定速度沿测试车道跟踪行驶并达到稳定状态后，车辆可向车道左侧和右侧逐渐偏离。当偏离速度为 $0.1\text{m/s} < (V_1 \pm 0.05\text{m/s}) \leq 0.3\text{m/s}$ 时，进行两组共八次测试（第一组的四次向左偏离，第二组的四次向右偏离）；当偏离速度为 $0.6\text{m/s} < (V_2 \pm 0.05\text{m/s}) \leq 0.8\text{m/s}$ 时，进行另外的两组共八次测试（第三组的四次向左偏离，第四组的四次向右偏离），即共需进行 16 次测试。V_1、V_2 由设备制造商预先选择。测试人员应根据表 6-16 所示的偏离速度以组（每组四次测试）为单位顺次进行测试。

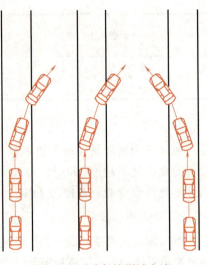

图 6-20 可重复性测试方法

表 6-16 可重复性测试

偏离速度/(m/s)	偏离方向	
	左	右
$0.1\text{m/s} < (V_1 \pm 0.05\text{m/s}) \leq 0.3\text{m/s}$	第 1 组测试 4 次	第 2 组测试 4 次
$0.6\text{m/s} < (V_2 \pm 0.05\text{m/s}) \leq 0.8\text{m/s}$	第 3 组测试 4 次	第 4 组测试 4 次

测试合格的标准：对于每一测试组，系统报警临界线应始终位于一个 0.3m 宽的固定区域内。当车辆位于报警临界线设置区域之外时，系统应不发出报警。如果某一个测试组包括 4 次以上测试，并且均在相应的偏离速度范围内，则仅考虑前 4 次测试。

6.3.3 虚警测试试验

测试车道为直道，总长 1000m（一段长 1000m 的直道或两段各长 500m 的直道），当车辆在非报警区域内行驶时，系统应不发出报警，并记录系统报警情况。

测试合格的标准：当车辆位于左右两条最早报警线之间（即非报警区域）时，系统应不发出报警。

6.3.4 主观评价试验

1. 评价场景

评价车速为车辆车道偏离预警系统激活的最低车速至 120km/h。

评价道路为清洁、干燥、平直的混凝土、沥青或相类似的路面，具备直道和弯道车道线（包括实车道线和虚车道线），车道线符合 GB 5768.3—2009《道路交通标志和标线 第 3 部分：道路交通标线》的要求，如图 6-21 所示。

2. 人机交互

信号装置视认性：评价车道偏离预警系统图标指示器开关在车内位置是否便于操作，或

第6章 汽车新技术试验

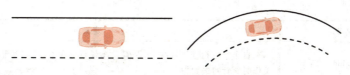

图 6-21 车道偏离预警评价场景

信号装置在仪表内、中控屏内易于辨认的程度，在车道偏离预警不可用、待激活、已激活、退出时功能状态是否清晰易懂。

便利性：评价车道偏离预警功能设置或调节操作逻辑性是否便利，是否允许用户自定义预警的强弱程度。

3. 预警方式

预警类型：评价车道偏离预警系统是否具备仪表内影像预警、声音预警、转向盘振动、座椅靠背两侧振动等有效预警方式。

预警强度：评价车道偏离预警方式是否醒目，能够引起驾驶人的注意，预警强度是否合适。

4. 预警时刻

预警时刻：将车道偏离预警灵敏度设置为中间级别或中间级别的更高一级（同等条件下，报警更晚的配置），评价车道偏离预警系统的预警时刻是否及时，车辆是否距离车道线适中距离开始预警。

5. 预警漏报

车道线识别：评价车道偏离预警系统对车道线的识别能力，预警是否准确，有无漏报，是否存在正常行驶中漏预警情况，车道偏离预警系统是否具备连续跨车道预警能力。

6.4 车辆前向碰撞预警系统试验

本节以 GB/T 33577—2017《智能运输系统 车辆前向碰撞预警系统 性能要求和测试规程》为例，来介绍车辆前向碰撞预警系统的具体要求和试验方法，具体介绍了车辆前向碰撞预警系统（FVCWS）的性能要求和测试规程。

车辆前向碰撞预警系统试验专业词汇定义见表 6-17。

表 6-17 车辆前向碰撞预警系统试验专业词汇定义

专业词汇名称	定义
碰撞报警（Collision Warning）	系统向驾驶人发出需进行紧急避撞提醒的信息
预备碰撞报警（Preliminary Collision Warning）	系统向驾驶人提醒的报警信息，告知前方存在障碍车辆
车辆前向碰撞预警系统（Forward Vehicle Collision Warning System，FVCWS）	能够提醒驾驶人与前车存在潜在追尾碰撞危险的系统
自车（Subject Vehicle，SV）	配有本标准所定义的车辆前向碰撞预警系统的车辆
前车（Forward Vehicle）	位于自车行驶道路前方，且行驶方向相同的车辆

(续)

专业词汇名称	定义
目标车辆（Target Vehicle，TV）	在自车前方行驶轨迹线上，距离自车最近的前车，它是车辆前向碰撞预警系统工作时所针对的对象
要求减速度（Required Deceleration）	能够使自车恰好达到与目标车辆相等的车速，且不发生碰撞所需要的最小减速度
距离碰撞时间（Time to Collision，TTC）	当相对速度不为零时，可以计算在同一路径上行驶的两车，假定相对速度保持不变时距离碰撞发生的时间。其值可以通过自车与目标车辆的车间距除以相对速度来估算。当不满足计算条件或 TTC 的计算结果为负值时，表明在上述假定条件下，碰撞不可能发生

车辆前向碰撞预警系统的主要功能是自车与前车存在潜在冲突危险时，向驾驶人发出报警。系统功能通过判断以下信息来实现：

1）自车与前车的相对距离。
2）自车与前车的相对速度。
3）前车是否位于自车的前方运动轨迹上。

基于上述信息，控制器（图 6-22 中称为"车辆前向碰撞预警系统目标挑选及预警决策"）根据行车危险程度向驾驶人发出报警。

车辆前向碰撞预警系统的主要目的是自车与前车存在潜在追尾碰撞危险时，通过向驾驶人提供及时的报警以辅助驾驶人避免碰撞或降低碰撞严重程度。报警时机应选择适当，使之既要及早，又不会造成干扰或误警。

配有车辆前向碰撞预警系统的车辆应能实现以下功能：

1）检测到前车的存在。
2）确定探测到的前车相对于自车的相对位置及位置的动态特性。
3）确定自车的车速。
4）估计自车的运动轨迹。
5）根据车辆前向碰撞预警系统的功能及要求向驾驶人发出报警。

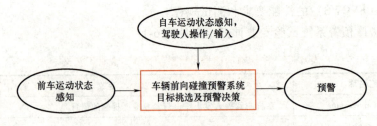

图 6-22 车辆前向碰撞预警系统的工作原理

6.4.1 检测区域测试试验

1. 检测距离

系统的检测距离要求细则见表 6-18。

表 6-18 检测距离要求

距离	公式或值	含义
d_{max}	$V_{max\_rel}T_{max}+V_{max\_rel}^2/2a_{min}$	最大可检测距离
d_2	Ⅰ型系统：≤10m Ⅱ型系统：≤7.5m Ⅲ型系统：≤5m	对具有20%横向偏移量的前车的最小检测距离
d_1	$T_{min}V_{min}$	系统具备距离测量能力时的最小检测距离
d_0	≤2m	最小可检测距离

注：1. V_{max_rel} 为系统工作时的最大相对车速（m/s）。
2. V_{min} 为系统工作时的最低车速（m/s）。
3. T_{max} 为报警后驾驶人的最长制动反应时间（s）。
4. T_{min} 为报警后驾驶人的最短制动反应时间（s）。
5. a_{min} 为自车满载充分制动时所能达到减速度的最低标准（m/s²）。

2. 测试环境要求

测试环境要求应见表6-19。

表 6-19 测试环境要求

条件	具体要求	条件	具体要求
测试地点	干燥、平坦的沥青路面或者水泥混凝土路面	能见度	大于1km
测试温度	-20~40℃	其他	可在日光条件下进行

3. 检测区域的测试方法

检测区域的理想测试方法为动态测试，但静态测试方法可作为一种选择。测试按以下要求进行：

1）系统应检测位于 d_0 和 d_1 间任意位置的测试目标，d_0 和 d_1 相对于自车的位置如图6-23所示。d_0 和 d_1 间不需要进行距离测量。

2）系统应检测位于 d_1 和 d_2 间任意位置的测试目标，d_1 和 d_2 相对于自车的位置如图6-23所示。d_1 和 d_2 间需要进行距离测量。

3）系统应检测分别位于 d_2 和 d_{max} 处的两个测试目标，d_2 和 d_{max} 相对于自车的位置如图6-23所示。测试过程依次进行。

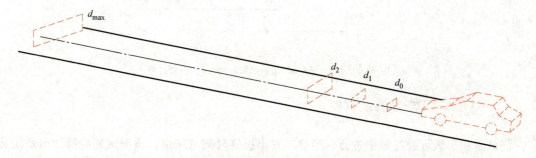

图 6-23 检测区域测试方法

6.4.2 报警距离范围及精度测试试验

1. 报警距离范围测试

目标车辆与自车在同一直线车道上行驶,目标车辆车速控制在 (8±1)m/s,自车车速控制在 (20±2)m/s。发出报警时的车距应大于等于下面示例的计算值。

可以假定驾驶人对报警的反应时间 $T_{resp}=0.8s$,要求减速度 $a_{req}=6.67m/s^2$。最短的期望报警距离为

$$X_{c\_min\_Warning} = \frac{v_r^2}{2\times(6.67-a_{TV})} + 0.8v_r \tag{6-2}$$

式中,$X_{c\_min\_Warning}$ 为最短报警距离(m);a_{TV} 为目标车辆的减速度(m/s²);v_r 为相对速度,目标车辆与自车的纵向车速之差(km/h)。

2. 报警距离精度测试

该测试需在车辆行驶过程中进行,目标车辆需在检测区域内。当自车以速度 $V=20m/s$ 朝目标车辆行驶时,需按以下步骤测量报警距离。

需测量两个时刻,如图 6-24 所示,第一个时刻为自车和目标车辆的车间距离为 d 的时刻 t_0,第二个为报警时刻 t_1。故报警距离的计算公式为 $D=d-V(t_1-t_0)$。用该计算结果与制造商所设定的报警距离进行比较,在重复性测试中,报警距离精度需在 70% 以上次数的测试中达到相应规定。

非自适应系统的报警距离的误差应当在 ±2m 或 ±15% 范围之内。对这一条件的重复性试验需要保证同样的初始测试条件,避免可能出现的系统性能偏差。自适应的车辆前向碰撞预警系统是指,系统的报警时机不仅取决于自车及目标车辆的相对运动状态,还受到其他参数的影响。其他参数包括:道路条件、环境、驾驶人状态、驾驶人特性及驾驶场景等。由于工作原理的不同,自适应系统的性能可以不满足该项对报警距离精度的要求。

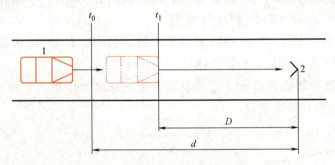

图 6-24 报警距离精度测试方法
1—自车 2—目标车辆 t_0—参考时刻 t_1—报警时刻

6.4.3 目标辨识能力测试试验

测试需在车辆行驶过程中进行,当自车发出报警时测试结束,该测试还应测试出系统能够避免发生误报警的能力。

1. 纵向目标辨识能力试验

（1）纵向静止前车辨识能力试验 该试验用以评估系统对单一前车的辨识能力。测试工况如图 6-25 所示，前车（中型轿车或车辆模型）停在车道中心，纵轴方向与道路边缘平行，且前车与自车朝向一致，自车向前车尾部接近。自车以额定速度 20m/s 在车道中心朝前车行驶，系统应能够在 TTC 最小为 2.1s 时发出报警。当自车距离前车 150m 时试验开始，下面任意一种情况发生时，试验结束：①系统发出报警；②TTC 降至小于系统报警最小允许值的 90%时（如 TTC=1.9s）。试验后自车应转向（推荐使用）/制动以避免自车撞上前车。

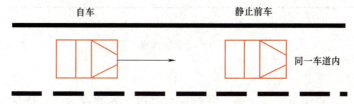

图 6-25 识别静止前车试验

（2）纵向减速行驶前车辨识能力试验 测试工况如图 6-26 所示，该试验中自车和前车以 20m/s 的恒定速度在平直车道中间行驶。在前车开始制动前，自车与前车间距离保持在 30m。前车以 0.3g 的恒定减速度进行制动，系统应能够在 TTC 最小为 2.4s 时发出报警。当下面任意一种情况发生时试验结束：①系统发出报警；②TTC 降至小于系统报警最小允许值的 90%时（如 TTC=2.2s）。试验后自车应转向（推荐使用）/制动以避免自车撞上前车。

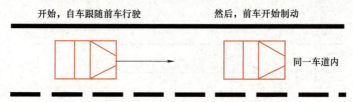

图 6-26 识别减速行驶前车试验

（3）纵向低速行驶前车辨识能力试验 测试工况如图 6-27 所示，前车以 9m/s 的恒定速度沿车道中心行驶，自车以 20m/s 的恒定速度在车道中心朝低速行驶的前车行驶，系统应能够在 TTC 最小为 2s 时发出报警。当自车距离前车 150m 时试验开始，下面任意一种情况发生时试验结束：①系统发出报警；②TTC 降至小于系统报警最小允许值的 90%时（如 TTC=1.8s）。试验后自车应转向（推荐使用）/制动以避免自车撞上前车。

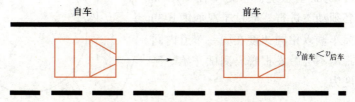

图 6-27 识别低速行驶前车试验

（4）纵向多目标工况下的辨识能力试验 测试工况如图 6-28 所示，两辆前车在检测区域以相同速度 20m/s 行驶，自车以 20m/s 的车速在正后方尾随行驶。两辆目标车的车头时距应为 T_{min}（0.6s±0.1s），且距离自车较近的目标车辆不能遮挡距离较远的障碍车辆。自车和距离较近的目标车辆的车头时距应大于 T_{max}（1.5s）。自车加速至系统发出碰撞报警，然后自车开始减速使两车车头时距大于 1.5s，再次以相同的车速跟随目标车辆，以该速度保持匀速行驶。几秒之后，距离较近的目标车辆开始减速，使自车可以再次发出碰撞报警。自车开始报警时测试结束。

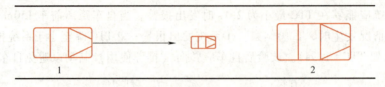

图 6-28　纵向多目标工况下的辨识能力试验

1—自车　2—前方障碍车辆

2. 侧向目标辨识能力试验

（1）**直道侧向目标辨识能力试验**　该测试应采用动态测试方法。测试工况如图 6-29 所示，自车和目标车辆以相同的速度 20m/s 行驶，且车间距离不会触发报警。一辆前车以相同速度在目标车辆相邻车道行驶。前车与目标车辆的纵轴间距为 (3.5±0.25)m，车宽应为 1.4~2m。自车纵轴相对于目标车辆纵轴横向位移应小于 0.5m。几秒钟后，相邻车道的前车减速至明显低于自车与目标车辆的速度，在自车超过相邻车道前车时系统不应发出报警。然后目标车辆减速至系统能发出预备碰撞报警的速度。当自车开始报警时测试结束。

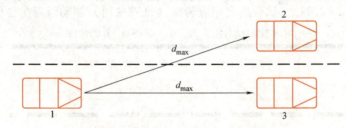

图 6-29　直道侧向目标辨识能力试验

1—自车　2—邻车道前车　3—目标车辆

（2）**弯道侧向目标辨识能力试验**　该测试需在弯道上进行。测试场地需足够长，且对 I 型系统需包括半径≤500m 的弯道，对 II 型系统需包括半径≤250m 的弯道，对 III 型系统需包括半径≤125m 的弯道，此测试必须动态进行。测试工况如图 6-30 所示，自车和目标车辆以相同速度在同一车道内同向行驶，且车间距离不会触发报警。测试开始时测试车辆的初始速度为

$$V_{circle\_start} = \min\left[(a_{lateral\_max}R)^{\frac{1}{2}}, V_{max}\right] \pm 1\text{m/s} \tag{6-3}$$

式中，V_{circle_start} 为弯道目标检测能力测试开始时车辆的速度（m/s）；$a_{lateral\_max}$ 为弯道上允许的最大

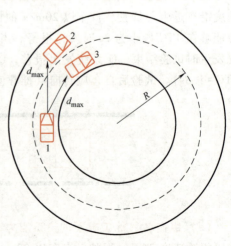

图 6-30　弯道侧向目标辨识能力试验

1—自车　2—邻车道前车　3—目标车辆

侧向加速度（m/s²）。

Ⅰ型系统取 $a_{\text{lateral\_max}} = 2\text{m/s}^2$；Ⅱ型系统和Ⅲ型系统取 $a_{\text{lateral\_max}} = 2.3\text{m/s}^2$。

在目标车辆外侧车道内有一辆前车正在行驶。几秒钟后，邻车道前车减速至明显低于自车和目标车辆的速度。在自车超过它的过程中系统不应报警，然后目标车辆减速至自车能发出碰撞报警的速度。当自车开始报警时测试结束。

3. 邻近区域干扰物辨识能力试验

（1）**上方目标辨识能力试验** 该测试应采用动态测试方法。测试工况如图 6-31 所示，设置可能引起误报警的测试目标。自车朝测试目标行驶，并从目标下驶过。若自车上的系统未发出报警则测试结束。根据道路净空高度的规定，测试目标的高度设计为四级公路的净空高度 4.5m。

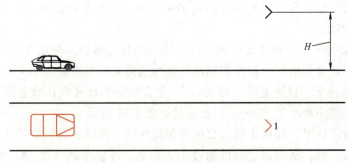

图 6-31　上方目标辨识能力试验

1—测试目标　H—测试目标的高度为 4.5m

（2）**下方目标辨别能力试验** 该测试应采用动态测试方法。测试工况如图 6-32 所示，设置可能引起误报警的测试目标，如减速带、井盖，干扰障碍物高度设计为 5cm。自车朝测试目标行驶，并从目标上方驶过。若自车上的系统未发出报警则测试结束。

图 6-32　下方目标辨识能力测试

1—测试目标

（3）**路侧目标辨别能力试验** 该测试应采用动态测试方法。设置一测试路段，道路两侧有房屋、阴影区、道路指示标志这些可能引起系统误报警的路侧目标。自车以系统工作范围内的车速匀速行驶通过该路段，若自车上的系统未发出报警则测试结束。

6.4.4　主观评价试验

1. 评价场景

（1）**车对车** 该场景评价前方目标物为车的场景，选用软目标气球台车作为目标物，气球台车目标物静止。评价开始时，评价车辆前向碰撞预警灵敏度设置为中间级别或中间级别的更高一级（同等条件下，报警更晚的配置），无设置功能则选择默认状态即可，评价车辆距离目标物的初始距离不得小于100m，评价场景如图6-33所示。

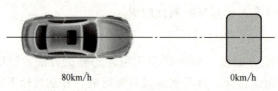

图6-33　车对车评价场景

进行车对车评价时，评价车辆与目标物保持在同一路径，目标车辆静止，评价车辆中线与目标物中线保持一致，横向误差不得超过1/4车宽，评价车辆选择78～80km/h的速度评价前向碰撞预警功能。

（2）**车对儿童行人**　该场景评价前方目标物为儿童的场景，选用儿童假人作为目标物，儿童目标物静止。评价开始时，评价车辆前向碰撞预警灵敏度设置为中间级别或中间级别的更高一级（同等条件下，报警更晚的配置），无设置功能则选择默认状态即可，评价车辆距离目标物的初始距离不得小于100m，评价场景如图6-34所示。

进行车对儿童评价时，评价车辆与目标物保持在同一路径，目标物静止，评价车辆中线与目标物中线保持一致，横向误差不得超过1/4车宽，评价车辆选择78～80km/h的速度评价前向碰撞预警功能。

（3）**车对成人自行车**　该场景评价前方目标物为成人自行车的场景，选用成人自行车假人作为目标物，目标物静止。评价开始时，评价车辆前向碰撞预警灵敏度设置为中间级别或中间级别的更高一级（同等条件下，报警更晚的配置），无设置功能则选择默认状态即可，评价车辆距离目标物的初始距离不得小于100m，评价场景如图6-35所示。

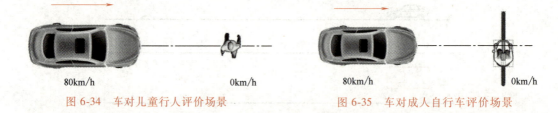

图6-34　车对儿童行人评价场景　　　　图6-35　车对成人自行车评价场景

进行车对成人自行车评价时，评价车辆与目标物保持在同一路径，目标物静止，评价车辆中线与目标物中线保持一致，横向误差不得超过1/4车宽，评价车辆选择78～80km/h的速度评价前向碰撞预警功能。

2. 人机交互

信号装置视认性：评价前向碰撞预警信号装置在仪表内或者中控屏内易于辨认的程度。

便利性：评价前向碰撞预警功能设置（例如灵敏度设置）或调节操作逻辑性是否便利。

3. 预警方式

预警类型：评价前向碰撞预警系统是否具备仪表内影像预警、声音预警、辅助预警（安全带预紧、抬头显示、点制动等）等预警方式，预警类型是否丰富。

预警强度：评价前向碰撞预警系统的预警方式是否醒目，能够引起驾驶人的注意，预警信息是否易于理解而避免引起恐慌，预警强度是否合适。

4. 预警时刻

预警时刻：评价前向碰撞预警时机与驾驶人心理预期差距，预警时刻是否适中。

思考与习题

1. 智能汽车、智能网联汽车、自动驾驶汽车和无人驾驶汽车之间是什么关系？
2. 为什么无人驾驶汽车必须采用5G移动通信？
3. 什么是先进驾驶辅助系统（ADAS）？
4. 乘用车车道保持辅助系统试验有哪几种类型？分别适用什么情况？
5. 简述自适应巡航控制系统的主要功能和目的。
6. 简述车道偏离报警系统的主要功能。
7. 车辆前向碰撞预警系统的工作原理是怎样的？

参 考 文 献

[1] 尹安东. 汽车试验学 [M]. 合肥：合肥工业大学出版社，2011.
[2] 杨志华. 汽车试验学 [M]. 北京：机械工业出版社，2016.
[3] 徐晓美，万亦强. 汽车试验学 [M]. 北京：机械工业出版社，2013.
[4] 钱爱玲，钱显毅. 传感器原理与检测技术 [M]. 2版. 北京：机械工业出版社，2015.
[5] 李杰敏. 汽车拖拉机试验学 [M]. 2版. 北京：机械工业出版社，1996.
[6] 关强，杜丹丰. 汽车试验学 [M]. 北京：人民交通出版社，2009.
[7] 张铁山. 汽车试验学 [M]. 北京：国防工业出版社，2014.
[8] 何耀华. 汽车试验学 [M]. 北京：人民交通出版社，2005.
[9] 郭应时，袁伟. 汽车试验学 [M]. 北京：人民交通出版社，2006.
[10] 董辉. 汽车用传感器 [M]. 北京：北京理工大学出版社，2000.
[11] 蒋颜. 汽车认证标准与法规 [M]. 北京：北京理工大学出版社，2017.
[12] 日本自动车技术会. 汽车工程手册 [M]. 中国汽车工程学会，译. 北京：北京理工大学出版社，2010.
[13] 中华人民共和国工业和信息化部. 乘用车燃料消耗量评价方法及指标：GB 27999—2019 [S]. 北京：中国标准出版社，2019.
[14] 中华人民共和国工业和信息化部. 乘用车燃料消耗量限值：GB 19578—2021 [S]. 北京：中国标准出版社，2021.
[15] 中华人民共和国工业和信息化部. 电动汽车能量消耗率和续驶里程试验方法：GB/T 18386.1—2021 [S]. 北京：中国标准出版社，2021.
[16] 中华人民共和国工业和信息化部. 重型混合动力电动汽车能量消耗量试验方法：第1部分 轻型汽车：GB/T 19754—2021 [S]. 北京：中国标准出版社，2021.
[17] 国家发展和改革委员会. 乘用车制动系统技术要求及试验方法：GB 21670—2008 [S]. 北京：中国标准出版社，2008.
[18] 中华人民共和国环境保护部. 轻型汽车污染物排放限值及测量方法（中国第六阶段）：GB 18352.6—2016 [S]. 北京：中国环境科学出版社，2016.
[19] 全国无线电干扰标准化技术委员会. 车辆、船和内燃机 无线电骚扰特性 用于保护车外接收机的限值和测量方法：GB 14023—2011 [S]. 北京：中国标准出版社，2011.
[20] 全国声学标准技术委员会. 声学汽车车内噪声测量方法：GB/T 18697—2002 [S]. 北京：中国标准出版社，2002.
[21] 国家环境保护总局科技标准司. 汽车加速行驶车外噪声限值及测量方法：GB 1495—2002 [S]. 北京：中国标准出版社，2002.
[22] 国家环境保护局科技标准司. 汽车定置噪声限值：GB 16170—1996 [S]. 北京：中国标准出版社，1996.
[23] 中国汽车工业协会. 机动车和挂车防抱制动性能和试验方法：GB/T 13594—2003 [S]. 北京：中国标准出版社，2003.
[24] 中华人民共和国工业和信息化部. 轻型汽车电子稳定性控制系统性能要求及试验方法：GB/T 30667—2014 [S]. 北京：中国标准出版社，2014.
[25] 中华人民共和国工业和信息化部. 汽车正面碰撞的乘员保护：GB 11551—2014 [S]. 北京：中国标准出版社，2014.

[26] 国家发展和改革委员会. 汽车侧面碰撞的乘员保护：GB 20071—2006［S］. 北京：中国标准出版社，2006.

[27] 中华人民共和国工业和信息化部. 汽车侧面柱碰撞的乘员保护：GB/T 37337—2019［S］. 北京：中国标准出版社，2019.

[28] 国家发展和改革委员会. 乘用车后碰撞燃油系统安全要求：GB 20072—2006［S］. 北京：中国标准出版社，2006.

[29] 国家发展和改革委员会. 汽车对行人的碰撞保护：GB/T 24550—2009［S］. 北京：中国标准出版社，2009.

[30] 中华人民共和国工业和信息化部. 电动汽车安全要求：GB 18384—2020［S］. 北京：中国标准出版社，2020.

[31] 中华人民共和国工业和信息化部. 燃料电池电动汽车安全要求：GB/T 24549—2020［S］. 北京：中国标准出版社，2020.

[32] 中华人民共和国工业和信息化部. 汽车最高车速试验方法：GB/T 12544—2012［S］. 北京：中国标准出版社，2012.

[33] 国家发展和改革委员会. 汽车加速性能试验方法院：GB/T 12543—2009［S］. 北京：中国标准出版社，2009.

[34] 中华人民共和国工业和信息化部. 汽车爬陡坡试验方法：GB/T 12539—2018［S］. 北京：中国标准出版社，2018.

[35] 国家发展和改革委员会. 电动汽车 动力性能 试验方法：GB/T 18385—2005［S］. 北京：中国标准出版社，2005.

[36] 全国汽车标准化技术委员会. 混合动力电动汽车动力性能试验方法：GB/T 19752—2005［S］. 北京：中国标准出版社，2005.

[37] 中华人民共和国工业和信息化部. 燃料电池电动汽车最高车速试验方法：GB/T 26991—2011［S］. 北京：中国标准出版社，2011.

[38] 中华人民共和国工业和信息化部. 汽车操纵稳定性试验方法：GB/T 6323—2014［S］. 北京：中国标准出版社，2014。

[39] 中国汽车工业总公司. 汽车地形通过性试验方法：GB/T 12541—1990［S］. 北京：中国标准出版社，1990.

[40] 中华人民共和国工业和信息化部. 汽车主要尺寸测量方法：GB/T 12673—2019［S］. 北京：中国标准出版社，2019.

[41] 国家发展和改革委员会. 汽车最小转弯直径、最小转弯通道圆直径和外摆值测量方法：GB/T 12540—2009［S］. 北京：中国标准出版社，2009.

[42] 国家发展和改革委员会. 汽车平顺性试验方法：GB/T 4970—2009［S］. 北京：中国标准出版社，2009.

[43] 国家机械工业局. 轿车手操纵件、指示器及信号装置的位置：GB/T 17867—1999［S］. 北京：中国标准出版社，1999.

[44] 国家发展和改革委员会. 汽车采暖性能要求和试验方法：GB/T 12782—2007［S］. 北京：中国标准出版社，2007.

[45] 国家发展和改革委员会. 汽车隔热通风试验方法：GB/T 12546—2007［S］. 北京：中国标准出版社，2007.

[46] 全国汽车标准化技术委员会. 汽车空调制冷系统性能道路试验方法：QC/T 658—2009［S］. 北京：中国标准出版社，2009.

[47] 中华人民共和国工业和信息化部. 汽车可靠性行驶试验方法：GB/T 12678—2021［S］. 北京：中国

标准出版社，2021.

[48] 中华人民共和国工业和信息化部. 电动车辆的电磁场发射强度的限值和测量方法：GB/T 18387—2017［S］. 北京：中国标准出版社，2017.

[49] 中华人民共和国工业和信息化部. 电动汽车用驱动电机系统电磁兼容性要求和试验方法：GB/T 36282—2018［S］. 北京：中国标准出版社，2018.

[50] 中华人民共和国工业和信息化部. 乘用车车道保持辅助（LKA）系统性能要求及试验方法：GB/T 39323—2020［S］. 北京：中国标准出版社，2020.

[51] 中华人民共和国交通部. 智能运输系统 自适应巡航控制系统 性能要求与检测方法：GB/T 20608—2006［S］. 北京：中国标准出版社，2006.

[52] 全国智能运输系统标准化技术委员会. 智能运输系统 车道偏离报警系统 性能要求与检测方法：GB/T 26773—2011［S］. 北京：中国标准出版社，2011.

[53] 全国智能运输系统标准化技术委员会. 智能运输系统 车辆前向碰撞预警系统 性能要求和测试规程：GB/T 33577—2017［S］. 北京：中国标准出版社，2017.